Yair Zakovitch
Das Hohelied

Herders Theologischer Kommentar
zum Alten Testament

Herausgegeben von

Erich Zenger

Herder Freiburg · Basel · Wien

Das Hohelied

Ausgelegt von

Yair Zakovitch

Herder Freiburg · Basel · Wien

Aus dem Hebräischen übersetzt
von Dafna Mach

Bibliographische Information der Deutschen Bibliothek
Die Deutsche Bibliothek verzeichnet diese Publikation in der Deutschen Nationalbibliographie; detaillierte bibliographische Daten sind im Internet über ⟨http://dnb.ddb.de⟩ abrufbar.

www.herder.de
Umschlaggestaltung: Finken & Bumiller, Stuttgart
Satzherstellung: SatzWeise, Föhren
Gesetzt in der Gill Sans und Aldus
Druck und Bindung: freiburger graphische betriebe 2004
www.fgb.de
Gedruckt auf umweltfreundlichem, chlorfrei gebleichtem Papier
ISBN 3-451-26830-2

Inhalt

Einleitung

Kommentierung

Vorwort des Herausgebers

Professor Yair Zakovitch (Hebräische Universität Jerusalem) hat 1992 in der Kommentarreihe »Mikra le-Yisra'el« den Band zum Hohenlied publiziert. Ich danke ihm, dass er meiner Bitte entsprach, diese auf Hebräisch erschienene Auslegung für HThKAT weiter auszubauen. So entstand der nun vorliegende Kommentar, der gegenüber der Fassung von »Mikra le-Yisra'el« doppelt so umfangreich ist.

Dieser Kommentar ist in mehrfacher Hinsicht eine Bereicherung für die Hohelied-Exegese: Er charakterisiert in seiner ausführlichen Einleitung detailliert das sprachliche, kulturelle, überlieferungsgeschichtliche und theologische Profil der Einzellieder und ihrer Aneinanderreihung im Hohenlied. Er situiert die erotische Metaphorik dieser biblischen Liebesdichtung nicht nur in ihrer ägyptischen, mesopotamischen und hellenistischen Umwelt, sondern zeigt zugleich, wie stark diese Lieder in der biblischen Tradition selbst verwurzelt sind. Vor allem arbeitet er das kunstvoll gestaltete Rollenspiel der beiden Protagonisten und die poetische Multiperspektivität dieser Dichtung heraus, die zur Weltliteratur zählt und ihre Leserinnen und Leser immer wieder fasziniert. Dass Yair Zakovitch auf Grund seiner judaistischen Kompetenz bei der Auslegung den reichen Schatz der jüdischen Hohelied-Kommentierung mit einbezieht, macht den Kommentar besonders kostbar. Im Horizont der traditionellen jüdischen Lektüre des Hohenliedes gewinnt auch die Diskussion über die Möglichkeit einer allegorischen Deutung dieser Liebeslieder neue Facetten.

Für die Übersetzung des hebräischen Originalmanuskripts danke ich Frau Dr. Dafna Mach (Jerusalem). Von ihr stammt auch die deutsche Fassung des biblischen Textes. Dabei ist ihr eine Textgestalt gelungen, die zum einen der Kommentierung von Y. Zakovitch entspricht und die sich zum anderen durch ein eigenständiges poetisches Profil auszeichnet.

Abweichend von der bei HThKAT üblichen Praxis, die hebräischen Wörter mit hebräischen Buchstaben wiederzugeben, haben wir uns entschieden, in diesem Band anders vorzugehen. Weil das Hld als poetisches Kunstwerk auch mit dem Klang der hebräischen Wörter arbeitet und weil der Kommentar immer wieder darauf hinweist, haben wir eine einfache Umschrift für das Hebräische gewählt, die sich an der Aussprache des modernen Hebräisch (Ivrit) orientiert. Damit können Leserinnen und Leser, die keine Hebräisch-

Kenntnisse haben, das im Hld eingesetzte Spiel mit dem Klang der hebräischen Wörter nachvollziehen. Wie bei HThKAT üblich, ist den hebräischen Wörtern die deutsche Bedeutung beigegeben.

Die Publikation dieses Kommentarbandes verdankt sich vielfältiger Mitwirkung. Frau Ingrun Weiß (Hamburg), die eine Dissertation zum Hohenlied schreibt, hat das umfangreiche Literaturverzeichnis verfasst. Ich selbst habe die Marginalien hinzugefügt und das Bibelstellenregister angefertigt. Mein Münsteraner Team, Dr. Ariane Cordes, Zuzana Hrašová, Resi Koslowski (Sekretariat), Anna Maria Murböck und Christina Richter, hat mich bei der Endredaktion und beim Korrekturlesen kompetent und effektiv unterstützt. Die Satzvorlage hat Christina Richter erstellt. Ihnen allen danke ich sehr herzlich.

Münster, im April 2004 Erich Zenger

Literaturverzeichnis für diesen Kommentar

(Abkürzungen nach S. M. Schwertner, IATG², Berlin, NewYork 1992)

1. Kommentare

1.1 Mittelalterliche Kommentare der jüdischen Tradition

Die Kommentare von traditionellen jüdischen Exegeten wie Raschi, R. Abraham b. Esra, R. David Kimchi und Sforno sind in den sog. Rabbiner-Bibeln *(Miqraot Gedolot)* abgedruckt.

Von größerer Bedeutung sind weiterhin folgende Kommentarausgaben:

Kommentar zu Hld von R. Abraham b. Esra, Erstausgabe, hg. von H. J. Matthaeus, Oxford 1874 (mit dem Text in den Rabbiner-Bibeln nicht ganz identisch).
Kommentar zu Koh und Hld von Rabbenu Samuel b. Meir, hg. von A. Jellinek, Leipzig 1855.
Kommentar des R. Moshe b. Nachman (Nachmanides), hg. von Ch. D. Chavel in der Gesamtausgabe der hebräischen Schriften des Nachmanides, Bd. II, Jerusalem 1964, 488–518.
Kommentar zu Hld eines Anonymus, aufgrund einer einzigen Handschrift hg. von H. J. Matthaeus, in: Tehilla le-Moshe. FS M. Steinschneider, Leipzig 1896, 164–185.
The Megilloth and Rashi's Commentary with Linear Translation (übers. v. A. Schwartz/ Y. Schwartz), New York 1983.
Kommentar zu Hld von Levi b. Gerschom (Gersonides), hg. von M. Kellner, New Haven 1998.

1.2 Neuzeitliche Kommentare

Alonso Schökel, L., El Cantar de los cantares (LiSa 10/1), Madrid 1969.
Balchin, J. A., Das Hohelied (BKB 2), Wuppertal 1981.
Barbiero, G., Cantico dei cantici (I Libri Biblici Primo Testamento 24), Mailand 2004.
Bergant, D., The Song of Songs (Berit Olam), Collegeville 2001.
Bloch, A. / Bloch, C., The Song of Songs. A New Translation with Introduction and Commentary, New York 1995.

Brenner, A., Das Hohelied. Polyphonie der Liebe, in: L. Schottroff/M.-T.Wacker (Hg.), Kompendium Feministische Bibelauslegung, Gütersloh 1998, 233–245.
Budde, K., The Song of Solomon (The New World III), Boston 1894.
– Das Hohelied, in: ders./A. Bertholet/D. G. Wildboer, Die fünf Megillot (Das Hohelied. Das Buch Ruth. Die Klagelieder. Der Prediger. Das Buch Ester) (KHC XVII), Freiburg u.a. 1898, 9–48.
Bühlmann, W., Das Hohelied (Neuer Stuttgarter Kommentar 15), Stuttgart 1997.
Butte, A., Le Cantique des cantiques, Paris 1947.
Buzy, D., Le Cantique des cantiques, traduit et commenté, in: L. Pirot/A. Calmer (Hg.), La Sainte Bible 6, Paris 1941, 281–363.
– Le Cantique des cantiques, Paris 1950.
Carr, G. L., The Song of Solomon. An Introduction and Commentary (TOTC 17), Leicester 1984.
Colombo, D., Il Cantico dei cantici (NVB), Rom 1975.
Davidson, R., Ecclesiastes and the Song of Solomon, Westminster 1986.
Delitzsch, F., Das Hohelied, Leipzig 1851.
– Hoheslied und Kohelet (BC 4/4), Leipzig 1875.
Durham, J., An Exposition of the Song of Songs (GSC), Edinburgh 1982.
Ewald, H. G. A., Das Hohe Lied Salomos übersetzt und mit Einleitung, Anmerkungen und einem Anhang über den Prediger, Göttingen 1826.
Falk, M., The Song of Songs. A New Translation and Interpretation, San Francisco 1990.
Feliks, J., Schir haSchirim (hebr.), Jerusalem 1974.
Fischer, J., Das Hohe Lied (EB 10), Würzburg 1949.
Fuerst, W. J., The Books of Ruth, Esther, Ecclesiastes, The Song of Songs, Lamentations. The Five Scrolls (CNEB), Cambridge u.a. 1975.
Garbini, G., Cantico dei cantici (Biblica 2), Brescia 1992.
Garrett, D. A., Proverbs, Ecclesiastes, Song of Songs (A New American Commentary 14), Nashville 1993.
– / *House, P. R.*, Song of Songs, Lamentations (WBC 23B), Nashville 2004.
Gebhardt, C., Das Lied der Lieder. Übertragen mit Einführung und Kommentar, Berlin 1931.
Gerleman, G., Ruth. Das Hohelied (BK 18), Neukirchen-Vluyn 1965.
Ginsburg, C. D., The Song of Songs and Cohelet (LBS), New York 1970 (London 1857).
Gledhill, T., The Message of the Song of Songs. The Lyrics of Love, Leicester 1994.
Gordis, R., The Song of Songs and Lamentations. A Study, Modern Translation and Commentary, New York ²1974.
Goulder, M. D., The Song of Fourteen Songs (JSOT.S 36), Sheffield 1986.
Grad, A.-D., Le véritable Cantique de Salomon. Introduction traditionelle et kabbalistique au Cantique des cantiques avec commentaires verset par verset précedés du texte hébreu et de sa traduction, Paris 1970.
Graetz, H., Schir Ha-Schirim oder das salomonische Hohelied, Wien 1871.
Hahn, H. A., Das Hohe Lied von Salomo übersetzt und erklärt, Breslau 1852.
Haller, M., Das Hohe Lied, in: K. Galling/M. Haller, Die fünf Megilloth (HAT 18), Tübingen 1940, 21–46.
Halter, M., Schir haSchirim (hebr.), Tel-Aviv 1963.
Harper, A., The Song of Solomon (CBSC), Cambridge ²1907.
Haupt, P., The Book of Canticles. A New Rhythmical Translation with Restoration of the Hebrew Text, Chicago 1902.

– Biblische Liebeslieder. Das sogenannte Hohelied Salomos unter steter Berücksichtigung Goethes und Herders, Leipzig 1907.
Hengstenberg, E. W., Das Hohelied Salomonis ausgelegt, Berlin 1853.
Herbert, A. S., The Song of Songs (PCB), London 1963, 468–474.
Hitzig, F. / Thenius, O., Das Hohe Lied. Die Klagelieder (KEHAT 16), Leipzig 1855.
Hontheim, J., Das Hohelied übersetzt und erklärt (BSt[F] 13/4), Freiburg 1908.
Jastrow, M. Jr., The Song of Songs. Being a Collection of Love Lyrics of Ancient Palestine. A New Translation Based on a Revised Text, together with the Origin, Growth, and Interpretation of the Songs, Philadelphia, London 1921.
Joüon, P., Le Cantique des cantiques. Commentaire philologique et exégétique, Paris ^{2}1909.
Kalt, E., Das Hohe Lied, Paderborn 1933.
Keel, O., Das Hohelied (ZBK.AT 18), Zürich ^{2}1992.
Kellner, M. (Hg.), Commentary on the Song of Songs. Levi ben Gerson (Gersonides), New Haven 1998.
Knight, G. A. F., Esther, Song of Songs, Lamentations (TBC), London 1955.
Krinetzki, L., Das Hohe Lied. Kommentar zu Gestalt und Kerygma eines alttestamentlichen Liebesliedes (KBANT), Düsseldorf 1964.
Krinetzki, G., Hoheslied (NEB.AT), Würzburg 1980.
– Kommentar zum Hohenlied. Bildsprache und theologische Botschaft (BET 16), Frankfurt, Bern 1981.
Levinger, E., Schir haSchirim (hebr.), Jerusalem ^{2}1973.
Longman, T., Song of Songs (NIC), Grand Rapids 2001.
Luther, M., In Cantica Canticorum brevis, sed admodum dilucida enarratio, in: D. Martin Luther, Werke. Kritische Gesamtausgabe 31/2, Weimar 1914, 586–769.
Lys, D., Le plus beau chant de la création. Commentaire du Cantique des cantiques (LeDiv 51), Paris 1968.
Manucci, V., Sinfonia dell'amore sponsale. Il Cantico dei cantici, Turin 1982.
Meier, E., Das Hohe Lied in deutscher Übersetzung, Erklärung und kritischer Textausgabe, Tübingen 1854.
Miller, A., Das Hohelied (HSAT 6/3), Bonn 1927.
Minocchi, S., Il Cantico dei cantici di Salomone tradotto e commentato con uno studio sulla donna e l'amore nell'Antico Oriente, Rom 1898.
Mowinckel, S., Sangenes Sang, Kristiana 1919.
– Salomos høysang. Gammelhebraiske kjaerlighetsdikte, Oslo 1962.
Müller, H.-P., Das Hohelied, in: ders./O. Kaiser/J. A. Loader, Das Hohelied. Klagelieder. Das Buch Ester (ATD 16/2), Göttingen ^{4}1992, 1–90.
Murphy, R. E., The Book of Ecclesiastes and the Canticle of Canticles with a Commentary, New York 1961.
– Wisdom Literature. Job, Proverbs, Ruth, Canticles, Ecclesiastes and Esther (FOTL 13), Grand Rapids 1981.
– The Song of Songs. A Commentary on the Book of Canticles or the Song of Songs (Hermeneia), Minneapolis 1990.
– / *Huwiler, E.*, Proverbs, Ecclesiastes, Song of Songs (NIC 12), Peabody 1999.
Neusner, J., Israel's Love Affair with God. Song of Songs (The Bible of Judaism Library), Valley Forge 1993.
Nolli, G., Cantico dei cantici (SB[T]) Turin, Rom 1968.
Oesterley, W. O. E., The Song of Songs. The Authorized Version together with a New Translation, an Introduction and Notes, London 1936.

Oudenrijn, M. A. van den, Het Hooglied uit de grondtekst vertaald en uitgelegd (BOT 8/3), Roermond 1962.
Pope, M. H., Song of Songs. A New Translation with Introduction and Commentary (AncB 7C), New York u. a. 1977.
Pouget, G. / Guitton, J., Le Cantique des cantiques (EtB), Paris 1934.
Ravasi, G., Il Cantico dei cantici. Commento e attualizzazione (Testi e Commenti 4), Bologna 1992.
Reese, J. M., The Book of Wisdom, Song of Songs (OTMes 20), Wilmington 1983.
Renan, E., Le Cantique des cantiques, Paris 1860, ^{6}1891.
Ricciotti, G., Il Cantico dei cantici. Versione critica del testo ebraico con introduzione e commento, Turin 1928.
Ringgren, H., Das Hohe Lied, in: ders./O. Kaiser, Das Hohe Lied. Klagelieder. Das Buch Esther (ATD 16/2), Göttingen ^{3}1981, 253–290.
Robert, A., Le Cantique des cantiques (La sainte Bible 18), Paris ^{2}1958.
– */ Tournay, R. J. / Feuillet, A.,* Le Cantique des cantiques. Traduction et commentaire (EtB), Paris 1963.
Rudolph, W., Das Buch Ruth. Das Hohe Lied. Die Klagelieder (KAT 17/1–3), Gütersloh 1962.
Rylaarsdam, J. C., The Proverbs. Ecclesiastes. The Song of Solomon (LBC 10), Richmond 1964.
Salvaneschi, E., Cantico dei cantici. Interpretatio ludica, Genua 1982.
Schneider, H., Das Hohelied (HBK 7/1), Freiburg 1962.
Schwienhorst-Schönberger, L., Das Hohelied, in: E. Zenger (Hg.): Stuttgarter Altes Testament. Einheitsübersetzung mit Kommentar und Lexikon, Stuttgart 2004, 1278–1290.
Siegel, A. M., The Sublime Songs of Love. A New Commentary on the Song of Songs and Related Essays, New York 1955.
Siegfried, C., Hoheslied, in: ders./W. Frankenberg, Die Sprüche, Prediger und Hoheslied (HK 2/3) Göttingen 1898, 78–126.
Snaith, J. G., Song of Songs (NCBC), London, Grand Rapids 1993.
Stadelmann, L. I., Love and Politics. A New Commentary on the Song of Songs, New York 1992.
Thilo, M., Das Hohelied, neu übersetzt und ästhetisch-sittlich beurteilt, Bonn 1921.
Tournay, R. J. / Nicolay, M., Le Cantique des cantiques. Commentaire abrégé, Paris 1967.
Vaihinger, J. G., Der Prediger und das Hohe Lied, Stuttgart 1858.
Waterman, L., The Song of Songs. Translated and Interpreted as a Dramatic Poem, Ann Arbor 1948.
Weems, R. J., The Song of Songs, in: C. A. Newsom/S. H. Ringe (Hg.), The Women's Bible Commentary, London, Louisville 1992, 156–160.
– Song of Songs, in: The New Interpreter's Bible, Nashville 1997, 363–434.
Weiss, B., The Song of Songs Unveiled. A New Translation and Exposition, Edinburgh 1859.
Weissbach, B., Das Hohe Lied Salomos, Leipzig 1858.
Westermann, C., Sprüche, Prediger, Hoheslied (SBh), Stuttgart 1956.
Würthwein, E., Das Hohelied, in: ders./K. Galling/O. Plöger, Die fünf Megilloth (HAT 18), Tübingen ^{2}1969, 25–71.

2. Targumim und Midraschim

Alexander, P. S., The Targum of Canticles (The Aramaic Bible 17A), Collegeville 2003.
Brasch, R. (Hg.), Der Midrasch Schir Ha-Schirim Suta, Leipzig 1936.
Donsky, Sch., Midrasch rabba: Schir haschirim (Midrasch Chasit), Jerusalem, Tel-Aviv 1980.
Gollancz, H., The Targum to the »Songs of Songs«, transl. from the Hebrew and Aramaic, London 1908.
Grossfeld, B. (Hg.), The Targum to the Five Megilloth, New York 1973.
Grünhut, L. (Hg.), Midrasch Schir Ha-Schirim, Jerusalem 1897.
Melamed, R. H., The Targum to Canticles According to Six Yemen Mss. Compared with the ›Textus Receptus‹, in: JQR 10 (1919) 377–410.
Melammed, E. Z., Der Targum zu Hld (hebr.), in: Tarbiz 40 (1971) 201–215.
Neri, U. (Hg.), Il Cantico dei cantici. Targum e antiche interpretazioni ebraiche, Rom 1987.
Piatelli, A. A. (Hg.), Targum Shir Ha-Shirim. Parafrasi aramaica del Cantico dei cantici, Rom 1987.
Sabar, Y., Targum de-Targum. An Old Neo-Aramaic Version of the Targum on Song of Songs, Wiesbaden 1991.
Wünsche, A., Der Midrasch Schir Ha-Schirim (Bibliotheca Rabbinica 6/7), Hildesheim 1967.

3. Paralleltexte aus der Umwelt

Avishur, J., Zur stilistischen Beziehung zwischen dem Hohenlied und der ugaritischen Literatur (hebr.), in: BetM 19 (1974) 508–525.
Alster, B., Sumerian Love Songs, in: RA 79 (1985) 127–159.
Cooper, J. S., New Cuneiform Parallels to the Song of Songs, in: JBL 90 (1971) 157–162.
Dalman, G., Palästinischer Diwan, Leipzig 1901.
Dornseiff, F. F., Ägyptische Liebeslieder, Hoheslied, Sappho, Theokrit, in: ZDMG 90 (1936) 589–601.
Ebeling, E., Das Hohelied im Lichte der assyrischen Forschungen, in: ZDMG 78 (1924) 68–69.
Falkenstein, A. / Soden, W. von, Sumerische und akkadische Hymnen und Gebete, Zürich, Stuttgart 1953.
Fauth, W., Aphrodite parakyptusa. Untersuchungen zum Erscheinungsbild der vorderasiatischen Dea Prospiciens (AAWLM.G 6), Mainz 1967.
Fox, M. V., The Cairo Love Songs, in: JAOS 100 (1980) 101–109.
– Love, Passion, and Perception in Israelite and Egyptian Love Poetry, in: JBL 102 (1983) 219–228.
– The Song of Songs and the Ancient Egyptian Love Songs, Madison 1985.
Fuks, M., Liebeslieder aus dem Alten Ägypten (hebr.), Jerusalem 1985.
Garbini, G., Poesia Alessandrina e Cantico dei Cantici, in: Alessandria e il Mondo Ellenistico-Romano. FS A. Adriani, Rom 1983, 25–29.
Hruška, B., Das Hohelied und die Sumerer. Eine negative Zwischenbilanz, in: P. Zemánek

(Hg.), Studies in Near Eastern Languages and Literature. Memorial Volume of K. Patráček, Prag 1996, 287–295.
Kramer, S. N., The Biblical Song of Songs and the Sumerian Love Songs, in: Exped. 5 (1962) 25–31.
– The Sacred Marriage Rite. Aspects of Faith, Myth, and Ritual in Ancient Sumer, London 1969.
Littmann, E., Neuarabische Volkspoesie, gesammelt und übersetzt, Berlin 1902.
Mathieu, B., La poésie amoureuse de l'Égypte Ancienne. Recherche sur un genre littéraire au Nouvel Empire, Kairo 1996.
Mariaselvam, A, The Song of Songs and Ancient Tamil Love Song. Poetry and Symbolism (AnBib 118), Rom 1988.
Meek, T. J., Canticles and the Tammuz Cult, in: AJSL 39 (1922/23) 1–14.
– Babylonian Parallels to the Song of Songs, in: JBL 43 (1924) 245–252.
– The Song of Songs and the Fertility Cult, in: W. H. Schoff (Hg.), A Symposium on the Song of Songs, Philadelphia 1924, 48–79.
Müller, W. M., Die Liebespoesie der Ägypter, Leipzig 1899.
Niccacci, A., Cantico dei cantici e canti d'amore egiziani, in: LASBF 41 (1991) 61–85.
Nissinen, M., Love Lyrics of Nabû and Tašmetu. An Assyrian Song of Songs?, in: M. Dietrich/I. Kottsieper (Hg.): »Und Mose schrieb dieses Lied auf«. Studien zum Alten Testament und zum Alten Orient. FS O. Loretz (AOAT 250), Münster 1998, 585–634.
Paul, S. H., The »Plural of Ecstasy« in Mesopotamian and Biblical Love Poetry, in: Z. Zevit u. a. (Hg.), Solving Riddles and Untying Knots, Winona Lake 1995, 585–597.
– A Lover's Garden of Verse. Literal and Metaphorical Imagery in Ancient Near Eastern Love Poetry, in: M. Cogan u. a. (Hg.), Tehillah le-Moshe. FS M. Greenberg, Winona Lake 1996, 99–110.
Pestalozza, U., I miti della donna giardino, da Iside alla Sulamita, Mailand 2001.
Rabin, C., The Song of Songs and Tamil Poetry, in: SR 3 (1973) 205–219.
Roselaar, M., Das Hohelied im Lichte der hellenistisch-erotischen Dichtung (hebr.), in: Eschkolot 1 (1954) 33–48.
Sasson, J. M, A Further Cuneiform Parallel to the Song of Songs?, in: ZAW 85 (1973) 359–360.
Schlögl, H. A., Gärten der Liebe. Lyrik aus der Zeit der Pharaonen, Düsseldorf 2000.
Schmidt, N., Is Canticles an Adonis Litany?, in: JAOS 46 (1926) 154–164.
Schmökel, H., Hoheslied und altorientalische Götterhochzeit, in: FuF 27 (1953) 110–113.
– Heilige Hochzeit und Hoheslied (AKM 32/1), Wiesbaden 1956.
Schott, S., Altägyptische Liebeslieder. Mit Märchen und Liebesgeschichten, Zürich ^{2}1950.
Seiple, W. G., Theocritean Parallels to the Song of Songs, in: AJSL 19 (1903) 108–115.
Shashar, M., Song of Songs and Bedouin Love Poetry (hebr.), in: BetM 31 (1985/86) 360–370.
Stephan, S. H., Modern Palestinian Parallels to the Song of Songs, in: JPOS 2 (1922) 199–278.
Theocritus, Gedichte griechisch/deutsch (übers. v. B. Effe), Düsseldorf, Zürich 1999.
Watson, W. G. E., Some Ancient Near Eastern Parallels to the Song of Songs, in: J. Davies/G. Harvey/W. G. E. Watson (Hg.), Words Remembered, Texts Renewed. FS J. F. A. Sawyer (JSOT.S 195), Sheffield 1995, 253–271.
Westenholz, J. G., Metaphorical Language in the Poetry of Love in the Ancient Near East, in: D. Charpin/F. Joannès (Hg.), La circulation des biens, des personnes et des idées dans le Proche-Orient Ancien. Actes de la XXXVIIIe Rencontre Assyriologique Internationale, Paris 1992, 381–387.

Wetzstein, J. G., Die syrische Dreschtafel, in: ZE 5 (1873) 270–302.
White J. B., A Study of the Language of Love in the Song of Songs and Ancient Egyptian Poetry (SBL.DS 38), Missoula 1978.
Wittekindt, W., Das Hohe Lied und seine Beziehung zum Istarkult, Hannover 1925.

4. Einzelstudien

Abécassis, A., Espaces de lecture du Cantique des cantiques en contexte juif, in: J. Nieuviarts/P. Debergé (Hg.), Les nouvelles voies de l'exégèse. En lisant le Cantique des cantiques (LeDiv 190), Paris 2002, 185–196.
Abramo, G. / Crivelli, N. E., Il Cantico dei cantici e la tradizione cabalistica, Foggia 1999.
Albright, W. E., Archaic Survivals in the Text of Canticles, in: D. W. Thomas/W. D. McHardy (Hg.), Hebrew and Semitic Studies presented to G. R. Driver, Oxford 1963, 1–7.
Alden, R. L., Song of Songs 8,12a. Who Said It?, in: JETS 31 (1988) 271–278.
Alegre Heitzmann, A., El Cantar de los cantares. Poesía y ritual de la pascua, in: EstB 43 (1985) 321–330.
Alexander, P. S., The Song of Songs as Historical Allegory. Note on the Development of an Exegetical Tradition, in: K. J. Chatheart/M. Maher (Hg.), Targumic and Cognate Studies. FS M. J. McNamara, Sheffield 1996, 14–29.
Alonso Schökel, L., Il Cantico dei cantici. La dignità dell'amore, Casale Monferrato 1990.
– »Steh auf meine Freundin, meine Schöne, und komm!«. Gedanken zum Hohenlied, München u. a. 1991.
Angénieux, J., Structure du Cantique des cantiques. En chants encadrés par des refrains alternants, in: EThl 41 (1965) 96–142.
– Le Cantique des cantiques en huit chants à refrains alternants, in: H. Cazelles (Hg.), De Mari à Qumrân. FS J. Coppens (BEThL 24), Gembloux 1969, 192–245.
Astell, A. W., The Song of Songs in the Middle Ages, Ithaca, London 1990.
Audet, J.-P., Le sens du Cantique des cantiques, in: RB 62 (1955) 197–221.
Augustin, M., Schönheit und Liebe im Hohenlied und dessen jüdische Auslegung im 1. und 2. Jahrhundert, in: ders./K.-D.Schunck (Hg.), »Wünschet Jerusalem Frieden«. IOSOT Congress Jerusalem 1986 (BEAT 13), Frankfurt u. a. 1988, 395–408.
Auwers, J.-M., Lectures patristiques du Cantique des cantiques, in: J. Nieuviarts/P. Debergé (Hg.), Les nouvelles voies de l'exégèse. En lisant le Cantique des cantiques (LeDiv 190), Paris 2002, 129–157.
Baildam, J.-D., Paradisal Love. Johann Gottfried Herder and the Song of Songs (JSOT.S 298), Sheffield 1999.
Barbiero, G., L'ultimo canto dell'amata (Ct 7,10b–8,7). Saggio di lettura »metaforica«, in: Salesianum 53 (1991) 631–648.
– Die Liebe der Töchter Jerusalems. Hld 3,10b MT im Kontext von 3,6–11, in: BZ 39 (1995) 96–104.
– Die »Wagen meines edlen Volkes« (Hld 6,12). Eine strukturelle Analyse, in: Bib. 78 (1997) 174–189.
– »Senti! È il mio diletto!« (Ct 2,8–17), in: A. Bonora/M. Priottto u. a., Libri sapienziali e altri scritti (Logos 4), Turin 1997, 357–377.

Bar Ilan, M., Text Criticism, Erotica and Magic in the Song of Songs, in: Shnaton 9 (1985) 31–53.

Barthélemy, D., Comment le Cantique des cantiques est-il devenu canonique?, in: A. Caquot/S. Légasse/M. Tardieu (Hg.), Mélanges bibliques et orientaux. FS M. Delcor (AOAT 215), Neukirchen-Vluyn 1985, 13–22.

Bentzen, A., Remarks on Canonisation of the Song of Solomon, in: Studia Orientalia Johanni Pedersen, Hauniae 1953, 41–47.

Bergant D., »My Beloved Is Mine and I Am His« (Song 2,16). The Song of Songs and Honor and Shame, in: Semeia 68 (1994) 23–40.

Bertholet, A., Zur Stelle Hohes Lied 4,8, in: W. Frankenberg/F. Küchler, Abhandlungen zur semitischen Religionskunde und Sprachwissenschaft. FS W. W. Baudissin (BZAW 33), Gießen 1918, 47–54.

Black, F. C., Beauty or the Beast? The Grotesque Body in the Song of Songs, in: BibInt 8 (2000) 302–323.

Blok, H., Allegoric Geography in the Song of Songs, in: J. Dyk (Hg.), Give Ear to My Words. Psalms and Other Poetry in and around the Hebrew Bible. FS N. A. van Uchelen, Amsterdam 1996, 173–182.

Boer, R., The Second Coming. Repetition and Insatiable Desire in the Song of Songs, in: BibInt 8 (2000) 276–301.

Bonora, A., Cantico dei cantici, in: ders./M. Priotto (Hg.), Libri sapienziali e altri scritti (Logos 4), Turin 1997, 135–153.

Boot, J., De allegorische uitlegging van het Hooglied voornamelijk in Nederland, Woerden 1971.

Bosetti, E., Cantico dei cantici, »Tu che il mio cuore ama«. Estasi e ricerca, Mailand 2001.

Bosshard-Nepustil, E., Zu Struktur und Sachprofil des Hohenlieds, in: BN 81 (1996) 45–71.

Boyarin, D., The Song of Songs: Lock or Key? Intertextuality, Allegory and Midrash, in: R. M. Schwartz (Hg.), The Book and the Text. The Bible and the Literary Theory, Oxford 1990, 214–230.

Brenner, A., Aromatics and Perfumes in the Song of Songs, in: JSOT 25 (1983) 75–81.

– The Song of Songs (OTGu 12), Sheffield 1989.

– »Come Back, Come Back the Shulammite« (Song of Songs 7,1–10). A Parody of the waṣf Genre, in: dies./Y. T. Radday (Hg.), On Humor and Comic in the Hebrew Bible, Sheffield 1990, 251–276.

– A Note on bat-rabbîm (Song of Songs 7,5), in: VT 42 (1992) 113–115.

– (Hg.), A Feminist Companion to the Song of Songs (The Feminist Companion to the Bible 1), Sheffield 1993.

– The Food of Love. Gendered Food and Food Imagery in the Song of Songs, in: Semeia 86 (1999–2001) 101–112.

– / *Fontaine, C. R.* (Hg.), The Song of Songs (A Feminist Companion to the Bible – Second Series), Sheffield 2000.

Broadribb, D., Thoughts on the Song of Solomon, in: Abr-n. 3 (1961/62) 11–36.

Brock, S. P., Mingana syr. 628. A Folio from a Revision of the Peshitta Song of Songs, in: JSSt 40 (1995) 39–54.

Buzy, D., La composition littéraire du Cantique, in: RB 49 (1940) 169–194.

– Un chef-d'œuvre de poésie pure. Le Cantique des cantiques, in: L.-H.Vincent (Hg.), Mémorial Lagrange, Paris 1940, 147–162.

– L'allégorie matrimoniale de Jahvé et d'Israël et le Cantique des cantiques, in: RB 52 (1944) 77–90.

– La Cantique des cantiques, in: L. Pirot/A. Clamer (Hg.), La Sainte Bible, Paris 1951, 281–363.
Callow, J., Units and Flow in the Song of Songs 1,1–2,6, in: R. D. Bergen (Hg.), Biblical Hebrew and Discourse Linguistics, Winona Lake 1994, 462–488.
Campbell, I. D., The Song of David's Son. Interpreting the Song of Solomon in the Light of the David Covenant, in: WThJ 62 (2000) 17–32.
Carr, D. M., The Song of Songs as Microcosm of the Canonization and Decanonization Process, in: A. van der Kooij/K. van der Toorn (Hg.), Canonization and Decanonization (StHR 82), Leiden u. a. 1998, 173–189.
– Gender and the Shaping of Desire in the Song of Songs and Its Interpretation, in: JBL 119 (2000) 233–248.
– Ancient Sexuality and Divine Eros. Rereading the Bible through the Lens of the Song of Songs, in: USQR 54 (2000) 1–18.
Casalis, G. / Gollwitzer, H. / Pury, R. de, Un chant d'amour insolite. Le Cantique des cantiques, Paris 1984.
Chappuzeau, G., Die Auslegung des Hohenliedes durch Hippolyt von Rom, in: JAC 19 (1976) 45–81.
Chave, P., Toward a Not Too Rosy Picture of Song of Songs, in: Feminist Theology 18 (1998) 41–53.
Chouraqui, A., Le Cantique des cantiques suivi des Psaumes, Paris 1970.
Clines, D. J. A., Why is There a Song of Songs and What Does It to You If You Read It?, in: Jian Dao. A Journal of Bible and Theology 1 (1994) 3–28.
Cohen, G. D., Das Hohelied im Spiegel des Judentums (hebr.), in: ders., Bibelauslegungen, Abhandlungen zu Grundfragen der biblischen Welt (hebr.), hg. v. A. Shapira, Tel-Aviv 1984, 89–108.
Cohen, M., Métaphores et autres figures littéraires dans le Cantique de cantiques, in: Graphé 8 (1999) 11–31.
Colombo, D., Cantico dei cantici (LoB.AT), Brescia 1985.
Cook, A., The Root of the Thing. A Study of Job and the Song of Songs, Bloomington, London 1968.
Corney, R. W., What Does »Literal Meaning« Mean? Some Commentaries on the Song of Songs, in: AthR 80 (1998) 494–516.
Cottini, V., Linguaggio erotico nel Cantico e in Proverbi, in: SBFLA 40 (1990) 25–45.
Davidson, R. M., Theology of Sexuality in the Song of Songs. Return to Eden, in: AUSS 27 (1989) 1–19.
Davis, E. F., Romance of the Land in the Song of Songs, in: AThR 80 (1998) 533–546.
Deckers-Dijs, M., Begeerte in bijbels liefdespoësie. Een semiotische analyse van het Hooglied, Kampen 1991.
Di Bianco, N., Un interpretazione drammatica del Cantico dei cantici, in: Asprenas 47 (2000) 27–42.
Dijk-Hemmes, F. van, The Imagination of Power and the Power of Imagination. An Intertextual Analysis of Two Biblical Love Songs: The Song of Songs and Hosea 2, in: JOSOT 44 (1989) 75–88.
Dirksen, P. B., Song of Songs 3,6–7, in: VT 39 (1989) 219–225.
Dohm, B., Poetische Alchemie. Öffnung zur Sinnlichkeit in der Hohenlied- und Bibeldichtung von der protestantischen Barockmystik bis zum Pietismus (Studien zur deutschen Literatur 154), Tübingen 2000.
Dorsey, D. A., Literary Structuring in the Song of Songs, in: JSOT 46 (1990) 81–96.
Dubarle, A.-M., L'amour humain dans le Cantique des cantiques, in: RB 61 (1954) 67– 86.

Dünzl, F., Braut und Bräutigam. Die Auslegung des Canticum durch Gregor von Nyssa (BGBE 32), Tübingen 1993.
Eichner, J. / Scherer A., »Die ›Teiche‹ von Hesbon«. Eine exegetisch-archäologische Glosse zu Cant 7,5bα, in: BN 109 (2001) 10–14.
Elliott, M. T., The Literary Unity of the Canticle (EHS 23), Frankfurt u. a. 1989.
Elliott, M. W., Ethics and Aesthetics in the Song of Songs, in: TynB 45 (1994) 137–152.
– The Song of Songs and Christology in the Early Church: 381–451 (Studien und Texte zu Antike und Christentum 7), Tübingen 2000.
Emerton, J. A., Lice in a Veil in the Song of Songs 1,7?, in: A. G. Auld (Hg.), Understanding Poets and Prophets. FS G. W. Anderson (JSOT.S 152), Sheffield 1993, 127–140.
Ena Tardi, J.-E. de, Le conflit des interprétations sur le sens du Cantique des cantiques. Essai théorique et pratique d'une herméneutique articulée du sens du texte: sens textuel, sens directionnel et cadre du texte, Fribourg 2001.
Engammare, M., François Lambert et son commentaire du Cantique des cantiques. Une lecture ecclésiale nouvelle pour un temps ecclésial nouveau, in: RHPhR 70 (1990) 285–309.
– »Qu'il me baise des baisers de sa bouche«. Le Cantique des cantiques à la Renaissance. Étude et Bibliographie (THR 277), Genf 1993.
Exum, J. Ch., A Literary and Structural Analysis of the Song of Songs, in: ZAW 85 (1973) 47–79.
– Developing Strategies of Feminist Criticism/Developing Strategies for Commentating the Song of Songs, in: D. J. A. Clines/S. D. Moore (Hg.), Auguries: The Jubilee Volume of the Sheffield Department of Biblical Studies (JSOT.S 269), Sheffield 1998, 206–249.
– In the Eye of the Beholder. Wishing, Dreaming, and Double Entendre in the Song of Songs, in: F. C. Black/R. Boer/E. Runions (Hg.), The Labour of Reading. Desire, Alienation, and Biblical Interpretation (The Society of Biblical Literature Semeia Studies 3), Atlanta 1999, 71–86.
– How Does the Song of Songs Mean? On Reading the Poetry of Desire, in: SEÅ 64 (1999) 47–63.
Faessler, M. /Carrillo, F., L'alliance du désir. Le Cantique des cantiques revisité, Genf 1995.
Falk, M., Love Lyrics from the Bible. A Translation and Literary Study of the Song of Songs (BLS), Sheffield 1982.
Feuillet, A., Le Cantique des cantiques et la tradition biblique, in: NRTh 74 (1952) 706–733.
– Le Cantique des cantiques. Étude de théologie biblique et réflexions sur une méthode d'exégèse (LeDiv 10), Paris 1953.
– La formule d'appartenance mutuelle (2,16) et les interprétations divergentes du Cantique des cantiques, in: RB 69 (1961) 5–38.
– S'asseoir à l'ombre de l'époux (Os 14,8a et Cant 2,3), in: RB 78 (1971) 391–405.
– La femme vêtue de soleil (Apoc 12) et la glorification de l'Épouse du Cantique des cantiques (6,10). Réflexions sur le progrès dans l'interprétation de l'Apocalypse et du Cantique des cantiques, in: NV 59 (1984) 36–67.
– La drame d'amour du Cantique des cantiques remis en son contexte prophétique, in: NV 62 (1987) 81–126.
– La drame d'amour du Cantique des cantiques remis en son contexte prophétique – 2e partie, in: NV 63 (1988) 81–136.

– Perspectives nouvelles à propos de l'interprétation du Cantique des cantiques. Les formules de possession mutuelle de 2, 16; 6, 3–4; 7, 11, in: Div. 31 (1990) 203–219.
Fox, M. V., Scholia to Canticles (1, 4b; 2, 4; 3, 4bA, 4, 3; 5, 8; 6, 12), in: VT 33 (1983) 199–206.
Frank, K. S., Das Hohelied in der frühen Mönchsliteratur, in: EuA 61 (1985) 247–260.
– Art. Hoheslied, in: RAC 16, 1994, 58–87.
Freehof, B., The Song of Songs. A General Suggestion, in: JQR 39 (1948/49) 397–402.
Frolov, S., No Return for Shulammit. Reflection on Cant 7, 1, in: ZAW 110 (1998) 256–258.
Garbini, G., La datazione del »Cantico dei Cantici«, in: RSO 56 (1982) 39–46.
– Calchi lessicali greci nel »Cantico dei Cantici«, in: AALM 39 (1984) 149–160.
– Il Cantico dei cantici nel quadro della poesia dell'antico Oriente, in: Sef. 57 (1997) 51–68.
Gargano, G. I., I commenti patristici al Cantico dei cantici, in: M. Naldini (Hg.), La Bibbia nei Padri della Chiesa. L'Antico Testamento, Bologna 1999, 127–150.
Genovese, A., La ricerca di Dio. Il Cantico dei cantici e le Confessioni, in: RVS 55 (2001) 685–696.
Goebel, M., Die Bearbeitungen des Hohen Liedes im 17. Jahrhundert. Nebst einem Überblick über die Beschäftigung mit dem Hohen Liede in früheren Jahrhunderten, Halle 1914.
Gollwitzer, H., Das hohe Lied der Liebe, München 1978.
Gordis, R., A Wedding Song of Solomon, in: JBL 63 (1944) 263–270.
Görg, M., Die »Sänfte Salomos« nach HL 3, 9 f., in: BN 18 (1982) 15–25.
– Lexikalisches zu HL 5, 11, in: BN 21 (1983) 26–27.
– »Travestie« im Hohen Lied. Eine kritische Betrachtung am Beispiel von HL 1, 5 f., in: BN 21 (1983) 101–115.
– Eine Salbenbezeichnung in HL 1, 3, in: BN 38/39 (1987) 36–38.
– »Kanäle« oder »Zweige« in Hld 4, 13?, in: BN 72 (1994) 20–23.
Grober, S. F., The Hospitable Lotus. A Cluster of Metaphors. An Inquiry into the Problem of Textual Unity in the Song of Songs, in: Semitics 9 (1984) 86–112.
– Synaesthesia in the Song of Songs, in: South African Judaica 1 (1984) 40–43.
Grossberg, D., Canticels 3, 10 in the Light of a Homeric Analogue and Biblical Poetics, in: BTB 11 (1981) 74–76.
Haag, H., Das heutige Verständnis des Hohenliedes in der katholischen Exegese, in: A. Caquot/S. Légasse/M. Tardieu (Hg.), Mélanges bibliques et orientaux. FS M. Delcor (AOAT 215), Neukirchen-Vluyn 1985, 209–219.
Haag, H. / Elliger, K., »Stört nicht die Liebe«. Diskriminierung der Sexualität – ein Verrat an der Bibel, Olten / Freiburg 1986.
– »Wenn er mich doch küßte …«. Das Hohe Lied der Liebe, Zürich, Düsseldorf [3]1997.
Hagedorn, A. C., Of Foxes and Vineyards. Greek Perspectives on the Song of Songs, in: VT 53 (2003) 337–352.
Hamp, V., Zur Textkritik am Hohenlied, in: BZ 1 (1957) 197–215.
Heinevetter, H.-J., »Komm nun, mein Liebster, Dein Garten ruft Dich!« Das Hohelied als programmatische Komposition (BBB 69), Frankfurt 1988.
Herder, J. G., Lieder der Liebe. Die ältesten und schönsten aus dem Morgenlande, nebst vier und vierzig alten Minneliedern, Zürich 1992 (Leipzig 1778).
Holman, J., A Fresh Attempt to Understand the Imagery of Canticles 3, 6–11, in: K.-D. Schunck/M. Augustin (Hg.), »Lasset uns Brücken bauen …« (BEAT 42), Frankfurt 1998, 303–309.

Horine, S. C., Interpretive Images in the Song of Songs. From Wedding Chariots to Bridal Chambers (StHu 55), New York u. a. 2001.
Hostetter, E. C., Mistranslation in Cant 1,5, in: AUSS 34 (1996) 35–36.
Hug, J. L., Das Hohe Lied in einer noch unversuchten Deutung, Freyburg, Constanz 1813.
Hunter, J. H., The Song of Protest. Reassessing the Song of Songs, in: JSOT 90 (2000) 109–124.
Isserlin, B. S. J., Song of Songs 4,4. An Archaeological Note, in: PEQ 90 (1958) 59–60.
Israelit-Groll, S., Ostracon Nash 12 and Chapter 5 of Song of Songs, in: World Union of Jewish Studies, Jerusalem 1990, 131–144.
Jacob, G., Das Hohelied, aufgrund arabischer und anderer Parallelen von neuem untersucht, Berlin 1902.
Keel, O., Deine Blicke sind Tauben. Zur Metaphorik des Hohen Liedes (SBS 114/115), Stuttgart 1984.
– Art. Hoheslied, in: NBL 2, 1991, 183–191.
Kimelman, R., Rabbi Yohanan and Origen on the Song of Songs. A Third-Century Jewish-Christian Disputation, in: HThR 73 (1980) 567–595.
King, C., A Love as Fierce as Death. Reclaiming the Song of Songs for Queer Lovers, in: R. E. Goss/M. West (Hg.), Take Back the Word. A Queer Reading of the Bible, Cleveland 2000, 126–142.
Koch, E., Beobachtungen zum Umgang mit dem Hohenlied in Theologie und Frömmigkeit des Luthertums im 16. bis 18. Jahrhundert, in: M. Albani/T. Arndt (Hg.), Gottes Ehre erzählen. FS H. Seidel, Leipzig 1994, 25–41.
Koch, K., Das Hohe Lied unter kanonischer Perspektive. Beobachtungen zur Rezeptionsgeschichte anhand von Targum und Midrasch, in: M. Albani/T. Arndt (Hg.), Gottes Ehre erzählen. FS H. Seidel, Leipzig 1994, 11–23.
Krauss, S., Der richtige Sinn von »Schrecken in der Nacht« Hld 3,8, in: B. Schindler (Hg.), Occident and Orient. FS M. Gaster, London 1936, 323–330.
Kreeft, P., Three Philosophies of Life. Ecclesiastes: Life as Vanity; Job: Life as Suffering; Song of Songs: Life as Love, San Francisco 1989.
Krinetzki, L., Die Macht der Liebe. Eine ästhetisch-exegetische Untersuchung zu Hld 8,6–7, in: MThZ 13 (1962) 256–279.
– Die erotische Psychologie des Hohen Liedes, in: ThQ 150 (1970) 404–416.
– »Retractationes« zu früheren Arbeiten über das Hohe Lied, in: Bib. 52 (1971) 176–189.
Kuhl, C., Das Hohelied und seine Deutung, in: ThR 9 (1937) 137–167.
Kuhn, G., Erklärung des Hohen Liedes, in: NKZ 37 (1926) 501–510. 521–572.
Kuhn, P., Jüdische Hoheliedexegese seit dem Beginn der Aufklärung, in: Nordisk Judaistik – Scandinavian Jewish Studies 12 (1991) 83–92.
Küsters, U., Der verschlossene Garten. Volkssprachliche Hohelied-Auslegung und monastische Lebensform im 12. Jahrhundert (StH 2), Düsseldorf 1985.
LaCocque, A., L'insertion du Cantique des cantiques dans le Canon, in: RHPhR 42 (1962) 38–44.
– La Shulamite et les chars d'Aminadab. Un essai herméneutique sur Cantique 6,12–7,1, in: RB 102 (1995) 330–347.
– Romance, She Wrote. A Hermeneutical Essay on Song of Songs, Harrisburg 1998.
Landy, F., The Song of Songs and the Garden of Eden, in: JBL 98 (1979) 513–528.
– Beauty and Enigma. An Inquiry into Some Interrelated Episodes of the Song of Songs, in: JSOT 17 (1980) 55–106.
– Paradoxes of Paradise. Identity and Difference in the Song of Songs (BiLiSe 7), Sheffield 1983.

– The Song of Songs, in: R. Alter/F. Kermode (Hg.), The Literary Guide to the Bible, Cambridge 1987, 315–317.
Lapide, P., Das Hohelied der Liebe, München 1993.
Lavoie, J. J., Le Cantique des cantiques ou quand l'amour habite la distance, in: Revue Sricptura 14 (1993) 73–91.
– Festin érotique et tendresse cannibalique dans le Cantique des cantiques, in: SR 24 (1995) 131–146.
– Woman in the Song of Songs, in: G. Caron u. a. (Hg.), Women also Sojourned with Him. Feminist Perspectives on the Bible, Collegeville 2000, 75–81.
Lee, G. M., Song of Songs 5,16, »My Beloved is White and Ruddy«, in: VT 21 (1971) 609.
Lemaire, A., Zāmīr dans la tablette de Gezer et le Cantique des cantiques, in: VT 25 (1975) 15–26.
Lerch, D., Zur Geschichte der Auslegung des Hohenliedes, in: ZThK 54 (1957) 257–277.
Leeuwen, N. D. van, De mishandeling der vrouw in Hooglied 5,7, in: GThT (1923) 201–203.
Lobrichon, G., Espaces de lecture du Cantique des cantiques dans l'Occident médiéval (9e–10e siècle), in: J. Nieuviarts/P. Debergé (Hg.), Les nouvelles voies de l'exégèse. En lisant le Cantique de cantiques (LeDiv 190), Paris 2002, 197–216.
Lombard, D., Le Cantique des cantiques (3,6–5,1), in: SémBi (1992) 45–52.
Long, G. A., A Lover, Cities, and Heavenly Bodies. Co-text and the Translation of Two Similes in Canticles (6,4c; 6,10d), in: JBL 115 (1996) 703–709.
Loretz, O., Zum Problem des Eros im Hohenlied, in: BZ 8 (1964) 191–216.
– Studien zur althebräischen Poesie 1. Das althebräische Liebeslied. Untersuchungen zur Stichometrie und Redaktionsgeschichte des Hohenliedes und des 45. Psalms (AOAT 14/1), Kevelaer, Neukirchen-Vluyn 1971.
– Nachklänge des ugaritischen Baal-Mythos im Hld 8,6–7, in: SSRel (1981) 197–207.
– Cant 4,8 auf dem Hintergrund ugaritischer und assyrischer Beschreibungen des Libanons und Antilibanons, in: D. R. Daniels/U. Gleßmer/M. Rösel (Hg.), Ernten, was man sät. FS K. Koch, Neukirchen-Vluyn 1991, 131–141.
– Siegel als Amulette und Grabbeigaben in Mesopotamien und HL 8,6–7, in: UF 25 (1993) 237–246.
Lundbom, J. R., Song of Songs 3,1–4, in: Interp. 49 (1995) 172–175.
Lüthi, K., Das Hohe Lied der Bibel und seine Impulse für eine heutige Ethik der Geschlechter, in: ZThK (1993) 91–114.
Luzarraga, J., El Cantar de los Cantares en el Canon bíblico, in: Gr. 83 (2002) 5–63.
Luzzatto, A., Una lettura ebraica del Cantico dei cantici (Collana Schulim Vogelmann 61), Florenz 1997.
Madl, H., Dimensionen des Menschen in Israels Lyrik. Von der Stärke der Liebe – wider ihre Verächter (Hld 7,12–8,14), in: Katholisch-Theologische Fakultät der Universität Graz (Hg.), Theologie im Dialog, Graz u. a. 1985, 227–242.
– Land und Garten als Bild der »Braut« im Hohenlied. Anfragen zu einer Gesamtdeutung, in: N. Brox u. a. (Hg.), Anfänge der Theologie. FS J. B. Bauer, Graz u. a. 1987, 41–59.
Malul, J., Janus Parallelism in Biblical Hebrew: Two More Cases (Canticles 4,9.12), in: BZ 41 (1997) 246–249.
Matter, E. A., The Voice of My Beloved. The Song of Songs in Western Medieval Christianity (Middle Age Series), Philadelphia 1990.
Mazor, Y., The Song of Songs or the Story of Stories? The ›Song of Songs‹: Between Genre and Unity, in: SJOT 4 (1990) 1–29.
Meloni, P., Il profumo dell'immortalità. L'interpretazione patristica di Ct 1,3, Rom 1975.

Merkin, D., The Woman in the Balcony. On Rereading the Song of Songs, in: C. Büchmann/C. Spiegel (Hg.), Out of the Garden. Women Writers on the Bible, New York 1994, 238–251.
Meyers, C., Gender Imagery in the Song of Songs, in: HAR 10 (1986) 209–223.
Moore, S. D., The Song of Songs in the History of the Sexuality, in: ChH 69 (2000) 328–349.
Morfino, M. M., Il Cantico dei cantici e il patto elettivo. Possibili connessioni, in: Theologica et Historica 5 (1996) 7–42.
– L'esegesi origeniana del Cantico dei cantici. Contributo alla storia dell'esegesi, in: Theologica et Historica 6 (1997) 11–57.
Moye, J., Song of Songs – Back to Allegory? Some Hermeneutical Considerations, in: AJTh 4 (1990) 120–125.
Mulder, M. J., Does Canticles 6,12 Make Sense?, in: F. García Martínez/A. Hilhost/C. J. Labuschagne (Hg.), The Scriptures and the Scrolls. FS A. S. van der Woude (VT.S 49), Leiden 1992, 104–113.
Müller, H.-P., Die lyrische Reproduktion des Mythischen im Hohenlied, in: ZThK 73 (1976) 23–41.
– Poesie und Magie in Cant 4,12–5,1, in: ZDMG 3/1 (1977) 157–164.
– Vergleich und Metapher im Hohenlied (OBO 56), Fribourg, Göttingen 1984.
– Begriffe menschlicher Theomorphie. Zu einigen cruces interpretum in Hld 6,10, in: ZAH 1 (1988) 112–121.
– Hld 4,12–5,1: ein althebräisches Paradigma poetischer Sprache, in: ZAH 1 (1988) 191–201.
– Menschen, Landschaften und religiöse Erinnerungsreste. Anschlußerörterungen zum Hohenlied, in: ZThK 91 (1994) 375–395.
– Kohelet und Amminadab, in: A. A. Diesel u. a. (Hg.), »Jedes Ding hat seine Zeit …«. Studien zur israelitischen und altorientalischen Weisheit. FS D. Michel (BZAW 241), Berlin, New York 1996, 149–165.
– Travestien und geistige Landschaften. Zum Hintergrund einiger Motive bei Kohelet und im Hohenlied, in: ZAW 109 (1997) 557–574.
– Eine Parallele zur Weingartenmetapher des Hohenliedes aus der frühgriechischen Lyrik, in: M. Dietrich/I. Kottsieper (Hg.), »Und Mose schrieb dieses Lied auf«. Studien zum Alten Testament und zum Alten Orient. FS O. Loretz (AOAT 250), Münster 1998, 569–584.
– Zum magischen Hintergrund des Hohenliedes, in: ZDMG 150 (2000) 409–424.
– Der Libanon in altorientalischen Quellen und im Hohenlied. Paradigma einer poetischen Topographie, in: ZDPV 117 (2001) 116–128.
Müller, S., »Fervorem discamus amoris«. Das Hohelied und seine Auslegung bei Gregor dem Großen, St. Ottilien 1991.
Munro, J. M., Spikenard and Saffron. The Imagery of the Song of Songs (JSOT.S 203), Sheffield 1995.
Murphy, R. E., The Structure of the Canticle of Canticles, in: CBQ 11 (1949) 381–391.
– The Form-Critical Studies in the Song of Songs, in: Interp. 27 (1973) 413–422.
– The Unity of the Song of Songs, in: VT 29 (1979) 436–443.
– Cant 2,8–17 – A Unified Poem?, in: A. Caquot/S. Légasse/M. Tardieu (Hg.), Mélanges bibliques et orientaux. FS M. Delcor (AOAT 215), Neukirchen-Vluyn 1985, 305–310.
– The Song of Songs. Critical Biblical Scholarship vis-à-vis Exegetical Traditions, in: J. T. Butler/B. C. Ollenburger (Hg.), Understanding the Word. FS B. W. Anderson (JSOT.S 37), Sheffield 1985, 63–69.

– Dance and Death in the Song of Songs, in: J. H. Marks/R. M. Good (Hg.), Love and Death in the Ancient Near East. FS M. H. Pope, Guilford 1987, 117–119.
Nieuviarts, J. / Debergé, P. (Hg.), Les nouvelles voies de l'exégèse. En lisant le Cantique des cantiques (LeDiv 190), Paris 2002.
Norris, R. A., The Soul Takes Flight. Gregory of Nyssa and the Song of Songs, in: AThR 80 (1998) 517–532.
– (Hg.), Song of Songs. Interpreted by Early Christian and Medieval Commentators, Grand Rapids, Cambridge 2004.
Ogden, G. S., Some Translational Issues in the Song of Songs, in: BiTr 41 (1990) 222–227.
– »Black but Beautiful« (Song of Songs 1, 5), in: BiTr 47 (1997) 443–445.
Ohler, A., Der Mann im Hohenlied, in: R. Mosis/L. Ruppert (Hg.), Der Weg zum Menschen. Zur philosophischen und theologischen Anthropologie. FS A. Deissler, Freiburg u. a. 1989, 183–200.
Ohly, F., Hohelied-Studien. Grundzüge einer Geschichte der Hoheliedauslegung des Abendlandes bis um 1200, Wiesbaden 1958.
Oppel, A., Das Hohelied Salomonis und die deutsche religiöse Liebeslyrik (Abhandlungen zur Mittleren und Neueren Geschichte 32), Freiburg 1911.
Orel, V., Textological Notes 3–4. On Golden Mice of Philistines and King David in the Song of Songs, in: Henoch 16 (1994) 147–152.
Pardes, I., »I Am a Wall, and My Breasts like Towers«. The Song of Songs and the Question of Canonization, in: dies., Countertraditions in the Bible. A Feminist Approach, Cambridge, London 1992, 118–143.
Paul, M., Die »fremde Frau« in Sprichwörter 1–9 und die »Geliebte« des Hohenliedes. Ein Beitrag zur Intertextualität, in: BN 106 (2001) 40–46.
Paul, S. M., Unrecognized Medical Idiom in Canticles 6, 12 and Job 9, 21, in: Bib. 59 (1978) 545–547.
Payne, R., The Song of Songs. Song of Woman, Song of Man, Song of God, in: ET 107 (1995/96) 329–333.
Pelletier, A.-M., Lectures du Cantique des cantiques. De l'énigme du sens aux figures du lecteur (AnBib 121), Rom 1989.
– Petit bilan herméneutique de l'histoire du Cantique des cantiques, in: Graphé 8 (1999) 185–200.
– Vus du jardin du Cantique des cantiques, l'homme de la femme, in: FV 99 (2000) 67–76.
Pohlmann, A., In der Königskammer. Eine prophetische Auslegung des Hohenliedes, Bad Nauheim 2004.
Polaski, D. C., »What Will Ye See in the Shulammite?« Women, Power, and Panopticism in the Song of Songs, in: Biblical Interpretation 5 (1997) 64–81.
Poulssen, N., Vluchtwegen in Hooglied 8, 14. Over de meerzinnigheid van een slotvers, in: Bijdr. 50 (1989) 72–82.
Regalzi, G., »Bella come una Grazia, terribile come …«. A proposito di Ct 6, 4, in: Henoch 23 (2001) 139–145.
Reichert, K., Das Hohelied Salomos, Salzburg, Wien 1996.
Reventlow, H. Graf / Kuhn, P. / Köpf, U., Art. Hoheslied, in: TRE 15, 1986, 499–514.
Richter-Ushanas, E., Eros und Mythos. Das Hohelied Salomos, Bremen 1996.
Riedel, W., Die älteste Auslegung des Hohenliedes, Naumburg 1898.
– Die Auslegung des Hohenliedes in der jüdischen Gemeinde und der griechischen Kirche, Leipzig 1898.
Rowley, H. H., The Meaning of »The Shulammite«, in: AJSL 56 (1939) 84–91.

– The Interpretation of the Song of Songs, in: ders., The Servant of the Lord and Other Essays on the Old Testament, Oxford ²1965, 195–245.
Rundgren, F., 'appirjôn »Tragsessel, Sänfte«, in: ZAW 74 (1962) 70–72.
Sæbø, M., On the Canonicity of the Song of Songs, in: M. V. Fox u. a. (Hg.), Texts, Temples, and Traditions. FS M. Haran, Winona Lake 1996, 267–278.
Salfeld, S., Das Hohelied Salomos bei den jüdischen Erklärern des Mittelalters, Berlin 1879.
Sasson, V., King Solomon and the Dark Lady in the Song of Songs, in: VT 39 (1989) 407–414.
Schedl, C., Der verschlossene Garten. Logotechnische Untersuchungen zum Hohenlied (4,12–5,1), in: ZDPV 3 (1977) 165–176.
Schmökel, H., Zur kultischen Deutung des Hohenliedes, in: ZAW 64 (1952) 148–155.
Schmuttermayr, G., Ohne Gott und ohne Religion? Anmerkungen zur theologischen Relevanz des Hohenliedes, in: E. Möde/Th. Schieder (Hg.), Den Glauben verantworten. FS H. Petri, Paderborn u. a. 2000, 29–40.
Schwab, G. M., The Song of Songs' Cautionary Message Concerning Human Love (Studies in Biblical Literature 41), New York u. a. 2002.
Schweizer, H., Erkennen und Lieben. Zur Semantik und Pragmatik der Modalitäten am Beispiel von Hld 4, in: W. Groß u. a. (Hg.), Text, Methode und Grammatik. FS W. Richter, St. Ottilien 1991, 423–444.
Schwienhorst-Schönberger, L., Das Hohelied, in: E. Zenger u. a., Einleitung in das Alte Testament, Stuttgart ⁵2004, 389–395.
– Das Hohelied und die Kontextualität des Verstehens, in: D. J. A. Clines/H. Lichtenberger/H.-P. Müller (Hg.), Weisheit in Israel. Beiträge des Symposiums »Das Alte Testament und die Kultur der Moderne« anlässlich des 100. Geburtstags Gerhard von Rads (Altes Testament und Moderne 12), Münster 2003, 81–91.
Segal, M. H., The Song of Songs, in: VT 12 (1962) 470–490.
Seidl, Th., »Schön bist du meine Freundin«. Wahrnehmung des Körpers im Hohen Lied, in: E. Klinger/S. Böhm/Th. Seidl (Hg.), Der Körper und die Religion. Das Problem der Konstruktion von Geschlechterrollen, Würzburg 2000, 129–157.
– »Mein Geliebter gehört mir und ich gehöre ihm«. Zu den sprachlichen Ausdrucksmitteln der Paarbeziehung in Hld 2,8–17 und 3,1–5, in: BN 114/115 (2002) 161–172.
Seybold, K., Zur Sprache des Hohenlieds, in: ThZ 55 (1999) 112–120.
Shea, W. H., The Chiastic Structure of the Song of Songs, in: ZAW 92 (1980) 378–396.
Simoens, Y., Le Cantique des cantiques comme livre de la plénitude. Une lecture anthropologique et théologique, Brüssel 1992.
Scoralick, R., »... Umduftet von Myrrhe und Weihrauch« (Hld 3,6). Die Poesie der Textverbindungen in Hld 3,6–5,1, in: BiLi 70 (1997) 99–104.
Sonnet, J.-P., »Figures (anciennes et nouvelles) du lecteur«. Du Cantique des cantiques au livre entier, in: NRTh 113 (1991) 75–86.
– Le Cantique entre érotique et mystique. Sanctuaire de la parole échangée, in: NRTh 119 (1997) 481–502.
Staubli, T., Von der Heimführung des Hohenliedes aus der babylonischen Gefangenschaft der Allegorese, in: BiLi 70 (1997) 91–99.
Soulen, R. N., The waṣfs of the Song of Songs and Hermeneutic, in: JBL 86 (1967) 183–190.
Stadler, M., Erlösende Erotik. Ethische Aspekte im Hohenlied, in: ZThG 3 (1998) 53–82.
Tournay, R. J., Abraham et le Cantique des cantiques, in: VT 25 (1975) 544–552.

– Quand Dieu parle aux hommes le langage de l'amour. Études sur le Cantique des cantiques (CRB 21), Paris 1982.
Tov, E., Three Manuscripts (Abbreviated Texts?) of Canticles from Qumran Cave 4, in: JJS 46 (1995) 88–111.
Tromp, N. J., Wisdom and Canticle. Ct 8,6c–7b. Text Character, Message and Import, in: M. Gilbert (Hg.), La sagesse de l'Ancien Testament (BEThL 51), Löwen 1979, 88–95.
– Mens is meervoud. Het hooglied (Cahiers Voor Levensverdieping 38), Altiora, Averbode 1982.
– De twee sleutels von het Hooglied: het wek- en sjaloonmotief, in: NedThT 39 (1985) 89–101.
Tuell, S. S., A Riddle Resolved by an Enigma. Hebrew גל and Ugaritic GLT (Hld 4,1; 6,5), in: JBL 112 (1993) 99–104.
Turner, D., Eros and Allegory. Medieval Exegesis of the Song of Songs (CistSS 156), Kalamazoo 1995.
Tur-Sinai, N. H., Schir haSchirim ascher liSchelomo, in: ders., haLaschon wehaSefer, Bd. haSefer, Jerusalem 1959, 351–388.
Uehlinger, C., Achabs »Elfenbeinhaus« und der »Elfenbeinturm« in Hld 7,5. Archäologie und Poetik, in: BN 102 (2000) 95–111.
– Anthologie oder Dramaturgie?, in: Welt und Umwelt der Bibel 21 (2001), 35–39.
Urbach, E. E., The Homiletical Interpretations of the Sages and the Expositions of Origen on Canticles, and the Jewish-Christian Disputation, in: ScrHie 22 (1971) 247–275.
Vaccari, A., Note critiche ed esegetiche (Ct 5,12), in: Bib. 28 (1947) 398–401.
Villiers, D. W. de, Not For Sale! Solomon and Sexual Perversion in the Song of Songs, in: OTE 3 (1990) 317–324.
Viviers, H., De Besweringsrefrein in Hooglied 2,7; 3,5 en 8,4, in: Skrif en Kerk 10 (1989) 80–89.
– Clothed and Unclothed in the Song of Songs, in: OTE 12 (1999) 609–622.
– The Rhetoricity of the Body in the Song of Songs, in: S. E. Porter/D. L. Stamps (Hg.), Rhetorical Criticism and the Bible (JSNT.S 195), London, New York 2002, 237–254.
Waldman, N. M., A Note on Canticles 4,9, in: JBL 89 (1970) 215–216.
Walfish, B. D., An Annotated Bibliography of Medieval Jewish Commentaries on the Song of Songs, in: S. Japhet (Hg.), The Bible in the Light of the Interpreters. FS S. Kamin, Jerusalem 1994, 518–571.
Walsh, C. E., A Shartling Voice. Woman's Desire in the Song of Songs, in: BTB 28 (1998) 129–134.
– Exquisite Desire. Religion, the Erotic, and the Song of Songs, Minneapolis 2000.
Walter, H.-U., Das Hohelied. Eine alttestamentliche Sprengung der alttestamentlichen Diskriminierung der Frauen, in: DBAT 22 (1985) 140–174.
Watson, W. G. E., Verse Patterns in the Song of Songs, in: JNWSL 21 (1995) 111–124.
– Love and Death Once More (Song of Songs 8,6), in: VT (1997) 385–387.
Webster, E. C., Pattern in the Song of Songs, in: JSOT 22 (1982) 73–93.
Welsersheimb, L., Das Kirchenbild der griechischen Väterkommentare zum Hohen Lied, in: ZKTh 79 (1948) 393–448.
Winandy, J., La litière de Salomon (Ct 3,9–10), in: VT 15 (1965) 103–110.
Winsor, A. R., A King is Bound in the Tresses. Allusions to the Song of Songs in the Fourth Gospel (Studies in Biblical Literature 5), New York 1999.
Würthwein, E., Zum Verständnis des Hohenliedes, in: ThR 32 (1967) 177–212.
Zakovitch, Y., Song of Songs – Riddle of Riddles, in: K. Modras (Hg.), The Art of Love Lyrics. FS B. Couroyer and H. J. Polotski (CRB 49), Paris 2000, 11–23.

Einleitung

I. Das Hohelied – eine Sammlung von Liebesliedern

Im letzten Viertel des 18. Jahrhunderts hat der deutsche Dichter und Literaturwissenschaftler *J. G. Herder* Hld als eine Sammlung von Liebesliedern bezeichnet.[1] Darin sind ihm viele neuere Forscher gefolgt, z. B. *H. H. Rowley, G. Gerleman, R. Gordis, O. Keel* und *H.-P. Müller.*[2]

Diese Sammlung ist sicherlich nicht auf einmal entstanden, auch nicht in einem Zug niedergeschrieben worden, vielmehr stellt sie eine sorgfältig getroffene Auswahl dar, die langsam und allmählich gewachsen ist (s. u. XVI). Schriftlich fixiert wurde sie in Kreisen literarisch bewanderter Gelehrter (s. u. X; XI).

Das gemeinsame Thema: die Liebe

Obwohl die Bezeichnung »Liebeslieder« auf die meisten Teile der Sammlung zutrifft, ist zu bedenken, dass es sich um ein Werk handelt, das Texte verschiedener literarischer Gattungen enthält, die auf Grund des ihnen gemeinsamen Themas – Liebe – zu einem Ganzen vereint wurden (s. u. XIII).

II. Schwierigkeiten beim Verständnis des Werkes

Sonderstellung von Hld in der Bibel Israels

Liebesdichtung ist eine in der hebräischen Bibel nicht gerade häufig vorkommende Gattung. Nur mit Mühe lassen sich in der biblischen Literatur Spuren von Liebesdichtung in der Kultur des antiken Israel ausfindig machen (s. u. III). Durch das Fehlen der religiösen und nationalen Atmosphäre, welche die biblische Literatur sonst auszeichnet, unterscheidet sich Hld merklich von ihr (s. u. IV). Diese Besonderheit von Hld bringt es mit sich, dass die Mittel zu seiner Dekodierung und Deutung aus ihm selbst zu gewinnen sind; die übrige biblische Literatur und deren Exegese kann dazu nicht viel beitragen. Auch der geringe textliche Umfang lässt den Leser und Interpreten gelegentlich rat- und hilflos vor den Problemen stehen, mit denen das Werk ihn konfrontiert.

Sprachliche und literarische Probleme

Eine weitere Schwierigkeit, die in gewissem Maße ebenfalls mit der Besonderheit dieses Buches zusammenhängt, ist seine Sprache, insbesondere die zahlreichen darin enthaltenen *hapax legomena* (s. u. XV).

Die Abgrenzung der einzelnen literarischen Einheiten, die sich nicht unwesentlich auf deren Deutung auswirkt, ist keineswegs einfach (s. u. III);

[1] *J. G. Herder,* Lieder der Liebe. Die ältesten und schönsten aus dem Morgenlande. Nebst vier und vierzig alten Minneliedern, Leipzig 1778.

[2] *H. H. Rowley,* The Interpretation of the Song of Songs, in: ders., The Servant of the Lord and Other Essays on the Old Testament, Oxford ²1965, 195–245; *G. Gerleman,* Ruth. Das Hohelied (BK 18), Neukirchen-Vluyn 1965; *R. Gordis,* The Song of Songs: A Study, Modern Translation and Commentary, New York ²1974; *O. Keel,* Das Hohelied (ZBK.AT 18), Zürich ²1992; *H.-P. Müller,* Das Hohelied, in: ders./O. Kaiser/J. A. Loader, Das Hohelied. Klagelieder. Das Buch Ester (ATD 16/2), Göttingen ⁴1992, 1–90.

nicht einmal die Zuordnung von Texteinheiten zu Sprechern ist eindeutig (s. ebd.).

Zahlreiche Lieder tragen rätselhaften Charakter. Die vermittelte Botschaft ist ambivalent (s. u. XXIV), weil die Protagonistin und der Protagonist einander necken, sich reizen nach der Art von Liebenden, so dass der Leser sich um die Entwirrung eines vielschichtigen Geflechts bemühen muss. Es kommt sogar vor, dass sich die Grenze zwischen Gleichnis und Verglichenem (s. ebd.) innerhalb eines einzigen Wortes oder eines Liedes verwischt; manchmal werden zwei Bedeutungen gleichzeitig relevant: die reale und die metaphorische.

All diese Schwierigkeiten machen dem um Verständnis bemühten Leser nicht wenig zu schaffen und stellen ihn vor anspruchsvolle, nicht immer ganz lösbare Aufgaben. In mancher Hinsicht ist und bleibt das Hohelied ein »verschlossener Garten, versiegelter Quell« (Hld 4,12); wir wollen aber doch versuchen hineinzugelangen und von den Früchten des Gartens zu genießen.

Faszination von Hld

R. Pinchas von Koretz pflegte zu sagen: »Für das Hohelied reicht unser Verständnis nicht hin, denn wenn alle biblischen Schriften heilig sind, dann ist das Hohelied hochheilig; wenn alle biblischen Schriften sich zwischen der Welt der Niedrigkeit und den oberen Welten erstrecken, dann erstreckt sich das Hohelied zwischen den oberen Welten und dem Unendlichen; daher verstehen wir es nicht.«[3]

III. Abgrenzung der literarischen Einheiten

Dass Forscher und Exegeten sich über die Anzahl der literarischen Einheiten, in die das Buch zu gliedern ist, nicht einig sind, veranschaulicht die Schwierigkeiten, die mit der Abgrenzung der einzelnen Lieder voneinander verbunden sind. Auch die von uns vorgeschlagene Gliederung in 27 Lieder und vier Fragmente erhebt keinen Ausschließlichkeitsanspruch.

Vielgestaltigkeit der literarischen Einheiten

Die Vielgestaltigkeit der Einheiten in Bezug auf Charakter, Aufbau und Länge macht die Gliederung nicht leichter. Neben ganz kurzen Einheiten, die aus einem einzigen Vers bestehen (etwa 2,14.15), und Fragmenten, deren Länge zwischen einem halben und einem ganzen Vers schwankt (s. im Folgenden), gibt es auch lange und komplexe Texteinheiten, die längste davon 5,2–6,3. Dieses Lied gliedert sich in drei Teile: Die junge Frau erzählt den Töchtern Jerusalems ihren Traum (5,2–8); auf deren Fragen hin beschreibt sie ihren Geliebten (5,9–16); schließlich bieten sie ihr an, ihn gemeinsam suchen zu gehen, was sie ablehnt (6,1–3). Manche Lieder enthal-

[3] Überliefert bei *Sch. J. Agnon, Sefer Sofer weSippur,* Jerusalem, Tel-Aviv 1978, 69.

ten nur einen Redegang, d. h. jeder von beiden Protagonisten spricht einmal (etwa 1,7–8.9–14.16–17); es gibt aber auch Lieder, die aus Folgen von Rede und Gegenrede bestehen (2,1–3; 4,12–5,1).

Schwierigkeiten bei der Strukturierung

Erschwert wird die Einteilung außerdem durch Fälle von Textverderbnis, etwa Dislozierung von Versen (6,10; vielleicht auch 8,5a s. u. Auslegung), ferner durch die gelegentliche Unklarheit des Rednerwechsels, z. B. in 4,12–5,1 (nach unserer Gliederung: er [4,12–13], sie [4,14], er [4,15], sie [4,16], er zu ihr und zu den Freunden [5,1]) oder auch durch den überraschenden Übergang von seiner zu ihrer Rede am Ende von 7,8–10 in der zweiten Hälfte von 7,10 (s. u. Auslegung). Auch abrupter Wechsel von Schauplatz oder Adressaten bereitet Schwierigkeiten, so z. B. im Eröffnungslied (1,2–4): Die Frau spricht zu ihren Gefährtinnen (1,2a), zu ihrem Geliebten (1,2b–41), dann wieder zu ihrem Publikum und zu ihrem Geliebten (1,4b). Illustriert wird die Schwierigkeit der Textgliederung auch durch die (nachträgliche und späte) Kapitel-Einteilung: In zwei Fällen werden dadurch literarische Einheiten auseinandergerissen (4,12–5,1; 5,2–6,3).

Literarische Technik der Rahmung

Allerdings gibt es auch literarische Einheiten, die sich leichter abgrenzen lassen. In erster Linie gilt dies für die Abschnitte, die mit einem Rahmen versehen sind. So beginnt z. B. 4,1–7 mit den Worten »Du bist schön, meine Freundin« (4,1) und endet »ganz bist du schön, meine Freundin« (4,7); 4,8–10 setzt ein »mit mir vom Libanon …« (4,8) und endet »… wie der Duft des Libanon« (4,11). In dem (rekonstruierten, s. u. Auslegung) Lied 6,10.4–9 wird der Rahmen durch das jeweils der Geliebten beigelegte Attribut »lauter« *(bara)* in 6,10 und 6,9 gebildet, und in 7,1–7 beginnt die Antwort, die Beschreibung der Sulamit, mit den Worten »wie schön …« (7,2) und endet mit »wie schön und wie lieblich …« (7,7).

Symmetrische Komposition

Gelegentlich gibt die Symmetrie zwischen den Teilen eines Liedes Aufschluss über dessen Aufbau und Abgrenzung, so etwa in 1,9–14, wo der Mann die ersten drei Verse spricht und die letzten drei Verse aus dem Munde der Frau den seinigen thematisch und strukturell genau entsprechen (s. u. Auslegung).

Strophische Gliederung

Manche Lieder sind in Strophen gegliedert, wodurch die Grenzen der betreffenden Texteinheit deutlich markiert sind: 1,2–4 besteht aus zwei Strophen (1,2–3 und 1,4), die jeweils mit der Äußerung »lieben dich« aus dem Munde der Geliebten enden. Das Hochzeitslied 3,7–11 enthält drei Strophen, in deren erster Zeile jeweils der Name des Königs »Salomo« erscheint. Auch das Lied 8,6b–7 gliedert sich in drei Strophen (8,6b.7a.7b), deren erste Zeile jeweils mit der Vokabel »Liebe« endet. 8,8–10 besteht aus drei Strophen: In den beiden ersten spotten die Brüder über ihre Schwester (8,8.9), in der dritten weist sie diese Reden zurück (8,10); hier wird der formale Zusammenhalt dadurch geschaffen, dass die Vokabeln »Brüste« und »Mauer« aus dem Beginn der ersten bzw. zweiten Strophe in der ersten Zeile der dritten Strophe zusammen vorkommen.

Chiastische Entsprechungen sind ein anderes markantes Formelement, z. B. zwischen den beiden Strophen von 8,11–12: Hier sind durch die Erwähnung der Weinberghüter die Verse 11a und 12b aufeinander bezogen, durch die Zahl »tausend« V 11b und V 12a.

Chiastische Entsprechungen

Auch die Beschwörung der Töchter Jerusalems, die Liebe nicht vorzeitig zu erregen (2,7; 3,5 und in leicht abgewandelter Form 8,4), die refrainartig zum Abschluss von literarischen Einheiten wiederkehrt, ist ein markantes Strukturmerkmal.

Refrains

Neben den vollständigen Liebesliedern finden sich, wie gesagt, auch einige, die nur fragmentarisch erhalten sind. In diesem Zusammenhang ist zunächst auf die drei Fragesätze einzugehen, die mit den Worten einsetzen »Wer ist es, die …« (3,6; 6,10; 8,5a). Eigenartigerweise scheinen alle drei textlich verderbt zu sein. 3,6 hat keine organische Fortsetzung in der unmittelbar folgenden Texteinheit (3,7–11, s. u. Auslegung). Anscheinend ist diese unbeantwortet bleibende Frage in einem späteren redaktionellen Stadium aus exegetischen Gründen eingefügt worden: Die von Düften umwehte junge Frau erscheint dem Redaktor/Exegeten wie die Königin von Saba auf dem Weg zu König Salomo, dessen Hochzeit dann in 3,7–11 geschildert wird (weiteres in der Auslegung). Die Einfügung von Vers 6 unterbricht den redaktionellen Zusammenhang von 3,1–5 mit 3,7–11, wo das kühne Vorgehen der jungen Frau mit dem des Königs kontrastiert wird (dazu unten in der Auslegung zu 3,7–11).

Fragmente

6,10 wirkt an seiner jetzigen Stelle wie ein versprengtes Fragment; anscheinend gehörte der Vers ursprünglich an den Anfang der literarischen Einheit und findet seine Fortsetzung in 6,4–9. Wenn wir den Vers versuchsweise vor 6,4 plazieren, entsteht ein geschlossenes, wohlgeformtes Lied (s. u. Auslegung z. St.).

Es ist nicht völlig auszuschließen, dass auch 8,5a einmal in die literarische Einheit gehörte, an deren Ende der Vers jetzt steht (8,1–4); vielleicht stand er ursprünglich zwischen 8,2 und 8,3, zwischen der Anrede der Frau an ihren Geliebten und ihrer Hinwendung zu den Töchtern Jerusalems, die durch deren Frage ausgelöst worden sein könnte. Allerdings entsteht der Eindruck, dass dieser Halbvers bereits in einem frühen Stadium als isoliertes Bruchstück aufgefasst wurde, woraufhin weitere Fragmente (8,5b; 8,6a) daran angeschlossen wurden. Das erste davon steht in redaktioneller Beziehung zu 8,1–4 – die Mütter der beiden Liebenden sind erwähnt (8,1–2.5b); das zweite leitet über zu dem eindrucksvollen Lied über die »Liebe, die stark ist wie der Tod« (8,6b–7), wobei beide Spr 6,20–35 anklingen lassen (s. u. in der Analyse vor der Auslegung der entsprechenden Stücke). Die Fragmente samt dem ungewöhnlichen Lied in Kap. 8 stehen nicht am Ende des Werks, sondern vor den drei abschließenden Liedern (8,8–10.11–12.13.14), weil diese wiederum deutlichen Bezug zum Anfang des Buches aufweisen (s. u. XVII).

IV. Differenz zwischen biblischer Liebesdichtung und biblischer Erzählung

Während die biblischen Erzähler sich im Allgemeinen an menschlicher (weiblicher wie männlicher) Schönheit nicht sonderlich interessiert zeigen und dem Leser ihre Gedanken über das Wesen menschlicher Schönheit nicht mitteilen, richtet die biblische Liebesdichtung ihr Augenmerk auf Mann und Frau und betrachtet sie genau (vgl. 4,1–7; 5,10–16; 7,1–7).

Keine detaillierte Beschreibung der weiblichen Schönheit

Demnach hat »der biblische Mensch«, d. h. der Mensch in biblischer Zeit, den Blick nicht abgewandt, wenn eine Frau vorüberging, er hat sich nicht gehütet, »eine Jungfrau anzuschauen« (vgl. Ijob 31,1); allerdings gibt der biblische Erzähler keine Beschreibungen, weder von Menschen noch von Natur oder Landschaft. Die literarische Gattung – eine dramatische Erzählung, die den Erzähler zurücktreten und die Figuren agieren lässt – bestimmt deren literarische Schilderung. Schönheit – und dann ohne Angabe von Details – wird in der biblischen Erzählung nur dann erwähnt, wenn diese Eigenschaft für den Handlungsverlauf relevant wird und wenn sie als auslösender Faktor für ein Geschehen fungiert. So wird z. B. Saras Schönheit nicht hervorgehoben, als sie dem Leser zum ersten Mal vorgestellt wird. Erst als sich die berechtigte Sorge erhebt, sie könnte in den Harem des Pharao entführt werden, legt der biblische Erzähler dem Abraham eine Bemerkung über die Schönheit seiner Frau in den Mund (Gen 12,11); betont wird dann der Eindruck, den Saras Schönheit auf die Ägypter macht (Gen 12,14).

Ein Beispiel: Saras Schönheit

Weitere Beispiele aus der David-überlieferung

Der biblische Bericht verweist auch auf die Schönheit der verheirateten Frauen, mit denen sich König David liiert, Abigajil (1 Sam 25,3) und Batseba. Die Schönheit von Batseba wird gleich bei ihrem ersten Auftreten genannt, denn sie ist Auslöserin zur Sünde Davids, was weitreichende Folgen für den Fortbestand seines Hauses hat: »Es geschah um die Abendzeit, da erhob sich David von seinem Lager und erging sich auf dem Dach des königlichen Hauses, da erblickte er eine Frau beim Bad auf dem Dach, und die Frau sah sehr gut aus« (2 Sam 11,2). In der Generation seiner Kinder trifft den König dann die Strafe für sein Vergehen, angefangen mit seinem Erstgeborenen Amnon, der seine »schöne« Schwester Tamar vergewaltigt (2 Sam 13,1). Häufig wird weibliche Schönheit in ungutem Zusammenhang genannt, wenn die Verhältnisse nicht ihren rechten Gang gehen. Anscheinend hält sich der biblische Erzähler in der Regel an das Fazit des Spruchdichters, dessen »Lob der wackeren Frau« das biblische Buch der Sprüche beschließt: »Trügerisch ist Anmut, eitel die Schönheit – eine gottesfürchtige Frau wird man preisen« (Spr 31,30). Von der Moabiterin Rut heißt es nirgends, dass sie schön gewesen sei; das Anziehende lag bei ihr im Innern, in ihrer Persönlichkeit.

Schönheit der Frau in der prophetischen Literatur

Auch die prophetische Literatur macht den Frauen keine Komplimente. Jesaja zum Beispiel prangert die Eitelkeit der Töchter Zions an, wobei er zahlreiche Accessoires ihrer Garderobe und Kosmetik aufzählt (nicht weniger als 21), bevor er ihre Strafe nennt (Jes 3,18–24). Ezechiel zieht die Verbindungslinie von der Schönheit zur Prostitution (Ez 16,14 f.; ferner 16,25 f.; Jer 4,30; Am 8,13; Nah 3,4).

Umgang mit der männlichen Schönheit

Ähnlich wie mit der weiblichen verhält es sich auch mit der männlichen Schönheit: So wird etwa die Schönheit von Jakobs Sohn Josef erst in Ägypten erwähnt, als die Frau seines Herrn ihn zu verführen sucht (Gen 39,6 f.).

Anderer Umgang von Hld mit weiblicher und männlicher Schönheit

In Hld dagegen wird sowohl die weibliche als auch die männliche Schönheit offen gerühmt. So redet der Geliebte die Frau mit den Worten an: »Du bist schön, meine Freundin, du bist schön, deine Augen sind Tauben« (1,15), und sie erwidert ihm ebenso: »Du bist schön, mein Geliebter, auch angenehm …« (1,16).

Unterschiedliche Sicht der »Liebe«

Auch was die Äußerung von Liebe betrifft, unterscheidet sich die biblische Liebesdichtung von der erzählenden Literatur. Während in Hld die Vokabel »Liebe« (verbal und nominal) als Bezeichnung für die Zuneigung zwischen dem Geliebten und der jungen Frau nicht selten vorkommt (1,3.4.7; 2,4.7; 3,1.2.3.4.5.10; 5,8; 7,7; 8,4.6.7), handelt es sich in biblischen Erzählungen, wenn ein Mann eine Frau »liebt«, meistens um ein ungutes Verhältnis. Gelegentlich kommt das Verb im Zusammenhang mit verbotenen Beziehungen vor, z. B. Liebe zu nicht-israelitischen Frauen: Simsons Liebe zu den Philisterinnen, die ihm das Geheimnis seiner Körperkraft zu entlocken suchen, um ihn den Feinden auszuliefern (Ri 14,16; 17,4.15), oder Salomos Liebe zu den Ausländerinnen, deren Fremdkult über sein Königtum Verderben brachte (1 Kön 11,1–2). Auch die beiden biblischen Vergewaltigungsgeschichten setzen jeweils damit ein, dass der Mann die Frau liebte: Sichem Jakobs Tochter Dina (Gen 34,3) und Amnon seine Schwester Tamar (2 Sam 13,1.4.15).

Auch wo es sich um eine erlaubte Verbindung handelt, geht die Liebe zur einen Frau auf Kosten der anderen; so liebt Jakob Rahel und nicht Lea (Gen 29,18.30) und Samuels Vater Elkana liebt Hanna und nicht Peninna (1 Sam 1,5; ferner Est 2,17; 2 Chr 11,21).

Auch die zarte Liebesgeschichte im Buch Rut, wo die Schönheit der Moabiterin Rut nicht erwähnt ist, enthält sich jeglicher Andeutung darauf, dass Boas Rut geliebt habe. Das einzige Vorkommen der hebräischen Verbalwurzel für »Liebe« findet sich dort in der Schilderung der Beziehung zwischen Rut und ihrer Schwiegermutter Noomi (Rut 4,15).

Diese Diskrepanz zwischen biblischer Dichtung und erzählender Prosa spricht dafür, dass die biblische Literatur die gesellschaftlichen Verhältnisse und das Alltagsleben der biblischen Epoche nicht einfach abbildet; die biblische Literatur trägt überwiegend religiösen Charakter, d. h. sie stellt den Menschen und seine Emotionen nicht in den Mittelpunkt. Hld dagegen ist solchen Beschränkungen, die das Leibliche gegenüber dem Geistigen zurückdrängen, nicht unterworfen.

V. Die kultische Deutung

Es sind Versuche gemacht worden, Hld als kultische Dichtung im Zusammenhang mit dem Mythos der sterbenden und wiederauferstehenden Vegetationsgottheit zu sehen: Zu Anfang des Sommers stirbt der Gott, während der regenlosen Monate hält er sich in der Unterwelt auf; die Göttin steigt zu ihm hinab und führt ihn wieder auf die Erdoberfläche zurück, womit ein neuer Jahreszyklus einsetzt. Der kultische Nachvollzug dieses Vorgangs war begleitet vom Ritual der Heiligen Hochzeit: Der König und die Priesterin als Vertreter des Gottes und der Göttin vereinigten sich, wodurch die Fruchtbarkeit des kommenden Jahres gewährleistet werden sollte. *T. S. Meek* hat in einer Reihe von Aufsätzen[4] darzulegen versucht, dass es sich bei dem Gott um »Tammuz« gehandelt habe, dessen Todesfeier in Israel jährlich begangen worden sei (Ez 8,14); die dazugehörige Göttin wäre Ischtar gewesen.

Verwandtschaft mit dem Tammuz-Kult?

S. N. Kramer[5] hat auf die Ähnlichkeit von Hld mit sumerischen Gesängen über Dumuzi (babylonisch = Tammuz) und die Liebesgöttin Inanna hingewiesen. Dumuzi war König von Erech im dritten Jahrtausend vor der christlichen Zeitrechnung; möglicherweise hat es bereits vor ihm solche Dichtungen zu Ehren früherer Könige gegeben. Die sumerische Dichtung über Dumuzi und Inanna weist frappante Übereinstimmungen mit Hld auf: Der männliche Partner ist sowohl Hirt als auch König, die Frau wird Braut und Schwester genannt, und die beiden werben umeinander und singen sich gegenseitig Liebeslieder.

Das Verständnis von Hld als kultische Dichtung geht davon aus, dass die mesopotamische Dichtung in abgewandelter Form nach Israel übernommen worden sei; dieser Vorgang könnte sich länger hingezogen haben, wobei die kanaanäischen Gesänge über Baal und Anat (oder Aschtoret) sozusagen eine Zwischenstation bilden würden.

Kult-Hypothese: wenig überzeugend

Die Kult-Hypothese zum Ursprung von Hld will mir schlechterdings nicht einleuchten, denn ich sehe in Hld keinerlei Anhaltspunkte für irgendwelche Beziehungen zu Kultischem oder Religiösem, sicherlich zu keinem paganen Kult, ganz im Gegenteil: Die in Hld vorherrschende Atmosphäre ist profan, allem Heiligen entrückt (s. u. XII). Hld handelt von der Liebe zweier Menschen, und die zu Recht beobachtete auffallende Nähe zur mesopotamisch-kultischen Dichtung rührt daher, dass auch eine Liebesbeziehung zwischen Göttern nur nach dem Muster menschlicher Liebe besungen werden konnte. Wer himmlische Liebe schildern will, kann nicht umhin, seine

---

[4] *T. S. Meek*, Canticles and the Tammuz Cult, in: AJSL 39 (1922/23) 1–14; The Song of Songs and the Fertility Cult, in: W. H. Schoff (Hg.), A Symposium on the Song of Songs, Philadelphia 1924, 48–79; Babylonian Parallels to the Song of Songs, in: JBL 43 (1924) 245–252.

[5] *S. N. Kramer*, The Biblical Song of Songs and the Sumerian Love Songs, in: Exped. 5 (1962) 25–31.

Begriffe aus dem Bereich der irdischen Liebe zu entlehnen. Nach dieser Logik müssten die Vertreter der Kulthypothese etwa auch die altägyptische Liebeslyrik (s. u. XIV) als kultische Dichtung auffassen.

VI. Die dramatische Deutung

Hinweise bei Origenes und in Septuaginta-Handschriften

Bereits im dritten nachchristlichen Jahrhundert hat der Kirchenvater Origenes Hld als ein Hochzeitslied erklärt, das zur Aufführung bestimmt gewesen sei, und zwar durch zwei Protagonisten: die Geliebte und den Mann (Salomo und der Hirt verschmelzen bei ihm zu einer Figur). Auch die frühen Septuaginta-Handschriften (Codex Sinaiticus aus dem 4. und Alexandrinus aus dem 5. Jahrhundert) vermerken am Rand des Textes von Hld die Rollenverteilung, welche Verse von der Braut und welche vom Bräutigam zu sprechen sind.

Beispiel eines jüdischen Kommentars aus dem 19. Jahrhundert

In neuerer Zeit war *J. F. Jacobi*[6] ein Vorkämpfer der Auffassung, die in Hld ein Drama sehen will, an dem drei Personen beteiligt sind: die Geliebte und zwei Männer – der Hirt und König Salomo. Besonders ausgeführt ist dieser Ansatz bei *H. G. A. Ewald*.[7] Im Bereich der jüdisch-traditionellen Exegese findet sich eine Darstellung von Hld als Drei-Personen-Drama in der Einleitung zum Kommentar des MaLBIM, eines ostjüdischen Exegeten im 19. Jahrhundert.[8] Dort steht ungefähr Folgendes zu lesen: »Unter der Menge von Frauen, die Salomo hatte, war er besonders einer zugetan, der schönsten. Sie war mit einem Schafhirten in der Wüste verheiratet. Da wurde sie ihrem geliebten Hirten weggenommen und in den Palast des Königs Salomo gebracht, der setzte ihr eine Krone auf und gab ihr königliche Geschenke. Er bestimmte auch Wächter über sie, die Töchter Jerusalems, die um sie waren. Die passten auf, dass sie nicht in die Wüste zu ihrem Geliebten flüchtete. Aber die Mühe der Wächter war vergeblich, denn ihr ging nicht das Herz auf, dass sie sich Salomo zugewandt hätte. Sie verschmähte seine Liebe, verachtete die königlichen Speisen und den Wein seiner Gelage, denn sie hatte große Sehnsucht nach ihrem Jugendgeliebten, ›der unter den Lilien weidet‹. Auch er war der Liebe ihres Brautstandes eingedenk; Tag für Tag pflegte er vor dem Hof des Frauenhauses, wo seine Braut festgehalten wurde, auf und ab zu gehen, in die Fenster zu spähen, mit ihr durch Wände und Ritzen zu sprechen. Dann überschüttete sie ihn mit ihrer Rede, flehte

---

[6] *J. F. Jacobi*, Das durch eine leichte und ungekünstelte Erklärung von Vorwürfen gerettete Hohe Lied, Celle 1882.

[7] *H. G. A. Ewald*, Das Hohe Lied Salomos, übersetzt und mit Einleitung, Anmerkungen und einem Anhang über den Prediger, Göttingen 1826.

[8] *R. Meïr Löb b. Jechiel Michael* (1809–1879), Rabbiner und Talmudist, veröffentlichte in hebräischer Sprache.

ihn an, sie aus dem Gefängnis zu führen. So verabredeten sie sich miteinander. Er gab ihr Hinweise, wie sie fliehen könne und wo sie ihn finden werde auf den Bergen von Betar. So floh sie etliche Male aus dem königlichen Palast in die Wüste, wo er lagerte. Doch jedes Mal liefen die sie bewachenden Töchter Jerusalems ihr nach und holten sie gegen ihren Willen zurück in Salomos Gemächer. Bis dass sie am Ende der Tage sich mit Mut umgürtete, eherne Türen zerbrach und Gitter zerschmetterte, Fesseln öffnete und Seile zerschnitt, so dass sie hoch erhobenen Hauptes hinausschritt, duftend von Myrrhe und Balsam, zu ihrem Geliebten, dem Hirsch, auf die Balsamberge.«

Denselben Ansatz wie Origenes – d. h. die Gleichsetzung des Hirten mit Salomo – vertritt *F. Delitzsch* in seinem Kommentar zu Hld.[9] Wenn man den Hirten und Salomo als eine Person betrachtet, ist der König ein positiver Held; ansonsten wäre er ein Schurke, der einem armen Hirten die Frau wegnimmt, die jedoch diesem die Treue hält.

Wie dem auch sei, der Versuch, Hld ein durchgehendes Handlungsschema überzustülpen, scheint mir aussichtslos. Er würde viel guten Willen und die Ausfüllung zahlreicher Lücken erfordern, und was dabei herauskäme, wäre vom einfachen Wortsinn des Textes ebenso weit entfernt wie von dessen allegorischer Deutung. Der Text von Hld besteht zwar zu einem großen Teil aus direkter Rede, was ihm einen ausgesprochen dramatischen Charakter verleiht – aber auch das Buch Ijob enthält viel direkte Rede, und wie sämtliche Versuche, aus Ijob ein Drama zu machen, fehlgeschlagen sind, lässt sich auch Hld nicht aus einer Liebesliedersammlung in ein Drama verwandeln, zumal diese Literatur-Gattung der biblisch-israelitischen Kultur fremd war.

Problematik der Hypothese

VII. Die Deutung als eine Sammlung von Hochzeitsliedern

Der Erste, der in Hld eine Sammlung von Liedern sehen wollte, die in der Hochzeitswoche gesungen wurden, war *J. B. Bossuet* im ausgehenden 17. Jahrhundert.[10] Ihm folgte *E. Renan*, der auf die Ähnlichkeit zu arabischen Hochzeitsliedern in Syrien hinwies.[11] Großen Aufschwung nahm diese Vorstellung infolge einer Veröffentlichung des deutschen Konsuls in Damaskus, der Heiratsbräuche bei den syrischen Fellachen in der Gegend von Damaskus beobachtet und beschrieben hat:[12] In der Hochzeitswoche sitzen Braut und Bräutigam auf einer »Dreschtafel«, die ihnen als Thronsitz

Verwandtschaft mit Hochzeitsbräuchen syrischer Fellachen?

[9] *F. Delitzsch*, Das Hohelied, Leipzig 1851.
[10] *J. B. Bossuet*, Libri Salomonis, Canticum Canticorum, Paris 1693.
[11] *E. Renan*, Le Cantique des cantiques. Traduit de l'Hébreu avec une étude sur le plan et le caractère du poème, Paris 1860, 86.
[12] *J. G. Wetzstein*, Die syrische Dreschtafel, in: ZE 5 (1873) 270–302.

dient; das Publikum singt vor ihnen Lieder, in denen ihre körperlichen Vorzüge gepriesen werden,[13] an den Tänzen beteiligt sich die Braut, indem sie unter dem Jubel der Sänger den Schwerttanz zum Besten gibt (vgl. 7,1–7). Viele solche Lieder, die eine gewisse Ähnlichkeit mit Hld aufweisen, hat *G. Dalman* später publiziert.[14] Eine Verbindungslinie zwischen Hld und den Liedern der syrischen Landarbeiter hat *K. Budde* gezogen.[15]

Problematik der Hypothese

Die Institution einer »Hochzeitswoche« ist der biblischen Literatur zwar nicht fremd (vgl. Gen 29,27; Ri 14,12.17), auch Gesang von Bräutigam und Braut ist erwähnt (Jer 7,34; 16,9; 25,10; 33,11), aber bis zu einer Gleichsetzung von Hld mit solchen Hochzeitsliedern ist der Weg doch weit. Für den altjüdischen Brauch, das Lob des Bräutigams und der Braut zu singen, werden gern rabbinische Belege angeführt, etwa die Erwähnung von Tanzveranstaltungen vor der Braut mit den dabei üblichen Lobsprüchen auf sie (b *Ketubbot* 16b/17a), der Vergleich des Bräutigams mit einem König (*Pirqe deRabbi Elieser* XVII) und die Krönung von Bräutigam und Braut (T *Sota* XV); doch von diesen ist nicht auf Hld zu schließen, eher umgekehrt: Die Brautkrone könnte von Hld 3,11 beeinflusst sein, der Auszug der Braut in einer Sänfte (T *Sota* IX 14) von Hld 3,9.

Der einzige Anhaltspunkt für die Verbindung zwischen Hld und Hochzeitsliedern ist der Inhalt. Bei dessen Untersuchung stellt sich heraus, dass nur zwei von den Liedern innerhalb des Werks direkt auf das Hochzeitszeremoniell Bezug nehmen. Dabei handelt es sich um den Textabschnitt 4,12–5,1, an dessen Ende der Bräutigam seine Gefährten zum Essen und Trinken auffordert, was sich vermutlich auf das Hochzeitsmahl bezieht (s. u. Auslegung), sowie um 3,7–11, ein Spottlied auf Salomos Hochzeit (s. u. Auslegung). In einem weiteren Lied ist zwar von Hochzeit die Rede (8,8–10), aber dass es bei Hochzeitsfeiern gesungen worden wäre, lässt sich nicht beweisen. Auch der Bezug von weiteren Liedern, in denen die Vereinigung von Bräutigam und Braut erwähnt ist (z. B. 3,4; 8,2), auf eine Hochzeit bleibt unsicher. So betrachtet ist der Anteil der eigentlichen Hochzeitslieder in Hld recht gering. Dabei ist natürlich nicht auszuschließen, dass das eine oder andere Stück aus Hld auf Hochzeiten vorgetragen worden sein könnte, aber vom Inhalt her ergibt sich das nicht zwangsläufig.

---

13 *Wasf*; s. u. bei der Auslegung zu 4,1–7; vgl. auch 5,10–16; 7,2–7.
14 *G. Dalman*, Palästinischer Diwan, Leipzig 1901.
15 *K. Budde*, The Song of Solomon (The New World III), Boston 1894, 56–77; Das Hohe Lied (KHC XVII/1), Freiburg/Leipzig/Tübingen 1898.

VIII. Einteilung nach Gattungen

Methodologische Vorbemerkungen

Hier ist keine Zuordnung der einzelnen Lieder zu Gattungen im Sinne der formgeschichtlichen Methode intendiert, denn der jeweilige »Sitz im Leben« ist zu nebulös. Es soll auch nicht versucht werden, Entsprechungen zwischen Liedern unseres Werkes und solchen anderer Literaturen und Kulturen herzustellen. Eine formale Gliederung der Texteinheiten muss sich auf werkimmanente Kriterien stützen; wo sich die Texte mühelos hineinfügen lassen, ist sie berechtigt, sonst scheint sie mir unsachgemäß.

Von daher stellt sich die Frage, ob nicht jedes einzelne Lied in seiner Besonderheit zu belassen sei, ohne Einpassung in ein übergeordnetes Schema. Darauf ist zu erwidern, dass die Lieder untereinander doch viele Gemeinsamkeiten aufweisen (bis hin zu wörtlichen Übereinstimmungen, s. u. XVIII). Insofern kann eine Einteilung nach formalen Kriterien als Ordnungsprinzip fungieren, und gerade auf dem Hintergrund der gemeinsamen Züge von Liedern, die derselben Gattung zugeordnet sind, wird jeder einzelne Text seine Besonderheit entfalten.

Jede Klassifizierung hat notgedrungen etwas Künstliches und Willkürliches. Die verschiedenen Gattungen haben durchaus Berührungspunkte, überlappen sich sogar bisweilen, so dass ein und dasselbe Lied den formalen Anforderungen von mehr als nur einer Gattung entsprechen kann.

Traumlieder

Eine verbreitete Gattung in Hld ist das Traumlied, wobei es jeweils die Frau ist, die träumt. Einige davon sind Nachtträume (3,1–5; 5,2–8[16]), andere eher Wachträume (1,2–4; 2,4–7.8–13; 6,11–12; 8,1–4). In all diesen Liedern (mit einer einzigen Ausnahme: 2,8–13) kommt die ersehnte Vereinigung der beiden Liebenden zustande (s. u. XXVI). Der Wachtraum 2,8–13 äußert sich überwiegend als Monolog des Liebenden, worin dieser auf seine zurückhaltende, eher andeutende Art seinem Wunsch nach Annäherung an die Geliebte Ausdruck verleiht. Für diese Gattung, Monolog mit Wunsch nach Nähe, gibt es weitere Beispiele: 2,14; 7,11–14; 8,5b; 8,6a. Der Wunsch nach Annäherung artikuliert sich auch in Dialogen: 1,9–14 (obwohl hier auch ein zankhaftes Element zu beobachten ist – die Frau kritisiert ihr Lob im Munde des Geliebten); 1,15–17; 2,1–3; 4,12–5,1; 7,8–10 (auch hier klingt die Antwort der Frau am Ende von 7,10 leicht zänkisch).

Zanklieder

Es gibt ausgesprochene Zanklieder, als Monolog – die Rede der Frau an die Töchter Jerusalems (1,5–6) – und als Dialog – er zu ihr (1,7–8), sie zu ihm (8,3.14), sie gegen ihre Brüder (8,8–10). Zwei Spottlieder sind gegen Salomo, dessen Reichtum und Vielweiberei, gerichtet: 3,7–11; 8,11–12.

Beschreibungslieder

Hld enthält mehrere Beschreibungslieder.[17] Beschrieben wird der Körper des Mannes (5,9–16) oder der Frau (4,1–7; 7,1–7); 6,10.4–9 ist kein reines

[16] Dieser Text ist wiederum Teil einer komplexeren literarischen Einheit, dazu im Folgenden.
[17] *Wasf* – s. u. in der Analyse vor der Auslegung von 5,2–6,3.

Beschreibungslied, da die Vorzüge der Geliebten insgesamt gerühmt werden. Ein Preislied ist 4,8–11.

Rätsellieder

Zwei kurze monologische Texte lassen sich als Rätsellieder bezeichnen: In 2,15 ist von Füchsen in Weinbergen die Rede, was die verschiedensten Deutungsmöglichkeiten zulässt; in 2,16–17 betont die Frau einerseits die enge Zusammengehörigkeit der beiden Liebenden, andererseits schickt sie ihn scheinbar fort, und der Interpret fragt sich, wie diese Spannung zu lösen sei. Rätselhafte Züge sind nicht auf diese beiden Lieder beschränkt (dazu unten XXIV).

Betrachtungslied

Etwas aus dem Rahmen fällt ein kurzes Betrachtungslied, in dem allgemeine Gedanken über das Wesen der Liebe geäußert werden (8,6b–7); dieser Text scheint von Stellen wie Spr 6,20–35 inspiriert zu sein.

Die komplexeste und gleichzeitig längste Texteinheit des Hohen Liedes Hld 5,2–6,3, ist aus drei Teilen zusammengesetzt: einem Traumlied (5,2–8), einem Beschreibungslied (5,9–16) und einem Zank-Dialog (6,1–3).

IX. Salomo in Hld

In der Überschrift (1,1) wird Salomo als der Verfasser von Hld bezeichnet; er gilt auch als Verfasser von zwei weiteren biblischen Büchern (Spr und Koh), von zwei Psalmen (Ps 72 und Ps 127) sowie einer deutero- bzw. nichtkanonischen Schrift (Weish und PsSal). Für die Zuweisung von Hld an Salomo als »Verfasser« lassen sich mehrere Gründe anführen: Die Anzahl der von ihm verfassten Lieder wird mit über tausend angegeben (1 Kön 5,12), er soll nicht weniger als tausend Frauen gehabt haben (1 Kön 11,3), dürfte also von Frauen etwas verstanden haben. Salomos ungewöhnlicher Reichtum umfasste Gold und Silber (vgl. 1 Kön 9–10), Elfenbein (1 Kön 2,18.22), Edelsteine (1 Kön 10,2.11), Spezereien (1 Kön 10,2.10), Zedern- und Zypressenholz (1 Kön 5,22–24; 7,2 f.9.11; 10,27); all diese kostbaren Materialien sind auch in Hld häufig erwähnt: Gold und Silber (1,11; 3,10; 5,14 f.; 8,9), Elfenbein (5,14; 7,5), Edelsteine (5,14), Spezereien (1,3.12–14; 3,6; 4,13 f.; 5,1.5.13; 6,2; 8,14), Zedern- und Zypressenholz (1,17; 3,9; 5,15; 8,9).

Gründe für die Zuweisung von Hld an Salomo als Verfasser

Nähe von Hld zur Weisheitsliteratur

Möglicherweise spielte auch eine gewisse Nähe von Hld zur Weisheitsliteratur (dazu unten XI) bei der Zuweisung von Hld an Salomo mit, der für seine Weisheit berühmt war, zumal die beiden anderen ihm zugeschriebenen biblischen Bücher der Weisheitsliteratur angehören. Das Hauptmoment für die Auffassung von Salomo als Dichter von Hld waren sicher die Nennungen seines Namens in Hld, doch zwei davon können geradezu als Gegenbeweis angeführt werden.

Hinweise auf Salomo im Hld selbst

Das erste Mal erscheint Salomos Name in der Rede der Frau, als sie ihre

Schönheit mit »Salomos Zeltplanen« vergleicht (1,5); dabei geht es um die Pracht der königlichen Palastausstattung. Reichtum und Herrlichkeit sind auch in dem Hochzeitslied hervorgehoben, in dem Salomo zu Beginn jeder der drei Strophen erwähnt wird (3,7.9.11); die Schilderung des Prunksitzes (3,9f.) erinnert übrigens an die Machart von Salomos Königsthron (1 Kön 10,18), und die Erwähnung der »Töchter Jerusalems« (3,10), die den König lieben, deutet auf seine Vorliebe für Frauen hin. Seine fürsorgliche Mutter, die ihm am Hochzeitstag die Krone aufsetzt (3,11), geht ebenfalls mit dem Bericht von 1 Kön zusammen, wo Batseba sich sehr dafür einsetzt, dass ihr Sohn der Thronfolger wird (1 Kön 1). Das Bild der sechzig Kriegshelden rings um das Bett des Königs (3,8) zieht die Überlieferung, die in Salomo den »Friedenskönig« sehen will, ins Lächerliche; insgesamt haben wir hier ein Spottlied auf Salomos Liebe zu Reichtum und Frauen vor uns, die schlechterdings keine wahre Liebe sein kann (Näheres dazu unten in der Auslegung). Auch die Erwähnungen Salomos im Weinberglied (8,11f.) sind keineswegs schmeichelhaft; hier sind ebenfalls seine Vielweiberei und seine Geldgier Gegenstand des Spottes (s.u. in der Auslegung).

Für die Zuschreibung von Hld an Salomo könnte die Erwähnung seines Vaters David (4,4) sprechen sowie die (irrige) Annahme, »Sulamit« sei das weibliche Gegenstück zu »Salomo« (dazu in der Auslegung zu 7,1); außerdem lassen sich die Vorkommen der Vokabel »König« auf Salomo beziehen: In der Überschrift und im zweiten Lied aus dem Munde der »Schwärzlichen« (1,5–6) fällt der Name Salomo; dazwischen (1,2–4) stellt sich die Frau vor, der König habe sie zu sich ins Haus geholt.

In 1,9–14 vergleicht der Geliebte die Frau mit einer Stute (1,9), worauf sie etwas schnippisch erwidert, ihr Geruch dringe bis dahin, wo »der König« mit seinen Freunden lagere (1,12). In 7,6 wird das Haupthaar der »Sulamit« mit »Königspurpur« verglichen (wenn wir uns gegen die Akzentgliederung des MT entscheiden); Purpur ist die königliche Farbe schlechthin und wird auch bei der Schilderung von Salomos Prunksitz ausdrücklich erwähnt (3,10).

Anscheinend ist auch die Platzierung des Fragments 3,6 unmittelbar nach dem Hochzeitslied durch eine Salomo-Überlieferung bedingt: Der Redaktor erblickt in der von Düften umwehten Frau, die aus der Wüste heraufsteigt, die Königin von Saba auf dem Weg zu König Salomo (Näheres dazu in der Auslegung zu 3,6).

Im königlichen Milieu angesiedelt ist auch 6,10.4–9, wo die eine und einzige Geliebte den vielen Frauen im Harem gegenübergestellt wird.

In der Deutung von Hld als Drama (s.o. VI) kommt Salomo eine wichtige Rolle zu. *Tur-Sinai (Torczyner)*[18] hat die (nicht so recht begründete) Ver-

[18] *N. H. Tur-Sinai, Schir haSchirim ascher liSchelomo,* in: ders., *haLaschon wehaSefer,* Bd. *haSefer,* Jerusalem 1960, 351–388.

mutung geäußert, Hld bestehe aus Resten und Liedern, die in den historischen Schriften der Bibel gestanden hätten. Das Hauptlied dieser Sammlung habe von der Schunamiterin (»Sulamit«) Abischag gehandelt (vgl. 1 Kön 1, 1–4), die einen Jugendgeliebten in ihrer Heimatstadt zurückgelassen habe, weshalb sie am königlichen Hof in Jerusalem nicht glücklich geworden sei. Sie habe viel davon geträumt, von dort zu ihrem Geliebten zu entfliehen, bis schließlich ihr Wunsch in Erfüllung gegangen und sie wieder mit ihrem Geliebten vereint worden sei.

Bezug zur Überlieferung von Abischag?

X. Frauen-Lyrik

In der biblischen Literatur spielen die Männer die Hauptrolle: die Erzväter, Richter, Priester, Könige und Propheten. Veranschaulicht wird dieses Prinzip z. B. im »Lob der Väter« bei Jesus Sirach (Sir 44, 1), wo an biblischen Führergestalten ausschließlich Männer erwähnt sind.

Im Schatten der Männer

In der Bibel stehen Frauen im Schatten ihrer Männer, häufig sind sie überhaupt nicht genannt. So erfährt der Leser weder den Namen von Noachs Frau noch den von Lots Weib. Die Frauen der Söhne Jakobs bleiben namenlos, mit Ausnahme von Judas Frau Bat-Schua (dazu im Folgenden); bei der Opferung von Jiftachs Tochter kommt deren Mutter nicht vor. Es gibt auch Ausnahmen von dieser Regel: Debora und Jaël (Ri 4–5), Delila (Ri 16), die weisen Frauen aus Tekoa (2 Sam 14) und aus Abel-Bet-Maacha (2 Sam 20), Salomos Mutter Batseba (1 Kön 1), die böse Isebel (1 Kön 21), die Schunamiterin (2 Kön 4), Noomi, Rut, Ester und andere; die Erklärung für die Einführung dieser markanten Frauengestalten ist in der jeweiligen biblischen Erzählung zu finden.

Geburt von Frauen

Die Geburt von Frauen ist in der Bibel so gut wie gar nicht berichtet, obwohl Frauen auch im biblischen Zeitalter ungefähr die Hälfte der Bevölkerung ausgemacht haben dürften. So ist etwa unvorstellbar, dass in der Bibel einer der unter besonderen Umständen schwanger gewordenen Frauen die Geburt einer Tochter angekündigt worden wäre. Wo die Geburt einer Tochter doch erzählt wird, geschieht dies beiläufig und unter dem Druck des Erzählzusammenhangs. Bei Jakobs Söhnen wird ausgeführt, in welcher Reihenfolge sie geboren wurden und von welcher Mutter; der Name jedes Sohnes erhält seine Deutung, denn die ist relevant für den weiteren Verlauf der Handlung. Erst nach Leas sechs Söhnen ist auch von einer Tochter die Rede (Gen 30, 21), deren Name jedoch nicht weiter erläutert wird; Dina muss hier erwähnt werden, damit diese Tochter Jakobs in der späteren Erzählung über ihre Vergewaltigung durch Sichem (Gen 34) nicht völlig überraschend auftritt.

Tod und Begräbnis von Frauen

Auch die (seltenen) Berichte über Tod und/oder Begräbnis einer Frau stehen in der Bibel in der Regel nicht für sich, sondern haben eine erzählerische Funktion. Einige wenige Beispiele sollen genügen: Judas Frau Bat-Schua stirbt (Gen 38,12), damit der Witwer die Beziehung zu seiner Schwiegertochter Tamar aufnehmen kann, die sich als Prostituierte verkleidet hat; und Lots Weib muss als Figur aus der Handlung verschwinden (Gen 19,26), damit die inzestuöse Beziehung zwischen Lot und seinen Töchtern motiviert werden kann. Bisweilen wird der Tod einer Frau in der Bibel allerdings ausführlich geschildert, etwa im Falle von Isebel (2 Kön 9,30–37). Der Verfasser von Kön bringt Isebel zwar keinerlei Zuneigung entgegen, präsentiert sie aber trotzdem als eine eindrucksvolle Gestalt, die noch im Tode Königin bleibt; damit wird der aufständische Jehu herabgewürdigt.

Biblische »Frauenbücher«

Frauen spielen in der Bibel eine so untergeordnete Rolle, dass selbst nach Frauen benannte biblische Schriften mit Männern beginnen und enden: Am Anfang des Buches Rut steht Elimelech, am Ende der Ausblick auf David; das Buch Ester setzt ein mit König Ahaschwerosch und endet mit Mordechai.

Das Kräfteverhältnis zwischen Mann und Frau wird gleich zu Anfang der biblischen Erzählungen festgelegt. Im ersten Schöpfungsbericht erscheinen Mann und Frau gleichberechtigt: Beide sind als Gottes Ebenbilder erschaffen, und die Herrschaft über die Welt wird beiden übertragen (Gen 1,26–28).

Unterordnung der Frau unter den Mann in Gen 2–3

Im zweiten Schöpfungsbericht sieht die Sache schon anders aus: Dort wird an erster Stelle der Mann geschaffen,[19] die Frau erst nachträglich, nachdem sich herausgestellt hat, dass unter den vorhandenen Geschöpfen keines geeignet ist, »ihm als Gehilfin« zu dienen (Gen 2,18f.). Demnach wird die Frau geschaffen, um ein Bedürfnis des Mannes zu erfüllen, und zwar sekundär, aus seiner Rippe. Und wie Gott alle Geschöpfe zu Adam bringt, auf dass dieser ihnen Namen gebe und damit seine Herrschaft über sie dokumentiere (Gen 2,19), so führt Gott ihm auch die Frau zu; auch sie erhält aus dem Munde des Mannes den Namen, der ihre Abhängigkeit von ihm ausdrückt (Gen 2,22f.).[20] Die Unterordnung der Frau unter den Mann ist zwar an dieser Stelle noch nicht absolut: »Darum wird ein Mann seinen Vater und seine Mutter verlassen und seinem Weibe anhangen« (Gen 2,24), aber in der unmittelbaren Fortsetzung der Erzählung schlägt das Pendel der Machtverhältnisse zwischen Mann und Frau ganz eindeutig aus: Nachdem die Frau den Mann dazu verführt hat, von der verbotenen Frucht zu essen, wird sie unter anderem dadurch bestraft, dass er über sie herrschen wird (Gen 3,16).

Verdrängung von Frauentraditionen

Anscheinend hat die einseitige Fokussierung auf den Mann in der Bibel zum Verlust zahlreicher Überlieferungen über Frauengestalten geführt. Wenn am Ende einer genealogischen Liste völlig überraschend der Name

---

[19] *'adam* (»Mensch«) aus der *'adama* (»Erde«).

[20] Nach biblischer Etymologie ist *'ischa* (»Frau«) das weibliche Gegenstück zu *'isch* (»Mann«).

einer Frau auftaucht (wie etwa Serach, die Tochter Aschers, in Gen 46,17 und Num 26,40), dann ist dies offenbar der letzte Rest einer unwiederbringlich verlorenen Tradition. Die Aufmerksamkeit, die dieser Figur in der rabbinischen Literatur zugewandt wird, ist wohl aus dem Bedürfnis hervorgegangen, eine Lücke zu füllen; es ist auch nicht völlig ausgeschlossen, dass in den jüngeren Texten etwas von den alten mündlichen Überlieferungen erhalten geblieben ist, denn solche sind ja nicht mit einem Schlag verschwunden, sobald die biblischen Erzählungen schriftlich fixiert wurden.

Ein weiteres Beispiel: Im Epilog des Buches Ijob, als dessen Glück und Wohlstand wiederhergestellt werden, heißt es: »Er bekam sieben Söhne und drei Töchter« (Ijob 42,13). Die Söhne bleiben namenlos, doch von den Töchtern weiß der Erzähler nicht nur die Namen zu nennen, sondern er berichtet auch von ihrer außergewöhnlichen Schönheit (V 14f.). Hinter dieser kurzen Bemerkung steckt zweifellos eine reichere Überlieferung. Einen Einblick in diesen verlorenen Erzählschatz gewährt anscheinend das apokryphe »Testament Hiobs«, wo Wunderdinge von Ijobs Töchtern erzählt sind (Kap. 46–51).[21]

Ein Kontrast: Die Gleichheit von Frau und Mann in Hld

Die Vorstellung von der Überlegenheit des Mannes über die Frau ist in Hld wie weggeblasen. Die Worte der Frau an den Mann »ich bin meines Freundes, und nach mir ist sein Verlangen« (7,11) klingen wie ein Echo des Verses, durch den in der Paradies-Erzählung die Unterwerfung der Frau unter den Mann besiegelt wird: »nach deinem Mann ist dein Verlangen, und er wird über dich regieren« (Gen 3,16); diese Gegenüberstellung lässt die in Hld bestehende Gleichheit der Geschlechter umso deutlicher hervortreten. Im (neuen) Paradies der Liebesdichtung herrschen ideale Verhältnisse: Es gibt weder Scham noch Verbote oder Schuld. Die Geliebte, die sich im Garten befindet und gleichzeitig der Garten ist, lädt ihren Geliebten zu sich ein, was keine Verführung zum Bösen ist (dazu bes. 4,12–5,1).

Allerdings sind die gesellschaftlichen Normen in Hld nicht völlig verschwunden; die Frau kann nicht tun und lassen, was sie will (s. bes. 8,1–5), sogar ihre Bewegungsfreiheit ist bei Tag (1,7–8) wie bei Nacht (3,1–5; 5,6–7) eingeschränkt, wodurch sie sich jedoch nicht einschüchtern lässt. Auch ihre Brüder versuchen sie zu unterdrücken, aber sie lehnt sich gegen die gesellschaftlichen Normen und gegen die brüderliche Autorität auf und geht ihren eigenen Weg (dazu bes. 1,5–6; 8,8–10).

Hld: wenigstens teilweise Lyrik von Frauen?

Die Gleichberechtigung der beiden Geschlechter in Hld legt die Vermutung nahe, dass es sich zumindest bei einigen der Lieder von Hld um Frauen-Lyrik handelt. Den Belegen aus Hld ist die Bemerkung voranzuschicken, dass Frauen-Lyrik als Phänomen der biblischen Literatur nicht fremd ist: Gewisse Gattungen scheinen Frauensache gewesen zu sein, so etwa das

[21] *B. Schaller*, Das Testament Hiobs (JSHRZ III 3), Gütersloh 1979, 366–371; griechisch: *S. P. Brock* (Hg.), Testamentum Iobi, Leiden 1967, 54–58.

Siegeslied (s. bes. Ex 15,20; Ri 11,34; 1 Sam 18,6f.), das Spottlied (z.B. 2 Sam 1,20), das Trauerlied (Jer 9,16–19; 2 Chr 35,25) und das Hurenlied (Jes 23,16).[22] Und nun zum Text von Hld: Die Statistik zeigt, dass der Anteil der Frau weitaus höher liegt als der des Mannes. Die 127 Verse von Hld verteilen sich wie folgt: 61,5 Verse werden von ihr gesprochen (52,6 %) und nur 33 Verse (28,6 %) von ihm. 8,5 Verse (7,3 %) sind dem anonymen Erzähler in den Mund gelegt und 12,5 Verse (10,7 %) verschiedenen Chören; der eine überzählige Vers bildet die Überschrift. Prozentmäßig verändert sich die Aufteilung der Rollen nicht wesentlich, wenn der Zählung nicht Verse, sondern Wörter zugrunde gelegt werden.

Stärkere Profilierung der Frau in Hld

Die Gestalt der Frau in Hld ist vielseitiger und plastischer als die des Mannes: Er spricht nur zu ihr, ihre Rede dagegen ist zusätzlich noch an ihre Brüder und an die Töchter Jerusalems gerichtet (s.u. XXIII). Die Geliebte ist auch kühner als ihr männlicher Partner. Die Initiative zur Annäherung der beiden Liebenden geht von ihr aus, was nicht nur in den Dialogen (1,9–14.15.17; 2,1–3; 4,12–5,1), sondern auch in ihren Monologen (1,2–4; 2,15.16–17; 3,1–5; 7,11–14; 8,1–4.5b.6a) erkennbar ist. Nur in zwei Dialogen hat der Mann das letzte Wort (1,7–8; 4,12–5,1), alle übrigen Gespräche enden mit einer Äußerung der Frau (1,9–14.15–17; 2,1–3; 7,8–10; 8,13–14), so auch das Gespräch mit ihren Brüdern (8,8–10).

Inhaltlich ist nicht selten zu beobachten, dass die Frau ihren Partner verspottet oder nicht akzeptiert, was er zu ihr gesprochen hat, wodurch sie sich als die gewitztere von beiden erweist (1,9–14; 7,10; 8,13–14). Ebenso zahlt sie ihren Brüdern den Spott mit gleicher Münze heim (8,8–10). Nur in einer einzigen literarischen Einheit spottet der Mann über die Geliebte (1,7–8).

Bei den zahlreichen Traumszenen in Hld, teils Nacht-, teils Tagträumen (s. auch XXVI), handelt es sich durchweg um Träume des Mädchens, und sie wirken wie ausgesprochen weibliche Träume. In Anbetracht all dieser Beobachtungen am Text von Hld, die dafür sprechen, dass die Frau hier dem Mann nicht unter-, sondern eher überlegen ist, erscheint die Annahme berechtigt, dass zumindest ein erheblicher Anteil der Lieder von Hld von Frauen verfasst sein kann.[23]

XI. Beziehungen zur Weisheitsliteratur

Der Terminus »Lied«, der in der Überschrift von Hld erscheint und auch die dominierende Gattung innerhalb des Textes bezeichnet, weist auf Nähe zu

[22] Dazu ausführlich *S. D. Goitein*, Frauen als Verfasserinnen biblischer Literatur (hebr.), in: dies. (Hg.), Frauen in der Bibel (hebr.), Tel-Aviv 1964, 519–551.
[23] Dazu auch *P. Trible*, Depatriarchalizing in Biblical Interpretation, in: JAAR 41 (1973) 30–48.

weisheitlichen Kreisen hin. Beim Ruhm von Salomos außerordentlicher Weisheit (1 Kön 5,9–14) wird auf seine 3000 Gleichnisse sowie auf seine 1005 Lieder verwiesen (V 12). Auch die Zuschreibung von Hld an Salomo spricht dafür, dass man darin offenbar ein Werk der Weisheitsliteratur erblickte. Der Einfluss einer ebenfalls Salomo zugeschriebenen Weisheitsschrift ist in Hld zu erkennen: Hld 8,6b–7 ist deutlich von Spr 6,20–35 beeinflusst.[24]

Zuschreibung von Hld an Salomo als Prototyp »eines Weisen«

Der rätselhafte Charakter einiger Lieder in Hld (dazu u. XXIV) deutet ebenfalls auf Nähe zur Weisheitsdichtung hin und in dieselbe Richtung weist die Beziehung zur Gleichnisliteratur: Einige der Lieder von Hld ähneln Pflanzengleichnissen, z.B.[25] 2,1–3; 4,12–5,1; 8,11–12, oder Tiergleichnissen, z.B. 2,15. Der Gleichnischarakter äußert sich auch in verblüffenden Übergängen vom Offenkundigen zum Verborgenen oder vom Gleichnis zum Verglichenen (dazu u. XXIV).

Beziehung zur Gleichnisliteratur

Die Nähe zu weisheitlichen Kreisen geht durchaus damit zusammen, dass die Verfasser von Hld literaturkundige Gelehrte waren (dazu XII). Das steht nicht im Widerspruch zu unserer Annahme, dass an der Abfassung von Hld in nicht geringem Maße Frauen beteiligt waren. Der professionelle Umgang mit Weisheit war keine ausschließlich männliche Domäne, denken wir nur an die weisen Frauen aus Tekoa (2 Sam 14,2) und aus Abel-Bet-Maacha (2 Sam 20,12), an die »Weisen unter den Fürstinnen« bei Siseras Mutter (Ri 5,29) oder an die ebenfalls als »weise« bezeichneten Klageweiber (Jer 9,16).

Herkunft aus weisheitlichen Kreisen

XII. Einflüsse biblischer Literatur auf Hld

Die meisten Ähnlichkeiten zwischen Hld und biblischer Literatur lassen sich offenbar dadurch erklären, dass Liebesdichtung von der Art, wie sie in Hld enthalten ist, auf biblische Texte eingewirkt hat, die wiederum den verschiedensten Gattungen angehören (dazu u. XIII). Seltener sind Fälle, in denen Hld von der biblischen Literatur beeinflusst ist. Ein deutliches Beispiel für eine solche Beziehung ist die Abhängigkeit von der Paradies-Erzählung Gen 2–3. Der Ausspruch der Frau »ich bin meines Freundes, und nach mir ist sein Verlangen« (7,11) ist ein Niederschlag von Gen 3,16b: »nach deinem Mann ist dein Verlangen, und er wird über dich regieren«; dabei sind die Veränderungen bedingt durch die Übernahme in einen Kontext, in dem die Ungleichheit zwischen den Geschlechtern aufgehoben ist (s.o. X). Die markanteste Beeinflussung durch die Paradies-Erzählung liegt in dem Lied vom

Abhängigkeit von der Paradies-erzählung Gen 2–3

[24] Weiteres dazu in der Analyse vor der Auslegung von 8,6b–7 sowie oben IX.

[25] Vergleichbar etwa mit der Heirat zwischen Dornstrauch und Zeder in 2 Kön 14,9f.

»verschlossenen Garten« (4,12–5,1) vor, das völlig aus dem religiösen Bezugssystem gelöst ist. Hier ist die Verbindung zwischen der Geliebten und ihrem Partner eine gesunde und erwünschte, und ihre Einladung des Geliebten in den Garten steht im Kontrast zur Vertreibung aus dem Paradies. Die in der Erzählung von der Rückkehr ins Paradies zu beobachtende Säkularisierung ist in Hld noch an weiteren Stellen anzutreffen. Dabei ist zu betonen, dass die literarische Einheit 4,12–5,1 nicht ausschließlich auf der biblischen Erzählung beruht, wie sie in Gen 2–3 vorliegt, sondern auch weiteren, inner- und außerbiblischen Formen der Paradies-Überlieferung verpflichtet sein mag (dazu ausführlicher in der Auslegung).

Traditionen über Salomo

Unverkennbar ist auch die Einwirkung der Traditionen über König Salomos Reichtum und Vielweiberei (dazu oben IX).

Aufnahme von Spr 6,20–35

Die literarische Einheit 8,6b–7 unterscheidet sich insofern von allen übrigen, als es sich um eine theoretische Betrachtung über das Wesen der Liebe handelt. Dieser Fremdkörper besteht aus Materialien, die aus Spr 6,20–35 entlehnt sind (s. oben XI).

Transformation der aufgenommenen Überlieferungen

Mit der Aufnahme in die Liebesdichtung erfahren die übernommenen Stoffe eine Metamorphose, in erster Linie eine »Säkularisierung«. *R. Gordis* hat in seinem Kommentar[26] darauf hingewiesen, dass die Beschwörung »bei den Gazellen oder Hinden des Feldes« (2,7; 3,5) auf den biblischen Gottesnamen »JHWH Zebaot«[27] und »El Schaddaj«[28] basiert; so heißt es im Midrasch Canticum rabba (zu 2,7): »Wobei werden sie beschworen? R. Elieser sagt: bei Himmel und Erde; bei den Gazellen *(zeva'im)*, d.i. beim oberen und beim unteren Heer *(zava)*.« Da es unschicklich wäre, den Namen Gottes zur Beschwörung im Zusammenhang mit körperlicher Liebe zu verwenden, ist er durch ähnlich klingende Namen von Tieren ersetzt, die wiederum gut in die Liebesdichtung passen (s. auch unten die Auslegung zu 2,7).

Anspielungen auf die Morija-Traditionen

Ich habe den Eindruck, dass die Erwähnung des Myrrhenberges *(har hamor)* in 4,6 anklingt an die Bezeichnung des Tempelberges, »Berg Morija« *(har hamoria*, 2 Chr 3,1). Der Anklang beschränkt sich nicht auf den Ortsnamen, sondern bezieht den unmittelbaren Kontext mit ein: »Ich gehe mir zum Myrrhenberg« erinnert an die göttliche Aufforderung Abrahams »geh dir zum Land Morija« (Gen 22,2), den Auftakt zur sog. Opferung Isaaks. Auch hier unterstützt der Midrasch unsere These: Als Erklärung für das »Land Morija« steht dort: »an den Ort, wo das Räucherwerk dargebracht wird, gemäß dem, wie es heißt ›ich gehe mir zum Myrrhenberg und zum Weihrauchhügel‹ [Hld 4,6]« (*Gen r* LV 7). Der allegorische Midrasch stellt

[26] *R. Gordis*, The Song of Songs and Lamentations: A Study, Modern Translation and Commentary, New York ²1974, z.St.

[27] Die Pluralform »Zebaot« (von *zava* = Heer, Truppe) wird in diesem Fall auf den Singular *zvi* = Gazelle zurückgeführt.

[28] Im unpunktierten Hebräisch ist die graphische Ähnlichkeit zwischen *schaddaj* und *sade* = Feld sehr groß.

also den Vers zurück in den religiösen Kontext, aus dem ihn der Dichter genommen hatte.

Das Fragment 3,6 »Wer ist es, die heraufsteigt aus der Wüste wie Rauchsäulen, umräuchert von Myrrhe und Weihrauch, von jeglichem Pulver des Gewürzhändlers« erweckt Assoziationen an die Rauch- und Feuersäule, welche die Israeliten auf ihrer Wüstenwanderung geleitete (z. B. Ex 13,21 f.; 14,15.24 u. ö.). Im Midrasch Canticum rabba zu 3,6 steht dazu: »›wie Rauchsäulen‹ – R. Elasar sagte im Namen von R. Jossi b. Semora: Zur Stunde, da Israel von einer Wanderung zur andern zog, pflegte die Wolkensäule herabzukommen, und die Feuersäule wuchs empor und der Rauch der Opferfeuer stieg hinauf …«.

Anspielung auf die Tradition der Wüstenwanderung

Ich halte es nicht für ausgeschlossen, dass die Konstruktion von König Salomos Tragsessel (3,10) »die Säulen machte er silbern, die Lehne golden, den Sitz purpurn …« auf die Errichtung des Wüstenheiligtums anspielt. Dazu steht im Midrasch Canticum rabba zu 3,10: »die Säulen machte er silbern – das sind die Säulen, wie es heißt ›die Haken und Ringe der Säulen aus Silber‹ [Ex 27,10]; die Lehne golden – wie es heißt: ›und die Balken überzogen mit Gold‹ [Ex 26,29], den Sitz purpurn – wie es heißt: ›Du sollst einen Vorhang machen himmelblau und purpurn‹ [ebd., V 31]«. Die Umkehrung vom Heiligen ins Profane verleiht den entsprechenden Liedern in Hld etwas Leichtes, Keckes; das ungefähr ist der Effekt, den auch der mittelalterlich-hebräische Dichter *Immanuel von Rom* – wenn auch in geringerem Maße – in seiner Liebesdichtung erzielt, indem er häufig Bibelverse aus ihrem religiösen Zusammenhang ins Profane überträgt.

Anspielung auf die Überlieferung von der Errichtung des Wüstenheiligtums

XIII. Hld als spezifische Ausprägung israelitischer Liebesdichtung

Hld ist ein »verschlossener Garten, versiegelter Quell« (Hld 4,12). In seiner Entrücktheit von jeglicher religiösen und nationalen Atmosphäre unterscheidet das Hohe Lied sich von sämtlichen übrigen Schriften der hebräischen Bibel. Seine Besonderheit besteht darin, dass die Kriterien für seine Entschlüsselung nur aus ihm selbst zu gewinnen sind; angesichts des geringen Umfangs von Hld findet sich der Leser und Exeget bisweilen wie vor verschlossenen Türen.

Außerhalb von Hld lässt sich in der Bibel kaum Liebesdichtung nachweisen, was eigentlich nicht erstaunlich ist; das Überraschende ist eher die Aufnahme von Hld in ein so stark religiös-didaktisch geprägtes literarisches Corpus (s. u. XXX). Aus der Annahme, dass die Sammlung der in Hld enthaltenen Lieder nicht vollständig ist und dass es weitere Liebeslieder gegeben haben muss, die im biblischen Israel verfasst und gesungen wurden, erhebt sich der Wunsch, wenigstens Bruchstücke weiterer Lieder und Hin-

Liebesdichtung in der Bibel außerhalb von Hld?

weise auf solche in den verschiedenen Gattungen – einschließlich erzählender Prosa – und Epochen der biblischen Literatur aufzuspüren. Dabei ergibt sich die Schwierigkeit, dass unsere Vorstellungen von biblischer Liebesdichtung ganz und gar von Hld bestimmt sind; daher neigen wir dazu, nur oder doch in erster Linie das wahrzunehmen, was dem uns Vertrauten ähnelt. Dessen ungeachtet dürfte sich der Versuch lohnen. Sowohl die Texte in Hld als auch das Vergleichsmaterial aus anderen biblischen Schriften können an Bedeutungsreichtum nur gewinnen, wenn wir ihren gegenseitigen Beziehungen nachgehen. Bei den Berührungen zwischen Stellen aus Hld und literarischen Einheiten aus anderen biblischen Schriften handelt es sich nicht unbedingt um direkte Abhängigkeit der beiden voneinander. Möglicherweise basiert die andere Stelle nicht genau auf ihrem Gegenstück in Hld, sondern auf einem ähnlichen Text. Die Existenz ähnlicher Überlieferungen ist bereits durch die Wiederholungen und Variationen innerhalb von Hld belegt (s. u. XVIII). Gelegentlich lässt sich sogar eine gemeinsame Quelle vermuten, aus der sowohl die AutorInnen von Hld als auch andere biblische Schriftsteller geschöpft haben. Fälle, in denen andere biblische Stellen auf Hld eingewirkt haben, wurden bereits oben (XII) behandelt.

Psalm 45 – ein Hochzeitslied

Das einzige als solches ausgewiesene Liebeslied außerhalb von Hld ist das sog. Freundschaftslied *(schir jedidot)* Ps 45.[29] Dieser Psalm, inhaltlich ein Hochzeitslied – wogegen das Thema Hochzeit in Hld vergleichweise wenig vorkommt (s. o. VII) – weist mehrere Ähnlichkeiten mit Hld auf, z. B.: »Anmut ist ausgegossen über deine Lippen« (Ps 45,3) vs. »seine Lippen sind Lilien« (Hld 5,13), oder die Aufzählung der Duftstoffe – »Myrrhe und Adlerholz, Kassia sind all deine Gewänder« (Ps 45,9a) vs. die entsprechende Liste im Gartenlied »Myrrhe und Adlerholz samt allerlei hervorragenden Spezereien« (Hld 4,14). Das in diesem Zusammenhang wichtigste Motiv ist die Darstellung des Königs bzw. Bräutigams als »Held«. »Gürte dein Schwert an deine Hüfte, Held! …« (Ps 45,4) erinnert an die Schilderung von Salomos Hochzeit in Hld (Hld 3,7–11), was in unseren Augen ein Spottlied auf den König ist: »Sieh da, Salomos Bett / sechzig Helden rings umher / von Helden Israels … jedermann mit dem Schwert an der Hüfte / vor nächtlichem Schrecken« (3,7 f.). Dieses Lied beruht allem Anschein nach auf einem Hochzeitslied, das parodiert wird: Nicht der König ist der Held, ganz im Gegenteil: Der König braucht mit Schwertern gerüstete Helden zu seinem Schutz, während er selbst vor Furcht zitternd im Bett liegt.

Psalm 19: die Sonne als Bräutigam

Zur Darstellung des Bräutigams als Held ist auch der Vergleich der Sonne mit einem Bräutigam heranzuziehen: »geht hervor wie ein Bräutigam aus seiner Kammer, frohlockt wie ein Held, die Bahn zu laufen« (Ps 19,6); dieser Vers weist tatsächlich eine gewisse Nähe zur biblischen Liebesdichtung auf.

[29] Zur Synonymität der hebräischen Wurzeln *jod-dalet-dalet* und *alef-he-bet* s. die Etymologie von Salomos Beinamen »Jedidja« in 2 Sam 12,24 f..

In Hld wird allerdings die geliebte Frau mit der Sonne verglichen: »Wer ist die, zu erschauen wie die Morgenröte / schön wie der Mond, lauter wie die Sonne« (6,10).

Hochzeitslieder im Jeremia- und Jesajabuch

Weitere Hinweise auf die Existenz von Hochzeitsliedern sind dort zu finden, wo bei Jer die Stimmen von Bräutigam und Braut erwähnt sind (7,34; 16,9; 25,10; 33,11). Vor allem Jer 33,11 ist aufschlussreich: »Stimme von Freude und Jubel, Stimme von Bräutigam und Braut, Stimme von Sprechern: Danket JHWH Zebaot, denn gut ist JHWH, denn ewig währt seine Gnade« – wie das Ende dieses Verses sich auf Psalmengesang bezieht[30], so vermutlich auch der erste Teil, der die Stimmen von Braut und Bräutigam erwähnt. Vielleicht liegt hier eine Andeutung auf Lieder vor, die dialogisch zwischen Bräutigam und Braut verteilt sind; viele Lieder von Hld – auch solche, die keine Hochzeitslieder sind – sind ja auch dialogisch angelegt (s.u. XXI). Ein weiterer Hinweis auf Hochzeitslieder findet sich vielleicht in der prophetischen Aussage, dass Gott sich über Israel freue, »wie ein Bräutigam sich seiner Braut freut« (Jes 62,5).

Die Gattung »Hurenlied« in Jes 23,15f. und in Hld

Eine andere Liedgattung mit Beziehung zu Hld ist das Hurenlied. Dazu wäre etwa Jes 23,15f. heranzuziehen: »Es wird geschehen an jenem Tage, Tyrus war vergessen worden … nach Ablauf von siebzig Jahren wird es Tyrus ergehen wie im Hurenlied: Nimm das Saiteninstrument, zieh umher durch die Stadt, vergessene Hure, spiel schön, singe viel, um dich in Erinnerung zu bringen«. Diese Verse erinnern an die Traumlieder in Hld (3,1–5; 5,2–8). In einem davon heißt es, die Frau ziehe in der Stadt umher auf der Suche nach ihrem Geliebten: »Ich will aufstehen und in der Stadt umhergehen, auf Märkten und Plätzen will ich suchen, den meine Seele liebt …« (3,2). In beiden Fällen wird die Frau dabei von den Wächtern aufgegriffen. Während sie im ersten Lied die Wächter nach ihrem Geliebten fragt, von ihnen aber keine Antwort bekommt (3,3), behandeln die Wächter sie im zweiten Lied wie eine Hure: »So fanden mich die Wächter, die in der Stadt umhergehen / sie haben mich geschlagen, verwundet / sie haben mir das Obergewand weggenommen, die Hüter der Mauern« (5,7). Bei dem Gewand, das ihr weggenommen wird, handelt es sich offenbar um ein typisches Kleidungsstück von Huren;[31] so hält ja auch der Stammvater Juda seine Schwiegertochter für eine Hure, weil sie einen Schleier trägt (Gen 38,14f.). Ich möchte vermuten, dass die beiden Traumlieder auf dieselbe Vorlage zurückgehen, wobei jedes einen anderen Aspekt beleuchtet: Im ersten wird das Tun des Mädchens mit Ausdrücken geschildert, die bei Jes auf das Verhalten der Hure angewendet werden: Sie läuft in der Stadt umher. Im zweiten Lied geht es mehr um das, was einer Hure dabei widerfährt. Sie wird von den Wächtern auf frischer Tat ertappt und misshandelt.

---

[30] So z.B. Ps 106,1; 107,1.

[31] S. etwa die Targumim zu Gen 38,14.19.

»Hurenlied« und »Liebeslied« im Buch der Sprichwörter

Anspielungen auf Hurenlied (d. h. das Lied der Verführerin) und Liebeslied lassen sich in Spr 5,3 finden: Mit der Warnung vor der Hure, »denn von Honigseim triefen die Lippen der Fremden« ist Hld 4,11 vergleichbar: »Honigseim triefen deine Lippen, Braut« (vgl. auch 5,13); in Spr 5,15 f. geht es um das Lob der Treue zur eigenen Frau: »Trink Wasser aus deiner Zisterne und Flüssigkeit aus deinem Brunnen; überfließen werden deine Quellen ...«, was mit Hld 4,12–5,1 zusammengeht, besonders mit 4,12: »Ein verschlossener Garten ist meine Schwester Braut, ein verschlossener Teich, versiegelter Quell« sowie 4,15: »ein Gartenquell, ein Brunnen lebendigen Wassers, fließend vom Libanon«, 5,1: »Ich komme in meinen Garten, meine Schwester Braut ... ich trinke meinen Wein samt meiner Milch«. Spr 5,19 (»Gazelle der Liebe, anmutige Gemse, deren Brüste dich befriedigen jederzeit«) enthält zwei in Hld sehr verbreitete Motive: die Gazelle und die Brüste.[32]

Einen weiteren Niederschlag hat das Hurenlied in Spr 7 gefunden, wiederum in einer Warnung vor der fremden Frau: »Er ging umher auf dem Markt in der Dämmerung, am Abend des Tages, in der Dichte der Nacht und des Dunkels, da kam ihm eine Frau entgegen, aufgemacht wie eine Hure ... bald auf der Gasse, bald auf den Plätzen, an jeder Ecke lauert sie; und sie fasst ihn, und sie küsst ihn, erfrecht sich, ihm zu sagen: ... Darum bin ich ausgegangen dir entgegen, zu schauen dein Gesicht, und habe dich gefunden« (Spr 7,8–16). Dieser Text ist zu vergleichen mit den nächtlichen Träumen der Frau in Hld: »Ich will aufstehen und umhergehen in der Stadt / auf Märkten und Plätzen / will ich suchen, den meine Seele liebt / ich suche ihn und finde ihn nicht« (3,2); »meine Seele war ausgegangen bei seinem Reden / ich suchte ihn und fand ihn nicht« (5,6). Die Gegenüberstellung von Suchen und Nicht-Finden kommt auch in einer Äußerung der personifizierten Weisheit vor: »Dann werden sie mich rufen, und ich antworte nicht, mich aufsuchen, aber nicht finden« (Spr 1,28). Mit den einladenden Worten der fremden Frau: »Gepolstert habe ich mein Lager ... besprengt das Bett mit Myrrhe, Adlerholz und Zimt« (Spr 7,17) ist die Liste der Duftstoffe in Hld 4,14 zu vergleichen. Auch die Motive aus Spr 7,18.21 haben Entsprechungen in Hld. In beiden Fällen holt/lockt die Frau den Geliebten zu sich ins Haus[33]; in Hld wird dies gutgeheißen, während in Spr das Verhalten der fremden Frau scharf verurteilt wird.

Einfluss von Liebesdichtung auf das Hoseabuch

Wenn Hos Israel als eine Ehebrecherin darstellt, schildert er sie als eine Frau, die ihren Liebhabern nachläuft: »... denn sie sprach: Ich will meinen Buhlen nachgehen ... Und sie läuft ihren Buhlen nach und erreicht sie nicht, sucht sie und findet nicht ...« (Hos 2,7.9). Wiederum liegt die Beziehung zu

[32] Es ist interessant, dass MT in Spr 5,19 »Brüste« *(dadim)* liest und LXX »Liebe« *(dodim)*, in Hld 1,2.4 dagegen umgekehrt: MT *dodim* erscheint in LXX als *dadim*.

[33] In dem Traumlied 3,5; ebenso 8,2.

den Traumliedern, in denen die Geliebte in den Verdacht unzüchtigen Verhaltens gerät, auf der Hand; dies gilt besonders von der Formel »Ich suche ihn und finde ihn nicht« (3,1.2; 5,6). Anscheinend basieren die Traumlieder in Hld auf »Hurenliedern«, die wiederum auch Propheten und Weisheitslehrern bekannt waren.

Die Gattung »Hurenlied« im Ezechielbuch

Unter etwas anderem Namen erscheint das Hurenlied auch bei Ez: »Sie werden zu dir kommen ... und vor dir sitzen ... und deine Worte hören, sie aber nicht tun, denn wie Brunstlieder führen sie diese im Munde, ihrem Gewinn geht ihr Herz nach. Und siehe, du bist ihnen wie ein Brunstlied mit schöner Stimme und gut gespielt, sie hören deine Worte, tun sie aber nicht« (Ez 33,31 f.). Die hebräische Wurzel *ajin-gimel-bet* (»Brunst«) bezeichnet biblisch auch unsittliches Verlangen; sie kommt überwiegend bei Ez vor (23,5.7.9.11.12.16.20), einmal auch bei Jer (4,30). Auffallend ist die Übereinstimmung zwischen der Aufforderung an die Hure in Jes 23,16, sie solle »schön spielen«, mit dem »schön gespielt« von Ez 33,32.

Die Grenze zwischen echter Liebesdichtung wie in Hld und Hurenlied lässt sich nicht immer scharf ziehen; bisweilen ist es der gesellschaftliche Rahmen, in dem das Lied vorkommt, der seine Bedeutung ausmacht. Wenn eines der Lieder aus Hld, etwa eine Schilderung der körperlichen Vorzüge der Geliebten, beim intimen Beisammensein ohne Publikum geäußert wird, kann es als erlesener Gefühlsausdruck wirken, wenn jedoch dasselbe Lied vor fremden Ohren vorgetragen wird mit Musikbegleitung in feucht-fröhlicher Runde, dann klingt es vulgär. Dass es Fälle gab, in denen Lieder aus Hld als eine Art Hurenlieder verwendet wurden, ist durch den bekannten Ausspruch von *R. Akiba* belegt: »Wer aus dem Hohenlied kunstreich vorträgt beim Gelage und es zu einem Singsang macht, der hat keinen Anteil an der künftigen Welt« (T *Sanhedrin* XII 10).

Ein Kontrast zu Hld: das Lob der wackeren Frau Spr 31,10–31

Einen markanten Kontrast zu Hld bildet »das Lob der wackeren Frau« Spr 31,10–31. Während in Hld die Schönheit gerühmt wird, heißt es in Bezug auf die »wackere Frau«: »Trügerisch die Anmut, eitel die Schönheit – eine gottesfürchtige Frau, ihr Lob wird gesungen« (Spr 31,30). Und siehe da, bei der Gegenüberstellung der einen Geliebten mit den Frauen des königlichen Harems in Hld kommt eine verblüffend ähnliche Formulierung vor: »... Töchter sahen sie und priesen sie glücklich, Königinnen und Konkubinen sangen ihr Lob« (6,9). In dem weiblichen Tugendkatalog, der aus diesen Versen geschöpft hat, wird die Frau mit anderen verglichen, allerdings nicht in Bezug auf ihre Schönheit, sondern auf ihre guten Werke; außerdem sind es dort nicht die anderen Frauen, die ihr Komplimente machen, sondern ihr Mann und ihre Kinder: »Ihre Söhne stehen auf und preisen sie glücklich, ihr Mann singt ihr Lob: Viele Frauen haben Wackeres geleistet, du aber bist unübertroffen« (Spr 31,28 f.). Die polemische Spitze gegen den genannten Text aus Hld ist unübersehbar, zumal der unmittelbar auf die soeben zitierten folgende Vers die Schönheit als weiblichen Vorzug leugnet.

Darstellung der Beziehung JHWH – Israel als Liebesbeziehung

Ein weiterer Bereich, in dem sich die Suche nach Hinweisen auf Liebesdichtung lohnt, ist die Darstellung der Beziehung zwischen Gott und Israel nach dem Muster eines Liebespaares, die wiederum die Grundlage der allegorischen Deutung von Hld bildet (s. u. XXXII). Im Weinberglied (Jes 5, 1–7) verwendet der Prophet ein Spottlied auf Salomo, wie es in Hld 8, 11–12 vorliegt; vielleicht bezieht er sich sogar direkt auf diese Stelle. Sowohl in Hld als auch bei Jes setzt das Lied ein mit den Worten: »Einen Weinberg besaß ...«; außerdem bildet die Vokabel »mein Freund« *(jedidi)* bei Jes ein Wortspiel mit Salomos Beinamen »Jedidja« (2 Sam 12, 25). Bei Jes handelt es sich um »ein Lied meines Freundes an seinen Weinberg«, und die Beziehung zwischen dem Besitzer und seinem Weinberg, Gott und Israel, wird mit der zwischen Mann und Frau verglichen, genau wie in Hld. Dass das Jesajabuch das Lied aus Hld gekannt hat, wird auch aus der Drohung deutlich, »an jenem Tage« werde »jeder Ort, an dem tausend Weinstöcke für tausend Stück Silber« seien, zu Dornen und Disteln werden (Jes 7, 23), die starke Anklänge an Hld 8, 11–12 aufweist: »... jedermann bringe für seine Frucht tausend Stück Silber / Meinen eigenen Weinberg habe ich vor mir / die tausend gehören dir, Salomo«, wobei auf die sprichwörtlichen tausend Frauen im königlichen Harem angespielt ist (s. o. IX). Ein weiteres Mal ist unser Lied in der Erzählung von Nabots Weinberg (1 Kön 21) verwendet, die ebenfalls mit den Worten beginnt: »einen Weinberg besaß ...« (1 Kön 21, 1). Das ist nicht die einzige Übereinstimmung zwischen den beiden Texten: »er gab den Weinberg den Hütern ...« (Hld 8, 11) vs. »gib mir deinen Weinberg« (1 Kön 21, 2); »jedermann bringe für seine Frucht tausend Stück Silber« (Hld 8, 12) vs. »ich gebe dir Silber als Entgelt dafür« (1 Kön 21, 2); »meinen eigenen Weinberg habe ich vor mir« (Hld 8, 12) vs. »meinen Weinberg gebe ich dir nicht« (1 Kön 21, 2). In beiden Texten wird die starke Gefühlsbindung des Besitzers an seinen Weinberg, der ihm nicht für Geld feil ist, kontrastiert mit der Beziehung des Königs zu seinem Weinberg.

Jes 52,7

Auch der Verkündung des herannahenden Gottesreiches Jes 52, 7 »wie lieblich sind auf den Bergen die Füße des Boten ...« scheint Liebesdichtung zugrunde zu liegen; hier könnten zwei Texte aus Hld zusammengezogen sein, zum einen »wie schön sind deine Füße ...« (7, 2), zum anderen die Schilderung des herannahenden Geliebten: »Die Stimme meines Freundes – sieh da, er kommt / hüpfend über die Berge, springend über die Hügel« (2, 8).

Jer 6, 2–5

Wo Jer die Zion drohende Zerstörung ankündigt (Jer 6, 2–5), setzt er raffiniert Verse aus Hld ein, besonders zwei aufeinander folgende Lieder (1, 5–6.7–8): »die Liebliche (vgl. Hld 1, 5) und Verzärtelte vertilge ich, Tochter Zions,[34] zu ihr sollen Hirten (vgl. Hld 1, 8) mit ihren Herden (vgl. Hld 1, 7) kommen, Zelte (vgl. Hld 1, 5.8) darauf aufschlagen ringsum, weiden ab je-

[34] Vgl. dazu die »Töchter Jerusalems« Hld 1, 5.

dermann seinen Bereich. Rüstet wider sie Krieg! Auf, lasset uns hinanziehen am Mittag! (vgl. Hld 1,7) ...« (Jer 6,2–4); auch die Fortsetzung von Jer 6,4 geht mit Stellen aus Hld zusammen (Hld 2,17; 4,6). Wenn sich die Frau in Hld fürchtet, zu den Hirten zu gehen, und von ihren Herden lieber Abstand hält, damit sie ihr nichts zu Leide tun (Hld 1,7), dann sind es in Jer die Hirten, die zu ihr kommen und sie vernichten. Dass der Prophetentext zwei aufeinander folgende literarische Einheiten verwendet, spricht dafür, dass er nicht nur Liebesdichtung überhaupt kannte, sondern dass ihm eine Sammlung vorlag, wie unvollständig auch immer, in der bereits diese beiden Lieder nebeneinander standen.

Hos 14,6–8

Auch das Buch Hosea gründet einige seiner Trostsprüche auf Liebeslieder: »Ich werde sein wie Tau für Israel, es blühe wie eine Lilie (vgl. Hld 2,1) ... es rieche wie der Libanon (vgl. Hld 4,11). Es kehren zurück, die gesessen in seinem Schatten (vgl. Hld 2,3), ... sie sollen blühen wie der Weinstock (vgl. Hld 6,11), sein Duft wie Libanon-Wein (vgl. Hld 1,4)« (Hos 14,6–8). Auch hier kann man sich kaum des Eindrucks erwehren, dass eine Hld zumindest ähnliche Sammlung von Liebesliedern dem Verfasser des Prophetenbuches vorlag.

Auch der gläubige Beter kann sein Verhältnis zu Gott beschreiben wie das Verhältnis einer Frau zu ihrem Geliebten. So äußert er etwa seine Sehnsucht mit folgenden Worten: »Wenn ich deiner gedenke auf meinem Lager, in Nachtwachen sinne ich dir nach« (Ps 63,7); das erinnert an die Eröffnung des Traumliedes: »auf meinem Lager nächtlich / suche ich, den meine Seele liebt« (Hld 3,1).

Die bisher aufgeführten Belege stammen aus der biblischen Dichtung. Aber auch zur erzählenden Prosa finden sich manche Berührungspunkte.

Gemeinsamkeit mit der Sara-Abraham-Überlieferung

Abrahams Notlüge, als er gegenüber Pharao seine Frau Sara als seine Schwester ausgibt,[35] hängt vielleicht damit zusammen, dass in der Liebesdichtung die Geliebte als »Schwester« bezeichnet werden kann (vgl. Hld 5,2; ferner 8,1). Abraham will diese seine Aussage zwar wörtlich verstanden wissen, aber nach dem Sprachgebrauch der semitischen Liebesdichtung hat er nicht die Unwahrheit gesagt.

Das Lied, in dem die Frau ihren Geliebten zu ihrem Bruder machen möchte (8,1–4), enthält eine Konstellation, die auch aus Pentateuch-Erzählungen bekannt ist: Die junge Frau geht hinaus, ihrem Zukünftigen (oder dessen Vertreter) entgegen, gibt ihm zu trinken und bringt ihn zu sich nach Hause. Dieses Muster liegt vor bei Rebekka und dem Abgesandten Abrahams (Gen 24), bei Jakob und Rahel (Gen 29,1–13) sowie bei Mose und Jitros Töchtern (Ex 2,15–21). Besondere Ähnlichkeit zu Hld weist die Begegnung zwischen Jakob und Rahel auf (Gen 29,1–11); nur hier findet sich das Wortspiel aus Hld 8,1–2 zwischen küssen *(nun-schin-qof)* und »tränken« *(schin-qof-he)*,

Gemeinsamkeit mit der Rahel-Jakob-Überlieferung

[35] Gen 12,13.19; s. auch die Parallel-Erzählungen in Gen 20 und in 26,1–13.

aussagekräftig ist auch der Name Rahel (»Mutterschaf«) im Zusammenhang mit dem Tränken von Kleinvieh. Allerdings entbehrt die Erzählung von Jakob und Rahel jeglicher erotischen Komponente: Es ist Jakob, der die Schafe tränkt, nicht Rahel, die ihn tränkt. Auch als er Rahel küsst, geschieht dies ohne erotische Implikationen. Jakob ist zwar nicht Rahels Bruder, aber doch ein naher Verwandter: »Da sagte Jakob Rahel, dass er ihres Vaters Bruder sei …« (Gen 29,12), und aufgrund dieser Verwandschaft darf er es sich erlauben, sie in der Öffentlichkeit am Brunnen zu küssen. An der betreffenden Stelle in Hld erscheinen die Verbformen »ich küsse dich« (8,1) und »(seine Hand) umfängt mich« (8,3) auch ohne erotische Konnotation. In der Jakobsgeschichte ist es Rahels Vater Laban, der seinen Neffen Jakob zum Empfang küsst und umarmt (Gen 29,13). In der Erzählung von Rebekkas Begegnung am Brunnen heißt es, das Mädchen sei vorausgelaufen, den Besucher im »Haus ihrer Mutter« anzukündigen (Gen 24,28); genau dieser Ausdruck »Haus meiner Mutter« kommt auch in Hld (8,2) vor. Rebekka gibt zwar dem Mann zu trinken, aber das hat nichts Erotisches an sich, denn er ist nicht ihr Zukünftiger, und außerdem kredenzt sie ihm nicht Wein (wie Hld 8,2), sondern Wasser. Allen Vorkommen dieses Motivs fehlt die erotische Komponente, was zweifellos durch die Einbettung in den Kontext religiöser Erzählung bedingt ist. Die weitaus natürlichere Variante ist die mit der unverhüllten Erotik, wie sie sich in Hld erhalten hat.

Das Motiv der Liebesäpfel in Hld und Gen 30

Das unmittelbar vorangehende Lied, Hld 7,11–14, endet mit den Worten: »die Liebesäpfel verströmen Duft …« (7,14); der einzige andere biblische Beleg für »Liebesäpfel« findet sich in Gen 30,14–18 im Zusammenhang mit der Rivalität zwischen Lea und Rahel um die Gunst Jakobs. Beim Vergleich der beiden Stellen gewinnt man den Eindruck, als ob der biblische Erzähler die beiden nebeneinander stehenden Lieder aus Hld benutzt habe: Wie im ersten Lied in Hld 8 geht Lea Jakob entgegen, als er vom Feld kommt (Gen 30,16) und spricht zu ihm: »Zu mir sollst du kommen, denn gekauft habe ich dich um die Liebesäpfel meines Sohnes; da legte er sich zu ihr in jener Nacht«. Während es zwischen Lea und Jakob nicht um Liebe geht, sondern um Wahrnehmung von Rechten, äußert sich in der analogen Handlung in Hld die Liebe der Frau zu ihrem Geliebten.

Die Erzählung über Dina (Gen 34) und Hld

Die Erzählung von Jakobs Tochter Dina beginnt damit, dass Dina »hinausging, sich die Töchter des Landes anzuschauen« (Gen 34,1). Das erinnert an eine Stelle aus dem Hochzeitslied in Hld: »Geht hinaus und seht, Töchter Zions, den König Salomo …« (3,11), nur dass die keusche Dina nicht nach Männern Ausschau hält, sondern Kontakt zu den Mädchen sucht, was allerdings ihre Vergewaltigung durch den Fürstensohn nicht verhindert. Die empörte Frage von Dinas Brüdern »Soll er denn unsere Schwester zur Hure machen?!« (Gen 34,31), passt genau ins Milieu der Liebesdichtung, wo ebenfalls die Brüder um die Ehre und Keuschheit ihrer Schwester Sorge tragen (Hld 1,6; 8,8–9).

Einfluss von Liebesdichtung auf Gen 37?

Als Josef ausgeht, seine im Gelände das Vieh weidenden Brüder aufzusuchen, begegnet ihm ein Mann: »Da traf ihn ein Mann, wie er auf dem Feld umherirrte *(toʿeh)* ... Er sprach: Meine Brüder suche ich, sag mir doch, wo sie weiden« (Gen 37,15). Möglicherweise hat der Erzähler hier das Lied verwendet, in dem die Frau ihren Geliebten fragt, wo sie ihn finden könne: »Sag mir, den meine Seele liebt / wo weidest du, wo lässest du lagern am Mittag, sonst werde ich wie eine Verhüllte *(ke-ʿotja)* / bei den Herden deiner Gefährten« (Hld 1,7).[36] Die Targumim haben *ʿotja* offenbar mit *tet-ajin-he*, dem aramäischen Gegenstück zur hebräischen Wurzel *taw-ajin-he* (»umherirren«) zusammengebracht, d.h. auf der Suche nach ihrem Geliebten irrt die Frau unter den Herden seiner Gefährten umher, wodurch eine sehr ähnliche Situation entsteht wie bei Josef und seinen Brüdern. (Dass die Brüder Josef alles andere als zugetan sind, erfährt dieser erst in der Fortsetzung der Erzählung). Der Ausdruck *ke-ʿotja* ist allerdings auch anders gedeutet worden.

Gemeinsamkeiten von Gen 38 und Hld

Auch die in die Josefsgeschichte eingeblendete Episode von Juda und Tamar (Gen 38) hat unverkennbare Beziehungen zur Liebesdichtung, in erster Linie zu dem soeben behandelten Lied Hld 1,7–8. Tamar geht hinaus, um ihren Schwiegervater Juda auf dem Weg zur Schafschur zu treffen. Er hält sie für eine Hure, da sie ihr Gesicht mit einem Schleier verhüllt hat (Gen 38,14f.). In Hld geht die Geliebte anscheinend mit verhülltem Gesicht hinaus ins Gelände, um ihren Geliebten zu suchen, woraufhin die Gefahr besteht, dass dessen Gefährten sie für eine Hure halten.[37] So scheinen diesen beiden benachbarten Kapiteln von Gen (37 und 38) zwei verschiedene Auffassungen der Vokabel *ʿotja* zugrunde zu liegen: einerseits als »Umherirrende«, andererseits als Verhüllte, d.i. Prostituierte. Im Gegensatz zu der Frau in Hld, die Angst davor hat, von den Hirten als Prostituierte behandelt zu werden, legt Tamar es gerade darauf an, für eine solche gehalten zu werden, denn nur so kann sie zu der erwünschten Schwangerschaft gelangen. Gegen Ende der Episode, als Tamar Zwillinge gebiert, bindet die Hebamme dem mutmaßlichen Erstgeborenen »Purpur« um die Hand (Gen 38,28f.), womit nach der Übersetzung von Targum Jonatan und LXX ein purpurner Faden gemeint ist. Ein Purpurfaden spielt auch in einer anderen Erzählung mit starken sexuellen Untertönen eine wichtige Rolle: in der Erzählung von der Prostituierten Rahab in Jericho; diese soll den Purpurfaden an das Fenster binden, aus dem sie die israelitischen Kundschafter hat entkommen lassen (Jos 2,15). In Hld erscheint der Purpurfaden bei der Schilderung der Schönheit der Geliebten: »wie Purpurfaden deine Lippen« (4,3). Anschei-

[36] Für »wo« steht nur hier das Fragewort *ʾejcha*, das sonst »wie« bedeutet; allerdings lesen einige hebräische Handschriften an dieser Stelle *ʾejfo* (»wo«) wie in der Josefsgeschichte.

[37] S. auch die obigen Ausführungen zum verhüllenden Schleier als Attribut der Prostituierten.

nend haben die Verfasser beider Erzählungen im Hexateuch diese Metapher aus dem Bereich der Liebesdichtung genommen und sie zu einem markanten Handlungsmotiv gemacht.

Die Simsongeschichten Ri 13–16 als Hinweis auf Liebesdichtung

Die Lebensgeschichte von Simson (Ri 13–16), der ein großer Frauenliebhaber war, enthält zahlreiche Hinweise auf Liebesdichtung:

1) Füchse, die Flurschaden anrichten, kommen in der ganzen Bibel nur zweimal vor, einmal in Hld 2,15, das andere Mal in der Erzählung Ri 14–15, wo Simson Rache nimmt an den Philistern, die ihn zunächst bei der Hochzeit übers Ohr hauen und ihm dann seine Frau vorenthalten: Er lässt dreihundert Füchse mit brennenden Fackeln an den Schwänzen auf das bebaute Land der Philister los, wodurch erheblicher Brandschaden entsteht (Ri 15,5). Anscheinend war es die Funktion der Füchse in der Liebesdichtung und deren Metaphorik, durch die sich der biblische Erzähler zur Gestaltung von Simsons Rache an den Philistern hat inspirieren lassen.

2) Die Anzahl und Funktion der sechzig Helden rings um Salomos Bett (Hld 3,7–8) wird ebenfalls auf dem Hintergrund derselben Simson-Erzählung deutlich: »... da veranstaltete Simson ein Festmahl, denn so pflegten die jungen Männer zu tun. Und es geschah, da sie ihn erblickten, nahmen sie dreißig Gefährten, die sollten bei ihm sein« (Ri 14,10f.). Da Simson als Fremdling zur Hochzeit kommt, hat nicht er zum Mahl eingeladen und die Gäste gewählt. Eigentlich waren die dreißig Gefährten dazu bestimmt, dem Bräutigam Gesellschaft zu leisten und ihn zu schützen, aber im Falle von Simson gaben die Philister ihm dreißig junge Männer an die Seite, damit er ihnen nichts zu Leide tue.[38] Hier scheinen sowohl die Simson-Erzählung als auch das Spottlied über Salomos Hochzeit in Hld ein bekanntes Motiv aus der Liebesdichtung genommen und für ihre eigenen Zwecke eingesetzt zu haben: Bei Simson werden die Leibwächter des Bräutigams bei der Hochzeit zu Wächtern vor dem gefährlichen Bräutigam, und laut Hld braucht Salomo die doppelte Anzahl an Wächtern, weil er doppelt so viel Angst hat.

3) Nur in Simsons Worten »... ich will Rache nehmen für eines meiner beiden Augen an den Philistern« (Ri 16,28) und in der Rede des Geliebten »du berückst mich, meine Schwester Braut, du berückst mich mit einem deiner Augen ...« (Hld 4,9) ist jeweils nur das eine Auge erwähnt, obwohl eigentlich beide genannt sein könnten. An beiden Stellen ist eine Steigerung aufs Doppelte intendiert: Wenn der Dichter herausstellt, wie die Geliebte ihn schon mit dem Blick eines ihrer Augen »verrückt macht«, bleibt es der Phantasie des Publikums überlassen, sich die Wirkung ihrer zwei Augen vorzustellen. Eine ähnliche Logik liegt Simsons Äußerung unmittelbar vor dem Selbstmord zugrunde, bei dem er eine Menge Menschen mit sich in den

[38] LXX liest statt »da sie ihn erblickten« *(ki-rʾotam)* »da sie ihn fürchteten« *(ke-jirʾatam)*; s. auch *Josephus*, Ant V 8,6.

Tod reißt: Wenn der Tod einer so großen Anzahl von Philistern nur als Rache für den Verlust seines einen Auges gilt, wie ungeheuerlich wäre dann die Rache für den Verlust beider Augen?! Doch da er zur Durchführung der vollen Rache keine Möglichkeit hat, begnügt er sich sozusagen mit der halben.

4) Gegen Ende des Gartenliedes (4,12–5,1) berichtet der Geliebte, wie er von den Köstlichkeiten des Gartens genießt, wendet sich dann plötzlich zu seinen Freunden und lädt sie zum Festmahl ein: »Ich komme in meinen Garten, meine Schwester Braut / ich pflücke meine Myrrhe samt meiner Spezerei / ich esse meine Wabe samt meinem Honig / … esst, Gefährten, trinkt und berauscht euch, Freunde!« (5,1). In der Simson-Geschichte haben wir dieselbe Abfolge der Vorgänge: Verzehr von Honig, den Simson im Kadaver des zuvor von ihm erschlagenen Löwen gefunden hatte (Ri 14,8 f.), danach das Festmahl (Ri 14,10 ff.). In Hld erscheint außerdem die hebräische Wurzel *alef-resch-jod* als die Verbform »ich pflücke« *('ariti)*, was an den Löwen *('arje)* bei Simson anklingt; und dem Rätsel, das Simson seinen Gastgebern aufgibt (Essen des Honigs aus dem toten Löwen), liegt bekanntlich das Spiel mit der Mehrdeutigkeit der semitischen Wurzel *a-r-j* zugrunde, die im Arabischen auch »Honig« bedeuten kann. Zudem haben Simsons »Gefährten« dieselbe Funktion wie die angeredeten »Freunde« in Hld 5,1.

5) Bei der Beschreibung der Geliebten »dein Haupt auf dir wie der Karmel / das herabhängende Haar *(dalla)* deines Hauptes wie Königspurpur / gebunden an Latten« (Hld 7,6) wird ihr Haupthaar verglichen mit dem »Trumm«, den herabhängenden Fäden (vgl. Jes 38,12), mit denen das Gewebe am Webrahmen befestigt ist. Und siehe da, in der Erzählung von Simson und Delila (Ri 16,4–21) bindet die geliebte Frau (das Verb »binden« kommt in Ri 16,5–13 immer wieder vor) Simsons nie geschnittenes Haupthaar an den Latten des Webrahmens fest: »Er sprach zu ihr: Wenn du die sieben Haarlocken meines Hauptes mit dem Tuch verwebst [und zusammen in die Wand steckst, dann werde ich schwach wie ein gewöhnlicher Mensch; da schläferte sie ihn ein, verwebte die sieben Haarlocken seines Hauptes mit dem Tuch] und steckte es an den Pflock … da riss er den Webpflock mit sich und das Tuch« (Ri 16,13 f.; die Passage in eckigen Klammern ist nach LXX ergänzt, in MT durch Homoioteleuton ausgefallen).

Möglicherweise ist Simsons Fesselung an die Latten eines Webrahmens die Veranschaulichung eines Wortspiels mit dem Namen der weiblichen Hauptfigur: Der Erzähler leitet den Namen »Delila« von der Wurzel *dalet-lamed-lamed* ab, die eben die vom Webrahmen herunterhängenden Fäden bezeichnet. Wieder scheint der Erzähler von Vorstellungen aus der Liebesdichtung beeinflusst zu sein; sogar der Name der Heldin könnte unter dem Eindruck der dort verbreiteten Metaphorik gewählt sein.

Beschreibungslieder als Hintergrund der Schilderung von Saul, David und Abschalom

Als Saul dem Leser das erste Mal gegenübertritt, betont der Erzähler seine Schönheit: »… ein schöner Jüngling, kein Mann unter den Israeliten war schöner als er; um Haupteslänge überragte er das ganze Volk« (1 Sam 9,2).[39] Über David heißt es bei seinem ersten Auftreten: »er war rötlich mit schönen Augen und gut aussehend« (1 Sam 16,12; vgl. auch 1 Sam 17,42). Die Gestalt des Geliebten in Hld 5,10–16 weist Ähnlichkeiten sowohl mit Saul als auch mit David auf: »mein Freund ist hell und rot / herausragend über Zehntausende« (5,10); »sein Anblick wie der Libanon, ein Jüngling wie Zedern« (5,15). Ein Beschreibungslied *(Wasf)* in Kurzform findet sich bei Abschaloms erstem Erscheinen: »Wie Abschalom war kein Mann schön, in ganz Israel sehr zu rühmen, von Fuß bis Kopf war kein Makel an ihm; und wenn er sein Haar schor …« (2 Sam 14,25 f.). Damit zu vergleichen ist das Lied, das die Schönheit der Geliebten schildert (Hld 4,1–7): »Du bist schön, meine Freundin … ganz bist du schön, meine Freundin, kein Makel an dir«. Während das Lied die Schönheit der Frau vom Scheitel bis zur Sohle schildert, geht der Erzähler bei Abschalom umgekehrt vor, so dass seine Beschreibung mit dem für den Kontext wichtigsten Detail endet, mit seinem Haar.

Gemeinsamkeiten zwischen der Erzählung über Amnon und Tamar (2 Sam 13) und Hld

In der Erzählung von Amnon und Tamar, einer unglücklichen Liebesgeschichte (2 Sam 13), finden sich etliche Gemeinsamkeiten mit der Liebesdichtung, von denen hier nur die wichtigsten aufgezählt werden sollen. »Abschalom, Davids Sohn, hatte eine schöne Schwester namens Tamar« (2 Sam 13,1), dabei ist nicht auszuschließen, dass der Name *Tamar* (»Dattelpalme«) für die Heldin gewählt ist, um auf das Liebeslied »dies ist deine Gestalt, sie gleicht der Dattelpalme …« (Hld 7,8) anzuspielen; Abschalom hat eine schöne Tochter, die ebenfalls Tamar heißt (2 Sam 14,27). Weibliche Schönheit spielt in Hld eine wichtige Rolle (s. 1,15; 4,1.7; 6,1.10). Amnon stellt sich krank, um Tamar zu sich zu bringen (2 Sam 13,2.5); dieses Motiv scheint eindeutig aus der Liebesdichtung entlehnt: Die Geliebte spricht davon, dass sie »krank vor Liebe« sei (Hld 2,5), und bittet um Stärkung durch besondere Speisen (ebd.), so wie Amnon darum bittet, dass Tamar ihm etwas zu essen bereiten soll (s. auch Hld 5,8). Bei seinen Bemühungen um Tamars Liebe zieht Amnon einen Freund zu Rate (2 Sam 13,3), und Freunde, die Gefährten des Bräutigams, erscheinen auch in Hld (5,1). Amnon liegt angeblich krank auf seinem Lager (2 Sam 13,5), und die Vokabel »Lager« *(mischkav)* kommt auch Hld 3,1 vor. Amnon bittet seinen Vater, Tamar solle kommen und ihm zwei »Herzkuchen« bereiten (2 Sam 13,7). Dass er Tamars Bruder ist, macht es ihm leichter, sie zu sich kommen zu lassen, so wie das Mädchen in Hld sich wünscht, der Geliebte möge ihr zum Bruder werden, damit sie ihn zu sich nach Hause bringen kann (Hld 8,1–2). Auch dass es zwei »Herzkuchen« *(levivot)* sind, die Tamar vor Amnons Augen zubereiten soll, wird verständlich auf dem Hintergrund des Liebesliedes »du hast mich berückt *(libavtini)*, meine Schwester Braut, du hast mich be-

[39] S. auch 1 Sam 9,23 f. sowie das über Davids erstgeborenen Bruder Gesagte 1 Sam 16,7.

rückt (wörtlich: beherzt) mit einem deiner Augen« (Hld 5,9). Von Tamar verlangt Amnon, sie solle ihm das Essen »ins Gemach« bringen, was sie auch tut: »da kam sie zu ihrem Bruder Amnon ins Gemach« (2 Sam 13,10), vgl. dazu Hld 1,4: »Es brachte mich der König in seine Gemächer«.[40] Amnon fordert etwas zu essen (2 Sam 13,5), aber als Tamar ihm das Essen ans Bett bringt, will er mit ihr schlafen. Essen dient gelegentlich als Kodewort für den Liebesakt (s. Hld 4,16–5,1). Als Amnon sein Vorhaben ausführen will, sagt ihm Tamar »rede doch mit dem König, er wird mich dir nicht verweigern« (2 Sam 13,13), vgl. dazu Hld 8,8 »was sollen wir mit unserer Schwester machen / am Tag, da von ihr geredet wird«. Amnon wird zornig auf Tamar und weist sie hinaus mit den Worten »steht auf, geh« (2 Sam 13,15); so lautet wörtlich die Aufforderung des Geliebten in Hld, die Geliebte möge zu ihm kommen: »steh doch auf, meine Freundin, meine Schöne, geh doch« (2,10.13). Amnon lässt hinter Tamar die Tür verschließen (2 Sam 13,17); in Hld 4,12 dagegen ist der Garten verschlossen und die Frau macht ihrem Geliebten auf. Die verschlossene Tür kommt auch in dem Lied von der Freundin vor, die sich erhebt, um ihrem Geliebten zu öffnen (Hld 5,5). So zeichnet sich eine Tendenz ab, nach der Motive, die im Liebeslied positiven Charakter tragen, in der Geschichte von Amnon und Tamar mit negativen Vorzeichen versehen sind. Dass Abschalom dann um Tamars Ehre besorgt ist und an Amnon Rache nimmt, passt zur Verantwortung der Brüder für ihre Schwester in Hld (1,6; 8,8–9).

Über die Helden, die zu David nach Ziklag kamen, heißt es: »... ihre Gesichter wie die von Löwen, und wie Gazellen auf den Bergen so schnell« (1 Chr 12,9); vgl. dazu Hld 2,8–9: »die Stimme meines Freundes – sieh da, er kommt / hüpfend über die Berge, springend über die Hügel / so gleicht mein Freund einer Gazelle ...«.

Motive von Liebesdichtung im Esterbuch

In der Ester-Rolle empört sich Waschti darüber, dass König Ahaschwerosch ihre Schönheit seinen Gästen vorführen will (Est 1,11); sie weigert sich, und damit wird der Weg frei für Ester als ihre Nachfolgerin. Das Motiv des Mannes, der mit der Schönheit seiner Frau angeben will, findet sich auch in der Liebesdichtung: Als die Geliebte um klare Ortsangaben bittet, um den Blicken der übrigen Hirten nicht unnütz ausgesetzt zu sein – »sonst werde ich wie eine Verhüllte / bei den Herden deiner Gefährten« (Hld 1,7) –, da lässt ihr der Mann keine andere Wahl: »Wenn du dir's nicht weißt, Schönste unter den Frauen (d.h. er betont ihre Schönheit noch) / geh dir hinaus auf den Spuren der Schafe / und weide deine Lämmer bei den Wohnstätten der Hirten« (1,8). Die Freunde des Geliebten sind ein weiteres Mal gegen Ende von Hld erwähnt: »die da sitzt in den Gärten, Gefährten lauschen deiner Stimme, lass mich hören« (8,13). Hier weigert sich die Geliebte – ähnlich

[40] In Hld 3,4 ist es die Frau, die den Geliebten ins Gemach ihrer Mutter bringt.

wie Waschti – vor Außenstehenden aufzutreten, sie entgegnet darauf: »flieh, mein Freund …« (8,14).

Zusammenfassung

Zusammenfassend bleibt festzuhalten: In mehreren Gattungen biblischer Literatur ist die Vertrautheit mit Liebesdichtung zu erkennen, wobei es sich um Hld handeln kann oder um Lieder wie die in Hld erhaltenen. Gelegentlich entsteht der Eindruck, dass die biblischen Schriftsteller Sammlungen von Liebesliedern kannten, in denen Lieder wie die in Hld enthalten waren, und zwar in derselben Reihenfolge wie dort: Hinter der Weissagung Jeremias (Jer 6,2–5) zeichnen sich die aufeinander folgenden Lieder Hld 1,5–6 und 1,7–8 ab; aus der Erzählung von den Liebesäpfeln (Gen 30,14–18) sind Anklänge an die Lieder Hld 7,1–14 und 8,1–4 zu vernehmen. Hoseas Prophetie (Hos 14,6–8) beruht zwar nicht auf einander benachbarten Liedern, deutet jedoch auf die Kenntnis etlicher Liebeslieder, wie sie in Hld überliefert sind.

Die Vergleiche mit Paralleltexten aus der sonstigen biblischen Literatur machen deutlich, dass gelegentlich beide, die Lieder aus Hld und die Anklänge daran außerhalb von Hld, auf außerbiblische Liebesdichtung zurückweisen: Das parodistische Hochzeitslied (Hld 3,7–11) geht auf ein Hochzeitslied zurück von derselben Art, wie sie der Episode von Simson und seinen dreißig Gefährten bei der Hochzeit mit der Philisterin zugrunde liegt (Ri 14,11). Das Hochzeitslied in Hld beruht teilweise auf einem Hochzeitslied wie Ps 45; von dort (Ps 45,4) sind auch die rings um das Bett des furchtsamen Königs postierten Helden genommen (Ps 45,7 f.). Die beiden Traumlieder in Hld (3,1–5; 5,2–8) basieren auf einem nicht auf uns gekommenen Lied, das der Gattung Hurenlied angehört, wie aus Jes 23,15–17 hervorgeht; an jeder dieser beiden Stellen sind jeweils andere Handlungselemente aus dem ursprünglichen Lied aufbewahrt.

In den verschiedenen Gattungen biblischer Literatur werden Liebeslieder auf mannigfache Weise eingesetzt: Manchmal wird gegen sie polemisiert – das Lob der wackeren Frau (Spr 31,28–30) setzt sich mit Hld 6,8–9 auseinander. Manchmal werden sie allegorisiert – so verfährt Jes 5,1–7 mit Hld 8,11–12, ähnlich in sonstigen prophetischen Schriften, wo das Verhältnis Gottes zu Israel als das Verhältnis eines Mannes zu seiner Geliebten beschrieben wird. Manchmal werden Metaphern aus der Liebesdichtung zu Handlungselementen in Erzählungen ausgebaut (etwa in der Simsongeschichte oder in der Erzählung von Amnon und Tamar). Manchmal wird auch ein Liedmuster wie das Beschreibungslied *(Wasf)* zu einer kurzen Bemerkung zusammengedrängt – so bei der Beschreibung von Abschaloms Schönheit (2 Sam 14,25 f.). Der hohe Bekanntheitsgrad und die weite Verbreitung der Liebesdichtung bilden eine Art Brücke über die weite Kluft zwischen Hld und der übrigen biblischen Literatur (dazu oben IV). Die Vertrautheit mit Liebesliedern, die aus Werken verschiedenster Art aus verschiedenen Epochen spricht, wirft die Frage nach der zeitlichen Einordnung von Hld auf (s. u. XVI).

XIV. Außerisraelitische Parallelen zur biblischen Liebesdichtung

Sowohl im mesopotamischen als auch im ägyptischen Kulturkreis lassen sich Parallelen zur biblischen Liebesdichtung aufzeigen.

Mesopotamische Parallelen

In Mesopotamien haben sich Parallelen sowohl in den sumerischen Liebesliedern (aus dem 21. bis 19. vorchristl. Jahrhundert) als auch in der akkadischen Literatur (aus dem ersten Jahrtausend v. Chr.) gefunden. Anders als in der Bibel handelt der quantitative und qualitative Hauptteil der mesopotamischen Dichtung von Liebe zwischen Göttern: Dumuzi und Inanna in Sumer, Marduk und Ischtar in Babel. Diese Dichtung trägt also ausgesprochen kultischen Charakter, der wiederum mit den jährlichen Fruchtbarkeitsriten zusammenhängt (vgl. oben V).

Von der sumerischen Dichtung sind ca. 35 Lieder erhalten geblieben, darunter Lieder gegenseitigen Werbens, Lieder, in denen das Hochzeitsritual geschildert wird, sowie von der Göttin bei diesem Anlass gesungene Lieder.[41] Zu Hld lassen sich gewisse Ähnlichkeiten aufweisen: strukturell die unvermittelten Wechsel von Sprechern und Schauplätzen sowie die Beteiligung eines Chores (die Begleiterinnen der Braut), motivlich der Eintritt in den Garten oder Weinberg. Allerdings ist die mesopotamische Dichtung bei weitem nicht so dezent wie die biblische, sie spricht Akte körperlicher Liebe z. T. recht drastisch an.

Ägyptische Parallelen

Die altägyptische Liebesdichtung stammt aus der ramessidischen Epoche (14. bis 11. vorchristl. Jh.) und ist in der neuägyptischen Literatursprache verfasst. Bei den bekannt gewordenen Quellen handelt es sich um ca. 40 Lieder in vier Sammlungen, von denen drei auf Papyrus geschrieben sind und eine auf Keramik.[42] Wie die Lieder in Hld handeln auch die ihnen um rund ein Jahrtausend vorangehenden altägyptischen Liebeslieder von der Liebe zwischen zwei Menschen und sind dem Bereich des Göttlichen bzw. Heiligen völlig entrückt. Auch motivlich-inhaltliche Berührungspunkte lassen sich beobachten: die Anrede der Liebenden als Bruder und Schwester; der Geliebte ist Hirt und König; die Einzigartigkeit der beiden Liebenden; Schauplatz der Liebe ist der Garten mit seinen Bäumen; die Liebenden sind umgeben von Duftkräutern, Blüten, Früchten und Tieren; die Sinne (Gesicht, Gehör, Berührung, Geschmack und Geruch) werden lebhaft angesprochen; die Liebenden führen Gespräche miteinander, in denen sie sich gegenseitig beschreiben.

---

[41] *S. N. Kramer*, The Sacred Marriage Rite. Aspects of Faith, Myth and Ritual in Ancient Sumer, London 1969; *A. Falkenstein / W. von Soden*, Sumerische und akkadische Hymnen und Gebete, Zürich, Stuttgart 1953.

[42] *W. M. Müller*, Die Liebespoesie der Ägypter, Leipzig 1899; *S. Schott*, Altägyptische Liebeslieder. Mit Märchen und Liebesgeschichten, Zürich ^{2}1950; *M. Fox*, The Song of Songs and the Ancient Egyptian Love Songs, Madison 1985; *M. Fuks*, Liebeslieder aus dem Alten Ägypten (hebr.), Jerusalem 1985; *H. A. Schlögl*, Gärten der Liebe. Lyrik aus der Zeit der Pharaonen, Düsseldorf 2000.

Ob tatsächlich eine direkte Beeinflussung der israelitischen durch die altägyptische Liebesdichtung vorliegt, ist schwer zu entscheiden, aber nicht völlig auszuschließen. Die ägyptischen Beamten, die zur Blütezeit der ägyptischen Liebesdichtung in den kanaanäischen Fürstentümern stationiert waren, hatten ihre Ausbildung in ägyptischen Schulen erhalten und dort vermutlich auch diese Dichtung kennen gelernt. Außerdem wissen wir von in Israel tätigen ägyptischen Sängerinnen; von einer ägyptischen Sängerin, die am Hofe des Fürsten von Gebal sang, wird in den »Fahrten des Amun« aus dem frühen 11. vorchristl. Jh. berichtet. Auf Elfenbeintäfelchen in Megiddo hat man die Weihinschrift einer Ägypterin gefunden, die von Beruf Sängerin war. Beeinflussung könnte auch indirekt stattgefunden haben, denn die Tradition der Liebesdichtung dürfte sämtlichen in der Region ansässigen Völkerschaften gemeinsam gewesen sein.

Griechische Parallelen

Auch in der griechischen Dichtung sind markante Parallelen zu Hld zu finden. Schon *H. Graetz*[43] hat auf die Beziehungen zu den Idyllen des *Theokrit* (bes. Nr. 18 und 27) sowie zu weiterer hellenistischer Dichtung aufmerksam gemacht. Besonders eindrucksvoll ist der Vergleich mit dem Bild des Gartens in »Daphnis und Chloe« von *Longinus*; sämtliche Bäume sind dort vertreten: Weinstock, Feige, Granatapfel und Myrte, Quellen tränken den Garten, und der darin befindlich Eros-Knabe ist »weiß wie Milch und rötlichen Hauptes«.[44]

Parallelen in syrischen Hochzeitsliedern

In neuerer Zeit, als man im Zuge der romantischen Welle in den palästinischen Arabern die Nachfahren der biblischen Kultur sehen wollte, hat man Parallelen zu Hld in Hochzeitsliedern syrischer Fellachen und in der Liebesdichtung der palästinischen Araber gefunden.[45]

XV. Die Sprache von Hld

Hapax legomena

Der Text von Hld enthält relativ viele Vokabeln, die nur dort vorkommen: die Verbalwurzel *nun-tet-resch* (»hüten, bewachen«: 1,6.8.11–12); *raʿja* in der Bedeutung »Freundin, Geliebte« (1,9.15; 2,2.10.13; 4,7; 5,2; 6,4);[46] *torim* (»Bänder«: 1,10.11); *charusim* (»Perlen«: 1,10); *nequdot* (»Kügelchen«: 1,11); *mesav* (»Gelage, Symposion«: 1,12); *kofer* (»Henna«: 1,14; 4,13); *rahitim* (»Balken«: 1,17; vgl. auch *rehatim* 7,6); *berotim* (»Zypressen«: 1,17); *bet hajajin* (»Haus des Weines«: 2,4); die Wurzel *qof-pe-zade* im *Piʿel*

[43] *H. Graetz*, Schir Ha-Schirim oder das salomonische Hohelied, Wien 1871.

[44] *M. Roselaar*, Das Hohelied im Lichte der hellenistisch-erotischen Dichtung (hebr.), in: Eschkolot 1 (1954) 33–48.

[45] Vgl. *G. H. Dalman*, Palästinischer Diwan, Leipzig 1901; *S. H. Stephan*, Modern Palestinian Parallels to the Song of Songs, in: JPOS 2 (1922) 199–278.

[46] Dieselbe graphische Einheit, aber in anderer Bedeutung findet sich auch Ri 11,37.

(»springen«: 2,8); *kotel* (»Wand, Mauer«: 2,9); *charach* (»Spalt, Ritze«: 2,9); das Verb *lazuz* (»lugen, spähen«: 2,9); *setaw* (»Winter«: 2,11); *nizzanim* (»Blüten«: 2,11); *paga* (»Frühfeige«: 2,13); *semadar* (»Weinblüte«: 2,13.15; 7,13); *beter* (»Spalte«: 2,17); *'avqa* (»Staub, Pulver«: 3,6); *rochel* in der Bedeutung: »Spezereien-Händler« (3,6); *'apirion* (»Tragsessel«: 3,9); *refida* (»Lehne«: 3,10); die Verbalwurzel *resch-zade-pe* (»einlegen, pflastern«: 3,10); *chatuna* (»Hochzeit«: 3,11); die Wurzel *gimel-lamed-schin* (»wallen, gleiten«: 4,1; 6,5); *midbar* (»Rede-Organ«: 4,3); *talpiot* (»Bauschichten«: 4,4); *zawronim* (»Halsschmuck«: 4,9); *nerd* (»Narde«: 4,13–14); *karkom* (»Safran«: 4,14); *qewuzot* (»Haarsträhnen«: 5,2.11); *rasis* (»Tropfen«: 5,2); die Wurzel *tet-nun-pe* (»beschmutzen«: 5,3); *mor 'over* (»von selbst ausfließende Myrrhe«: 5,5.13); *taltalim* (»Locken«: 5,11); *millet* (»Füllung«: 5,12); *merqachim* (»Würzkraut«: 5,13); *'eschet* (»Gebilde«: 5,14); *nidgalot* (»sichtbar«: 6,4.10); *'egos* (»Nuss«: 6,11); *'ibbim* (»Knospen«: 6,11); *mechola* (»Reigentanz«: 7,1); *chammuqim* (»Biegungen, Wendungen«: 7,2); *'omman* (»Künstler«: 7,2); *sahar* (»Halbmond«: 7,3); *meseg* (»Mischtrank«: 7,3); die Wurzel *sug* in der Bedeutung »umsäumen« (7,3); *karmel* in der Bedeutung »Karmesin« (7,6); *sansinnim* (»Dattelrispen«: 7,9); *dovev* (»der zum Reden bringt«: 7,10); *jejn hareqach* (»Würzwein«: 8,2); *mitrappeq* (gestützt auf: 8,5).

Fremdsprachlicher Einfluss und später Sprachgebrauch

Viele dieser Vokabeln haben Entsprechungen im Aramäischen (und sind von dort ins Hebräische gedrungen) sowie im rabbinischen Hebräisch.

Einige der *hapax legomena* stammen aus anderen Sprachen: *nerd* und *'egos* aus dem Persischen, *'apirion* sogar aus dem Griechischen.

Im Wortschatz von Hld gibt es noch einige Wörter (nicht *hapax legomena*), die auf späte Sprachstufe hindeuten: *schuq* (»Markt«: 3,2; s. auch Spr 7,8; Koh 12,4–5); *pardes* (»Baumgarten«: 4,13; s. auch Koh 2,5; Neh 2,8) aus dem Persischen; *'ejchacha* (»wie?« 5,3; s. auch Est 8,6); *galil* (»Rolle«: 5,14; s. auch Est 1,6); *schesch* (»Marmor«: 5,15; s. auch Est 1,6; 1 Chr 29,2); *ginna* (»Garten«: 6,11; s. auch Est 1,5; 7,7.8).

Aramäischen Einfluss verrät etwa die Vokabel *schallama* (»damit nicht, sonst«) Hld 1,7 (s. dort). Eindeutig aus dem Aramäischen übernommen ist das hybride Genitiv-Attribut nach dem Muster *mittato sche-lischelomo* (wörtlich: »sein Bett, des Salomo« = »Salomos Bett«)[47], das sich im rabbinischen Hebräisch eingebürgert hat (Formen wie *ribbono schel 'olam* = »Herr der Welt« u. dgl.); die Verwendung des Personalpronomens zusätzlich zur Personalendung bei finiten Verbformen (5,5.6; s. auch Koh 1,16 u.ö.); die Relativ-Partikel *sche-* statt *'ascher* (1,7; 4,2; 5,2; 5,8); *'ascher* steht nur in der Überschrift (1,1), die schon dadurch als nicht ursprünglich zugehörig ausgewiesen wird. Im vorexilischen Hebräisch ist die Relativpartikel *sche-* überaus selten: Gen 6,3; Ri 5,7; 6,17; 7,12; 8,26; 2 Kön 6,11.

---

[47] Vgl. auch Dan 3,26; 4,23.

Später Sprachgebrauch äußert sich auch in der Verwendung von Verbformen im Maskulin-Plural in Bezug auf weibliche Personen: 6,9 (3. Person Plural), 2,7; 3,5; 8,4 (2. Person Plural), ebenso erscheint das pronominale Objekt »euch« in der Maskulin-Form: 5,8.

Auch Phänomene aus der Morphologie des Verbs, die für biblisches Hebräisch charakteristisch sind, fehlen in Hld: Es gibt nur zwei Verbformen mit *waw consecutivum* (6,9), es gibt keinen *Infinitivus absolutus* und kaum einen *Infinitivus constructus*.

Erklärung des späten Sprachgebrauchs

Die sprachlich späte Form könnte dadurch zustande gekommen sein, dass alte Lieder durch die späteren Schriftsteller, die sie aufzeichneten, den Sprachkonventionen des zeitgenössischen Publikums angepasst wurden. Ein Beispiel für solche Modernisierung könnte die Ersetzung der Vokabel *qezuvot* (»Geschorene«, d.i. Schafe) in 4,2 durch das geläufigere *rechelim* (»Schafe«) in dem parallelen Lied 6,6 sein.

In Anbetracht des späten Vokabulars (bis hin zu einem Lehnwort aus dem Griechischen!) und den sprachlichen Formen, die für das nachbiblische Hebräisch charakteristisch sind, würde ich den uns vorliegenden Wortlaut von Hld nicht früher als im 3. vorchristl. Jh. ansetzen.

XVI. Die Abfassungszeit von Hld

Endgültige literarische Fixierung: 3. Jh. v. Chr.

Bei der zeitlichen Fixierung von Hld können wir uns nur auf die Sprache des Textes stützen (s. o. XV); daher ist die endgültige literarische Fixierung von Hld nicht vor der hellenistischen Epoche (im 3. vorchristl. Jh.) anzunehmen. Allerdings dürften viele Lieder der Sammlung schon früher, sogar Jahrhunderte vor der literarischen Fixierung entstanden sein; offenbar haben die Lieder ihren Ursprung in mündlicher Überlieferung (s. u. XIX). Gerade der Umstand, dass wir es hier mit profaner Volksdichtung zu tun haben und nicht mit einer Literatur, die zugleich mit ihrer schriftlichen Fixierung für heilig erklärt wurde, gibt die Erklärung für die sprachlich späte Gestaltung ab: Wer die Lieder von Hld mündlich oder schriftlich verwendete, hatte keine Bedenken, sie den sprachlichen Gepflogenheiten seiner jeweiligen Zeit anzupassen.

Ältere Überlieferung

Viele biblische Schriften, ältere wie jüngere (Gen, Ri, Sam, Kön, Jes, Jer, Hos, Ps, Spr, Est), zeigen sich mit Liebesdichtung vertraut, zum Teil mit Liedern, wie sie in Hld eingegangen sind, zum Teil mit solchen ähnlicher Art (s. o. XIII). Hier und da lässt sich Bekanntschaft mit bestehenden Liedersammlungen beobachten, sogar in derselben Reihenfolge wie in Hld: Gen 30,14–18 kennt offenbar Hld 7,11–14 und 8,1–4; Jer 6,2–5 kennt die Liederfolge Hld 1,5–6.7–8. Umgekehrt basieren Lieder in Hld auf Stücken aus Gen, Ex und Spr (s. o. XII) sowie auf Traditionen über Salomos Reichtum und Vielweiberei, wie sie in 1 Kön überliefert sind (s. o. IX).

Problematik der genaueren Datierung der Einzellieder

Aus den außerisraelitischen Parallelen ist für die Datierung von Hld nichts zu gewinnen: Ähnlichkeiten mit der biblischen Liebesdichtung lassen sich sowohl in der sumerischen als auch in der altägyptischen als auch in der griechischen Dichtung finden (s. o. XIV). Auch die in Hld erwähnten geographischen Namen sind für die Datierung nicht hilfreich: Die Stadt Tirza (6,4), die ihren Rang an Samaria abtreten musste, wird parallel zu Jerusalem genannt, sei es um die Nennung von Samaria zu vermeiden, sei es um der Bedeutung des Namens willen, sei es wegen des exotischen Reizes einer untergegangenen Stätte. Auch die übrigen entfernteren Orte im Libanon (s. 4,8) und in Transjordanien (4,1; 6,5; 7,5) sind nur um des exotischen Effektes willen erwähnt, haben aber sonst keine Bedeutung.

XVII. Der Aufbau des Buches

Wer Hld zu einem Drama machen möchte, hat keine Schwierigkeiten, dem Werk eine entsprechende Struktur überzustülpen (s. o. XI). Auch wer sich mit der Annahme einer Sammlung von Liedern begnügt, hat Versuche unternommen, ein durchgängiges Aufbauprinzip aufzufinden bzw. nachzuweisen.[48] Doch mir scheint, wir sollten nicht das Unmögliche versuchen, sondern uns mit dem Vorhandenen begnügen, indem wir die markantesten Strukturmerkmale beschreiben.

Assoziative Verbindung der Einzellieder

M. D. Cassuto hat assoziative Verbindung der Lieder in Hld untereinander konstatiert und belegt.[49] Auch unsere Untersuchung hat ergeben, dass sämtliche 27 Lieder (und die vier Fragmente) durch Assoziationen mit dem jeweils voranstehenden und nachfolgenden Text verknüpft sind. Als Beispiel sollen hier zwei aufeinander folgende Lieder aus Kap. 4 dienen: 4,1–7 und 4,8–11. Das erste dieser Lieder endet mit der Absichtserklärung des Geliebten, er wolle in die Berge gehen: »... gehe ich mir zum Myrrhenberg und zum Weihrauch-Hügel« (4,6). Aus dem folgenden Lied geht hervor, dass er sich nicht allein dorthin begeben hat, die Geliebte kehrt nämlich mit ihm zusammen aus den Bergen zurück. Markant ist auch das Wortspiel: »Weih-

---

[48] *R. E. Murphy*, The Structure of the Canticle of Canticles, in: CBQ 11 (1949) 381–391; *W. H. Shea*, The Chiastic Structure of the Song of Songs, in: ZAW 92 (1980) 378–396, und vor allem *J. Ch. Exum*, A Literary and Structural Analysis of the Song of Songs, in: ZAW 85 (1973) 47–79, sowie *H.-J. Heinevetter*, »Komm nun, mein Liebster, Dein Garten ruft Dich!« Das Hohelied als programmatische Komposition (BBB 69), Frankfurt 1988.

[49] In seinem Aufsatz »Nebeneinanderstellung und Anordnung von Abschnitten in den biblischen Büchern« (hebr.), in: *M. D. Cassuto*, Biblische und kanaanäische Literatur (hebr.), Jerusalem 1972, 203 f.

rauch *(levona)*-Hügel« (4,6) wird fortgesetzt durch »mit mir vom Libanon *(levanon)*« (4,8); Libanon bezeichnet hier eben nicht nur den Ort, von dem sie kommt, sondern auch den ihr anhaftenden Duft (4,11). Wenn der Liebende im ersten Lied das Haar der Geliebten mit der »Herde der Ziegen, die herabgleiten vom Berge Gilead« (4,1) verglichen hat, so steigen jetzt er und sie gemeinsam von den Bergen herab. Bei der Beschreibung der Schönheit des Mädchens rühmt er ihre Augen: »deine Augen sind Tauben« (4,1) und ihren Hals samt dessen Schmuck: »wie Davids Turm dein Hals ... tausend Schilde daran aufgehängt ...« (4,4). Nun stellt sich heraus, wie stark dieser Eindruck auf ihn wirkt: »Du berückst mich mit einem deiner Augen / mit einem Reifen deines Halsschmucks« (4,9). Und die Feststellung des Mannes zum Abschluss des ersten Liedes »ganz *(kullach)* schön bist du, meine Freundin« (4,7) macht sie dann zu seiner »Braut« (*kalla*, 4,8 ff.).

Kontextuelle Zusammenbindung

Die Verbindungen zwischen den einzelnen literarischen Einheiten – die jeweils vor der Einzelauslegung aufgezeigt werden – sind nicht nur assoziativer Art: Die Betrachtung des jeweiligen Liedes in seinem Kontext, insbesondere in der Beziehung zum voranstehenden, bereichert das Verständnis. Als Illustration dafür sollen zwei Lieder aus dem dritten Kapitel dienen: 3,1–5 und 3,7–11. Das Lied des Mädchens berichtet von ihren »nächtlichen« Erlebnissen (3,1); auch das Lied über den König handelt davon, was ihm »nächtlich« in seinem Bett widerfährt (3,8). Die Unterschiede sind markant: Die junge Frau hat keine Angst, sie geht aus dem Haus, um ihren Geliebten zu suchen, obwohl sie dabei Gefahr läuft, von den »Wächtern, die in der Stadt umhergehen«, aufgegriffen und womöglich misshandelt zu werden (3,3). Der König dagegen wagt sich nicht aus dem Bett, das von sechzig Helden bewacht wird, die »rings umher« postiert sind (3,7). Das Mädchen ist aktiv, sie hält ihren Geliebten fest und bringt ihn ins »Haus ihrer Mutter« (3,4). Der König dagegen ist passiv, er bedarf der »schwertgegürteten« Helden (3,8), während seine Mutter aktiv ist: Sie setzt ihm eine Krone auf (3,11). Das Gemach, in das das Mädchen seinen Geliebten bringt, erlaubt intimes Zusammensein der beiden (3,4) – im Gegensatz zu Salomos Tragsessel, der mit »Liebe von den Töchtern Jerusalems« ausgekleidet ist (3,10). An eben diese Töchter Jerusalems richtet die Frau die Beschwörung, sie und ihren Geliebten unbehelligt zu lassen (3,5), wohingegen bei Salomo die Mädchen anscheinend sein Bett umstehen.

Entwicklung im Verhältnis der Liebenden

Gelegentlich ist beim Übergang von einem Lied zum nächsten auch eine Entwicklung im Verhältnis der beiden Liebenden zueinander zu beobachten. In dem Lied 7,11–14 etwa fordert die Frau ihren Geliebten auf: »Wir wollen hinaus ins Feld« (7,12) und gibt als Motivation dafür: »(wir wollen) sehen, ob der Weinstock blüht, ... ob die Granatäpfel erblüht« sind (7,13). Im folgenden Lied (8,1–4) will sie ihre Beziehung legitimieren, deshalb geht die Bewegung von draußen, vom Feld, nach drinnen, ins Haus: »Ich bringe dich ins Haus meiner Mutter« (8,2). Und wenn zuvor die Granatapfelbäume erst zu blühen begannen, so gibt sie dem Geliebten jetzt vom »Saft meines Granatapfels« zu trinken (ebd.).

Hermeneutische Akzentuierungen durch Einschub von »Fragmenten«

Bei der Nebeneinanderstellung von literarischen Einheiten haben unverkennbar hermeneutische Erwägungen mitgewirkt. So unterbricht etwa das Fragment 3,6 den Zusammenhang zwischen 3,1–5 und 3,7–11 (s. oben); seine Einfügung ist anscheinend dadurch bedingt, dass es auf die Königin von Saba bezogen wurde, die durch die Wüste zu König Salomo, der Hauptfigur von 3,7–11, reist. Laut 1 Kön 10,10 waren unter den Geschenken, die sie dabei mitbrachte, große Mengen von Spezereien; und ein Vers wie Ez 27,22, wo die Gewürzhändler von Saba sowie Händler mit allerlei Spezereien erwähnt sind, verstärkt den Bezug eines Fragments, in dem »jegliches Pulver des Gewürzhändlers« genannt ist, zur Königin von Saba (Näheres dazu in der Auslegung zu 3,6). In einem weiteren Fall ist zu beobachten, wie der primäre Textzusammenhang durch Einschub eines Fragments gestört wird: 8,5a unterbricht den Kontext von 8,1–4 und 8,5b. So wie die Geliebte in 8,2 den Ort, an den sie ihren Geliebten führt, als »Haus meiner Mutter« bezeichnet, so ist auch in 8,5b der Schauplatz ihrer Liebe derselbe, wo schon die Mutter des Geliebten der Liebe pflegte.

Nebeneinanderstellung verwandter Einheiten

Bei der Endredaktion des Textes sind gelegentlich zwei Einheiten aufgrund ihrer gemeinsamen Beziehung zu einem anderen (dritten) Text hintereinander gruppiert worden: Sowohl 8,6a als auch 8,6b–7 hängen in ihrem Kern mit Spr 6,30–35 zusammen (Näheres dazu in der Auslegung zu beiden Liedern). Es lassen sich auch Fälle aufweisen, wo der Redaktor mehrere Lieder derselben Art hintereinander gestellt hat. So etwa die drei Spottlieder am Ende von Hld: der Spott der Brüder über die kleine Schwester und deren kecke Erwiderung (8,8–10), das Spottlied auf Salomo ob seiner Vielweiberei (8,11–12) und der Spott des Mädchens über den Geliebten, der sie vor seinen Gefährten singen lassen will, womit der Text von Hld endet.

Bezüge zwischen Anfang und Ende

Auch zwischen Ende und Anfang von Hld lassen sich bewusst gesetzte Bezüge beobachten: Das Lied von den Brüdern, die sich ihrer Schwester gegenüber anmaßend verhalten (8,8–10), geht zusammen mit 1,5–6, wo ebenfalls von Spannungen zwischen den Brüdern und der Schwester die Rede ist. Das Spottlied auf Salomo 8,11–12, das vorletzte unserer Liedersammlung, weist ebenfalls zurück auf 1,5–6: Dort vergleicht die Frau ihre Schönheit mit »Salomos Zeltplanen« (1,5) und bekennt außerdem: »meinen eigenen Weinberg habe ich nicht gehütet« (1,6); demgegenüber betont der Geliebte in dem Spottlied am Ende von Hld: »meinen eigenen Weinberg habe ich vor mir / die tausend gehören dir, Salomo / und zweihundert denen, die seine Frucht hüten« (8,12). Sie hat ihre Unschuld nicht bewahrt, er dagegen hütet seinen Weinberg, d.h. seine Liebe. So beziehen sich die aufeinander folgenden Einheiten 8,8–10 und 8,11–12 beide auf das Lied 1,5–6.

Das letzte Lied unserer Sammlung, 8,13–14, hängt mit dem vorangehenden zusammen: Dort hatte sich der Geliebte seiner einzigartigen Geliebten gerühmt, die nur ihm gehört. Insofern wirkt es überraschend, dass er sie im Folgenden auffordert, vor seinen Freunden zu singen (8,13), was sie entrüstet zurückweist, indem sie ihn scheinbar wegschickt in die Balsamberge (8,14). Dieser Abschluss ist verblüffend, denn der Text scheint mit der Entfernung der Liebenden voneinander zu enden. Aber weist sie ihn wirklich von sich? Vielleicht fordert sie ihn auf, sich von den Gefährten zu trennen und zu ihr zu kommen? Wer Hld bis zum Ende gelesen hat, wird auf den Anfang des Textes zurückverwiesen. Am Ende schickt die Frau ihren Geliebten in die »Balsamberge«, im ersten Lied von Hld spricht sie über die von ihm ausgehenden Wohlgerüche (1,3). Am Ende schickt sie ihn weg, am Anfang bittet sie ihn: »Zieh mich dir nach, wir wollen laufen …« (1,4). Am Ende erwähnt er den Wunsch seiner Gefährten, seine Freundin singen zu hören; am Anfang spricht sie von der Haltung der Mädchen ihm gegenüber: »Darum: Jungfrauen lieben dich« (1,3). Auch die Freunde des Geliebten sind zu Anfang von Hld erwähnt: »sonst werde ich wie eine Verhüllte / bei den Herden deiner Gefährten« (1,7).

Mehrphasige Entstehung

Dass die Redaktion von Hld nicht auf einmal, sondern in mehreren Etappen erfolgte, wird nicht nur aus den sekundären Einschüben deutlich, die bestehende Kontexte unterbrechen (dazu oben), sondern auch aus der Beobachtung, dass es offenbar Teilsammlungen von Hld gab, deren Verwendung in anderen biblischen Schriften belegt ist. So kennt Gen 30,14–18 die Abfolge der Lieder Hld 7,11–14 und 8,1–4; Jer 6,2–4 kennt die Abfolge Hld 1,5–6 und 1,7–8 (s. o. XIII).

XVIII. Wiederholungen in Hld und die Frage nach der Einheitlichkeit des Werkes

Indizien gegen und für die Einheitlichkeit

Mehrere Faktoren sprechen gegen die textuelle Einheitlichkeit von Hld: die relativ lockere Fügung (s. o. XVII), die Verschiedenheit der literarischen Gattungen (s. o. VIII) und die Hinweise auf eine stufenweise Abfassung (s. o. XVI). Doch bevor wir uns gegen die Einheitlichkeit entscheiden, sollten wir auch die Faktoren in Betracht ziehen, die dem Text einen einheitlichen Charakter verleihen, wozu der gesamte Bereich der Motivik und Metaphorik (s. u. XXII) und vor allem die zahlreichen Wiederholungen gehören.

Wortwiederholungen

Mehrere nur in Hld vorkommende Wörter und Wortverbindungen erscheinen mehr als einmal: »Junghirsch« (2,9.17; 4,5; 7,4; 8,4); »Weinblüte« (2,13.15; 7,13); »Freundin« (*raʿja*: 1,9.15; 2,2.10.13; 4,1–7; 5,2; 6,4); »Narde« (1,12; 4,13.14); »Henna« (*kofer*: 1,14; 4,13); »Schönste unter den Frauen« (1,8; 5,9; 6,1); »meine reine Taube« (5,2; 6,9); »Töchter Jerusalems« (1,5; 2,7; 3,5.10; 5,8.15; 8,4).

Wiederholungen ganzer bzw. halber Verse

Auch ganze und halbe Verse werden innerhalb von Hld wiederholt:

1,2b	denn besser ist deine Liebe als Wein	4,11b	Wie viel besser ist deine Liebe als Wein
1,3a	zum Riechen sind deine Öle gut	4,10bβ	und der Geruch deiner Öle (besser) als alle Spezereien
1,4bα	Es brachte mich der König in seine Gemächer	2,4a	Er brachte mich ins Haus des Weines
1,6bc	meinen eigenen Weinberg habe ich nicht gehütet	8,12	meinen eigenen Weinberg … und zweihundert den Hütern …
1,15	Du bist schön, meine Freundin, du bist schön, deine Augen sind Tauben	4,1aα	Du ist schön, meine Freundin, du bist schön, deine Augen sind Tauben
1,16a	Du bist schön, mein Freund, auch lieblich	7,7	Wie schön bist du und wie lieblich …
2,5b	Denn krank vor Liebe bin ich	5,8bβ	dass ich krank bin vor Liebe
2,6	seine Linke unter meinem Kopf, und seine Rechte umfängt mich	8,3	seine Linke unter meinem Kopf, und seine Rechte umfängt mich[50]

2,7	Ich beschwöre euch, Töchter Jerusalems	3,5	Ich beschwöre euch, Töchter Jerusalems	5,8	Ich beschwöre euch, Töchter Jerusalems	8,4	Ich beschwöre euch, Töchter Jerusalems
	bei den Gazellen		bei den Gazellen				
	oder den Hinden		oder den Hinden				
	des Feldes		des Feldes				
	ob ihr erwecket,		ob ihr erwecket,				was erweckt ihr,
	ob ihr erreget		ob ihr erreget				was erregt ihr
	die Liebe,		die Liebe,				die Liebe,
	bis sie verlanget		bis sie verlanget				bis sie verlanget[51]

2,16	Mein Freund ist mein und ich bin sein,	6,3a	ich bin meines Freundes, und mein Freund ist mein,	7,11	Ich bin meines Freundes, und nach mir ist sein Verlangen
	der unter den Lilien weidet		der unter den Lilien weidet		

[50] Viele Mss lesen auch hier *le-roschi* wie in 2,6.

[51] LXX ergänzt hier die »fehlenden« Gazellen und Hindinnen; einige Mss von LXX sowie Peschitta, Vulgata und Aquila lesen hier zweimal »ob« wie in 2,7 und 3,5.

2,17	bis verweht der Tag und weichen die Schatten wende dich, gleiche dir, mein Freund, einer Gazelle oder einem Junghirsch auf Bergen von Betar.	4,6a	bis verweht der Tag und weichen die Schatten	8,14	Flieh, mein Freund, und gleiche dir einer Gazelle oder einem Junghirsch auf den Balsambergen.
3,1b	Ich suche ihn und finde ihn nicht (= V 2b)[52]	5,6b	Ich suchte ihn und fand ihn nicht ich rief ihn und er antwortete mir nicht		
3,3a	Mich fanden die Wächter, die in der Stadt umhergehen	5,7aα	Mich fanden die Wächter, die in der Stadt umhergehen		
3,4	da fand ich, den meine Seele liebt ich ergreife ihn und lasse ihn nicht los, bis ich ihn gebracht ins Haus meiner Mutter, ins Gemach meiner Erzeugerin	8,1b–2	Ich finde dich auf der Gasse, ich küsse dich … ich führe dich, ich bringe dich ins Haus meiner Mutter, die mich gebiert		
3,6aα	Wer ist es, die emporsteigt aus der Wüste	6,10a	Wer ist es, die zu erschauen wie die Morgenröte	8,5aα	Wer ist es, die emporsteigt aus der Wüste
6,5b–7	dein Haar wie die Ziegenherde die herabgleitet vom Gilead deine Zähne wie die Schafherde die heraufsteigt vom Bade die alle zwiefach werfen keine unter ihnen ohne Junge wie Granatspalt deine Wange durch deinen Schleier hindurch	4,1b–3	dein Haar wie die Ziegenherde[53] die herabgleitet vom Berge Gilead[54] deine Zähne wie die Schafherde die heraufsteigt vom Bade die alle zwiefach werfen keine unter ihnen ohne Junge wie Purpurfaden deine Lippen dein Rede-Organ lieblich[55] wie Granatspalt deine Wange durch deinen Schleier hindurch		
7,5a	dein Hals wie Elfenbeinturm	4,4aα	Wie Davids Turm dein Hals		
4,5	deine beiden Brüste wie zwei Zwillingsjunge einer Gazelle, die unter den Lilien weiden	7,4	deine beiden Brüste wie zwei Zwillingsjunge einer Gazelle[56]		
4,11a	Honigseim triefen deine Lippen, Braut	5,13b	seine Lippen sind Lilien triefend von ausfließender Myrrhe		

52 LXX ergänzt zu 3,1b »ich rufe ihn und er antwortet mir nicht« aus 8,6b.
53 Aramäer und Peschitta ergänzen hier »Berg« nach 4,1b.
54 In 4,2 steht für »Schafe« die seltene Vokabel *qezuvot*, in 6,6 dagegen *rechelim*.
55 LXX und Peschitta ergänzen diese beiden Kolen auch in 6,6.
56 LXX ergänzt hier: »die unter Lilien weiden« nach 4,5.

6,11	ins Nussgärtlein steige ich hinab zu schauen die Knospen des Tales zu sehen, ob der Weinstock blüht (ob) die Granatäpfel erblüht	7,13	wir wollen uns früh aufmachen in die Weinberge, sehen, ob der Weinstock blüht, (ob) aufgegan- gen die Weinblüte, (ob) die Granatäpfel erblüht dort schenke ich meine Liebe dir[57]

In viellen Fällen ist die Wiederholung nicht wörtlich identisch, was dazu geführt hat, dass die antiken Versionen (bzw. deren hebräische Vorlage) die Parallelstellen einander angenähert haben.

Gezielte Abänderung der Wiederholungen

Gelegentlich lässt sich sogar feststellen, weshalb der Text an der Parallelstelle etwas anders lautet: In dem Lied ganz am Ende, wo der Freund die Freundin vor seinen Gefährten singen lassen will, sagt sie nicht »wende dich um, mein Freund« wie in 2,17, sondern verwendet eine drastischere Ausdrucksweise: »flieh, mein Freund«[58], denn sie ist ihm ja angeblich böse.

In dem Traumlied 5,6 führt die Frau ihre Aussage »ich suchte ihn und fand ihn nicht« weiter mit »ich rief ihn, und er antwortete mir nicht«, denn dort hatte bereits zu Anfang des Liedes (5,2–3) ein Zwiegespräch stattgefunden, das sie wieder aufnehmen möchte. An der Parallelstelle (3,1–2) ist nicht von Anruf und Antwort die Rede, denn dort war kein Gespräch vorausgegangen.

Zu dem Vergleich der Brüste der Frau mit zwei Gazellenjungen (4,5; 7,4) ist an der ersten Stelle hinzugesetzt »die unter den Lilien weiden«; dieser Zusatz ist an der zweiten Stelle überflüssig, denn dort waren Lilien bereits erwähnt (7,3) und zwar in dem Vergleich ihres Bauches mit einem von Lilien eingefassten Ährenhaufen, wodurch für die Schilderung von Brüsten und Bauch wiederum dieselbe Bildvorstellung entsteht.

An einer Stelle ersetzt unser Dichter eine schwierige Vokabel (*qezuvot* für Schafe in 4,2) durch eine geläufigere (*rechelim* in 6,6); daraus lassen sich vielleicht Schlüsse ziehen auf die Entstehungsgeschichte unseres Textes (s. o. XV).

XIX. Mündliche Dichtung

Die zahlreichen wörtlichen Wiederholungen im Text von Hld belegen einen Vorrat von festen Formeln, den die Sänger bei ihrem mündlichen Vortrag vor Publikum zur Verfügung hatten.[59]

---

[57] LXX ergänzt dieses Kolon auch in 6,11; ähnlich klingt auch Hld 2,12–13.

[58] In weniger gehobenem Stil würde sie etwa sagen: »Hau ab, Freundchen!«

[59] Das wird für die epische Dichtung angenommen von *A. B. Lord,* The Singer of Tales, Cambridge 1960, und von *M. Parry,* The Making of the Homeric Verse, Oxford 1971.

Aufnahme von Volksdichtung?

Allerdings ist nicht auszuschließen, dass die Sammlung von Liebesliedern in Hld aus der Volksdichtung schöpfte und deren Vorbild folgte, sowohl was die literarischen Gattungen betrifft (s. o. XVIII) – etwa die Form des dramatischen Dialogs, die gut zu mündlicher Darbietung passt – als auch in Bezug auf bestimmte Inhalte, wie die Nähe von Liedern in Hld zu Resten von in anderen biblischen Schriften erhaltener Liebesdichtung (s. o. XIII) bezeugt.

Vorlagen?

Ja noch mehr: Beide Traumlieder in Hld (3,1–5 und 5,12–6,3) enthalten die Aussage der Frau »so fanden mich die Wächter, die in der Stadt umhergehen« (3,3; 5,7), doch im ersten Lied fragt die Frau die Wächter nach dem Geliebten, erhält aber keine Antwort; im zweiten Lied schlagen die Wächter die Frau, obwohl sie nichts von ihnen wollte. Anscheinend gehen beide Lieder auf eine gemeinsame Quelle zurück, wo die vollständige Szene berichtet war: Die Frau geht in der Stadt umher wie eine Hure (vgl. Jes 23,15 f.) und fragt die Wächter nach dem Geliebten. Statt einer Antwort misshandeln diese die Frau, da sie sie für eine Prostituierte halten. Trotz dieses gemeinsamen Ursprungs bildet jedes Lied in seiner vorliegenden Form eine bewusst und raffiniert gestaltete literarische Einheit, deren Einzelheiten sich zu einem kunstreichen Ganzen zusamenfügen.

Notwendig: Sensibilität für die kunstvolle Gestalt des »Endtextes«

Für den heutigen Leser von Hld ist die Entstehungsgeschichte des Textes nicht mehr relevant, denn das Objekt seiner Lektüre, Untersuchung und Interpretation ist der vorliegende Text, ebenso wie ja auch die prophetische Literatur – die mit großer Wahrscheinlichkeit auf mündlichen Vortrag des jeweiligen Propheten vor Publikum zurückgeht – jetzt als schriftlich fixierte und sorgfältig durchgestaltete Literatur vorliegt. Das Verständnis einer Texteinheit prophetischer Literatur verlangt mehrfaches gründliches Lesen, in dessen Verlauf sich die Struktur, die literarischen Anspielungen, das Verhältnis der einzelnen Elemente zum Ganzen und die Aussage des Textes erschließen. Das heute zugängliche Werk ist so komplex, dass einmaliges Hören aus dem Mund eines Propheten auf offener Straße bei weitem nicht ausreichen würde, um es auch nur einigermaßen adäquat zu erfassen. Und wie sich das prophetische Werk in seiner uns vorliegenden Form an aufmerksame und gebildete Leser richtet, so auch die Lieder von Hld.

XX. Poetische Gestaltungsmittel

Kolometrie

Auffallend ist in Hld die relativ große Zahl der Verse, die nach dem Muster des erweiterten Kolons gebaut sind, das in der ugaritischen Literatur verbreitet ist:[60] 1,15; 4,1.8a.9.12; 5,9; 6,1; 7,1.

---

[60] Dazu *S. A. Loewenstam*, Das erweiterte Kolon in der ugaritischen und biblischen Dichtung (hebr.), in: Leschonenu 27–28 (1964) 111–126.

Wortpaare

Ebenso finden sich in Hld paarweise Entsprechungen zwischen einem einzelnen Begriff und demselben Begriff als Teil einer Wortverbindung: »deine Öle ... Öl ausgegossen« (1,3); »Bänder ... goldene Bänder« (1,10–11); »Füchse ... kleine Füchse« (2,15); »Helden ... Helden Israels« (3,7); »Myrrhe ... ausfließende Myrrhe« (5,5); »die Wächter ... die Hüter der Mauern« (5,7); »dein Haupt ... das herabhängende Haar deines Hauptes« (7,6); »Trauben ... wie Trauben von Wein« (7,8–9).

Parallelismus membrorum

Parallelismus membrorum – womit nicht die ergänzende Wiederholung gemeint ist, bei der es sich eigentlich um keinen Parallelismus handelt – ist kein zentrales Element im Text von Hld; nur in ca. einem Viertel der Verse ist dieses Phänomen anzutreffen: 1,7.10–11.17; 2,1.2 || 3a.5a.8b.9c.11.13a. 14.17a; 3,4.8.11; 4,7.8.9.10; 5,5.6; 6,3.4.9.10.11; 7,7; 8,1.2.5.6.14. In vielen der hier aufgeführten Verse umfasst der Parallelismus nicht den ganzen Vers, sondern nur Teile davon, so etwa in 2,5.8; 5,5.6; 6,3: 8,5b.14. Die relativ niedrige Anzahl von Parallelismen macht deutlich, dass dieses Stilmittel zur Charakterisierung eines biblischen Textes als »poetisch« unzureichend ist.

Ein außergewöhnlicher Parallelismus (A–B || B–A) findet sich in 1,5.[61] In Hld 8,9 ist ungewiss, ob die beiden Vershälften sich zueinander synonym oder antithetisch verhalten; vielleicht sind beide Verständnismöglichkeiten intendiert (s. u. die Auslegung zu 8,9).

Stilmittel

Hier seien einige der häufigsten poetischen Stilmittel in Hld jeweils mit markanten Beispielen aufgezählt:[62]

1) Reim: 1,13 *(-or)*; 2,15 *(-im)*; 5,1 (*-ti*, Verbsuffix); 5,2 (*-ti*, Nominalsuffix); 6,2 (*-ot -im, -ot -im*); 6,3 (*-i* + Chiasmus); 6,9 (*-i -a*); 7,12 f. *(-ina -im, -ima -im)*.

2) Alliteration: 1,1 *(schir haschirim 'ascher lischlomo)*; 1,3 *(schemen turaq schmächa)*; 1,6 *(sche-'ani schecharchoret, sche-schesafatni haschemesch)*; 2,9 *(domä dodi)*; 4,1 *(sche-galeschu mehar gile'ad)*; 4,11 *(nofet titofna)*; 4,12 *(gan na'ul ... gal na'ul)*; 4,14 *(qanä weqinamon)*; 5,4 *(u-me'ai hamu)*; 6,6 *(harechelim sche-'alu min harachaza)*; 7,1 *(ki-mecholat hamachanajim)*; 8,6 *(qaschä ki-sche'ol qin'a, reschafeha rischfe 'esch)*.

3) Wortspiele: 4,2 *(sche-kullam ... weschakkula)*; 4,14–15 *(levona ... levanon)*; 5,3.5 *('atanfem ... natefu)*; 6,6.9 *(mat'imot ... tammati)*; 7,4 *(haduda'im ... dodi)*; 8,1–2 (*'äschaqcha ... 'aschqächa*, hebr. Buchstabenbestand identisch).

4) Doppeldeutigkeit: 1,2: *jischaqeni* »er möge mich küssen« (oder *jaschqeni* »er möge mich tränken«); 1,4: *mejscharim* (»Geradheit«, auf die Liebe

[61] Weitere Beispiele für das Vorkommen von Parallelismen dieser Art in der biblischen Literatur s. u. in der Auslegung zu 1,5.

[62] Eine vollständigere Liste findet sich bei *L. Krinetzki*, Das Hohe Lied, Düsseldorf 1964, 55–75.

oder den Wein bezogen); 1, 5: »schwarz« (Haar- oder Hautfarbe); 1, 7: *'ejcha* (»wo« oder »wie«); 1, 16: *ʿarsenu;* (»Liebeslager« oder »-hütte«); 2, 4: *rappduni* (»stärkt mich« oder »polstert mir das Bett«); 2, 12: *samir* (»Rebenschneiden« oder »Gesang«); 3, 10: *razuf* (»gepolstert« und/oder »glühend«); 4, 3: *umidbarech* (»Zunge« oder »Wüste«); 4, 8: *'itti* (»mit mir« oder »komm«). Näheres zu den beiden möglichen Deutungen s. jeweils in der Auslegung zum betreffenden Vers.

5) Wörter, deren grammatisches Genus feminin ist, zur Charakterisierung der weiblichen Hauptfigur: 1, 8: »Lämmer« *(gedijot)*; in 2, 1 wird die Frau mit Blumen wie »Narzisse« und »Lilie« verglichen, der Mann dagegen in 2, 3 mit einem Apfel(baum); 2, 7 und Parallelen: »Gazellen« *(zev'ot)* … »Hinden« *('ajalot)*; 4, 1–2: »Ziegen« … »Mutterschafe« *(qezuvot)*; 5, 5–6: »Ziegen« … »Mutterschafe« *(rechelim)*; 6, 4: »wie Tirza« … »wie Jerusalem«; 6, 10: »wie der Mond« *(levana)* … »wie die Sonne« *(chamma)*; 6, 11: »Nussgärtlein« *(ginat 'egos)*; 8, 8–9: »Mauer« … »Tür«; 8, 10: »Türme« *(migdalot)*.

6) Rahmen um literarische Einheiten (*inclusio* – s. o. III).

XXI. Monologe und Dialoge

Monologe

Ein Teil der Lieder in Hld sind Monologe: In einigen davon spricht der Mann zu der Frau (2, 14; 4, 1–7; 4, 8–11), und in einem (6, 10.4–9) richtet er erst eine Frage an ein nicht näher bestimmtes Publikum (6, 10), danach spricht er zu ihr.

Die Monologe der Frau sind zahlreicher: In dreien davon redet sie die »Töchter Jerusalems« an (1, 5–6; 2, 4–7; 3, 1–5; bei den beiden Letzteren geht erst aus dem jeweils letzten Vers hervor, zu wem sie spricht); in zwei Fragmenten spricht sie zu ihrem Geliebten (8, 5b; 8, 6a), und drei ihrer Monologe richten sich an eine unbekannte Adresse (2, 8–13: überwiegend Zitat dessen, was der Mann zu ihr gesprochen hat; 2, 15; 6, 11–12). In weiteren Monologen der Frau wechseln die Angeredeten im Verlauf ihrer Rede: 1, 2–4 (zweimal richtet sie das Wort an die Töchter Jerusalems und zweimal an ihren Geliebten); 8, 1–4 (hier sind die ersten beiden Verse an den Geliebten gerichtet und die letzten zwei an die Töchter Jerusalems); 2, 16–17; 7, 11–14 (in beiden redet sie zuerst ein unbestimmtes Publikum an, danach ihren Geliebten).

Weitere Monologe kommen aus dem Mund von unbekannten Sprechern: einer über das Wesen der Liebe (8, 6b–7) und ein Spottlied über Salomos Vielweiberei, dessen Schluss sich an Salomo selbst richtet (8, 11–12).

Dialoge

Unter den Dialogen gibt es solche, die nur aus einem Gesprächsgang von Rede und Gegenrede bestehen. Unter diesen ist nur einer, in dem die Frau eine Frage stellt und der Geliebte ihr nicht sehr zuvorkommend antwortet (1,7–8); in den übrigen vier Dialogen dieser Art eröffnet er das Gespräch und sie behält das letzte Wort (1,9–14.15–17; 7,8–10; 8,13–14, wo die Frau ihren Standpunkt vertritt, s. o. X). In einer weiteren Folge von einmaliger Rede und Gegenrede sind es die Brüder, die sich untereinander beraten (8,8–9), worauf die Schwester, die ihr Gespräch anscheinend mitangehört hat, sehr selbstbewusst erwidert (8,10).

Einige Dialoge umfassen mehrere Gesprächsgänge. In zweien davon spricht die Frau als erste: 2,1–3 (da der Mann den Sinn ihrer Rede nicht gleich versteht, muss sie ihre Sache am Ende dieser Einheit noch einmal vorbringen); 5,2–6,3 (die Frau spricht mit den Töchtern Jerusalems: Sie berichtet ihren Traum [5,2–8], dann stellen sie eine Frage [5,9], worauf sie antwortet [5,10–15]; sie stellen eine weitere Frage [6,1], mit deren Beantwortung die Frau den Dialog zum Abschluss bringt [6,2–3]).

In einem weiteren mehrgängigen Dialog (5,12–5,1) ist es der Mann, der das Gespräch eröffnet: Er richtet das Wort an die Geliebte (4,12–13), sie antwortet ihm (4,14); dann spricht wieder er (4,15), und sie erwidert darauf (4,16); er endet mit einer Rede an sie und wendet sich dann an seine Gefährten (5,1).

Ein weiterer Dialog (7,1–7) verläuft so, dass zunächst ein Chor die Geliebte, die Sulamit, anredet (7,1a), dass dann ein zweiter Chor darauf antwortet (7,1b), worauf wieder der erste Chor erwidert und das Wort an die Frau richtet (7,2–7).

XXII. Zur Darstellung der Liebe und der Liebenden

Ein Liebespaar

In den meisten Liedern von Hld sind die beiden Liebenden kein Ehepaar (mit Ausnahme des Liedes 4,12–5,1, das mit dem Hochzeitsmahl endet). Doch aus der gegenseitigen Anrede wird deutlich, dass die beiden Liebenden füreinander bestimmt sind: Er nennt die Frau »meine Freundin« *(raʿjati)* (1,9.15; 2,2.10.13; 4,1.7; 6,4), »Braut« (4,8.11), »meine Schwester Braut« (4,9.10.12; 5,1), »meine Schwester, meine Freundin« (5,2); und sie nennt ihn »mein Freund« *(dodi)* (1,13.16; 2,3.8.9.10.16.17; 4,15; 5,2.4.5.6.8.9.10.16; 6,1.2.3; 7,11.12; 8,14). An drei der aufgeführten Stellen sagt die Frau ausdrücklich: »Mein Freund ist mein, und ich bin sein« (2,16; ähnlich 6,3 und 7,11).

Vereinigung der Liebenden

Die beiden Liebenden mögen zwar füreinander bestimmt sein, aber sie haben doch noch verschiedene Hindernisse zu überwinden; daher rührt wohl die Atmosphäre der Sehnsucht, des Wunsches nach Vereinigung, die in vielen Liedern von Hld herrscht: 1,7; 2,8–14 (wo der Freund sich hütet, ausdrücklich zu sagen, dass die Frau mit ihm zusammensein wird, sobald sie aus dem Haus ins Freie tritt); 3,1–5; 4,8–11; 4,12–5,1; 5,2–6,3; 7,8–10; 7,11–14; 8,1–4. In mehreren dieser Lieder kommt die ersehnte Vereinigung tatsächlich zustande: 3,1–5; 4,12–5,1; 5,2–6,3. Auch andere Lieder sprechen von Vereinigung (z.B. 1,2–4; 2,4–7), aber in einigen davon scheint es sich um Traumgeschehen zu handeln (s.u. XXVI). Die Initiative zur Begegnung muss von einem der beiden Liebenden ausgehen, und dabei ist die Frau die aktivere (z.B. 1,7–8; 1,9–14; 1,15–16; 2,1–3, s. auch o. X).

Ausdruck der Gefühle

Die Liebenden haben zwar wenig Hemmungen, ihren innersten Gefühlen Ausdruck zu verleihen (2,3a; 4,9; 5,6a; 6,5a; 6,12a), aber häufig geschieht dies indirekt unter Rückgriff auf die verschiedenen Sinne: Gesicht (2,9.14; 3,3; 6,4–7; 6,10–11; 7,1–6.13), Gehör (2,12.14; 8,13), Tastsinn (1,2; 2,6; 3,4; 8,1.3), Geruch (1,3; 2,13; 4,10–11; 7,9), Geschmack (2,5; 5,16; 7,10; 8,2).

Die Naturmetaphorik

Den Hintergrund für die Darstellung der Liebe bildet in erster Linie die Natur. Sie ist der Hauptschauplatz für die Begegnung der Liebenden, und aus ihrem Bereich sind viele der Vorstellungen und Metaphern genommen, mit denen die Liebenden und deren Körpergestalt geschildert sind. Bisweilen verschwimmt die Grenze zwischen den Akteuren der Liebe und deren Schauplatz. So kann in ein und demselben Lied (1,5–6) der Weinberg gleichzeitig ein realer Weinberg sein und die Unschuld des Mädchens symbolisieren. Die Verwendung von Bildern und Vergleichen enthüllt dem Leser eine zweifache Welt – die der Liebenden und die der Natur, so etwa in der Einladung des Mannes an die Frau, zu ihm in die Natur hinauszukommen (2,8–14), wo sein Wunsch nach Vereinigung mit ihr nicht einmal andeutungsweise erwähnt ist, aber in der Schilderung des Naturerwachens im Frühjahr unmissverständlich zum Ausdruck kommt.

Der Leser folgt den Liebenden in den Weinberg, der auch für die Geliebte steht (1,5–6; 2,15; 8,11–12) und in den Garten, der ebenfalls die Frau symbolisieren kann (4,12–5,1; 6,2–3). Er wandelt mit ihnen unter Blumen (z.B. 2,1–2; 5,3) oder unter Bäumen: Der Geliebte ist ein Apfelbaum (2,3), der auch Zeuge ihrer Liebe sein kann (8,5). Er wird mit Zedern verglichen (5,15) und sie mit einer Palme (7,8–9). Wohlgerüche durchziehen das Werk: Der Geliebte wird mit solchen gleichgesetzt (1,12–14). Die Düfte gehen von den Pflanzen des Gartens aus, der wiederum für die Frau steht (4,13–14.17), selbst ihre Brüste gleichen Balsamhügeln (4,6; 8,14). Auch Wein fließt in Strömen: Die Liebe des Mannes ist »besser als Wein« (1,2.4); er trinkt Wein, d.h. er kommt in den Vollgeschmack der Liebe (5,1); ihr Gaumen gleicht dem Wein (7,10).

Das Hirten-Milieu

Auch das Hirten-Milieu gehört mit in die Welt von Hld: Die Liebenden treffen sich auf der Weide (1,7–8). Wenn der Mann sich bei der Geliebten befindet, »weidet er unter den Lilien« (2,16; 6,2–3), auch die Brüste der Geliebten sind »zwei Zwillingsjunge einer Gazelle, die unter den Lilien weiden« (4,5; 7,4). Das Haar der Frau gleicht einer »Herde von Ziegen« (4,1;

6,5); auch der Vergleich ihrer Zähne mit einer Schafherde (4,2; 6,6) evoziert die Hirten-Atmosphäre.

Tiervergleiche

Die Protagonisten werden mit Tieren verglichen: Der Geliebte mit Junghirsch und Gazelle (2,9.17; 8,14) oder mit einem Fuchs (2,15), die Geliebte mit einer Taube (1,14); auch die Augen der Liebenden werden »taubengleich« genannt (1,15; 4,1; 5,12); das Haar des Geliebten gleicht einem Raben (5,11).

Vergleiche aus dem politischen Leben und aus der Kunst

Weniger häufig als die Vergleiche aus dem Bereich der Natur sind Erwähnungen von Königtum (z.B. 1,5.9) und Königsstädten (6,4) oder Vorstellungen von Militär und Krieg (4,4; 8,8–10). Bei der Schilderung der Körpergestalt der beiden Liebenden werden Hinweise auf die Welt von Kunst und Skulptur verwendet (5,11.14.15; 7,2.3.5; 8,6).

XXIII. Nebenfiguren in Hld

Die Töchter Jerusalems

Die markanteste Nebenfigur in Hld ist das Kollektiv der »Töchter Jerusalems«. In den meisten Fällen ist die Rede der Geliebten an sie gerichtet. Vor ihnen entschuldigt sie sich, aber im Grunde brüstet sie sich und will die übrigen Mädchen auf ihre Andersartigkeit und größere Freiheit neidisch machen (1,5–6).

Im Allgemeinen sind es Traumlieder, die die Geliebte an die Töchter Jerusalems adressiert, sowohl Nacht- als auch Tagträume (s. u. XXVI). Gelegentlich richtet sie ihre Rede abwechselnd an die Mädchen und an ihren Geliebten (1,2–4; 2,4–7; 8,1–4); sie beschwört die Töchter Jerusalems immer wieder, sie nicht zu wecken bzw. den Vollzug der Liebe nicht zu stören (2,7; 3,5; 8,4) und sie bittet sie um Hilfe (2,5; 5,8 – wiederum als Beschwörung). In einem einzigen besonderen Lied führen die Töchter Jerusalems einen Dialog mit der Geliebten (5,2–6,3) und fungieren als eine Art Chor. Wie in dem Lied »schwarz bin ich und lieblich« (1,5–6) ist auch in 6,1–3 der Antagonismus unverkennbar: Es bleibt in der Schwebe, ob die Töchter Jerusalems an die Existenz des Geliebten glauben, den zu suchen die Frau ausgezogen ist. Sie stellen ihr die Frage »Was ist dein Freund (mehr) als Freund, Schönste unter den Frauen« (5,9), was der Frau Gelegenheit bietet, ihren Geliebten in seiner vollen Schönheit zu schildern. Darauf erwidern sie mit einer weiteren Frage »Wo ist dein Freund hingegangen, Schönste unter den Frauen / wohin hat sich dein Freund gewandt, dass wir ihn mit dir suchen« (6,1), wobei offen bleibt, ob sie tatsächlich guten Willens sind, ihr beim Suchen zu helfen, oder ob sie die Existenz eines dermaßen vollkommenen Wesens überhaupt in Frage stellen; vielleicht sind sie auch nur neugierig, ihn mit eigenen Augen zu sehen. Dieses Angebot lehnt die Frau ab – sie bedarf ihrer Hilfe nicht, denn der Geliebte ist schon bei ihr (6,3). Dabei ist wiederum nicht ganz klar, ob sie ausweichend antwortet, weil der Geliebte eigentlich nur in ihrer Phantasie existiert, oder ob sie die Mitwirkung der anderen ablehnt, weil sie ihn für sich allein haben will.

Die Töchter Jerusalems oder Töchter Zions sind auch in dem Spottlied auf Salomo erwähnt (3,7–11). Der gegen ihn gerichtete Spott trifft in gewisser Weise auch sie, denn sie lieben ihn, aber dennoch kann keine von ihnen mit ihm allein sein (3,10). Vielmehr müssen sie sich mit äußerlichem Glanz begnügen, mit der Krone, »mit der ihn seine Mutter gekrönt« (3,11).

Die Brüder der Frau

Ein anderes Kollektiv, mit dem sich die Frau auseinander setzt, sind die Brüder. Sie sind die Vertreter der konservativen gesellschaftlichen Normen, sie werfen sich zur Autorität über ihre Schwester auf, bestrafen sie, indem sie sie zur »Hüterin der Weinberge« machen (1,6) und legen sich mit ihr an durch ihre despektierlichen Reden über ihre mutmaßlichen Heiratschancen (8,8–9). In diesen beiden Liedern behält die Frau die Oberhand: Im ersten stellt sich heraus, dass sie tut, was ihr Herz begehrt, und im zweiten weist sie den Spott ihrer Brüder zurück, indem sie ihnen indirekt zu verstehen gibt, dass sie ihren Zukünftigen bereits gefunden hat.

Die Wächter der Stadt

Eine weitere männliche Instanz, die auf Wahrung der bestehenden gesellschaftlichen Norm bedacht ist, sind die Wächter. Im ersten, optimistischen Traumlied begegnet ihnen die Frau auf ihrer Suche nach dem Geliebten und fragt sie, ob sie ihn vielleicht gesehen hätten, geht aber weiter, ohne eine Antwort erhalten zu haben (3,3). Doch im zweiten, pessimistischeren Traumlied (5,2–8) wird sie von den Wächtern geschlagen und ihres Gewands beraubt zur Strafe dafür, dass sie sich allein während der Nacht in der Stadt herumgetrieben hat (5,7), was sich für eine anständige Frau nicht gehört.

Die Freunde des Mannes

Auch der Mann hat ein männliches Kollektiv, auf das er Bezug nimmt: seine Gefährten. Denen möchte die Frau nicht begegnen, wenn sie ihren Geliebten draußen aufsucht (1,7), während er sie ihnen nicht ungern vorführen würde (1,8), weil er das Bedürfnis empfindet, allgemein kundzutun, dass die »Schönste unter den Frauen« ihm gehört. Auch im abschließenden Lied von Hld möchte der Mann mit der Geliebten vor seinen Gefährten prahlen (8,13–14), aber da spielt sie nicht mit. Ob sie ihn von sich weist oder ihn zu einem Stelldichein in freier Natur einlädt, bleibt ungewiss. Das intime Beisammensein der beiden Liebenden verdirbt der Mann in einem weiteren Lied dadurch, dass er seine Gefährten zur Teilnahme am Mahl auffordert (5,1b).

Weitere Nebenfiguren

Weitere Nebenfiguren sind zwar in der Rede der Protagonisten erwähnt, spielen aber keine Rolle im Handlungsverlauf, z. B.: die Mutter der Frau (3,4; 6,9; 8,2), die Mutter des Mannes (8,5) oder die Jungfrauen, die den König lieben (1,3). Zu Gestalt und Funktion Salomos in Hld s. o. IX.

XXIV. Rätsel, Gleichnis und Metapher

Zahlreiche Äußerungen aus dem Munde der Protagonisten in Hld lassen (zwei) unterschiedliche Deutungen zu. So kommen Missverständnisse zustande, die gelegentlich geradezu komisch wirken können.

Intendierte Mehrdeutigkeit

In 1,5–6 bleibt das Verhältnis zwischen Ursache und Wirkung unklar: Haben die Brüder das Mädchen zur Hüterin der Weinberge gemacht, weil sie ihren eigenen »Weinberg« nicht gehütet hatte, oder hat umgekehrt ihr Amt als Hüterin der Weinberge das Nicht-Hüten ihres eigenen Weinbergs nach sich gezogen? Nach außen hin gibt sich dieses Lied als eine Art Entschuldigung des Mädchens dafür, dass sie dunkler ist als die Töchter Jerusalems; aber im Grunde ist sie stolz darauf, dass sie ihr Leben eigenständig gestalten kann, weitab von der Stadt und ihren Konventionen.

Stilmittel des Missverständnisses

Im folgenden Lied (1,7–8) tut der Geliebte so, als habe er die Frage der Frau nicht richtig verstanden. Sie hatte gefragt, wo er am Mittag lagere, um ihn unbemerkt aufsuchen zu können; er dagegen beantwortet die Frage, wie er die Schafe weide, mit Hinweis auf die übrigen Hirten, bei denen sie das Hirtenhandwerk lernen könne. So ignoriert er ihren Wunsch, von seinen Gefährten unbehelligt zu bleiben, vielleicht weil er ihnen gerade zeigen will, dass die »Schönste unter den Frauen« ihn auf dem Feld besucht.

In 2,1 präsentiert sich die Frau vor dem Geliebten als Blume, um ihm anzudeuten, dass sie von ihm gepflückt werden möchte. Letzteres hat er scheinbar nicht mitbekommen; er hält ihre Rede für Selbstlob, woraufhin er seinerseits ihre Schönheit im selben Stile rühmt (2,2). Nun bleibt ihr nichts anderes übrig, als wiederum ihn zu rühmen und ihre Annäherung vielleicht auf diese Weise in die Wege zu leiten (2,3).

Absichtliche Verschlüsselung

Das kurze Lied von den Füchsen im Weinberg (2,15) ist ziemlich rätselhaft. Schon allein seine Funktion in Hld als einer Sammlung von Liebesliedern wirft verschiedene Fragen auf: Zu welchem Zweck wollen die Frauen die Füchse/Männer gefangen haben? Um sie von sich fernzuhalten oder sich näher zu bringen? Womöglich bezieht sich das Attribut »die kleinen (Füchse)« auf das männliche Glied, wodurch der weibliche Weinberg (scil. Unschuld) gefährdet wird?

Im folgenden Lied (2,16–17) weist die Frau den Geliebten scheinbar von sich, bis es Morgen wird; aber in Wirklichkeit lädt sie ihn zu sich ein, zu ihren Brüsten, die metaphorisch als »die Berge von Betar« bezeichnet werden.[63] Nach Auffassung des Redaktors hatte der Geliebte den verborgenen Sinn ihrer Rede nicht verstanden und war wirklich weggegangen, weshalb im daran anschließenden Lied berichtet ist, wie sie ihn suchen geht (3,1–5).

Am Ende der komplexen literarischen Einheit 5,2–6,3 sagt die Frau zu ihren Gefährtinnen: »Mein Freund ist hinabgestiegen in seinen Garten …

[63] 2,17; s. auch 8,14; 4,6.

zu weiden in den Gärten und Lilien zu pflücken« (6,2), und in der unmittelbaren Fortsetzung gibt sie die Lösung dieses rätselhaften Ausspruchs: »Ich bin meines Freundes und mein Freund ist mein, der unter den Lilien weidet« (6,3). Auch die folgende literarische Einheit (6,10.2–9)[64] ist als Rätsel und dessen Lösung angelegt: Die Frage »Wer ist es, die zu erschauen wie die Morgenröte / schön wie der Mond, lauter wie die Sonne / furchterregend wie die Sichtbaren?« (6,10) wird beantwortet durch die folgenden Verse: »Schön bist du, meine Freundin, wie Tirza / lieblich wie Jerusalem / furchterregend wie die Sichtbaren … lauter ist sie ihrer Gebärerin« (6,4–9).

Redaktionelles Spiel mit »Rätsel« und »Lösung des Rätsels«

Bei dem Gespräch der Brüder, das die »kleine Schwester« mitanhört (8,8–9), verbrämen sie ihren Spott mit angeblicher Fürsorge: Sie diskutieren zwei Möglichkeiten: dass ihre Schwester keusch (»Mauer«) sein könnte oder aber »Tür«, was nicht ganz eindeutig ist. Die Tür ist zwar Bestandteil der Mauer, doch im Unterschied zur Mauer lässt die Tür sich öffnen. Auch die Bedeutung der Gaben, welche die Brüder ihrer Schwester in diesem oder jenem Falle zudenken, ist nicht ganz klar: »Silberburg« und »Zederntafel« könnten Belohnung für ihre Keuschheit sein, allerdings wäre die »Zederntafel« auch zur nachträglichen Schließung der »Tür« geeignet; oder sind beide Geschenke überhaupt dazu bestimmt, die allzu flachen Brüste des Mädchens zu verdecken? Der Schwester jedenfalls entgeht nichts von den verschleierten Nebenbedeutungen in der Rede ihrer Brüder. In ihrer Erwiderung (8,10) bezeichnet sie sich als »Mauer«, d.h. mit dem eindeutigen Terminus, nicht als »Tür«. Außerdem kann sie auf die Gaben der Brüder verzichten: Ihre Brüste braucht sie nicht zu verstecken, denn sie sind »wie Türme«, und überhaupt weiß sie sich selbst zu verteidigen. Und was die vorgebliche Sorge der Brüder um ihre Heiratschancen betrifft, so hat sie bereits einen Geliebten: »dann bin ich in seinen Augen wie eine, die Frieden findet«.

Spiel mit Metaphern

Die DichterInnen von Hld verwenden häufig eine Bildsprache, in der die Grenzen zwischen dem Gesagten und dem Gemeinten, zwischen Offenkundigem und Verborgenem, verschwimmen. Die Darstellung der Frau als Garten, als Paradies (4,12–5,1), erlaubt es, die Vereinigung der beiden Liebenden in einer kulturell und emotional aufgeladenen Form anzusprechen, so dass sie über das einmalige Erleben eines individuellen Liebespaares hinausreicht. Sobald der Liebesakt zur Rückkehr ins Paradies wird, wobei alle Verbote aufgehoben und alle Fesseln abgenommen sind, kann sich jeder Leser mit dem Lied identifizieren und sich an den durch die Schilderung des Gartens und des dort entspringenden Quells ausgelösten Gefühlen erfreuen.

Die Gartenmetaphorik

Die Rede vom Garten und vom Hineingehen in denselben erlaubt es, sexuelle Vorgänge anzusprechen, ohne ins Vulgäre abzugleiten. Wenn die Frau den Töchtern Jerusalems erzählt, ihr Freund sei »in seinen Garten hinabgestiegen«, um dort zu »weiden« und »Lilien zu pflücken« (6,2) be-

[64] Zur Anordnung der Verse s.u. in der Auslegung zu dieser Einheit.

schreibt sie das Geschehen unmissverständlich, zumal sie im folgenden Vers (6,3) die intime Gemeinschaft der beiden Liebenden noch einmal ausdrücklich nennt; aber durch ihre blumige Redeweise erspart sie sich und ihren Zuhörerinnen die Peinlichkeit, die mit der unverhüllten Darstellung von Sexuellem häufig verbunden ist.

»Essen und Trinken«

Am Ende des Paradies-Liedes erhalten die Begriffe Essen und Trinken eine doppelte Bedeutung: Wo die beiden Liebenden vom zukünftigen bzw. vergangenen Essen und Trinken des Mannes sprechen, ist der Vollzug des Liebesakts gemeint. Durch den metaphorischen Sprachgebrauch lässt sich viel mehr aussagen, als direkt auszusprechen gewesen wäre: »Ich komme in meinen Garten, meine Schwester Braut / ich pflücke meine Myrrhe samt meiner Spezerei / ich esse meine Wabe samt meinem Honig / ich trinke meinen Wein samt meiner Milch« (5,1a). Wenn der Geliebte dann seine Gefährten auffordert »esst, Gefährten, trinkt und berauscht euch, Freunde« (5,1b), lädt er sie zur Teilnahme am Hochzeitsmahl ein, wobei zumindest das Essen wörtlich zu verstehen ist, es sei denn, wir nehmen die übertragene Bedeutung auch hierfür an, etwa dergestalt, dass der Bräutigam seine Freunde ermuntert, es ihm gleichzutun, so dass jeder in seinen eigenen Garten eingehen kann. Solche Deutungsmöglichkeiten ergeben sich durch die abrupten Übergänge zwischen Metaphorik und Realität.

»Weinberg«

So ist etwa in dem Lied der »Schwärzlichen« 1,5–6 sowohl die konkrete wie auch die übertragene Bedeutung der Vokabel »Weinberg« gültig: Bei den Weinbergen, zu deren Hüterin sie bestellt ist, handelt es sich um tatsächliche Rebgärten, bei ihrem eigenen Weinberg dagegen, den sie nicht gehütet hat, um ihre Unschuld. Die Doppeldeutigkeit erlaubt größere Freiheit des Ausdrucks.

Dies ist nicht die einzige Stelle, an der die verdeckte Bedeutung von »Weinberg« mitspielt: Wo die Frau ihren Geliebten zu ganz intimer Nähe einlädt (1,13–14), kann sie ihm zu verstehen geben, dass der ihm angemessene Ort zwischen ihren Brüsten sei, indem sie ihn mit einem »Bund Myrrhe« vergleicht, den Frauen aus kosmetischen Gründen zwischen den Brüsten trugen. Im folgenden Vers »eine Traube Henna ist mir mein Freund / in den Weinbergen von Ejn Gedi« erwähnt sie nichts Körperliches. Hier, wo es um den Vollzug des Liebesakts geht, bevorzugt sie die verdeckte Redeweise.

»Die kleinen Füchse«

Ein raffiniertes Lied, das Männer einlädt, indem es sie vordergründig abweist, ist das von den Füchsen im Weinberg 2,15. Hier sind die Männer die »kleinen Füchse«, die im Weinberg Schaden anrichten, aber »Weinberg« meint auch die weiblichen Geschlechtsorgane, die die Männer so anziehen, »und unsere Weinberge stehen in Blüte«. Auch in 8,11–12 steht »Weinberg« für Frau: Salomo hat einen sehr großen Weinberg, in dem viele tätig sind; der Sprecher dagegen besitzt nur einen einzigen Weinberg, aber der gehört ausschließlich ihm.

In noch weiteren Liedern dient die verdeckte Redeweise zur Erhöhung der

»Die Berge«

Intimität, zumal wenn sie sich als Zurückweisung tarnt, unter anderem durch die Bezeichnung der Brüste als »Berge«, zu denen sich der Geliebte begeben soll (z. B. 2,7; 8,14).

Trotz allem: zurückhaltende Sprache

Die vorherrschende Zurückhaltung ist so groß, dass die Geliebte zwar von Küssen (1,2) und Umarmungen (2,6; 8,3) spricht, auch das Abstraktum »Liebe« *(dodim)* verwendet (1,2.4; 7,13), aber nie den Liebesakt selbst erwähnt, jedenfalls nicht unverhüllt. Sie schildert zwar den Schauplatz: Sie wird »in die Gemächer des Königs« gebracht (1,4) bzw. ins »Haus meiner Mutter« (3,4), »unser Diwan ist frisch« (1,16); sie deutet den eigentlichen Akt an, indem sie von der Frucht des Apfelbaums spricht, die ihrem Gaumen süß sei (2,3), aber weiter geht sie nicht. Auch der Mann äußert sein Verlangen nach Vereinigung mit der Geliebten lieber in bildhafter Form, so etwa im Lied von der Palme 7,9–10.

XXV. Humor

Humoristische Darstellung: Beispiel Hld 5,2–6,3

Humor findet sich in Hld nicht nur an den rätselhaften Stellen. Humoristische Züge weist etwa die komplexe literarische Einheit 5,2–6,3 auf: Die Frau gaukelt ihren Gefährtinnen vor, der Geliebte sei nicht bei ihr; dabei hat sie nur davon geträumt, dass er sie verlässt, in Wirklichkeit ist er bei ihr. Das ist die eine Deutungsmöglichkeit. Aber vielleicht ist der Geliebte überhaupt nur ein Traumgebilde? Vielleicht will sie nur verhindern, dass die anderen ausziehen, ihn mit ihr zu suchen, damit sie nicht entdecken, dass es ihn in Wirklichkeit gar nicht gibt? Vielleicht ist den Töchtern Jerusalems aber klar, dass so ein vollkommener Geliebter gar nicht wirklich existieren kann? Andererseits ist auch die Deutung nicht völlig von der Hand zu weisen, dass der Geliebte sie tatsächlich verlassen hat und sie spielt ihnen nur vor, er sei »in seinen Garten«, d. h. zu ihr hinabgestiegen, damit sie ihn nicht ihrerseits zur Liebe verlocken, wenn sie ihn sehen. Die Fülle der verschiedenen Deutungen schafft hier eine ausgesprochen komische Situation.

Funktionen der humoristischen Darstellung

Humor kann Spannungen abbauen und er lässt eine allzu steife Stimmung umkippen: Das Bild vom Paradiesgarten (4,12–5,1) entwirft eine ernsthafte Szene, bis der Geliebte in den Garten der Frau, seinen Garten, eingeladen wird und sich hineinbegibt, um die Früchte der Liebe zu genießen. Doch da stellt sich plötzlich heraus, dass das liebende Paar nicht allein ist: Ganz unvermittelt redet der Mann seine Freunde an und fordert sie zur Teilnahme am Hochzeitsmahl auf (5,1b).

Die Sprengung des engsten Kreises durch Beteiligung von Publikum wirkt als lächerliches Gegengewicht zu allzu großer Intimität gleich zu Beginn von Hld (1,2–4): Die Frau äußert vor ihren Zuhörern den Wunsch, der Geliebte möge sie küssen (1,2), dann redet sie den Mann an, danach verkündet sie den Zuhörern die Erfüllung ihres Liebesverlangens (1,4), anschließend wendet sie sich wieder an den Geliebten. Das Publikum scheint also potentiell anwesend und kann bei Bedarf in die Situation einbezogen werden.[65]

Humor in den Spottliedern

Die Spottlieder – sowohl die auf Salomo (3,7–11; 8,11–12) als auch der gereizte Redewechsel zwischen den Brüdern und ihrer »kleinen« Schwester (7,8–10) – stecken voller Humor.

Humoristische Elemente in der Beschreibung der Geliebten

Möglicherweise enthält auch die Beschreibung der tanzenden Geliebten (7,1–7) humoristische Elemente. Ich würde zwar nicht so weit gehen, die Vorkommen von *Wasf* in Hld insgesamt als Parodien zu betrachten,[66] aber einige Schilderungen körperlicher Eigenschaften der Frau wirken durchaus nicht schmeichelhaft. Auch wenn wir davon ausgehen, dass das Schönheitsideal von Hld nicht mit dem heutigen übereinstimmt, galt eine extrem große Nase »wie der Libanon-Turm« (7,5) wohl auch damals nicht gerade als schön; zwar ist der Ausdruck hier auf das Gesicht insgesamt zu beziehen (s.u. in der Auslegung z.St.), aber auf jeden Fall hat die Bildvorstellung und die Verwendung des mehrdeutigen Ausdrucks etwas Lächerliches.

XXVI. Traumhaftes

Bereits im Jahre 1813 hat ein katholischer Geistlicher den Vorschlag gemacht, Hld insgesamt sei eine Traumdichtung,[67] ausgehend natürlich von dem Vers »ich schlafe, und mein Herz ist wach« (5,2). Um die Mitte des 20. Jahrhunderts ist wiederum die Auffassung vorgetragen worden, der gesamte Text von Hld gebe Traumvorstellungen der Frau wieder, die ihren Geliebten suche.[68] Die Subsumierung sämtlicher Lieder von Hld unter die Überschrift »Traum« scheint mir übertrieben, auch wenn sich innerhalb von Hld mehrere Traumlieder nachweisen lassen.

Nacht-Träume

3,1–5

Hld enthält zwei nächtliche Träume: Der erste davon beginnt mit den Worten »auf meinem Lager nächtlich« (3,1), was sehr gut zur Eröffnung eines Traumes passt (s.u. in der Auslegung), und endet mit der Aufforderung der Frau an ihre Gefährtinnen: »Ich beschwöre euch, Töchter Jerusalems, … ob ihr erwecket, ob ihr erreget die Liebe, bis sie verlanget« (3,5). Das zweite, das dem ersten sprachlich und inhaltlich recht nahe kommt, setzt ebenfalls mit einer Formel ein, die auf Traumzustand hindeutet: »Ich schlafe, und mein Herz ist wach« (5,2). Auch hier endet der Traum (5,2–8)

5,2–8

[65] So auch in dem Wachtraum-Lied 2,4–7.

[66] So *R. N. Soulen*, The waṣfs of the Song of Songs and Hermeneutic, in: JBL 86 (1967) 183–190.

[67] *J. L. Hug*, Das Hohe Lied in einer noch unversuchten Deutung, Freyburg, Constanz 1813.

[68] *B. Freehof*, The Song of Songs. A General Suggestion, in: JQR 39 (1948/49) 397–402.

mit einer an die Töchter Jerusalems gerichteten Beschwörung, allerdings geht die literarische Einheit – die längste und komplexeste in Hld – noch weiter bis 6,3. Näheres zu den gegenseitigen Entsprechungen dieser beiden Träume s. u. in der Auslegung.

Neben diesen beiden Nacht-Träumen gibt es in Hld auch einige Lieder, die sich als Tag- oder Wachträume bezeichnen lassen. Der erste davon folgt gleich auf die Überschrift des Werkes. Der traumhafte Charakter dieses Liedes (1,2–4) wird daran erkennbar, dass die Rederichtung der Frau ständig wechselt: vom Publikum an den Geliebten, zweimal hin und her; das ist keine realistische Redesituation.

Tag-Träume

1,2–4

2,4–7 Auch das Lied 2,4–7 enthält unvermittelte Übergänge, aus denen hervorgeht, das die Sprecherin auf zwei Ebenen gleichzeitig operiert: In den Versen 4 und 6 berichtet die Frau von ihren Erlebnissen mit dem Geliebten, in V 5 und V 7 dagegen bittet sie die Töchter Jerusalems um Hilfe. Diese literarische Einheit endet wiederum mit der derselben Beschwörung wie die beiden Nachtträume: »Ich beschwöre euch, Töchter Jerusalems, … ob ihr erwecket, ob ihr erreget …« (2,7).

2,8–13 Auch das darauf folgende Lied (2,8–13) hat etwas Traumhaftes: Wie zu Beginn des Nachttraums 5,2 setzt die Szene auch hier damit ein, dass die Frau eine »Stimme« hört. Der Geliebte eilt mit atemberaubender, unwirklicher Geschwindigkeit über Berge und Hügel, bis er vor dem Hause der Freundin steht und sie auffordert, zu ihm hinauszukommen – im markanten Gegensatz zu dem in 5,2–8 entworfenen Bild, wo er um Einlass bittet.

6,11–12 In 6,11–12 träumt die Frau wieder im Wachen: Während sie sich in den Anblick der blühenden Natur versenkt, verliert sie anscheinend das Bewusstsein (»nicht weiß ich meine Seele«) und findet sich plötzlich im Wagen des Edelmannes wieder.

8,1–4 In 8,1–4 ist eine bereits vertraute Situation zu beobachten: In den ersten beiden Versen redet die Frau ihren Geliebten an, wobei sie sich vorstellt, wie sie ihre Gefühle ihm gegenüber unbehindert, in aller Öffentlichkeit, äußern könnte. Diese Stelle erinnert an den ersten nächtlichen Traum 3,1–5. Hier wie dort findet die Begegnung im Freien statt (8,1), »auf Märkten und Plätzen« (3,2).[69] In 8,3–4 spricht die Frau nicht mehr zu ihrem Geliebten, sondern zu den Töchtern Jerusalems: Sie erzählt ihnen, was er ihr getan hat, und wiederholt ein weiteres Mal die Beschwörung, sie möchten die Liebe nicht vorzeitig erwecken und erregen (hier in leicht abgewandelter Formulierung), wie sie sonst in den Traumszenen vorkommt.

---

[69] Vgl. insbesondere 3,4 mit 8,1–2.

XXVII. Die Verbundenheit mit Erde und Natur

Als der Mann die Geliebte auffordert, zu ihm hinaus ins Freie zu kommen und sich an der Frühlingsblüte zu erfreuen, spricht er zunächst von den Knospen, die vielleicht »im Lande« schon aufgegangen sind, am Ende desselben Verses dann von »*unserem* Land«, wo die Turteltaube bereits zu hören sei (2,12), d.h. die anfänglich neutrale Bezugnahme auf das Land wird zu einer persönlichen.

»Unser Land«

In Hld werden mehrere geographische Namen genannt: Die Rede der Frau richtet sich häufig an die »Töchter Jerusalems« (1,5; 2,7; 3,5.10.11; 5,8; 8,4). Mit der Schönheit der Stadt Jerusalem vergleicht der Geliebte die seiner Freundin (6,4). Möglicherweise handelt es sich auch bei dem »Davidsturm«, mit dem der Hals der Geliebten verglichen wird (4,4), um einen Turm in Jerusalem. Die Weinberge von Ejn Gedi, wo die Duftpflanzen wachsen, stehen für die intimen Körperzonen der Frau (1,14).

Geographische Namen

Interessanterweise werden ausgerechnet abgelegenere Orte relativ häufig genannt: Mit Tirza, der ehemaligen Hauptstadt des Nordreichs, wird die Schönheit des Mädchens verglichen (6,4), im ferneren Norden wird der Libanon erwähnt (4,8.11.15; 5,15; 7,5), nicht nur als der Ort, von dem der Geliebte seine Freundin holen will, sondern auch als Vergleich für die äußere Erscheinung der beiden Liebenden oder deren Körperteile. Neben dem Libanon kommen in 4,8 noch die Ortsnamen Amana, Senir und Hermon vor. Ebenfalls im Norden liegen Damaskus (7,5) und der Karmel (7,6), beide als Vergleichsobjekte für Körperteile der Frau. Dass die in Hld erwähnten Orte überwiegend im Norden liegen, ist kein Beweis für die Herkunft der Lieder aus dem Norden, eher im Gegenteil: Je weiter entfernt die Orte sind, desto exotischer und attraktiver ist ihre literarische Wirkung. Auf derselben Linie liegt die Nennung von Orten im Ostjordanland in Hld: Gilead (4,1; 6,5) und die Stadt Cheschbon (7,5).

Weit entfernte Orte

Verbundenheit mit dem Land ist auch in der Tier- und Pflanzenwelt zu erkennen, die in den Liebesliedern von Hld stark vertreten sind: Sowohl die Tiere als auch die Pflanzen dienen gelegentlich als Vergleichsobjekt für die Liebenden oder Körperteile von diesen; bisweilen fungieren sie auch als stille Zeugen des Liebesvollzugs. Aus der Flora des Landes Israel sind genannt: Zedern und Zypressen (1,17), die Bäume des Libanon allgemein (3,9), die Narzisse von Scharon (2,1), die Lilie der Niederungen (ebd.) sowie Lilien überhaupt (2,2.16; 4,5.13; 6,2–3), Disteln (2 2,2), Apfelbaum und Frucht (2,3.5; 8,5), Feigenbaum (2,13), Weinstock (2,13; 6,11; 7,9.13), Granatapfel (4,3.13; 6,7.11; 7,13), Dattelpalme (7,8–9) und Nuss (6,11). Aus der Fauna kommen vor: Löwen und Tiger (4,8), Füchse (2,15), Ziegen (4,1; 6,5), Schafe (4,2; 6,6), Tauben (1,15; 2,14; 4,1; 5,12), Turteltaube (2,12), Rabe (5,12), Junghirsche und Gazellen, Letztere sowohl maskulin als auch feminin (2,7.9.13; 3,5; 4,5; 7,4; 8,14).

Flora

Fauna

Landschafts-metaphorik

Der Drang hinaus ins Freie und die Freude an der Natur äußern sich in der Aufforderung des Mannes an die Freundin »erhebe dich, meine Freundin, meine Schöne, und gehe dir ...« (2,10), woraufhin er die Vorzüge der Frühlingslandschaft im Einzelnen aufführt (2,11–13). Eine vergleichbare Einladung richtet auch die Frau an ihren Geliebten (7,12–14). Der Mann steigt hinab in seinen Garten (6,2) und die Geliebte ins Nussgärtlein (6,11–12).[70]

XXVIII. Drinnen und Draußen

In Hld sind zwei einander entgegengesetzte Kräfte wirksam: Die eine zieht ins Innere, in den geschlossenen Raum, die andere nach draußen, in die freie Natur.

Das »Haus« als Ort der Liebe

Die Kraft, die ins Innere drängt, sieht im Haus, im Innenraum, den geeigneten Schauplatz der Liebe: »es brachte mich der König in seine Gemächer« (1,4), »er brachte mich ins Haus des Weines« (2,4a). Auch wenn die Natur ihre eigene Anziehungskraft hat, braucht die Liebe das Drinnen: »... kommst du herein[71] ... von Löwenhöhlen, von Tigerbergen« (4,8).

Nicht nur der Mann bringt die Frau hinein, auch sie ihn: »bis dass ich ihn gebracht ins Haus meiner Mutter« (3,4), »ich führe dich, ich bringe dich ins Haus meiner Mutter ...« (8,2); der Mann seinerseits begehrt nächtlich Einlass ins Haus seiner Geliebten (5,2–5).

Die Intimität des »Gartens«

Auch wo die Geliebte mit einem Garten verglichen wird, handelt es sich um einen »verschlossenen Garten« (4,12), in den der Mann eingehen soll: »so komme mein Freund in seinen Garten ...« (4,16), was er auch tut: »ich komme in meinen Garten, meine Schwester Braut ...« (5,1). So berichtet auch die Frau den Töchtern Jerusalems am Ende des Traumliedes: »mein Freund ist hinabgestiegen in seinen Garten ...« (6,2). In diesem Garten ist kein Raum für andere: Als der Mann sich an die Geliebte wendet, »die da sitzt in den Gärten, Gefährten lauschen deiner Stimme« (8,13), ist sie unter keinen Umständen bereit, die Gegenwart von Dritten zu dulden (vgl. 8,14).

In Ausnahmefällen kann der Innenraum durchaus anti-intime Züge annehmen, wie etwa in dem Spottlied auf Salomo (3,7–11): Dort stehen sechzig Helden rings um das Bett des Königs, größere Mengen von Jerusalemer Mädchen befinden sich bei ihm im Raum, und auch alle übrigen werden hineingebeten, seine Krone zu bewundern.

Intimität auch »draußen«

Doch lässt sich Intimität auch draußen schaffen. Auch dort gibt es die Möglichkeit eines illusionären Innenraums: »... auch unser Diwan ist frisch

[70] S. auch oben XXII sowie unten XVIII.

[71] In allen drei in diesem Zusammenhang angeführten Versen steht die hebräische Verbalwurzel *bet-waw-alef* (»kommen«, im Kausativ: »bringen«), die stets eine Bewegung von draußen nach drinnen bezeichnet.

/ unsere Hausbalken sind Zedern / unsere Bretter Zypressen« (1,16–17). Auch ein Baum kann das Gefühl von »Drinnen« vermitteln, etwa der Apfelbaum, mit dem die Frau ihren Geliebten vergleicht: »In seinem Schatten habe ich Lust zu sitzen / und seine Frucht ist meinem Gaumen süß« (2,3).[72]

Die Auffassung, nach der die freie Natur der rechte Ort für die Liebe ist, findet sich in dem Frühlingslied dokumentiert, in dem der Mann die Geliebte zu sich hinauslockt ins Freie (2,8–13).[73] Auch der umgekehrte Fall, dass sie ihn hinauslockt, ist belegt: »Geh, mein Freund, wir wollen hinaus ins Feld / übernachten in den Dörfern …« (7,12), nur dass sie noch kühner ist als er. Er hatte keine Andeutung gemacht, dass er mit ihr zusammensein will, sie dagegen kündigt dies ausdrücklich an: »Dort schenke ich meine Liebe dir« (7,13). Allerdings hat auch diese Außenwelt ihrerseits einen Innenraum, wie aus der unmittelbaren Fortsetzung ihrer Rede hervorgeht: »Die Liebesäpfel verströmen Duft, und an unseren Eingängen (sind) allerhand Köstlichkeiten« (7,14).

Spannung zwischen Außen- und Innenwelt

Zwischen der Außen- und der Innenwelt besteht eine deutliche Spannung, wie die Rede der Weinberghüterin an die Töchter Jerusalems zeigt (1,5–6). Einerseits entschuldigt sie sich für ihr Anderssein, ihre dunkle Farbe, aber andererseits brüstet sie sich vor den Städterinnen mit ihrem freieren Leben, außerhalb der Zwänge gesellschaftlicher Normen (s.u. XXIX). Gelegentlich verschwimmen allerdings auch die Grenzen zwischen innen und außen: Wenn die Frau ihren Geliebten scheinbar wegschickt zu den »Bergen von Betar« (2,17) oder zu den »Balsambergen« (8,14), oder wenn er selbst ankündigt, er wolle »zum Myrrhenberg und zum Weihrauchhügel« gehen (4,6), dann handelt es sich nicht um ein Hinausgehen, sondern um das Hineinkommen zu der Geliebten und zu ihren Brüsten, die duftenden Bergen gleichen.

XXIX. Glück, Luxus und Stadtleben

Ambivalente Darstellung von Pracht und Reichtum

Auch was die Einstellung zu Pracht und Reichtum betrifft, ist in Hld eine gewisse Ambivalenz zu beobachten: In der Regel ist die Haltung gegenüber Stadtleben und Luxus negativ. Das dunkle Mädchen vom Lande, die Hüterin der Weinberge, steht den Töchtern Jerusalems in keiner Weise nach, ist ihnen sogar überlegen (1,5–6); andererseits bezeichnet auch sie sich als schön »wie Salomos Zeltplanen« (1,5). Ein Vergleich zwischen ihr und den angesehenen Frauen der Stadt, den Bewohnerinnen des königlichen Ha-

[72] Vgl. auch 8,5b, wo der Liebesakt »unter dem Apfelbaum« vollzogen wird.

[73] Vgl. besonders »… erhebe dich, meine Freundin, meine Schöne, und geh dir …« (2,10) sowie den Abschluss des literarischen Rahmens mit genau denselben Worten in 2,13.

rems, fällt zu ihren Gunsten aus: »Töchter sahen sie und priesen sie glücklich, Könige und Konkubinen sangen ihr Lob« (6,9).

Der Mann schätzt den Stellenwert von Luxus offenbar höher ein, daher glaubt er die Schönheit der Geliebten durch Schmuckstücke erhöhen zu können (1,9–11). Sie gibt dagegen zu bedenken, dass durch größeren Putz ihr Ruhm wohl bis zum König dringen könnte (1,12), während das Verhältnis zu ihrem Geliebten auf Schlichtheit gegründet sein soll (1,13–14).

Spott über Prunksucht

Spott über Prunksucht findet sich in dem Lied über Salomos Hochzeit (3,7–11): Das Prunkbett des Königs, die Krone auf seinem Haupt, das große Publikum – Männer und Frauen – rings um sein Lager, durch all das bleibt dem König keinerlei Intimität mehr, nicht einmal an seinem Hochzeitstag. Auch das Lied über Salomos tausend Frauen macht seinen Reichtum lächerlich (8,11–12).

Bei den Sticheleien der großen Brüder (8,8–9) messen diese ihre Schwester mit ausgesprochen »städtischen« Maßstäben und versprechen ihr kostbare Geschenke, wenn sie sich eines tugendhaften Lebenswandels befleißigt: »Silberburg ... Zederntafel«; sie dagegen weist die Gaben der Brüder mit überlegenem Lächeln zurück.

Die Stadt als »Negativ-Bild«

Die Stadt wird als ein zur Nachtzeit unangenehmer Aufenthaltsort geschildert. Als die Frau durch die Straßen geht, um ihren Geliebten zu suchen, wird sie gedemütigt und geschlagen von den Wächtern, die für Ruhe und Ordnung in der Stadt zuständig sind (5,7; vgl. 3,3).

Positive Wertung der Stadtkultur

In einer spezifischen literarischen Gattung wird die Stadt mit ihrem Prunk und Reichtum in positivem Sinne erwähnt, nämlich in den Beschreibungsliedern *(Wasf)*, in denen die körperlichen Vorzüge der beiden Protagonisten geschildert werden. Dort mischen sich Vorstellungen und Metaphern aus dem Bereich von Landleben und Natur mit solchen aus der reichen Stadtkultur. Bei der Schilderung der Frau heißt es: »wie Davids Turm (ist) dein Hals, schichtweise gebaut / tausend Schilde daran aufgehängt, sämtliche Köcher der Helden« (4,4); »dein Hals wie Elfenbeinturm / deine Augen wie Seen in Cheschbon am Tor von Bat-Rabbim / deine Nase wie der Libanonturm, der ausschaut nach Damaskus / dein Haupt auf dir wie der Karmel / das herabhängende Haar deines Hauptes wie Königspurpur ...« (7,5 f.). Der Körper des Mannes erscheint in der Beschreibung wie ein Standbild: »Sein Haupt gediegenes Gold / ... seine Hände goldene Rollen, eingelegt mit Chrysolith / sein Leib Gebilde aus Elfenbein, bedeckt mit Saphiren / seine Schenkel Säulen aus Elfenbein, gegründet auf goldene Podeste ...« (5,11–15). Anscheinend hat die Gattung des *Wasf* mit ihrer Affinität zur Schilderung von Prunkstatuen (s. u. in der Auslegung zu 4,1–7) zur Aufwertung von Pracht und Reichtum beigetragen.

XXX. Kanonisierung

Zeugnis des Flavius Josephus für Zugehörigkeit zum Kanon: 1. Jh. n. Chr.

Im ersten nachchristlichen Jahrhundert war Hld bereits als Bestandteil des biblischen Kanons bekannt: *Flavius Josephus*, der in Contra Apionem (I 8) 22 Bücher der Heiligen Schrift aufführt,[74] erwähnt als deren letzte Abteilung: »und die übrigen vier Bücher enthalten Lobgesänge für Gott und Lebensregeln für die Menschen«, womit er wohl Ps, Spr, Hld und Koh meint.

Weitere Zeugnisse

In einigen Versionen des apokryphen Buches 4 Esra (XIV 45), das um die Zeit der Zerstörung des Zweiten Tempels verfasst wurde, ist von 24 biblischen Büchern die Rede, von denen Hld eines wäre.[75] Fragmente von Hld haben sich in Qumran gefunden (s. u. XXXIV), was vielleicht auch dafür spricht, dass Hld bereits in einem frühen Stadium als heilig galt. Bischof *Melito von Sardes* reist um das Jahr 170 ins Heilige Land um festzustellen, welche biblischen Bücher dort zum Kanon gehörten, und er führt Hld unter den kanonischen Schriften auf. Im Zeitraum zwischen 90 und 130 n. Chr. hat Aquila Hld ins Griechische übersetzt; noch vor dem Ende des 2. Jahrhunderts entstanden auch die Übersetzungen des Symmachus und des Theodotion.

Rabbinische Kontroverse

Ungeachtet dieses Befunds ist in der rabbinischen Literatur eine lebhafte Kontroverse um Hld anzutreffen: »Zuerst pflegte man zu sagen: Spr und Hld und Koh waren verwahrt, denn man bezeichnete sie bloß als Gleichsprüche, nicht als heilige Schriften, daher war man bedacht sie zu verwahren, bis die Männer der Großen Versammlung kamen und sie auslegten«.[76] Der Terminus »verwahren« (*gimel-nun-sajin*, davon abgeleitet das Substantiv *Genisa*) deutet darauf hin, dass nicht etwa die Heiligkeit des Textes bezweifelt wurde, aber anscheinend sollte das Buch dem breiten Publikum nicht zugänglich gemacht werden. In ähnlichem Sinne ist die Praxis des »Verwahrens« auch sonst belegt: »Zur Hasmonäerzeit verwahrte man die Steine des Altars, die von den hellenistischen Königen entweiht worden waren« (M *Middot* I 6); »eine verblasste Tora-Rolle wird verwahrt bei einem Gelehrten« (d. h. mit dem Leichnam eines Gelehrten zusammen beigesetzt: b *Megilla* 26b). Die Tradition von *Abot deRabbi Natan* schreibt die Veröffentlichung von Hld den Männern der Großen Versammlung zu, die nach rabbinischer Auffassung Zeitgenossen von Nehemia waren.[77]

---

74 22 und nicht 24, weil er vermutlich Rut mit zu Ri rechnet und Klgl mit zu Jer.

75 *M. E. Stone*, Fourth Ezra, Minneapolis 1990, 437: »Make public the twenty-four books that you wrote first und let the worthy and the unworthy read them«. Die Übersetzungen von 4 Esra, die sich auf die lateinischen Textfassungen stützen, haben an dieser Stelle nur »die ersten Bücher, die du geschrieben hast« bzw. »die Bücher, die du zuerst geschrieben hast« *(priora quae scripisti)* – ohne die Zahl 24 (die sich jedoch aus dem Kontext rechnerisch ergibt: 94–70 = 24); vgl. auch *J. Schreiner*, Das 4. Buch Esra (JSHRZ V), Gütersloh 1981, 405.

76 *Abot deRabbi Natan*, Version A, Kap. I, hg. von *S. Schechter*, New York 1945, 2.

77 Diese Zeitgleichheit ist etwa in *Rut r* IV belegt: »… was taten die Männer der Großen Versammlung? Sie schrieben ein Buch und legten es im Tempelvorhof aus, und als sie am (andern)

Rabbinisch belegt ist allerdings auch die Gegenposition, die an der Heiligkeit von Hld Zweifel äußert; diese Diskussion um die Heiligkeit des hebräischen Textes von Hld arbeitet mit einem *terminus technicus* aus dem Bereich der kultischen Reinheitsvorschriften, sie fragt nämlich, ob ein Textexemplar von Hld »die Hände verunreinige«. Diese Frage wird in der Mischna diskutiert, bis *Rabbi Akiba* die Entscheidung fällt: »Alle (biblischen) Schriften[78] verunreinigen die Hände … Hld und Koh verunreinigen die Hände. R. Juda sagt: Hld verunreinigt die Hände, Koh ist umstritten. R. Schimon sagt: Koh gehört zu den Erleichterungen von Bet Schammai[79] und zu den Erschwerungen von Bet Hillel. R. Schimon b. Asai sagte: Ich habe eine Überlieferung aus dem Munde von 72 Ältesten, als sie R. Eleasar b. Asarja zum Vorsitzenden machten, wonach Hld und Koh die Hände verunreinigen. R. Akiba sprach: Gott bewahre! Niemand (in Israel) hat über das Hohelied gestritten, dass es etwa die Hände nicht verunreinige, denn die ganze Welt ist nicht des Tages würdig, an dem das Hohelied Israel gegeben wurde; denn alle Hagiographen sind heilig, aber das Hohelied ist hochheilig; wenn sie also stritten, dann nur über Kohelet« (M *Jadajim* III 5). Und die Tosefta kommt zu dem Schluss: »Hld verunreinigt die Hände, weil es durch den heiligen Geist gesprochen ist; Koh verunreinigt die Hände nicht, weil es sich um Salomos Weisheit handelt« (T *Jadajim* II 14; s. auch b *Megilla* 7a).

Die Diskussion um die Heiligkeit von Hld rührt natürlich daher, dass manche es nach dem Wortsinn auslegten, und gegen die wandte sich *Rabbi Akiba* (T *Sanhedrin* XII, s. u. XXXI). Was Hld über jeden Zweifel erhaben erscheinen lässt, ist seine im jüdischen Bereich fest verankerte alllegorische Auslegung (s. u. XXXII und XXXIII).

Möglicherweise war es auch die Zuschreibung an Salomo, die den Status von Hld erhöhte, obwohl einige andere Schriften, als deren Autor ebenfalls Salomo gilt, nicht in den hebräischen Bibelkanon aufgenommen wurden: Weish und PsSal; auch die Rabbinen führen Salomos mutmaßliche Autorschaft nicht als Argument für die Heiligkeit von Hld an. Es ist nicht auszuschließen, dass etwa die starken literarischen Bezüge zwischen Hld und anderen biblischen Schriften (s. o. XII und XIII) mit zu seiner Aufnahme in den Kanon beigetragen haben könnten.

Morgen antraten, fanden sie es versiegelt. Das ist es, was geschrieben steht: ›Und bei all dem wollen wir einen festen Bund schließen und aufschreiben, und auf der versiegelten Schrift …‹ (Neh 10,1)«.

[78] Nicht nur die Bücher des Pentateuch.

[79] Laut Bet Schammai ist der Text von Koh nicht so heilig, dass er die Hände kultisch verunreinigt (M *Edujot* V 3).

XXXI. Wörtliches Verständnis von Hld in der rabbinischen Literatur

Hinter der Kontroverse um die Heiligkeit von Hld (s. o. XXX) steht das Ringen um die wörtliche vs. allegorische Auslegung des Werks. *Rabbi Akiba*, der sich so dezidiert für die Heiligkeit von Hld ausgesprochen hatte (T *Jadajim* II 14), wendet sich auch entschieden gegen ein wörtliches Verständnis des Textes: »R. Akiba sagt: Wer aus dem Hohenlied kunstreich vorträgt beim Gelage und es zu einem Singsang macht, der hat keinen Anteil an der künftigen Welt« (T *Sanhedrin* XII 10). Und im Talmud heißt es: »Unsere Meister lehrten: Wer einen Vers aus dem Hohenlied liest und zu einem Singsang macht und wer einen Vers im Haus des Gelages zur Unzeit vorträgt, der bringt Übel in die Welt, denn die Tora legt einen Sack an und tritt vor den Heiligen gelobt sei Er und spricht vor ihm: Herr der Welt, deine Söhne haben mich zu einem Saiteninstrument gemacht, auf dem Spötter spielen« (b *Sanhedrin* 111a).

Widerspruch gegen wörtliches Verständnis

Aber das Verständnis von Hld als weltliches Liebeslied war nicht nur unter dem »gemeinen Volk« verbreitet. Dafür gibt es Belege bei den Rabbinen, etwa die Äußerung von *Rabbi Johanan*, der die Meinung vertrat, Salomo habe Hld in seiner Jugend verfasst, wesentlich früher als seine Spätschriften Spr und Koh (*Cant r* I; s. u. XXXV). Auf *Rabbi Johanan* wird eine weitere Aussage zurückgeführt, die Hld ebenfalls im wörtlichen Sinn versteht: »R. Johanan sprach: Aus der Tora sind Umgangsformen zu lernen, etwa dass der Bräutigam unter den Traubaldachin nicht eher eintritt, als bis ihm die Braut die Erlaubnis erteilt. Worin liegt der Grund? ›So komme mein Freund in seinen Garten‹ …« (*Cant r* IV 11); hier fungiert ein Vers aus Hld als »Tora«, d. h. als Grundlage für eine Verhaltensregel. In noch einem Fall werden Schlüsse über das Verhalten zwischen Mann und Frau aus Hld gezogen: »… ›denn stark wie der Tod ist Liebe‹ – die Liebe eines Mannes zu seiner Frau, wie es heißt: ›Genieße das Leben mit einer Frau, die du liebst‹ (Koh 9, 9); ›hart wie Unterwelt ist Eifersucht‹ – Eifersucht eines Mannes gegen seine Frau, wenn er ihr etwa gesagt hat: Rede nicht mit jenem Manne, und sie ist hingegangen und hat doch mit ihm geredet, sogleich ›kommt über ihn der Geist der Eifersucht, und er wird eifersüchtig in Bezug auf seine Frau‹ (Num 5, 14)« (*Cant r* VIII 7).

Verteidigung des wörtlichen Verständnisses

In der rabbinischen Literatur ist mir nur noch ein weiterer, höchst problematischer Beleg für das wörtliche Verständnis von Hld bekannt, der sozusagen in einem Meer von allegorischer Auslegung untergeht: »R. Schimon b. Gamliel sprach: Israel hatte keine festlicheren Tage als den 15. des Monats Aw und den Versöhnungstag, an denen … pflegten die Töchter Jerusalems hinauszuziehen und in den Weinbergen zu tanzen. Und was sprachen sie dabei? Junger Mann, erhebe deinen Blick und schau, was du dir wählst. Schau nicht auf Schönheit, schau lieber auf die Familie … Ebenso heißt es: ›Gehet aus und sehet, Töchter Zions, den König Salomo, die Krone, mit der ihn seine Mutter gekrönt am Tag seiner Hochzeit, am Tag seiner Herzensfreude‹« (M *Taanijot* IV 8). Wenn der Belegtext hier zu Ende wäre, könnten wir ihn als Auslegung eines Verses aus Hld (3,11) auf der Ebene des Wortsinns betrachten, was auch der Kontext nahe legt; aber der Text geht weiter: »›am Tag seiner Hochzeit‹ – das ist die Verleihung der Tora, ›am Tag seiner Herzensfreude‹ – das ist die Erbauung des Tempels, möge er rasch in unseren Tagen wiederaufgebaut werden, Amen«.

XXXII. Die Voraussetzungen für die allegorische Deutung

Verschiedene Faktoren – die zum Teil innerhalb von Hld liegen, zum Teil im Bereich der biblischen Literatur überhaupt – haben die Allegorisierung von Hld ermöglicht.

Viele Lieder von Hld tragen Rätsel- oder Gleichnischarakter. Von daher rechnet der Leser mit vielschichtiger Bedeutung (dazu ausführlich oben XXIV), was seine Bereitschaft, die Allegorie als zusätzliche Bedeutungsebene zu akzeptieren, erhöhen dürfte.

Breite Verwendung von Allegorie in der Bibel

In einem weiteren Salomo zugeschriebenen Buch, Spr, finden sich die Weisheit und die Torheit personifiziert als Frauengestalten, die den Vorübergehenden nachstellen (z.B. 9,1–12.13–18). Überhaupt ist die Allegorie der biblischen Literatur nicht fremd: Gleichnisse wie die Jotam-Fabel (Ri 9,8–16), das Gleichnis vom Schaf des Armen (2 Sam 12,1–4) und die Fabel von Zeder und Dornstrauch (2 Kön 14,9) sind Allegorien, die im weiteren Verlauf der sie umgebenden Erzählung ihre Auflösung finden. Die Prophezeiungen des Ezechiel z.B. sind reich an allegorischen Elementen, als da sind: Adler und Weinstock (Ez 17,1–10), Löwin und Weinstock (Ez 19,1–14), die Zeder (Ez 31,3–18), Hirten und Schafe (Ez 34,2–19) oder die Vision von den vertrockneten Gebeinen (Ez 37,1–14) u.a.m. Bilder und Visionen sind eine Art Allegorie, insofern das visuell Erfahrbare etwas Transzendentes verkörpert. Das gilt auch für Träume und deren Deutungen, die der biblischen Literatur ebenfalls nicht fremd sind. Die Häufigkeit der Allegorie in der Bibel erleichtert die Allegorisierung von Hld und kann die Offenheit der Leserschaft dafür erhöhen.

Die »historischen« Anspielungen in Hld

In Hld gibt es mehrere Verse, die auf Historisches anzuspielen scheinen: Details aus dem Leben von König Salomo – seine Hochzeit (3,7–11) und seine Vielweiberei (8,11–12) – Pharaos Streitwagen (1,9) oder die Hauptstädte der Königreiche Israel und Juda, Tirza und Jerusalem (6,4). Diese »historischen« Anspielungen fördern eine Deutung von Hld auf die vergangene und zukünftige Geschichte Israels.

Das Fehlen von Gottesbezeichnungen in Hld

Das völlige Fehlen jeglicher Gottesbezeichnung in Hld erleichtert paradoxerweise die Deutung des Textes auf die Beziehung zwischen Gott und Israel. Wenn nämlich neben dem männlichen Protagonisten (Bräutigam, Hirt, König) hier und da auch Gott genannt wäre, könnte die zentrale männliche Hauptfigur nicht ohne weiteres mit Gott identifiziert werden. Dies ist eher möglich, weil Gott überhaupt nicht vorkommt. Da in der Bibel die Beziehung zwischen Gott und Israel vielfach poetisch ausgestaltet ist – etwa in manchen Geschichtspsalmen und in Klgl –, rückt die Allegorisierung das Hld in die Nähe dieser Vorstellungswelt.

Männliche Bilder von Gott

Insofern die Bibel von der Gottebenbildlichkeit des Menschen redet (Gen 9,6) und vielfältige anthropomorphe Gottesvorstellungen aufzuweisen hat, lassen sich die Darstellungen der Männerfigur in Hld problemlos als Andeutung auf die Gestalt Gottes begreifen. Die Schilderung des Mannes in leinenen Kleidern Dan 10,5–6 erinnert an die Beschreibung des Körpers des Geliebten Hld 5,10–16, die wiederum an eine Götterstatue denken lässt (vgl. etwa Dan 2,31–32). Gott wird biblisch sowohl mit einem Hirten (z.B. Gen 48,15; Ps 23,1–2; 80,2) als auch mit einem König (z.B. Ps 93,1; 98,6) verglichen. Daher lassen sich die entsprechenden Erwähnungen des Mannes in Hld auf Gott beziehen.

Weibliche Bilder von Israel

Auch die Darstellungen Israels in der biblischen Literatur gehen mit der Gleichsetzung der Frauengestalt in Hld mit der Gemeinde Israels zusammen (s. etwa die Vergleiche Israels mit Lilie und Weinstock bei Hos 14,6–8 und vgl. damit Hld 2,1; 6,11[80]). Die Bezeichnung »Tochter Zions« oder »Tochter Jerusalems« für die judäische Bevölkerung oder die Einwohnerschaft von Jerusalem bei den Propheten (z.B. Jes 1,8; 37,22; Sach 2,14; 9,9) trifft sich mit den »Töchtern Jerusalems« (Hld 1,5; 2,7; 3,5; 5,8.16; 8,4) oder auch »Töchtern Zions« (Hld 3,11), die in Hld den weiblichen Chor bilden.

Darstellung der Beziehung Gott – Israel als Liebesbeziehung in der prophetischen Literatur

Biblisch wird Israel geboten, Gott zu lieben (z.B. Dtn 6,5; 10,12), und Gott liebt sein Volk Israel (z.B. 1 Kön 10,9; Hos 3,1). Was die allegorische Deutung des Hld vor allem fördert und stützt, ist die Tatsache, dass die Beziehung zwischen Gott und Israel in der Bibel mit denselben Worten und Bildern dargestellt wird, die in Hld die Beziehung zwischen dem Geliebten und seiner Freundin beschreiben. Das Weinberglied Jes 5,1–7 verwendet das Weinberglied Hld 8,11–12 (Näheres dazu in der Auslegung) und deutet es allegorisch auf die Beziehung zwischen Gott und Israel: »Denn der Weinberg des JHWH Zebaot ist das Haus Israel, und die Männer von Juda sind die Pflanzung seiner Lust« (Jes 5,7). Dieses Beispiel macht deutlich, dass Liebeslieder bereits vor der literarischen Fixierung von Hld allegorisch ausgelegt wurden.

Jer 6,2ff. und Hld 1,5–8

Ein weiteres Beispiel findet sich bei Jer: »Die Liebliche und Verzärtelte vertilge ich, Tochter Zions, zu ihr sollen Hirten mit ihren Herden kommen, …« (Jer 6,2ff.); diese Prophetenstelle beruht u.a. auf zwei aufeinander

[80] Zu weiteren Ähnlichkeiten zwischen dieser Stelle bei Hos und Abschnitten aus Hld s.u. in der Auslegung.

folgenden literarischen Einheiten in Hld: 1,5–6 und 1,7–8 (s. u. in der Auslegung z. St.), und gibt ihnen eine allegorische Deutung. Das Beispiel spricht dafür, dass der Prophet bzw. der allegorische Ausleger bereits eine Sammlung von Liebesliedern kannte, in der zwei Elemente hintereinander so angeordnet waren wie in Hld (s. o. XIII).

Die bei den Propheten verbreitete Darstellung der Beziehung zwischen Gott und seinem Volk als eine Liebesbeziehung zwischen einem Mann und seiner Frau hat wohl den Ausschlag gegeben für die Entstehung und Verbreitung der allegorischen Deutung von Hld. Das Phänomen als solches soll an einigen wenigen Beispielen illustriert werden: So heißt es etwa bei Jer »So spricht JHWH: Ich gedenke dir deine jugendliche Huld, deine bräutliche Liebe, wie du mir gefolgt durch die Wüste, durch unbesätes Land« (Jer 2,2). Könnte diese Prophetenstelle die Aneinanderreihung von Hld 3,6 »Wer ist es, die heraufsteigt aus der Wüste?« und der Schilderung von Salomos Hochzeit Hld 3,7–11 bewirkt haben? Wenn dies der Fall wäre, dann hätten wir hier einen Beleg dafür, dass bereits ein Redaktor von Hld die allegorische Deutung berücksichtigt hat. Vor Jer hatte schon Hos die Beziehung zwischen Gott und seinem Volk entsprechend dargestellt (s. bes. Hos 2,4–25). Die Szene, in der die Frau ihren Liebhabern nachläuft (Hos 2,9), und die Bewertung dieses Verhaltens als Hurerei (Hos 2,7) erinnern an die Geliebte in Hld, deren Suche nach dem Geliebten immer wieder damit endet, dass sie ihn »sucht und nicht findet« (3,2; s. auch 5,6). In dem ähnlichen Lied Hld 5 wird die Frau sogar von den Wächtern als verdächtig festgenommen und ihrer Kleider beraubt (5,7 zu vergleichen mit Hos 2,5).

Jer 2,2 und Hld 3,6–11

Hos 2,4–25 und Hld 5

Jer 31,3–6 und Hld

Eine weitere Stelle bei Jer (31,3–6), wo Israel als Gottes Geliebte dargestellt wird, weist zahlreiche Berührungspunkte mit Hld auf: »Mit ewiger Liebe habe ich dich geliebt, deshalb ziehe ich dich mit Huld (vgl. Hld 1,4: »zieh mich dir nach«) … wieder sollst du anlegen deine Pauken und ausziehen im Reigen der Fröhlichen (vgl. Hld 7,1: »wie Reigentanz der beiden Lager«), wieder sollst du Weinberge pflanzen in den Bergen von Samarien … denn da ist ein Tag, da rufen die Wächter im Bergland von Efraim« (vgl. Hld 1,6).

Ez 16 und Hld 7

Beim Propheten Ezechiel ist Jerusalem als Gottes Ehefrau dargestellt (Ez 16). Die Schilderung der Kleidung, bes. des Schmucks der Frau bei der Hochzeit erinnert an die Beschreibungslieder in Hld: »… ich kleide dich in Stickerei, beschuhe dich mit *tachasch*, setze dir Byssus auf, hülle dich in Seide, ich lege dir Schmuck an, Armreifen an deine Hände, ein Halsband um deinen Hals, einen Nasenring an deine Nase, Ohrringe an deine Ohren und eine prächtige Krone auf dein Haupt …« (Ez 16,10–12); die Beschreibung der Schmuckstücke steigt hier von den Händen hinauf zum Kopf wie in Hld 7,1–7. Zum Schmuck der Geliebten bei Ezechiel vgl. auch Hld 7,1–11.

Fazit

Abschließend lässt sich sagen, dass die Allegorisierung von Hld bereits vor der endgültigen Fixierung des Textes stattgefunden haben muss. Liebeslieder, die in Hld eingegangen sind, wurden in prophetischem Kontext allegorisch gedeutet, noch bevor der Text von Hld abgeschlossen war, und es scheint nicht ausgeschlossen, dass bei der Endredaktion von Hld die allegorische Deutung schon hie und da berücksichtigt wurde. Demnach ist die Beziehung zwischen der Liebesdichtung und der prophetischen Literatur, wo die Beziehung Gottes zu seinem Volk wie die eines Mannes zu seiner Frau dargestellt wird, durchaus wechselseitig. Die allegorischen Ausleger von Hld fanden in der biblischen Literatur reichlich Anhaltspunkte für ihre Deutung.

XXXIII. Die allegorische Deutung von Hld

Allegorie ist eine Art ausgebaute und weitergeführte Metapher. Ein allegorisches Werk besteht aus mehreren Schichten, einer Oberflächen- und einer Tiefenschicht, wobei die Tiefendeutung in der Regel abstrakt und ideell, die Oberflächendeutung dagegen real und konkret ist. Gelegentlich bildet die Oberflächenbedeutung nur eine dünne Deckschicht über der deutlich hervorscheinenden tieferen Bedeutung (wie etwa in *G. Orwells* »Animal Farm«).

Nachträgliche Allegorisierung

Hld ist allerdings kein allegorisches Werk, sondern eine Dichtung, die nachträglich eine gezielte Allegorisierung erfahren hat. In ähnlicher Weise wurden etwa Homers Epen durch die Stoiker allegorisch gedeutet, weil diese Homers Werke philosophisch legitimieren wollten.

Erste Ansätze zur Allegorisierung von Hld

Die ersten Ansätze zur Allegorisierung von Hld sind noch vor der Endredaktion des Werks wahrzunehmen. Ein Niederschlag davon findet sich in der biblischen Literatur (s. o.). Im Zeitraum zwischen der Zerstörung des Zweiten Tempels und dem Bar-Kochba-Aufstand wurde Hld bereits insgesamt als allegorische Schilderung der Beziehung zwischen Gott und Israel seit dem Auszug aus Ägypten gedeutet.[81] Ein früher außerbiblischer Beleg für die Auffassung von Hld als Allegorie findet sich in einer apokryphen Schrift aus dem ersten nachchristlichen Jahrhundert, 4 Esra V 23–27: »O Herr Herr, aus allem Walde der Erde und allen seinen Bäumen erwähltest du einen einzigen Weinstock. Und von allen Ländern des Erdkreises erwähltest du dir einen einzigen Ort. Und von allen Blumen des Weltkreises erwähltest du dir eine einzige Lilie … Und von allen erschaffenen Vögeln hast du dir eine einzige Taube benannt … Und von allen vermehrten Völkern erwarbst du dir ein einziges Volk …«.[82]

[81] Vgl. dazu *E. E. Urbach*, The Homiletical Interpretations of the Sages and the Expositions of Origen on Canticles, and the Jewish-Christian Disputation, in: ScrHie 22 (1971) 247–275.

[82] Die Esra-Apokalypse (IV. Esra), nach dem lateinischen Text … übersetzt und herausgegeben von *A. F. J. Klijn*, Berlin 1992, 24 f.

Explizite Allegorisierung in LXX?

Die Annahme, dass LXX von Hld explizite allegorische Elemente enthalte, scheint mir unbegründet. Sie stützt sich auf Übersetzungsdetails wie die Wiedergabe »vom Gipfel des Amana« (4,8) als »von der Höhe des Glaubens«[83] sowie auf die Übersetzung des Städtenamens »Tirza« (6,4) mit εὐδοκία, was sonst in LXX als Äquivalent zu hebräisch *razon* (Wohlgefallen) fungiert.

Mischna

In der Mischna finden sich Belege für die allegorische Auslegung von Hld: »›am Tag seiner Hochzeit und am Tag seiner Herzensfreude‹ (3,11), ›am Tag seiner Hochzeit‹ – das ist die Verleihung der Tora, ›am Tag seiner Herzensfreude‹ – das ist die Erbauung des Tempels, möge er rasch in unseren Tagen wiederaufgebaut werden, Amen‹« (M *Taanijot* IV 8). *Rabbi Akibas* energisches Plädoyer für die übermäßige Heiligkeit von Hld (M *Jadajim* III 5) bezeugt, dass auch er Hld als Allegorie auffasste (s.o. XXX). Weitere Belege für allegorische Auslegung finden sich über die tannaitische Literatur verstreut,[84] und im Zeitalter der Amoräer findet sich bereits kein Vers von Hld mehr, der keine allegorische Auslegung erfahren hätte; man kann sogar die Gegenprobe machen, wobei sich herausstellt, dass kaum ein Vers von Hld in der rabbinischen Literatur nach seinem Wortsinn ausgelegt wird (s.o. XXXI).

Midraschim

Die Midraschim zu Hld legen den Text Vers für Vers allegorisch aus. Der wichtigste darunter ist Canticum rabba (Schir haschirim rabba), der versweise vorgeht, was eine große Mannigfaltigkeit des Stoffes erlaubt. Aus der Verwendung von palästinischem Aramäisch und aus den Namen der darin erwähnten rabbinischen Gelehrten geht hervor, dass der Midrasch offenbar in Israel entstanden ist; an Quellen sind der babylonische und der Jerusalemer Talmud auszumachen, Gen rabba, Lev rabba, Klgl rabba, Pesiqta deRav Kahana u.a.m. Als Abfassungszeit wird aufgrund von Anspielungen auf historische Ereignisse sowie aufgrund von Arabismen im Sprachgebrauch das 7. bis 8. nachchristliche Jahrhundert angenommen.[85] Die weiteren Midraschim zu Hld sind ebenfalls palästinisch und etwa im selben Zeitraum verfasst: Schir haschirim suta (Aggadat schir haschirim)[86] und Midrasch schir haschirim;[87] beide gelten als Auswahl aus einem umfangreicheren älteren Midraschwerk[88]

Zur Veranschaulichung seien hier zwei zufällig herausgegriffene Beispie-

[83] Vgl. j *Challa* 60a: »Schau hinab von der Höhe des Amana (Hld 4,8) … R. Nehemia (Nachman) sprach: Israel ward gewürdigt, das Schilfmeerlied zu sagen, durch nichts anderes als Amana« (hier offenbar als »Glauben« verstanden).

[84] Tosefta, Mechilta, Sifra, Sifre und Seder Olam rabba.

[85] Die verbindliche Textausgabe ist die von *Sch. Donsky, Midrasch rabba: Schir haschirim (Midrasch Chasit)*, Jerusalem/Tel-Aviv 1980.

[86] Hg. von *S. Buber*, Berlin 1984.

[87] Hg. von *L. Grünhut*, Jerusalem 1897.

[88] S. dazu in den Zusätzen von *Ch. Albeck* zur hebräischen Ausgabe von *L. Zunz*, Die gottesdienstlichen Vorträge der Juden (1892), Jerusalem 1946, 129.

le für allegorische Auslegung in Canticum rabba vorgeführt: »R. Elasar deutete den Vers auf die Israeliten, als sie am Schilfmeer standen: ›meine Taube in den Felsklüften‹ (Hld 2, 14) – sie waren nämlich verborgen im geheimsten Meer; ›lass mich schauen deinen Anblick‹ – das ist es, was geschrieben steht: ›tretet an und schauet die Errettung des Ewigen‹ (Ex 14, 13); ›lass mich hören deine Stimme‹ – das ist das Schilfmeerlied, wie es heißt: ›da sang Mose‹ (Ex 15, 1); ›denn deine Stimme ist angenehm‹ – das ist das Lied; ›und dein Anblick ist lieblich‹ – das bezieht sich darauf, dass die Israeliten mit dem Finger deuteten und sagten: ›Dies ist mein Gott, ihn will ich verherrlichen‹ (Ex 15, 2)«[89] (*Cant r* II 31).

»›Deine beiden Brüste‹ (4, 5) – das sind Mose und Aaron: wie die Brüste Pracht und Prunk der Frau, so sind Mose und Aaron Pracht und Prunk Israels; wie die Brüste die Schönheit der Frau, so sind Mose und Aaron die Schönheit Israels; wie die Brüste Ehre und Ruhm der Frau, so sind Mose und Aaron Ehre und Ruhm Israels; wie die Brüste voller Milch, so erfüllen Mose und Aaron Israel mit Tora; wie aus den Brüsten der Frau der Säugling alles erhält, was die Frau zu sich nimmt, so übermittelte Mose unser Meister die ganze Lehre, die er gelernt, an Aaron, wie geschrieben steht: ›So verkündete Mose Aaron alle Worte des Ewigen‹ (Ex 4, 28); [und unsere Meister sagten: er enthüllte ihm den geheimen Gottesnamen]. Wie von den Brüsten nicht die eine größer ist als die andere, so waren Mose und Aaron, wie geschrieben steht: ›Mose und Aaron‹ (Ex 6, 27) und an anderer Stelle ›Aaron und Mose‹ (Ex 6, 26) – weder Mose größer als Aaron noch Aaron größer als Mose« (*Cant r* IV 12).

Der (aramäische) Targum

Bei der aramäischen Übersetzung von Hld handelt es sich um einen allegorischen Midrasch in aramäischer Sprache. Dort wird die Geschichte der göttlichen Errettung Israels seit dem Auszug aus Ägypten bis ins künftige messianische Zeitalter entfaltet. Dass die Übersetzung sich stark vom hebräischen Wortlaut entfernt, beeinträchtigt ihren exegetischen Wert nicht. Stellenweise geht sie mit dieser oder jener unter den antiken Versionen zusammen: »die Zeit des Gesangs« (2, 12) ist wiedergegeben als »Zeit der Rebenernte«[90] wie in LXX und Peschitta; »wie die Schafherde« (4, 2) als »nachdem sie geschoren waren« wie in LXX und Peschitta; »wie Tirza« (6, 4) als »solange du bereit bist, meinen Willen zu tun« wie in Peschitta (und ähnlich LXX).

Sprachlich scheint die aramäische Übersetzung palästinischen Ursprungs zu sein, was durch die darin enthaltenen griechischen Vokabeln bestätigt wird. In der Regel schöpft sie aus den Quellen des Midrasch[91]; besonders

[89] Letztere Beziehung zwischen Hld 2, 14d und Ex 15, 2 wird über den Anklang zwischen »dein Anblick« *(mar'ech)* und der Verbform »deuteten« *(mar'in)* hergestellt.

[90] Basierend auf den zwei möglichen Bedeutungen der hebräischen Vokabel *samir*: Rebenschneiden oder Singen.

[91] z. B. Seder Olam rabba, Tanchuma, Ex rabba, Lev rabba.

stark ist die Ähnlichkeit mit Canticum rabba (obwohl die Beziehung der beiden untereinander noch nicht ausreichend geklärt ist).[92] *E. Z. Melammed*[93] will den Targum zu Hld spät ansetzen mit der Begründung, er habe die Endfassung des babylonischen Talmud gekannt und häufig benützt, aber die Richtung der Beeinflussung zwischen dem babylonischen Talmud und der aramäischen Übersetzung von Hld ist nicht eindeutig.

Es ist nicht völlig ausgeschlossen, dass es auch eine aramäische Übersetzung von Hld im wörtlichen (nicht allegorischen) Sinne gegeben hat. So ist etwa für Hld 7,2 »Wie schön sind deine Füße in deinen Schuhen, Tochter des Edlen« eine solche wörtliche Übersetzung belegt.[94]

Mystik

Die mystische Abhandlung Sefer Schiur Qoma[95] aus den ersten nachchristlichen Jahrhunderten ist ein allegorisierender Midrasch, der die Gestalt Gottes schildert, so wie in Hld 5,10–16 die Gestalt des Geliebten beschrieben wird.

Die allegorische Auslegung blieb unter den jüdischen Bibelexegeten die vorherrschende Richtung über Generationen hin. Sämtliche mittelalterlich-jüdischen Exegeten – mit Ausnahme eines Anonymus aus dem 12. Jahrhundert[96] – haben ängstlich daran festgehalten, dass die in Hld geschilderte Liebesbeziehung die zwischen Israel und seinem Gott sei. Selbst ein kritisch ausgerichteter Exeget wie *R. Abraham b. Esra* vertritt die Überzeugung, Salomo habe Hld aufgrund einer göttlichen Offenbarung und vom heiligen Geist inspiriert verfasst.[97]

Mittelalterliche Exegese: auch Wortsinn wichtig

Trotzdem haben die jüdischen Exegeten des Mittelalters[98] Mittel und Wege gefunden, auch auf den Wortsinn von Hld einzugehen. Im Kommentar des *R. Samuel b. Meïr* sind zwei Ebenen unterschieden, die des einfachen Wortsinns und die der Phantasie, und im Kommentar des *R. Abraham b. Esra* finden sich dreierlei Ebenen: Vokabelerläuterungen, die wörtliche Bedeutung (d.h. der einfache Wortsinn) und die Allegorie. Im Unterschied zu den Verfassern der Midraschim haben sich diese Exegeten bemüht, sowohl auf der Ebene des Wortsinns als auch im Bereich der allegorischen Deutung ein Handlungskontinuum herzustellen. In der mittelalterlich-jüdischen Ex-

---

[92] Dazu *P. Churgin, Targum Ketuvim*, New York 1945, 117–139; *J. Heinemann*, Der Targum zu Hld und seine Quellen (hebr.), in: *Tarbiz* 41 (1972) 126–129.

[93] *E. Z. Melammed*, Der Targum zu Hld (hebr.), in: *Tarbiz* 40 (1971) 201–215.

[94] Dazu *M. Goshen-Gottstein*, Niederschläge von aramäischen Bibelübersetzungen (hebr.) I, Ramat Gan 1989, 90, sowie ebd. I, Ramat Gan 1983, 161.

[95] Hg. von *J. D. Eisenstein*, in: *Ozar Midrashim*. Bibliotheca Midraschica II, New York 1915, 561f.

[96] Aufgrund der einzigen Handschrift herausgegeben von *H. J. Matthaeus*, in: *Tehilla leMosche* (hebr.). FS M. Steinschneider, Leipzig 1896.

[97] Dazu *S. Salfeld*, Das Hohelied Salomos bei den jüdischen Erklärern des Mittelalters, Berlin 1879, 58–72, bes. 60.

[98] *Raschi, R. Samuel b. Meïr, R. Abraham b. Esra* und *R. David Kimchi*, jeweils behandelt bei *S. Salfeld* (s. vorige Anm.).

egese ist auch eine kabbalistische Strömung vertreten; ein markantes Beispiel dafür ist der Hld-Kommentar des *Nachmanides*.[99]

Die christliche Überlieferung

Was die christliche Überlieferung betrifft finden sich bereits im Neuen Testament Belege für eine allegorische Deutung von Hld, z.B. Joh 3,28f.: »Ihr seid meine Zeugen, dass ich gesagt habe, ich sei nicht der Messias, sondern ich sei vor ihm her gesandt. Wer die Braut hat, der ist der Bräutigam; der Freund des Bräutigams, der dabei steht und ihn hört, freut sich sehr über des Bräutigams Stimme«. Bereits der erste unter den christlichen Auslegern von Hld, *Hippolyt von Rom* (ca. 225 n.Chr.), hat Hld auf die Beziehung zwischen Jesus (dem Bräutigam) und der christlichen Kirche (der Braut) gedeutet. Der Kirchenvater *Origenes* (noch in der ersten Hälfte des 3. Jahrhunderts) übernimmt diese Auffassung, vertritt jedoch die These, dass die Braut auch – vielleicht sogar in erster Linie – für die gottgeschaffene Seele stehe. Laut *Origenes* wird in Hld also die Vereinigung der Kirche mit Jesus sowie die Vereinigung der Seele mit dem *Logos* gerühmt. Mit dem Erstarken der Marienverehrung in der katholischen Kirche konnte die Braut in Hld auch mit der Jungfrau Maria gleichgesetzt werden.

Die christlich-allegorische Deutung von Hld entwickelte sich in Abhängigkeit von der jüdischen, und die beiden gerieten auf Kollisionskurs.[100] Die einzige Bresche in der Mauer der kirchlich-allegorischen Auslegung von Hld bildet der Vorschlag des Bischofs *Theodor von Mopsuestia* (360–429 n.Chr.), in Hld eine Sammlung von Liebesliedern zu erblicken. Er vertrat die Auffassung, König Salomo habe Hld in Erwiderung an die Gegner seiner Hochzeit mit der Pharaonentochter und zur Erheiterung der Braut verfasst. Die kirchlichen Autoritäten betrachteten dies als Ketzerei, und sein Kommentar wurde vom V. ökumenischen Konzil zu Konstantinopel (553 n.Chr.) in den Bann getan.

XXXIV. Textzeugen und Textkritik

Die massoretische Überlieferung

Die Textzeugen weisen mehrere Abweichungen vom massoretischen Text auf, aber diese dürften in hohem Maße auf die Schwierigkeiten des Textverständnisses und auf den an Unklarheiten reichen Sprachgebrauch zurückzuführen sein. Eine gewisse Variationsbreite in der Formulierung ist auch innerhalb von Hld zu beobachten, wenn derselbe Vers mehrfach vorkommt, aber nicht ganz identisch ist; möglicherweise stehen hinter diesem Spiel-

[99] Der Kommentar des *R. Mose b. Nachman* (Nachmanides), hg. v. *Ch. D. Chavel* in der Gesamtausgabe der hebräischen Schriften des Nachmanides, Bd. II, Jerusalem 1964, 488–518.
[100] Dazu *R. Kimelman*, Rabbi Yohanan and Origen on the Song of Songs. A Third-Century Jewish-Christian Disputation, in: HThR 73 (1980) 567–595.

raum frühere Stadien der Textfixierung bis hin zur ursprünglich mündlichen Überlieferung.

Qumran

In Qumran hat sich ein kurzes Textstück von Hld in Höhle 6 gefunden;[101] es enthält bruchstückhaft den Anfang des Werks (1, 1–7), darin ein paar interessante Lesarten: »Öle« statt »deine Öle« (1, 3); *mirqachat moraqa* (»ausgegossene Salbe«) statt *schemen turaq* (»Öl, ausgegossen«); die beiden Verbformen »wir wollen uns freuen und fröhlich sein« erscheinen in umgekehrter Reihenfolge (1, 4), und statt »lieben dich« *('ahevucha)* steht »geliebte« *('ahuvim)*. Diese Varianten zeugen zwar von textueller Flexibilität, tragen aber zur Rekonstruktion des Urtextes oder zu einem besseren Verständnis der Textaussage kaum etwas bei.

Septuaginta

Unter den antiken Versionen ist an erster Stelle die *Septuaginta* (LXX) zu Hld zu nennen, die um das Jahr 100 v. Chr. entstanden ist, eine im Grunde wörtliche Übersetzung. Darin finden sich keine Hinweise auf allegorische Auslegung, ungeachtet der Wiedergabe von *Har Amana* (4, 8) und *Tirza* (6, 4) (Näheres dazu unten in der Auslegung z. St.).

Peschitta

Die syrische Übersetzung, die sog. *Peschitta,* ist gegen Ende des 2. nachchristlichen Jahrhunderts vom hebräischen Original her angefertigt worden. Es ist schwer zu sagen, ob sie in jüdischen oder in christlichen Kreisen entstanden ist. Die weitgehende Übereinstimmung zwischen ihr und LXX (Beispiele im Folgenden) lässt wohl auf zusätzliche Heranziehung von LXX schließen.

Vulgata und Vetus Latina

Die lateinische Übersetzung *(Vulgata)* ist im Jahre 398 durch den Kirchenvater *Hieronymus* vorgenommen worden und zwar aus dem Hebräischen, im Unterschied zu der älteren lateinischen Übersetzung *(Vetus Latina)*, die auf eine griechische Vorlage zurückgeht. Auch in der Vulgata sind – trotz der großen Nähe zum hebräischen Original – zahlreiche Übereinstimmungen mit LXX zu beobachten. Bei der aramäischen Übersetzung *(Targum)* handelt es sich um eine allegorische Auslegung (s. o. XXXIII).

Abhängigkeit der antiken Übersetzungen voneinander

Für die Auslegung sind diese Übersetzungen von großem Wert. Die Übereinstimmungen unter ihnen deuten auf eine etablierte exegetische Tradition, wenn nicht gar auf direkte Abhängigkeit der Übersetzungen untereinander, wodurch der Freiheit des einzelnen Übersetzers enge Grenzen gesteckt waren. Dazu ein paar Beispiele:

batorim (»in den Bändern« – 1, 10) ist in LXX und Vulgata von *tor* in der Bedeutung »Turteltaube« abgeleitet;

»deine Augen sind Tauben« (1, 15) ist in Peschitta und Vulgata als »Augen von derselben Form wie Taubenaugen« gedeutet;

paamajich (»deine Füße« – 7, 2) ist in LXX und Vulgata als »deine Schritte« wiedergegeben;

die durch Atnach getrennten Vokabeln »wie Purpur; ein König« in 7, 6

[101] Discoveries of the Judean Desert of Jordan III, Oxford 1962, 113 f.

sind in Peschitta, Vulgata und einer griechischen Version zu der Verbindung »wie königlicher Purpur« zusammengezogen;

die Vokabel *'ahava* (»Liebe«) in 7,7 ist in Peschitta und Vulgata als »Geliebte« *('ahuva)* gedeutet.

Übersetzungsvarianten

Manche der in den antiken Versionen belegten Lesarten sind auch innerhalb des Hebräischen nachvollziehbar: Das *otija* (»eine Verhüllte«) aus 1,7 ist in Peschitta, Vulgata, Symmachus und der aramäischen Übersetzung als *teija* (»Hin- und Herirren«) wiedergegeben, und beide Lesarten gemeinsam haben ihren indirekten Niederschlag in den davon beeinflussten Erzählungen in Gen gefunden (s. u. in der Auslegung).

Die in LXX, Vetus Latina und Vulgata belegte Lesart »deine Brüste« statt »deine Liebe« in 1,2 war den Rabbinen bekannt (M *Avoda sara* II 5), s. u. Auslegung z. St.

Eine durch hebräische Verschreibung erklärbare Variante, »und fliehen« (*wenasu* – Symmachus, Peschitta, Vulgata) statt »und neigen sich« (*wenatu* – 2,17), ist von Jer 6,3 beeinflusst.

Manche abweichenden Lesarten gehen auf exegetische Entscheidungen des Übersetzers bzw. Abschreibers zurück: Die Lesung *havi'eni* (»bring mich« – Symmachus, Peschitta) statt *hevi'ani* (er brachte mich) in 1,4 ist aus dem Bedürfnis entstanden, den Imperativ »zieh mich« vom Anfang des Verses weiterzuführen. Die Lesung der Verbform *havi'uni* (»bringt mich« – LXX, Vetus Latina, Symmachus, Peschitta) statt *hevi'ani* (»er brachte mich«) in 2,4 ist von den Imperativ Plural-Formen des folgenden Verses beeinflusst.

In den antiken Versionen (insbes. LXX) finden sich zahlreiche Fälle, wo mehrfach vorkommende Verse sprachlich vereinheitlicht sind (s. o. XVIII).

Im Zuge meiner Auslegung bin ich nur auf wenig verderbte Textstellen gestoßen. Andere kritische Exegeten sind eher zu Emendationen geneigt, wobei sie sich sowohl auf die vorhandenen Textzeugen als auch auf die eigene Intuition stützen. Meine eigene Textgrundlage ist der massoretische Text, obwohl ich ihn nicht in allen Fällen für den besten halte; doch solange er verständlich ist und seine Bedeutung sich sinnvoll in den literarischen Kontext und die Gesamtaussage des Textes einfügen lässt, möchte ich ihn nicht aufgeben, zumal er die sicherste uns vorliegende Textfassung bietet.

Textgrundlage der Kommentierung

Zusammenstellung der im Kommentar vorgenommenen Textemendationen

Im Folgenden gebe ich eine Auflistung der wenigen Emendationen, die ich doch vorgenommen habe – sei es, weil der Text tatsächlich verderbt ist, sei es, weil es mir nicht gelungen ist, ihn zu entschlüsseln; die Begründung bringe ich unten in der Auslegung zur jeweiligen Stelle:

1) Der Vers 6,10 scheint mir disloziert; m. E. gehört er an den Anfang der literarischen Einheit, deren Abschluss er jetzt bildet, also vor 6,4.

2) Ich halte es für möglich, dass ein ähnliches Missgeschick auch dem Vers 8,5a widerfahren ist. An seiner derzeitigen Stelle ist der Vers ein Fragment (s. o. III) ohne Einbindung in den Kontext; vielleicht ist auch er ans Ende

seiner literarischen Einheit gerutscht, und seine ursprüngliche Stellung wäre zwischen 8,2 und 8,3.

3) Ich neige dazu, den Ausdruck *schemen turaq* (»Öl, ausgegossen«) aus 1,3 in *schemen tamruq* (»Salböl«) zu verbessern.

4) In 5,13 möchte ich die Vokalisierung *migdalot* (eine Feminin-Form von *migdal* = Turm) in *megaddelot* (»die wachsen lassen«) verbessern.

5) In 7,7 möchte ich die graphische Einheit *betaʿanugim* (»mit Lust, Genuss«) auflösen in zwei Wörter: *bat ʿanugim* (etwa: Tochter von Verwöhnten).[102]

6) In 8,2 ist nicht *telammedeni* (»du sollst/sie möge mich lehren«) zu lesen, sondern *teladni* (»sie gebiert mich«).

XXXV. Zur Stellung des Hohenliedes im biblischen Kanon

Hld an erster Stelle in den Megillot

In den üblichen Druckausgaben der hebräischen Bibel, deren Anordnung der biblischen Schriften aschkenasischen und französischen Bibelhandschriften folgt, steht Hld an erster Stelle unter den fünf Rollen *(Megillot)*, die nach der Reihenfolge ihrer gottesdienstlichen Lesung geordnet sind, wobei der Jahresbeginn im *Nissan*, dem Monat des Auszugs aus Ägypten, angesetzt wird: Hld zu Pessach, Rut am Wochenfest, Klgl am 9. Aw, dem Gedenktag der Tempelzerstörung, Koh am Laubhüttenfest und Ester zu Purim.

Hld an zweiter Stelle in den Megillot

In einigen der älteren Bibelhandschriften, z. B. dem Aleppo-Codex und Codex Leningradensis, sind die fünf »Rollen« anders angeordnet, und zwar nach der Chronologie ihres Inhalts (der jüdisch-exegetischen Tradition zufolge): an erster Stelle das Buch Rut, das mit dem Ausblick auf die Geburt König Davids endet, an zweiter und dritter Stelle Hld und Koh, die beide von König Salomo verfasst sein sollen, danach Klgl, die Klage über die Zerstörung des Ersten Tempels, und zuletzt Ester, worin eine Episode aus der persischen Diaspora geschildert wird.

Talmud

Im Talmud, für den die fünf Rollen noch kein eigenes Corpus bilden, weil ihre gottesdienstliche Funktion sich erst im Mittelalter durchgesetzt hat (s. u. XXXVI), findet sich folgende Überlieferung bezüglich der Reihenfolge der biblischen Bücher: »... die Ordnung der Hagiographen: Rut und das Buch der Psalmen und Ijob und Sprüche, Kohelet und Hoheslied und Klagelieder, Daniel und die Ester-Rolle, Esra und die Chronik« (b *Baba batra* 14b). Diese Anordnung, die auch in sefardischen Handschriften und bei den Massoreten belegt ist, beruht auf der traditionellen Chronologie: Rut, worin Davids Geburt angekündigt wird, steht vor den Psalmen, die zum großen Teil von ihm verfasst sein sollen; nach Ijob (dessen Platzierung in jeder Hinsicht

---

[102] Und nicht *bat taʿanugim* (»Tochter der Lust«) wie Aquila und Peschitta.

problematisch ist) stehen die drei Salomo zugeschriebenen Bücher. Bemerkenswert ist dabei deren Reihenfolge: Hier gilt Hld offenbar als das späteste der von Salomo verfassten biblischen Bücher, erst nach Kohelet, oder mit den Worten des berühmten jüdisch-mittelalterlichen Exegeten *Raschi*: »Mir scheint, er hat es in vorgerücktem Alter verfasst«. Auch in der LXX und in den Listen der kanonischen Schriften von Kirchenvätern wie Bischof *Melito von Sardes* (ca. 170) und *Origenes* steht Hld hinter Spr und Koh. Hinter der Einordnung von Hld als letzte der salomonischen Schriften steht zweifellos seine allegorische Auslegung: Erst gegen Ende seiner Tage habe Salomo das zur Abfassung einer allegorischen Schrift erforderliche geistige und religiöse Niveau erreicht.

Hld als Spätwerk Salomos

Wo Hld vor Koh steht (wie etwa im Aleppo-Codex und im Codex Leningradensis), ist wohl eher dessen wörtliches Verständnis vorausgesetzt, nämlich als Sammlung von Liebesliedern, wie etwa in einem Ausspruch von *R. Johanan* belegt: »Das Hohelied schrieb er zuerst, danach die Sprüche und danach Kohelet. Zu diesem Schluss kam *R. Johanan* nach dem üblichen Verlauf der Dinge: Solange der Mensch jung ist, verfasst er Lieder; wenn er älter wird, äußert er Weisheitssprüche; und wenn er alt ist, klagt er über die Eitelkeit der Welt« (*Cant r* I 10).

Hld als Frühwerk Salomos

XXXVI. Das Hohelied in der jüdischen Liturgie

Die Position von Hld als erste der fünf Rollen (*Megillot*, s. o. XXXV) hängt damit zusammen, dass diese Schrift am ersten der Wallfahrtsfeste, zu Pessach, im Synagogengottesdienst vorgelesen wird. Die frühesten direkten Belege für diesen Brauch sind aus dem Mittelalter. Im Traktat Soferim (aus dem 11. Jahrhundert) heißt es: »Hld liest man nachts an den beiden letzten Tagen des Festes, wie sie in der Diaspora begangen werden, eine Hälfte in der ersten und die andere Hälfte in der zweiten Nacht ... Manche sagen: In jedem Fall beginnt man die Lesung am Ausgang des Sabbats davor«.[103]

Liturgische Lesung zum Pessach-Fest

Ein anderer Brauch in Bezug auf den genauen Termin der Lesung sowie eine aus der allegorischen Deutung hervorgehende Begründung, weshalb der Text gerade zu Pessach gelesen wird, findet sich im Machsor Vitry (aus dem frühen 12. Jahrhundert): »Die Rolle ›Hoheslied‹ rezitiert man am Sabbat während der Festwoche von Pessach, und wenn kein Sabbat in die Festwoche fällt, rezitiert man es am siebten Tag von Pessach. Und an Pessach rezitieren wir es, weil das Hohelied von der Erlösung aus Ägypten redet, wie es heißt: ›Einer Stute bei Pharaos Wagen ...‹ (1, 9)«.[104] Wenn in die Fest-

Termin der gottesdienstlichen Lesung

[103] *Massechet Soferim* XIV 1, hg. von *M. Higger*, New York 1937, 251.
[104] Machsor Vitry, hg. von *Schimon haLevi Horowitz*, Nürnberg 1923, I, 304.

woche von Pessach kein Sabbat fällt, wird in Israel – anders als in der Diaspora – die gottesdienstliche Lesung von Hld auf den ersten Feiertag von Pessach vorgezogen. In sefardischen Gemeinden liest man Hld noch in der Pessach-Nacht, im Anschluss an die Pessach-Haggada.

Gründe für die Verbindung von Hld und Pessach

Die Beziehung zwischen Hld und dem Pessach-Fest ist wesentlich älter als die soeben angeführten Quellen. Bereits der frühe palästinische liturgische Dichter *Jannai* (ca. 6. Jh.) hat seine liturgischen Dichtungen zum Pessachfest auf Hld gegründet. So deutet er etwa im zweiten Teil einer *Schibata* zu Pessach Verse von Hld auf die Begegnung der Gemeinde Israels mit ihrem Gott am Sinai, die Landnahme und die Erbauung des Tempels; er schließt mit der Liebe zwischen Gott und den Israeliten, die seine Gebote halten.[105] Und eine *Keroba* zu Pessach[106], die ganz und gar auf Hld beruht, erblickt in dem Geliebten Gott und in der Braut die Gemeinde Israels.

Ergänzend zu der Begründung von Machsor Vitry, weshalb Hld gerade zu Pessach rezitiert wird, lässt sich natürlich noch auf den frühlingshaften Charakter von Hld (bes. 2,8–14) verweisen; das passt ebenfalls zum Auszug aus Ägypten, der ja im »Frühlingsmonat« stattgefunden haben soll (Ex 13,4; 23,15; 34,18; Dtn 16,1). Dass in Israel ab Pessach (bis zum Ausgang des Laubhüttenfestes) nicht mehr um Regen gebetet wird, geht ebenfalls mit einem Vers aus Hld zusammen: »Denn sieh da, der Winter ist vorüber, / der Regen ist ganz und gar vorbei« (2,11).

---

105 Vgl. Z. M. *Rabinovitz, Pijute Rabbi Jannai leTora uleMoadim*, II, Jerusalem 1987, 265–272.

106 Ebd. 273–289.

Kommentierung

Hld 1,1: Die Überschrift

Text

Übersetzung 1 *Lied der Lieder –*
Salomo gehörig.

Analyse und Auslegung

Dieser erste Vers ist die Überschrift zum ganzen Text, Zutat eines Redaktors. Was im Hebräischen auffällt, ist das klangliche Vorherrschen des Zischlauts, was sich bis in die Anfangswörter des folgenden Verses fortsetzt: *schir haschirim ascher lischelomo. jischaqeni minneschiqot pihu …*

Funktion der Überschrift

»*Lied der Lieder*« – In vielen Textausgaben beginnt das erste hebräische Wort mit einer Initiale; diese graphische Erscheinung findet sich auch bei anderen biblischen Büchern: Gen, Spr, Koh und Chr. Der Verfasser der Überschrift betrachtet den Text von Hld offenbar als ein geschlossenes Ganzes, denn er verwendet die Singularform »Lied« (etwa im Unterschied zur redaktionellen Überschrift der »Sprüche« Salomos [Spr 1,1; 10,1; 22,1]); das Verständnis des Genitiv-Attributs als partitiv »ein Lied (bestehend aus) Liedern« scheint mir abwegig. Die hebräische Vokabel *schir* (hier: »Lied«) kommt biblisch auch in profanen Kontexten vor (z.B. 2 Sam 19,35; Jes 24 und besonders Ez 33,32, wo es sich um ein Liebeslied handelt). An manchen Stellen ist *schir* in Verbindung mit »Freude« genannt (z.B. Gen 31,27; Jes 30,29) oder mit Musik (z.B. Jes 23,16; Am 6,5; Neh 12,36); gelegentlich bezeichnet die Vokabel auch »Musikinstrumente« (z.B. Am 5,23; 1 Chr 13,8). Im *Midrasch Cant* (I 12) wird u.a. vorgeschlagen, die Pluralform *schirim* zu verstehen wie *scharim*, d.i. Singende (mit Berufung auf Ps 68,26), also »ein Lied (dargeboten von) Sängern«, aber die überzeugendste Deutung ist doch die als eine Art Höchstform von *schir*, gewissermaßen ein Superlativ. Als das beste und schönste von allen Liedern wird *schir haschirim* ausgewiesen im *Midrasch Cant* (I 11) sowie im Targum; in dieselbe Richtung geht wohl auch *Rabbi Akibas* bekannte Äußerung »Wenn alle biblischen Schriften heilig sind, dann ist das Lied der Lieder *(schir haschirim)* das allerheiligste *(qodesch haqodaschim)*« (M *Jadajim* V 3). Die attributive Anfügung desselben Substantivs im Genitiv Plural zur Bezeichnung eines Höchstgrades ist biblisch noch für weitere Substantive belegt: *ʿeved* (»Knecht«, Gen 9,25), *nasi* (»Fürst«, Num 3,32), *qodesch* (»Heiliges«, Ex 26,33; Num 4,19); *melech* (»König«, Ez 26,7); *ʾelohim* und *ʾadon* (»Gott«

V 1

und »Herr«, Dtn 10,17); *zvi* (»Zierde«, Jer 3,19); *adi* (»Schmuckstück«, Ez 16,7); *hevel* (»Eitelkeit«, Koh 1,2); *schamajim* (»Himmel«, 1 Kön 8,23).

Bedeutung der fiktionalen Autorschaft Salomos

»von dem gilt: dem Salomo« ('ascher lischelomo) – Die Relativpartikel *'ascher* kommt im ganzen Text von Hld nur hier vor, was die Überschrift wiederum als eine spätere redaktionelle Zutat ausweist; im fortlaufenden Text sind Relativsätze nicht mit *'ascher* eingeleitet, sondern mit *sche-* (z. B. 1,6; 5,8; 6,5). Durch die Einführung von Salomo mit der Präposition *le-* wird dieser hier als der Autor des Werks präsentiert (*Cant r* I 6); in derselben Form wird seine Autorschaft für Spr und Koh konstatiert, ebenso für PsSal und Weish. Die Zuschreibung dieses biblischen Buches an König Salomo hat verschiedene Hintergründe: Zum einen galt er in der Nachfolge seines Vaters David als Verfasser vieler Lieder.[1] Außerdem stammen angeblich noch weitere biblische Bücher aus seiner Feder und nicht zuletzt war er als Besitzer eines großen Harems bekannt (1 Kön 11,3). Die Erwähnungen des Namens Salomo (1,5; 3,7.9.11; 8,11.12) bzw. des Appellativs »König« (1,5.12) im Verlauf des Textes verstärken die imaginierte Autorschaft Salomos, obwohl König Salomo dort in 3. Person vorkommt und nicht gerade in schmeichelhaftem Zusammenhang (s. u. Auslegung zu 3,7–11 und zu 8,11–12). Um dem letztgenannten Einwand zu begegnen, ist vorgeschlagen worden, die Vokabel *'ascher* in *'aschir* (»ich will singen«) zu emendieren, aber diese Konjektur scheint mir verfehlt. Die Zuschreibung von Hld an Salomo dürfte zur Aufnahme des Werks in den biblischen Kanon beigetragen haben (s. o. XXX).

Hld 1,2–4: Wachtraum – Liebe besser als Wein

Text

Übersetzung

2 *Er küsse mich mit Küssen seines Mundes.*
denn besser ist deine Liebe als Wein.
3 *Zum Riechen sind deine Öle gut.*
Öl, ausgegossen, ist dein Name.
Darum: Jungfrauen lieben dich.

4 *Zieh mich dir nach, wir wollen laufen!*
Es brachte mich der König in seine Gemächer.

[1] In 1 Kön 5,12 wird deren Anzahl mit 1005 angegeben; auch in einigen Psalmen-Überschriften erscheint die Verfasserangabe *lischelomo* (72,1; 127,1).

Wir wollen uns freuen und fröhlich sein in dir.
Wir wollen deine Liebe erwähnen mehr als Wein.
Zu Recht lieben sie dich.

Analyse

Stellung im Kontext

Die Verbindung zwischen dem ersten Lied in Hld und der vorangehenden Überschrift besteht in der markanten Wiederkehr des Zischlauts *sch* (in allen vier Wörtern der Überschrift sowie in den ersten zwei Wörtern des ersten Verses) und besonders in der sofortigen Nennung des »Königs« (1,4; in 1,5 dann »Salomo«) gleich nach der Zuschreibung des Werks an Salomo.

Aufbau

Sprecherin dieser Texteinheit ist die Geliebte. Sie äußert ihr Verlangen nach den Küssen des »Königs« und nach Vereinigung mit ihm. Das Lied gliedert sich in zwei Strophen (1,2–3 und 1,4) von je fünf Sätzen, wobei jede Strophe mit dem Ruhm des Geliebten durch die Frauen endet: »Jungfrauen lieben dich« bzw. »zu Recht lieben sie dich«.

Auffallender Wechsel der Sprechrichtung

Jede der beiden Strophen enthält einen Satz, in dem die Frau nicht ihren Geliebten anredet, sondern ein Publikum, wobei sie über ihren Geliebten in 3. Person spricht: »er küsse mich mit Küssen seines Mundes« (der erste Satz der ersten Strophe, V 2a) und »es brachte mich der König in seine Gemächer« (der zweite Satz der zweiten Strophe, V 4b). Auffallend ist der Wechsel der Verbformen: »er küsse mich« = Optativ vs. »er brachte mich« als vollzogenes Geschehen (Weiteres zu dieser Asymmetrie im Folgenden). *R. Samuel b. Meïr,* einer der mittelalterlichen Exegeten, meint, die Geliebte spreche hier zu ihren Gefährtinnen: »Bisweilen singt die Braut, als spräche sie mit ihrem Geliebten, bisweilen als erzählte sie ihren Gefährtinnen über einen Abwesenden«. Anscheinend sind es tatsächlich die anderen Frauen, die »Töchter Jerusalems«, die hier das Publikum der Sprecherin bilden.[2]

Funktion der zweifachen Sprechrichtung

Wie kann man sich eine Situation vorstellen, in der die Geliebte scheinbar gleichzeitig zu ihren Gefährtinnen und zu ihrem Geliebten spricht, als sei sie mit ihm zusammen und zugleich mit den Frauen – sind diese etwa hinter einer spanischen Wand anwesend zu denken? Vielleicht will der Dichter hierdurch eine traumhafte, unwirkliche Verfassung des lyrischen Ich andeuten. Die Frau träumt im Wachen: Ihre Sehnsucht nach dem »König«, dem Geliebten, ist so groß, dass sie sich bei ihm wähnt.

Auslegung

Die erste Strophe (V 2–3)

»er küsse mich mit Küssen seines Mundes« – Zur Eröffnung eines Liedes V 2
mit Rede über den Geliebten, dessen Identität nicht geklärt wird, vgl. 2,4:

[2] Vgl. dazu auch die folgende literarische Einheit, 1,5–6; ferner 2,4–7 (mit Auslegung); 3,7–11; 5,6–8,2; 8,3–4.

»er brachte mich ins Haus des Weines ...«. Die Frau artikuliert ihre Wünsche vor ihrem Publikum, den Gefährtinnen. Ein anonymer jüdischer Kommentar zu Hld veranschaulicht die Situation folgendermaßen: »Die junge Frau sieht ihren Geliebten, wie er kommt und sich ihr nähert; daraufhin sagt sie zu ihren Gefährtinnen: O wenn mein Geliebter mich doch küsste!« Vor einem rein weiblichen Publikum äußert sie sich recht unbefangen, in der Fortsetzung der Strophe, wo sie den Gegenstand ihrer Neigung anredet, spricht sie weniger kühn. Manche wollen die hebräische Verbform nicht als *jischaqeni* (»er möge mich küssen«) lesen, sondern als *jaschqeni* (»er möge mich tränken«), wodurch ein Wortspiel zwischen Substantiv und Verb zustande kommt,[3] aber auch diese Konjektur scheint mir unnötig. Der hebräische Leser ist imstande, die mögliche Nebenbedeutung der Verbform zu erkennen, sobald er zur zweiten Vershälfte gelangt. »Er küsse mich mit Küssen«, d.h. die Verwendung derselben hebräischen Wurzel sowohl als Verb als auch als Substantiv, ist ein Fall von sog. innerem Objekt, das in sprachlich stilisierten hebräischen Texten häufiger vorkommt.[4] Dass ein Mann eine Frau küsst, ist biblisch auch in Gen 29,1 und Hld 8,1 belegt. Da auf jeden Fall mit dem Mund geküsst wird (vgl. 1 Kön 19,18), ist die Erwähnung des »Mundes« als Information überflüssig, dient also zur Veranschaulichung der Szene.

»denn besser ist deine Liebe als Wein« – Hier redet die Frau bereits den Geliebten an, weshalb die Konjunktion »denn« vielleicht nicht kausal aufzufassen ist, sondern bekräftigend: »fürwahr«. Die Aussage, X sei besser als Y, findet sich in biblischen Texten häufiger, in Hld 4,10 sogar zweimal.[5] Die Pluralform *dodim* fungiert hier als Abstraktum: »Liebe« (im sexuellen Sinne);[6] vergleichbare Verwendung liegt in Ez 16,8; 23,17 und besonders in Spr 7,18 vor: »Wir wollen uns satt trinken an Liebe bis zum Morgen«, wo die Liebe ebenfalls als Getränk aufgefasst ist. Die Bedeutung der Vokabel *dodim* ist auch im Ugaritischen »Liebe«; auch im Akkadischen bezeichnet die Pluralform *dadu* ein Abstraktum wie im Hebräischen. Die Lesart von LXX, Vetus Latina und Vulgata lautete offenbar *dadajich* (»deine Brüste«), was hier aber nicht überzeugt, denn Brüste hat nur eine Frau und hier spricht die Frau zum Manne, wie aus dem folgenden Vers unzweideutig hervorgeht. Allerdings scheint die Lesart »deine Brüste« auch den Rabbinen bekannt gewesen zu sein. Im Mischna-Traktat *Avoda sara* (II 5) wird die Lesart »deine Brüste«, gemeint sind die Brüste der Frau, zurückgewiesen mit dem Hinweis auf die unmittelbare Fortsetzung. Im folgenden Vers ist die Rede durchweg an den Mann gerichtet. Der Mann küsst die Frau auf den Mund;

---

3 Ein vergleichbares Wortspiel s. in Hld 8,1–2 (auch in Gen 29,10f.).

4 Vgl. Jona 1,10–16 (Furcht fürchten); 1,17 (Gelübde geloben) oder 4,1.

5 Vgl. Klgl 4,9; Koh 4,9 (im Plural), im Singular Spr 25,24; 28,6.

6 Analoge Bildungen sind z.B. *sequnim* (»Greisenalter«) oder *betulim* (»Jungfrauenstand«).

diese Küsse schmecken der Geliebten besser als Wein, woraus schon die mittelalterlichen jüdischen Exegeten auf Zungenküsse geschlossen haben. Der Vorzug der Liebe vor dem Wein wird ein weiteres Mal erwähnt in V 4. Dieses Motiv erscheint hier also in der zweiten Liedzeile und dann wieder in der vorletzten. Die Liebe des Mannes zur Frau bzw. umgekehrt ist in Hld noch öfter mit der Metapher des Tränkens mit Wein bezeichnet: 2,4; 7,10; 8,2. Das Qualitätswort »gut« könnte hier für »süß« stehen (so ugaritisch [in Bezug auf Wein!], auch sonst biblisch [z.B. Koh 11,7]). Wenn die Frau vor ihrem Geliebten die Qualität seiner Liebe rühmt, drückt sie sich allgemein aus (vgl. den Abschluss von V 3), sie äußert nicht direkt den Wunsch, er möge sie küssen. Entweder verlässt sie sich auf den gegenüber den Gefährtinnen ausgesprochenen Wunsch oder sie hofft, er werde das Kompliment zum Anlass nehmen, die Qualität seiner Liebe unverzüglich unter Beweis zu stellen.

»*zum Riechen sind deine Öle gut*« – Vom Geschmack der Küsse des Ge- V 3
liebten geht die Sprecherin über zum Geruch seines Parfüms. Die vorangestellte Form *lerejach* ist entweder nominal aufzufassen: »was den Geruch betrifft[7] sind deine Öle gut« oder aber der Vers besagt »deine Öle sind gut zum Riechen«, ist also nach dem Muster von »gut war der Baum zum Essen« (Gen 3,6) gebaut, wobei das »Riechen« durch Voranstellung betont ist. Die Öle sind Duftstoffe, ähnlich 2 Kön 20,17; Jes 61,13; Ps 45,8; s. auch Hld 4,10. In LXX sind dann auch die ersten drei Wörter von 1,3 durch die Anfangsworte von 4,10 ersetzt: »Der Duft deiner Öle ist (besser) als alle Spezereien«, da die Worte dort an eine ähnliche Formulierung anschließen wie die, mit der 1,2 endet: »Wie gut ist deine Liebe, (besser) als Wein«. Ein Beleg dafür, dass Männer sich parfümierten, findet sich in Koh 9,8: »Jederzeit seien deine Gewänder weiß und das Öl auf deinem Haupte soll nicht mangeln«. 4QCant und Vulgata lesen statt »deine Öle« nur »Öle«.

Das Adjektiv »gut« weist auf den Anfang der Rede zurück, wo die Sprecherin die Liebe des Geliebten als »gut« gerühmt hat. So kommt eine chiastische Struktur zustande: Gut ist deine Liebe – deine Öle sind gut. Durch diese Rahmung wird die besondere Qualität der Liebe des Mannes hervorgehoben. Zu der Wortverbindung »gutes Öl« in Bezug auf Parfümierung eines Mannes vgl. auch Ps 133,2: »Wie das gute Öl auf dem Haupt, das herabfließt in den Bart«.

»*Öl, ausgegossen, ist dein Name*« – Ein Parallelismus, in dem ein Nomen zunächst allein vorkommt und dann in Verbindung mit einem Attribut, findet sich auch Hld 2,15; 3,7; 5,5.7. Die Wortverbindung *schemen turaq* (»Öl, ausgegossen«) ist schwierig, denn das passive Partizip vom hebräischen Verb

---

[7] Dazu *Gesenius-Kautzsch*, Hebräische Grammatik, §143e; vgl. Gen 17,26: »was Ismael betrifft«.

lehariq (»ausgießen«) würde *muraq* lauten;[8] vgl. Jer 48,11: »Nicht ward es ausgegossen *(huraq)* von einem Gefäß ins andere ... daher blieb der Geschmack darin erhalten und der Duft hatte sich nicht verflüchtigt«. Der Midrasch bemerkt zu unserer Stelle »wie jemand, der aus einem Gefäß in ein anderes umfüllt« (*Cant r* I 20). Nach dieser Deutung dringt der Geruch des Geliebten weit in die Ferne, weil er einem Duftöl gleicht, das ausgegossen ist, d.h. nicht im verschlossenen Gefäß aufbewahrt bleibt. Verschiedentlich ist hier eine Emendation in *schemen tamruq* (»Salböl«, vgl. Est 2,3.9.12) vorgeschlagen worden. In 4QCant lautet die rekonstruierte Lesart »ausgegossene Salbe«; die Peschitta hat »Myrrhen-Öl« (vgl. Est 2,12). Die Versuche, eine Emendation zu vermeiden, haben auch dazu geführt, *turaq* für einen Ortsnamen zu halten, von dem die talmudische Vokabel »Theriak« abgeleitet sei (b *Joma* 10a), was ein Heilmittel sein soll (b *Schabbat* 119b). Der berühmte mittelalterliche Exeget *R. Salomo b. Isaak (Raschi)* fasst die Vokabel *turaq* als passive Verbform in 2. Person Singular auf, womit also der Geliebte angeredet sein muss: »Du bist wie Öl«, d.h. du wirst ausgegossen werden, so dass sich dein Duft weit verbreitet. Die biblischen Akzente ziehen *turaq* tatsächlich zum folgenden Wort, zu »dein Name«. Der »Name« bezeichnet das Wesen, das Eigentliche (vgl. etwa Gen 2,19; 32,28–30; Ri 13,17f.; Dtn 12,11 u.ö.). Nach der Akzentgliederung des Verses ergibt sich Folgendes: Was dein Wesen betrifft, wirst du ausgegossen werden wie Öl, d.h. dein Name geht aus in die Ferne wie der Geruch von ausgegossenem Öl. Beachtenswert ist hier das Wortspiel zwischen *schemen* (»Öl«) und *schem* (»Name«). Das erinnert an Koh 7,1: *tov schem mischemen tov* (»besser ist Name als gutes Öl«).[9] Die Wiederaufnahme von »deinen Ölen« durch »Öl« besagt hier also: Nicht nur zum Riechen sind deine Öle gut, vielmehr bist du ganz und gar wie gutes Öl.

»darum: Jungfrauen lieben dich« – Damit schließt die erste Strophe. Das Mädchen hat nicht den Mut, dem Geliebten ihre Liebe zu gestehen; sie begnügt sich lieber mit der Aussage, dass *alamot*, d.h. Mädchen (vgl. Gen 24,16.28.43; Ex 2,8) bzw. junge Frauen (Jes 7,14; Ps 68,26; Spr 30,19) überhaupt ihn lieben. Diese Äußerung wirkt besonders passend im Anschluss an den Vergleich des geliebten Mannes mit Öl, dessen Duft in die Ferne dringt, also von Vielen als angenehm wahrgenommen wird. Zum Ende dieses Verses ist vielleicht noch Ps 45,18 heranzuziehen, wo die Erwähnung des »Namens« Breitenwirkung nach sich zieht.

Die zweite Strophe (V 4)

Was die junge Frau in der ersten Strophe nicht wagte, das tut sie in der zweiten (1,4): Dort hatte sie ihren Wunsch nur vor den Ohren ihrer Gefähr-

[8] So die Lesart von Aquila, Vetus Latina und Lukian.

[9] Eine höchst absurde Feststellung nach dem dortigen Kontext. Möglicherweise haben Formulierungen wie die unseres Verses aus Hld diesen Weisheitsspruch inspiriert.

tinnen artikuliert, nicht dem Geliebten direkt mitgeteilt; doch zu Beginn der zweiten Strophe richtet sie an ihn die direkte Aufforderung:

»zieh mich dir nach, wir wollen laufen!« – Den Ansporn dazu schöpft sie V 4
vielleicht aus dem Bewusstsein, eine unter vielen zu sein, die alle an dem jungen Mann interessiert sind. Die biblischen Akzente setzen die Zäsur nach der ersten der drei hebräischen Vokabeln in dieser Zeile, so dass sich ergibt: »Ziehe mich, dir nach wollen wir laufen«; aber die meisten neueren Exegeten verbinden den präpositionalen Ausdruck mit dem Verb »ziehen«, was biblisch noch einmal belegt ist (Ijob 21,33). Für das Verb »ziehen« im Zusammenhang mit »Liebe« gibt es weitere biblische Belege (Jer 31,3; Hos 11,4).

Die Form des Verbs »laufen« steht in der 1. Person Plural (im Unterschied zu dem vorangehenden Imperativ Singular), ebenso die folgenden Verbformen: »wir wollen uns freuen und fröhlich sein ... wir wollen erwähnen«. So entsteht der Eindruck, als ob sich die Liebende hier in der Menge der jungen Frauen versteckt, die sich dem Geliebten nähern wollen, indem sie sich sozusagen zu deren Sprecherin macht. Das Mädchen bittet den Geliebten um ein Signal – »ziehe mich« –, daraufhin ist sie bereit ihm nachzulaufen.

»es brachte mich der König in seine Gemächer« – Nachdem sie ihre Bitte direkt an den Geliebten gerichtet hat, kann sie ihren Gefährtinnen jetzt von der Erfüllung ihres Wunsches berichten, wodurch ihre Rede an den Geliebten unterbrochen wird. Schon antike Bibelübersetzer haben an dieser Unterbrechung des Redeflusses Anstoß genommen, was sich daran ablesen lässt, dass Peschitta und Symmachus die Feststellung »er brachte mich« zu einer Aufforderung machen: »bring mich« (und dann entsprechend »in dein Gemach«). In der Rede an ihre Gefährtinnen betrachtet sich die Liebende nicht mehr als Teil der ganzen Gruppe verliebter Mädchen; ihnen tritt sie als die eine Glückliche gegenüber, die der Geliebte zu sich ins Haus geholt hat. Die unrealistische Einbeziehung des Publikums in die Begegnung zwischen den beiden Liebenden verleiht der Szene etwas Humoristisches: Das intime Zusammensein wird plötzlich unterbrochen durch Bemerkungen an die Zuschauerinnen.[10]

Ist mit dem »König« hier der Bräutigam gemeint? Dafür scheint manches zu sprechen: Es gibt rabbinische Äußerungen, wonach »der Bräutigam einem König gleicht« (z. B. *Pirqe deRabbi Elieser* XVI); in syrischen Hochzeitsliedern wird der Bräutigam tatsächlich als König bezeichnet und die Braut als Königin; in altägyptischer Liebeslyrik heißt der Geliebte gelegentlich »Prinz« oder »Prinz meines Herzens«.[11] Andererseits könnte »König«

---

[10] Eine ähnlich abrupte Hinwendung zum Publikum findet sich auch in 2,4–7, wo das Mädchen ebenfalls berichtet: »er brachte mich« (V 4). Vgl. auch 5,1 samt Auslegung.

[11] Papyrus Harris 500: *M. Fuks,* Liebeslieder 25.29; vgl. *H. A. Schlögl,* Gärten der Liebe 46.54 (»Gemahl« bzw. »Erwählter meines Herzens«); *S. Schott,* Altägyptische Liebeslieder 52.56 (»Gemahl« bzw. »Gemahl in meinem Herzen«).

wörtlich zu verstehen sein. So spricht das königliche Hochzeitslied Ps 45,16f. davon, dass die Braut zum König geführt wird; auch die übrigen Erwähnungen von »König« in Hld (1,12; 7,6) oder von »König Salomo« (3,9.11) beziehen sich wirklich auf diesen (s. u. in der Auslegung zur jeweiligen Stelle). Die traumhafte Stimmung dieses Liedes lässt die Deutung zu, dass das Mädchen sich tatsächlich vorstellt, kein Geringerer als der König habe gerade nach ihr Verlangen und werde sie in sein Haus bringen. Mit »seinen Gemächern«[12] ist der innerste Raum im Haus des Geliebten gemeint (vgl. Ri 15,1; 16,9.12; 1 Kön 1,15), der sog. »Raum des Lagers« (2 Sam 13,10).

»wir wollen uns freuen und fröhlich sein in dir« – Damit wendet sich die Sprecherin wieder dem Geliebten zu, spricht allerdings in 1. Person Plural. Durch die Verwendung der beiden synonymen hebräischen Verben soll die Intensität der Freude gesteigert werden (vgl. Joël 2,21; Ps 31,8). Eine ausführlichere Analogie findet sich in dem Liebeslied in Ps 45, wo die Braut samt ihren Gefährtinnen mit großer Freude dem König zugeführt wird (Ps 45,15f.); dort erscheinen die beiden synonymen Verben in umgekehrter Reihenfolge wie hier. Auch 4QCant hat an unserer Stelle die umgekehrte Reihenfolge: »wir wollen fröhlich sein und uns freuen«.[13]

»wir wollen erwähnen« – Das Verb »erwähnen« kommt hier semantisch in die Nähe von »danken und loben«, was biblisch belegt ist (vgl. Jes 12,4; Ps 45,18; 1 Chr 16,4); hier verbindet es sich mit dem Stichwort »Name« aus V 3.[14] Die naheliegendste Parallele ist wiederum Ps 45,18, wo die Erwähnung des göttlichen Namens unmittelbar zu Gotteslob auf breiter Grundlage führt. Allerdings scheint diese hebräische Wurzel noch eine weitere Bedeutung zu haben, die mit dem »Geruch« aus der ersten Strophe zusammengeht. Aus Hos 14,8 ergibt sich für das Nomen die Bedeutung »Duft« (vgl. Lev 2,2; 24,7; Jes 66,3), woraufhin das Verb im *Hif'il* »Duft einatmen, riechen« bedeuten würde (vgl. den Kommentar von *R. Abraham b. Esra* z. St.). Jedenfalls erübrigt sich die Emendation von *naskira* (»wir wollen erwähnen«) zu *niskera* (»wir wollen gedenken«).

»deine Liebe mehr als Wein« – Nachdem die Liebende in der ersten Strophe die Qualität ihres Geliebten gerühmt hat: »denn besser ist deine Liebe als Wein« und dann noch seinen Namen mit duftendem Öl verglichen hat, erklärt sie ihm nun, wie sehr sie diese seine Vorzüge genießt: »Wir wollen erwähnen (und/oder: einatmen) deine Liebe mehr als Wein«.

»zu Recht[15] *lieben sie dich«* – So endet die zweite wie die erste Strophe mit der Zusicherung: »sie lieben dich«. Während die Frau am Ende der ers-

---

[12] Zur Pluralform vgl. auch 1,17; 2,9.15.
[13] Diese Reihenfolge ist biblisch auch sonst belegt, z. B. Jes 66,10; Ps 16,9.
[14] Zur Verbindung von *schem* (»Name«) und *secher* (»Erwähnung, Gedenken«) vgl. Ex 3,15; Jes 26,8. Auf Aramäisch ist das entsprechende Nomen gleichbedeutend mit »Name«.
[15] Vgl. Jes 33,15; 45,19; Ps 58,2; Spr 1,3 u. ö.

ten Strophe gesagt hatte »Jungfrauen lieben dich«, bevor sie seiner Liebe teilhaftig geworden war, kann sie jetzt, nachdem der Geliebte sie in sein innerstes Gemach gebracht hat, die auf diesen Mann gerichtete weibliche Liebe als gerechtfertigt bezeichnen (so verstehen LXX und *Raschi* die Vokabel *mejscharim*). Andere haben *mejscharim* (wörtlich: »Geradheit«) mit Wein in Zusammenhang gebracht unter Berufung auf Hld 7,10 (s. u.) und Spr 23,31: »Schau nicht den Wein an, wie … er glatt *(mejscharim)* einhergeht«. *R. Abraham b. Esra* erklärt *mejscharim* als eine Eigenschaft von Wein und meint, die Präposition *mi(n)* vor »Wein« sei auch hierher zu ziehen: »mehr als *mejscharim*«. Es könnte durchaus sein, dass *mejscharim* sich hier auch auf Wein bezieht, der sozusagen geradewegs durch die Kehle rollt, wodurch eine zweifache Bedeutung zustande käme: Zu Recht lieben dich die Mädchen mehr als du den Wein liebst, der glatt hinuntergeht und den Trinker aufreizt.

Hld 1,5–6: Die Schwärzliche

Text

Übersetzung

5 *Schwarz bin ich, aber lieblich, Töchter Jerusalems,*
wie die Zelte Kedars, wie die Zeltplanen Salomos.
6 *Schaut mich nicht an, dass ich schwärzlich bin,*
dass mich die Sonne verbrannt.
Die Söhne meiner Mutter ergrimmten über mich,
setzten mich ein zur Hüterin der Weinberge –
meinen eigenen Weinberg habe ich nicht gehütet.

Analyse

Stellung im Kontext

In diesem Lied spricht das Mädchen vom Lande zu den Städterinnen, den »Töchtern Jerusalems«. Da auch in der voranstehenden literarischen Einheit (V 2–4) die Rede der Sprecherin zum Teil an ein Publikum gerichtet ist, könnte der Redaktor unter der Zuhörerschaft dort ebenfalls die »Töchter Jerusalems« verstanden haben. Eine weitere Beziehung zwischen den beiden Liedern besteht in der Nennung von »König« dort und »Salomo« hier: Nachdem »der König« sie in seine Gemächer gebracht hat (V 3), kann sie nun von »Salomos Zeltplanen« sprechen (V 5), ohne dass ihre Vertrautheit mit Salomos Gebrauchsgegenständen unwahrscheinlich wirkt.

In diesem Lied spricht die Frau ausschließlich über sich selbst. An anderen Stellen in Hld, wo die Frau sich selbst beschreibt, handelt es sich um Selbstlob (8,10); auch wenn sie darin sehr zurückhaltend ist, wird dadurch eine Welle von Komplimenten aus dem Munde ihres Partners ausgelöst (2,1–2). Im vorliegenden Kontext scheint es auf den ersten Blick, als wolle sich die Sprecherin bei ihren Zuhörerinnen für ihr andersartiges Aussehen entschuldigen. Bei sorgfältigerem Lesen stellt sich jedoch heraus, dass hinter der scheinbaren Entschuldigung nicht wenig Stolz steckt; sie will die Jerusalemerinnen neidisch machen sowohl auf ihre Schönheit als auch auf ihren Lebensstil, der von dem der Stadtbewohnerinnen recht verschieden ist. Die Lebensbedingungen auf dem Lande verschaffen ihr weitaus mehr Freiheiten, als ein junges Mädchen in der Stadt besitzt. Form: Selbstlob

Das Lied steckt voller Gegensätze und Widersprüche: zwischen der Sprecherin und den »Töchtern Jerusalems«; zwischen ihr und ihren Brüdern, denen die Sorge um ihre Tugend obliegt und deren Gebot sie sich zu fügen hat[16]; weitere Gegensätze bestehen möglicherweise zwischen den Eigenschaften »schwarz« und »lieblich« sowie zwischen den »Zelten Kedars« und den »Zeltplanen Salomos« (dazu im Folgenden). Gegensätze und Widersprüche

Bei der Auslegung dieses Liedes sind drei weitere Punkte zu klären: a) Hat die Vokabel »Weinberg« (V 6) bei beiden Vorkommen (zuerst im Plural, dann im Singular) dieselbe Bedeutung? b) Weshalb waren die Brüder über ihre Schwester »ergrimmt«? c) Was ist die kausale und chronologische Beziehung zwischen der Einsetzung des Mädchens zur Hüterin der Weinberge und der Mitteilung, dass sie ihren eigenen Weinberg nicht gehütet habe? Fragen für die Auslegung

Auslegung

V 5 »*schwarz*« – Diese Aussage bezieht sich nicht auf das Haar (im Unterschied zu 5,1), sondern auf die Hautfarbe der Geliebten. Die Konnotation von schwarzer Haut ist negativ, weil sie als trocken gilt (vgl. Ijob 30,30; Klgl 4,8). Selbstlob der Frau (V 5–6)

»*ich*« – In Hld spricht nur die Frau in 1. Person (2,1.5; 5,2.6.8; 6,3.11; 8,10).

»*lieblich*« – Wenn die Eigenschaft »schwarz« ein negatives Charakteristikum ist, fungiert das *waw* »und« hier nicht kopulativ, sondern kontrastiv (vgl. auch Gen 4,4f.; 1 Kön 2,26), d.h. »schwarz, aber lieblich«. Dieser Gegensatz wird im Midrasch zu Hld ausgeführt: »schwarz bin ich die Wochentage über, lieblich bin ich am Sabbat; schwarz bin ich das ganze Jahr über, lieblich am Versöhnungstag; schwarz bin ich in den zehn Stämmen, lieblich im Stamm Juda und Benjamin; schwarz bin ich in dieser Welt, lieblich in der künftigen« (*Cant r* I 36). Das Adjektiv »begehrenswert, attraktiv« ist vom

[16] Ein weiteres Mal wird dieses Motiv gegen Ende von Hld thematisiert (8,8–10), wodurch eine Art Rahmen geschaffen wird.

Nifʿal des hebräischen Verbalstamms »begehren« abgeleitet, vgl. auch 2,4; 4,3 und 6,4 (»schön wie Tirza, begehrenswert wie Jerusalem«).

»Töchter Jerusalems« – Sie erscheinen in Hld nur als von der Sprecherin angeredet (2,7; 3,5; 5,8.16; 8,4). Hier schließt die Anrede unmittelbar an die Selbstbezeichnung als »attraktiv« an; dadurch will die Geliebte vielleicht klarstellen, dass sie hinter der berühmten Schönheit der Jerusalemerinnen (vgl. Jes 3,16 ff.; Jer 6,2) keineswegs zurücksteht.

(schwarz) *»wie die Zelte Kedars«* – Kedar kommt biblisch als nomadischer Hirtenstamm (Jes 60,7; Jer 49,28 f.) vor, dessen Abstammung von Ismael abgeleitet wird (Gen 25,13). Die Wortverbindung »Zelte Kedars« ist auch in Ps 120,5 belegt. Hier geht es nicht darum, dass die Zelte Kedars aus schwarzem Ziegenhaar angefertigt waren, sondern um die Beziehung zu schwarz und finster.[17]

(attraktiv) *»wie die Zeltplanen Salomos«* – Ein Parallelismus nach dem Muster A–B || A–B findet sich in der Bibel öfter, z. B. Ex 29,27; Dtn 22,25–27; Hos 3,5; Mi 1,4; Ps 33,20 f.; 113,5 f.; Koh 5,17 ff. Das Haus des Königs ist hier mit dem Ausdruck »Zeltplanen Salomos« bezeichnet, um die Entsprechung zu den »Zelten Kedars« zu wahren (vgl. Jes 54,2; Jer 4,20; 10,20; Hab 3,7). Salomo galt als Inbegriff von Reichtum und Pracht (s. auch 3,7–11; 8,10 f.), womit sich die Zuhörerinnen identifizieren konnten. Bemerkenswert ist auch das klangliche Spiel mit den Namen *Jeruschalajim* und *Schelomo*.

Ungeachtet der in diesem Vers gestalteten Gegensätze enthält die apologetische Äußerung der Sprecherin kein negatives Urteil, ist eher dazu angetan, Neid zu erregen, zumal ihre dunkle Hautfarbe eine vorübergehende Erscheinung ist, ihre Schönheit dagegen bestehen bleibt. Außerdem kann das hebräische Adjektiv *schachor* (»schwarz«) ungeachtet des oben Ausgeführten vielleicht doch positive Assoziationen hervorrufen. In Koh 11,10 z. B. steht das davon abgeleitete Abstraktum *schachrut* neben »Kindheit«, scheint also »Jugend« zu bedeuten.[18] Außerdem könnte gerade die dunkle Haut der Sprecherin im Unterschied zur hellen Haut der verwöhnten »Töchter Jerusalems« etwas Exotisch-Anziehendes haben, ähnlich wie die »Zelte Kedars« die Phantasie von Städterinnen zu beflügeln vermochten.

»schaut mich nicht an«[19] – Das Schauen scheint hier als eine Form von V 6
Kritik (vgl. Jer 12,3) oder gar Verachtung (Ps 22,18; Ijob 41,26) gemeint. Es liegt eine gewisse Ironie darin, dass die Sprecherin von einer Eigentümlichkeit abzulenken sucht, indem sie darüber redet.

---

[17] Vgl. Jes 50,3; Joël 2,10; 4,15; Mi 3,6 u. ö. Eine deutliche Beziehung der hebräischen Wurzel *qof-dalet-resch* zu schwarz findet sich in Sir 25,17; auch Symmachus übersetzt entsprechend.

[18] Was entweder von *schachar* (»Morgenröte«) abzuleiten ist oder aber doch mit schwarzen Haaren in Verbindung zu bringen, d. h. volles schwarzes Haar ohne graue oder weiße Strähnen, als Zeichen der Jugendfrische.

[19] Vgl. Spr 23,31.

»*dass ich schwärzlich bin*« – Nicht: »denn schwärzlich bin ich«; so kommt eine chiastische Verschränkung mit V 5a, dem Anfang des Liedes, zustande, wo die Sprecherin auf ihre besondere Schönheit aufmerksam gemacht hatte. Die Adjektivform »schwärzlich« ist in der hebräischen Bibel singulär; allerdings gibt es weitere Farbadjektive, die nach demselben Muster gebildet sind.[20] Der Midrasch fasst die Form mit Reduplizierung der zweiten Silbe nicht als Abschwächung auf, sondern als Verstärkung (Sifra zu Lev 13, 49); demnach würde *schecharchar* (im Unterschied zu *schachor*) etwa »tiefschwarz« bedeuten. *R. Abraham b. Esra* (zu unserer Stelle) hält dagegen *schecharchar* für einen weniger intensiven Grad von »schwarz«, und ich neige dazu, ihm Recht zu geben: Das Mädchen sucht den Mangel seines Äußeren eher zu reduzieren als zu steigern.

»*dass mich die Sonne verbrannt*« – Dieser Nebensatz ist sicher kausal zu verstehen,[21] als Begründung für die dunkle Hautfarbe des Mädchens. Bei den beiden biblischen anderen Belegen für diese Verbalwurzel (Ijob 20,9 und 28,7) erscheint sie jeweils als Synonym zu »sehen«. Demnach würde die Sprecherin hier zu ihren Gefährtinnen sagen: Schaut ihr mich nicht an, schlimm genug, dass die Sonne, vor der nichts verborgen bleibt, mich angeschaut an.[22] Einige von den antiken griechischen Versionen (Aquila, Theodotion) entnehmen die Bedeutung »verbrennen« aus dem Kontext; die Peschitta hat: »dass mich die Sonne geschwärzt«.[23]

»*die Söhne meiner Mutter*« – die Brüder des Mädchens, die über die Unschuld ihrer Schwester wachen (vgl. auch 8,8). Zum Begriff »Muttersöhne« s. auch Gen 27,29; Ri 8,19; Ps 69,9, ferner Dtn 13,7. In einer Familie, in der ein Mann mehrere Frauen hatte, waren die Söhne der jeweiligen Frau für die Töchter ihrer Mutter verantwortlich (vgl. Gen 34,25; 2 Sam 13,20ff.); der Begriff »Haus der Mutter«, der in Hld mehrere Male vorkommt (3,4; 8,2, s. auch Gen 24,28; Rut 1,8), bezeichnet diese Untereinheit der Großfamilie, d.h. jeweils eine Ehefrau und deren Kinder.

»*ergrimmten*[24] *über mich*« – Der Dichter hat hier eine hebräische Wurzel gewählt, deren ursprüngliche Bedeutung »brennen« ist, wodurch eine Korrespondenz zwischen dem glühenden Zorn der Brüder und der Sonnenglut zustande kommt. Zur Verbindung zwischen der hebräischen Wurzel *chet-resch-he* und der Farbe Schwarz s. den bereits oben angeführten Belegvers Ijob 30,30 (beachte auch das Wortspiel).

»*setzten mich ein*« – vgl. 1 Sam 8,1; 28,2; 2 Sam 15,4; Jes 3,7.

»*zur Hüterin*« – d.h. als Wächterin; dasselbe Verb kehrt in der Fortset-

[20] »grünlich« bzw. »rötlich«; in Lev 13,49; 14,37; Ps 68,14.

[21] Wie in 5,2 die Begründung, weshalb der Liebende eingelassen werden will.

[22] Vgl. auch die Metapher von den »Augen der Sonne« 2 Sam 12,11.

[23] Möglicherweise haben sie die Wurzel *schin-sajin-pe* auch als Variante von *schin-dalet-pe* (vgl. Gen 41,6.23.27; Dtn 28,22) aufgefasst.

[24] Zu der hebräischen Wurzel *chet-resch-he* im *Nif'al* s. Jes 41,11; 45,24.

zung des Verses wieder, dann noch einmal in 8,5 f. Im Hebräischen lautet das entsprechende Verbaläquivalent für »bewachen« *nun-zade-resch* (etwa 2 Kön 17,9; 18,8), die Form *nun-tet-resch* ist eigentlich Aramäisch. Die Wortverbindung »Hüter des Weinbergs« kommt im Ugaritischen vor. Zur Nominalbildung »Hüterin« vgl. »Gebärerin« (Jes 13,8).

»der Weinberge« – Hier sind die Weinberge wörtlich zu verstehen, wobei die Frage, worüber die Brüder ergrimmten und weshalb sie die Sprecherin zur Hüterin der Weinberge machten, noch offen bleibt.

»meinen eigenen Weinberg« – Die hier vorliegende doppelte Bezeichnung des Besitzers, einmal durch Possessivsuffix und ein zweites Mal durch nachgestelltes Possessivum, findet sich in Hld an zwei weiteren Stellen: 8,12 und 3,7.[25]

»habe ich nicht gehütet« – Hier ist eine chiastische Verschränkung von »Hüterin der Weinberge« mit »meinen Weinberg ... nicht gehütet« zu beobachten; dadurch soll vielleicht ein kausaler Zusammenhang angedeutet werden. Welche Logik steckt hinter dieser Folge von Äußerungen? Wenn ihr »eigener Weinberg« wörtlich zu verstehen wäre, hätte die abschließende Aussage der Sprecherin keinen Bezug zu der einleitenden Entschuldigung für ihre sonnengebräunte Haut. Wenn sie ihren eigenen Weinberg nicht gehütet hätte, weil sie damit beschäftigt war, die der Brüder zu hüten, hätten die Brüder keinen Grund gehabt, über sie zornig zu werden. Wenn sie sich aber bereits als unfähig zum Bewachen ihres eigenen Weinbergs erwiesen hatte, weshalb hätten die Brüder dann ausgerechnet sie zur Hüterin ihrer Weinberge gemacht? Um dieser Rede einen Sinn abzugewinnen, müssen wir wohl annehmen, dass es sich bei dem »eigenen Weinberg« des Mädchens um dessen Unschuld handelt (s. auch 2,15), die das Mädchen nicht gewahrt hat, wodurch sie ihrer Familie Schande machte. Zur Strafe verwiesen die Brüder sie aus dem Hause und machten sie zur Hüterin der Weinberge, wobei sie den Unbilden der Witterung ausgesetzt war, was wiederum die Veränderung ihrer Hautfarbe bewirkte.

Das Mädchen verwendet hier eine doppeldeutige Rätselsprache. Trotzdem gewinnt man den Eindruck, dass sie sich ihres Tuns nicht schämt, denn wenn sie Scham darüber empfände, bräuchte sie den »Töchtern Jerusalems« ihr Geheimnis nicht zu enthüllen. Sie aber erklärt einen geringfügigen äußerlichen Fehler, ihre dunkle Hautfarbe, mit einem weitaus schwerer wiegenden Fehltritt, dem Verlust ihrer Unschuld. Das spricht doch wohl dafür, dass diese Äußerung durchaus nicht aus Verlegenheit hervorgeht, sondern eher aus trotzigem Stolz. Die Sprecherin will die Stadtbewohnerinnen neidisch machen auf die Freiheit, die sie in ihrem Status als Hüterin der Weinberge genießt – weitab von der Stadt und ohne deren Verhaltensnormen und -beschränkungen.

---

[25] Vgl. auch Dan 3,26; 4,23; etwas anders Num 14,32: »und eure Kadaver«.

Hld 1,7–8: Die Hirtin

Text

Übersetzung

7 *Sag mir, den meine Seele liebt,*
wo weidest du, wo lässest du lagern am Mittag,
sonst werde ich wie eine Verhüllte
bei den Herden deiner Gefährten.

8 *Wenn du dir's nicht weißt, Schönste unter den Frauen,*
geh dir hinaus auf den Spuren der Schafe
und weide deine Lämmer bei den Wohnstätten der Hirten.

Analyse

Stellung im Kontext

Im vorangehenden Lied (V 5–6) hatte die Frau zu den »Töchtern Jerusalems« gesprochen, nun richtet sich ihre Rede wieder an den Geliebten (V 7). Wenn oben von ihrer Tätigkeit als Hüterin der Weinberge die Rede war, so erscheint hier eine weitere Aufgabe, die sie im Dorf wahrnimmt: Sie führt ihr Kleinvieh auf die Weide. Und wie das Mädchen im vorigen Lied der Sonne ausgesetzt war, so auch hier, wenn sie um die Mittagszeit auszieht, ihren Geliebten zu suchen. In diesem Lied sind keine Luxusartikel wie »Salomos Zeltplanen« oder entfernte exotische Orte wie die »Zelte Kedars« erwähnt, sondern die »Wohnstätten der Hirten« (d. i. Zelte, vgl. Num 24,5), von denen ihr Gelieber einer ist. Auch klangliche Beziehungen bestehen zwischen den beiden literarischen Einheiten: *schelomo* (Salomo, V 5) – *schallama* (»sonst«, V 7); *tir'uni* (»schaut mich an«, V 6) – *tirä* (»weidest du«, V 7), auch die Partikel »nicht« kommt in beiden vor (V 6.8).

Aufnahme der beiden Lieder Hld 1,5–6 und 1,7–8 in Jer 6,2–4

Jer scheint diese beiden literarischen Einheiten in der vorliegenden Reihenfolge gekannt zu haben, denn sie sind in Jer 6,2–4 verwendet: »die Liebliche« (vgl. Hld 1,5) und »Verzärtelte vertilge ich, Tochter Zions« (vgl. die »Töchter Jerusalems« 1,5), »zu ihr sollen Hirten (vgl. 1,8) mit ihren Herden (1,7) kommen, Zelte (1,5.8) darauf aufschlagen ringsum, weiden ab jedermann seinen Bereich. Rüstet wider sie Krieg! Auf, lasset uns hinanziehen am Mittag! (vgl. 1,7) …« (Jer 6,2–4).[26]

Aufbau: Frage – Antwort

Während bei Jer die Hirten die schöne Frau heimsuchen, zieht hier die Frau hinaus zu den Hirten, um ihren Geliebten zu suchen. Sie richtet an ihn die Frage, wo sie ihn finden könne (1,7), und er gibt ihr eine Antwort (1,8). Zwischen Frage und Antwort besteht gewisse Symmetrie: Sie bezeichnet ihn als »den meine Seele liebt«, und er nennt sie »Schönste unter den Frauen«; sie fordert ihn auf »sag mir« und er entgegnet ihr »weißt du dir's nicht, so geh dir«. Sie verkündet, sie wolle nicht sein »wie eine Verhüllte bei den Herden« seiner Gefährten, er dagegen schickt sie zu den »Wohnstätten der Hirten«. Gerade die formalen Entsprechungen zwischen Frage und Ant-

[26] Auch die Fortsetzung von Jer 6,4 hat Berührungspunkte mit Liebesliedern in Hld (2,17; 4,6), s. o. Einleitung XIII.

wort werfen die inhaltliche Frage auf: Gibt er ihr eine befriedigende Auskunft? Geht er sachlich auf ihre Frage ein? Anscheinend ist auch in dieser literarischen Einheit mit Doppeldeutigkeit von Wörtern zu rechnen; demnach treibt der Hirt mit seiner Geliebten Wortspielereien.

Auslegung

Die Frage der Geliebten (V 7)

»*sag mir*« – eine häufige Wortverbindung (z. B. Gen 29,15; Ri 16,6.13), die V 7
z. B. auch aus Josefs Mund kommt, als er sich auf die Suche nach seinen Brüdern macht: »Sag mir doch, wo sie weiden« (Gen 37,16).[27]

»*den meine Seele liebt*« *(sche-'ahava nafschi)* – Die Verwendung der Relativ-Partikel *sche-* (statt *ascher*) ist syntaktisch spät (vgl. auch Ri 5,22; Koh 3,18). Diese Bezeichnung für den Geliebten findet sich nur hier und in dem Lied 3,1–5, jeweils von der Frau zum Mann gesprochen (vgl. Dtn 6,5; 30,6; 1 Sam 18,1.11). Formal passt die Wendung ins mischnische Hebräisch, biblisch wäre eher »der Geliebte meiner Seele« *('ahuv nafschi)* zu erwarten. In dieser Anrede gibt die Frau ihre Liebe zu dem Mann rückhaltlos preis und macht deutlich, weshalb sie seine Nähe sucht.

»*wo*« *('ejcha)* – Nur hier steht dieses Fragewort in der Bedeutung »wo«,[28] sonst bedeutet es »wie« (z. B. Dtn 1,12; 7,17; 2 Kön 6,15); möglicherweise orientiert sich der Geliebte an dieser üblicheren Bedeutung des Frageworts; dazu im Folgenden.

»*weidest du*« – Die Herde ist hier nicht erwähnt (vgl. Gen 37,16; Jes 13,20), da die Fragestellerin ja nicht an der Herde, sondern am Hirten interessiert ist. An anderer Stelle wird der Geliebte als »der unter den Lilien weidet« angesprochen (2,16; 6,2–3).

»*wo*« *('ejcha)* – Wiederholung des Frageworts; diese Struktur der Doppelfrage findet sich auch Hld 5,3; 7,7.

»*lässest du lagern*« – In der biblischen Dichtung erscheinen die Verbalwurzeln *resch-ajin-jod* und *resch-bet-zade* gelegentlich synonym (z. B. Jes 27,10; Ez 34,15). Allerdings ist in der zweiten Hälfte der Frage von der Mittagsruhe die Rede, wenn das Vieh lagert und der Hirt Pause machen und sich seiner Geliebten widmen kann. Ein anonymer jüdischer Kommentar führt dazu aus: »Wenn du mir nicht kundtun willst, wo du tagsüber weidest, weil du deine Gefährten, Hirten wie du, scheust, sag mir doch, wo du am Mittag lagern lässt … denn dann gehst du hin und lagerst unter einem Strauch im

---

[27] Zu weiteren Beziehungen zu dem Komplex Gen 37–38 vgl. die folgenden Beobachtungen zu diesem Lied.

[28] Vgl. Gen 37,16, wo *'ejcho* vokalisiert ist (und einige Mss tatsächlich *'eifo* »wo« lesen); vgl. ferner 2 Kön 6,13: »… geht und sehet, wo *('ejcho)* er ist, auf dass ich hinschicke und ihn holen lasse«.

Schatten, dort gibt es einen stillen und verborgenen Winkel, so dass ich zu dir kommen kann, ohne dass mich die Hirten sehen.«

»am Mittag« – Während der heißesten Tageszeit, um die Mitte des Tages (vgl. etwa 1 Kön 18,27–29), sammelt der Hirt sein Vieh an einem schattigen Platz; außerdem ist hier ein klangliches Spiel zu beobachten: *tarbiz* (»lässest du lagern«) *bazohorajim* (»am Mittag«).

»sonst« (schallama) – wie aramäisch *dilma* und späthebräisch *'ascher lamma* (Dan 1,10) als Prohibitiv: »damit nicht«. So begründet die Geliebte, weshalb sie den genauen Ort wissen will, an dem ihr Freund weidet.

»werde ich wie eine Verhüllte« (ke-ʿotja)[29] – Einige der antiken Versionen scheinen von einer Lesung dieser Vokabel auszugehen, wo der Buchstabe *ajin* vor dem *tet* stand, denn sie setzen offenbar die aramäische Verbalwurzel *tet-ajin-jod* an, die als Nebenform zur hebräischen Wurzel *taw-ajin-jod* fungiert,[30] die wiederum in Gen 37,15 belegt ist, als Josef auf der Suche nach seinen Brüdern »umherirrt«. Die Wurzel *tet-ajin-jod* kommt biblisch nur in Ez 13,10 vor. Eine Deutung der Vokabel auf dieser Grundlage (»umherirrend«) müsste die Präposition *ke-* dann allerdings nicht gleichsetzend (»wie«), sondern hervorhebend (»sogar«) auffassen (vgl. dazu Hld 8,1; Num 11,1). Ich möchte den massoretischen Text lieber stehenlassen. Die hebräische Wurzel *ajin-tet-jod* hat die Bedeutung »bedecken«, »verhüllen«[31]; so hat LXX die Stelle verstanden. Anscheinend befürchtete das Mädchen, das sein Gesicht schamhaft verhüllt, es könnte als Prostituierte behandelt werden, denn auch die pflegten ihr Gesicht mit einem Schleier zu verhüllen, wie aus der Episode von Juda und Tamar (Gen 38) hervorgeht.[32] In Hld wird geschildert, wie die Frau auf der Suche nach ihrem Geliebten von Männern für eine Hure gehalten wird: »So fanden mich die Wächter, die in der Stadt umhergehen / sie haben mich geschlagen, verwundet / sie haben mir das Obergewand weggenommen die Hüter der Mauern« (5,7 – Weiteres bei der Auslegung dort).

»bei den Herden deiner Gefährten« – Das Mädchen möchte sich vor den Freunden ihres Geliebten nicht sehen lassen, um nicht mit ihm ins Gerede zu kommen. Jene Freunde sind noch einmal in 8,13 erwähnt, wo der Geliebte seine Freundin auffordert, vor ihnen zu singen, was sie empört ablehnt (8,14 – s. Auslegung dort).

Die Antwort des Geliebten (V 8)

V 8 *»wenn du dir's nicht weißt«* – Die hebräische Wurzel *jod-dalet-ajin* kommt biblisch mit dem Fragewort *'ejcha* (»wie«, hier: »wo«) in markanter Verbindung vor: »Wie können wir es wissen?« (Dtn 18,21); »wie sollte Gott es wissen?« (Ps 73,11). Die Antwort des Geliebten verheißt nichts Gutes.

---

29 Zu dieser Partizip-Form unter Beibehaltung des *jod* als dritten Bestandteil der hebräischen Wurzel gibt es die analogen Formen *bochija* (Klgl 1,16) und *porija* (Ps 128,3).

30 So belegt bei Onkelos zu Gen 21,14.

31 Vgl. Lev 13,45; Ez 24,17; Ps 109, 29 und bes. Jer 43,12, wo von einem Hirten die Rede ist!

32 S.o. in der Einleitung XIII (zur Gattung »Hurenlied«).

Die Frau hätte doch die Frage nicht an ihn gerichtet, wenn sie es gewusst hätte. Auffallend ist das zweimalige »dir« in seiner Antwort, sozusagen als Erwiderung auf ihr »sag mir« aus V 7; durch diese Betonung des »dir« signalisiert er mangelndes Engagement von seiner Seite; woran die Frau interessiert ist, darum muss sie sich selbst kümmern.

»Schönste unter den Frauen« – Diese Anrede kommt auch im Munde der »Töchter Jerusalems« vor (5,9; 6,1). Einerseits handelt es sich um ein großes Kompliment; außerdem wird die Motivation ihrer Frage angesprochen, denn es ist ja gerade ihre Schönheit, die sie den Blicken fremder Männer nicht aussetzen will. Andererseits ist diese Anrede doch recht verschieden von ihrer Anrede an ihn: Während sie von Liebe sprach, bleibt er bei der äußeren Erscheinung ohne Implikation von Gefühlen.

»geh dir hinaus auf den Spuren der Schafe« – Zwischen der ersten *(zi)* und der letzten *(zon)* hebräischen Vokabel dieser Aufforderung besteht Alliteration. Bei den »Schafen« ist nicht klar, ob der Mann der Frau vorschlägt, den Spuren *seiner* Schafe zu folgen (wie *Raschi* zur Stelle meint), oder ob er sie auf *ihre* eigenen Schafe verweist (dazu im Folgenden). Der Mann gibt sich hier unbeteiligt, indem er weder von seiner noch von ihrer Herde spricht, sondern einfach von »den Schafen«.[33]

»und weide deine Lämmer« – Er macht ihr also den Vorschlag, die Rolle der Hirtin zu spielen, damit sie nicht für eine Prostituierte gehalten wird; der Besitz eigener Lämmer weist sie ja durchaus als Hirtin aus. Auffallend ist wiederum die Diskrepanz zwischen ihrer und seiner Rede: Sie hat keinerlei Interesse an seinen Schafen, sondern nur an ihm selbst. Er dagegen verhält sich ihr gegenüber indifferent und spricht von ihren Schafen. Die hebräische Wurzel von »Hirtin« *resch-ajin-jod* erinnert an die Bezeichnung der Frau als »Freundin« *(raʿja)* in Hld (s. 1,9); auf Aramäisch hat diese Wurzel die Bedeutung »Wunsch, Verlangen«. Nur hier kommt die hebräische Vokabel »Lamm« *(gedi)* im Feminin-Plural vor, angepasst dem Geschlecht ihrer Besitzerin. Der Verfasser eines anonymen jüdischen Kommentars vermutet hier eine Art Kose-Form, eine Bezeichnung von etwas Kleinem, Zartem, wie es zu einem jungen Mädchen passt. Genau diese Wortform findet sich auch in Ps 151: »Er hat mich eingesetzt zum Hirten über sein Kleinvieh, zum Regenten über seine Lämmer«. Ein »Lamm von Schafen« ist auch der Lohn, den Juda in Gen 38,17 der vermeintlichen Prostituierten zukommen lässt!

»bei den Wohnstätten der Hirten« – Die Antwort des Mannes endet für die Fragerin recht unerfreulich: Sie hatte sich gerade nicht vor den Gefährten ihres Geliebten sehen lassen wollen – und er schickt sie zu den Wohn-

[33] Im pluralischen *status constructus* erscheint die hebräische Vokabel für Spuren *(ʿiqqeve)* manchmal mit *dagesch* im zweiten Radikal zur Hervorhebung des folgenden *schwa mobile*, vgl. Ps 77,20; 89,52, ferner die analoge Vokabel »Trauben« *(ʿinneve)* Lev 25,5; Dtn 32,32.

stätten der Hirten?! Durch die Verwendung derselben Präposition in Frage und Antwort (»bei den Herden« vs. »bei den Wohnstätten«) wird diese Diskrepanz noch hervorgehoben. Selbst wenn er intendiert hätte, sie solle sich als Hirtin unter die Hirten mischen, wäre ihr Problem damit nicht gelöst, denn wenn die »Schönste unter den Frauen« mit Männern wie Hirten zu tun hat, kann die Konfrontation durchaus unerfreulich verlaufen (so etwa bei Jitros Töchtern in Ex 2,16–19). Auch sachlich nützt ihr der Verweis auf die Zelte der Hirten, wo die gegen Abend zusammenkommen, nichts für ihr ursprüngliches Anliegen, ihn während der Mittagsruhe dort anzutreffen, wo er mit seinen Schafen lagert.

Möglicherweise führt der Geliebte hier das Mädchen an der Nase herum, indem er ihre Frage nicht als »Wo weidest du?«, sondern als »Wie weidest du?« (nach der üblicheren Bedeutung des hebräischen Frageworts, s. o.) auffasst und entsprechend beantwortet: Wenn du wissen willst, wie man Schafe weidet, dann nimm deine Lämmer, mische dich unter die Hirten und lerne von ihnen. Warum sollte gerade ich es dir beibringen? Von Vielen kannst du mehr lernen. Auch wenn seine Antwort so gemeint ist, ignoriert sie völlig die Sorge des Mädchens vor etwaiger Konfrontation mit den Hirten.

Vielleicht drückt er sich auch vor der Antwort auf ihre eigentliche Frage: Wenn du nicht zu den Herden (»bei den Herden deiner Gefährten«) gehen willst, dann geh doch dahin, wo sie wohnen, und zwar zu den »Wohnstätten der Hirten«, nicht: »meiner Gefährten«. So wie die Rede des Mannes keinerlei Hinweis auf eine Beziehung zwischen ihm und dem Mädchen enthält, spielt er vielleicht auch die Beziehung zu den anderen Hirten herunter. Vielleicht besteht darin überhaupt der Trick seiner scheinbar unzugänglichen Reaktion: Er möchte, dass seine Freundin gesehen wird, er will vor seinen Gefährten damit angeben, dass »die schönste der Frauen« (s. 8,13) ihm gehört – so wie König Ahaschwerosch mit Waschtis Schönheit vor seinen Gästen prunken wollte (Est 1,10 ff.).

Vielleicht verfolgt der Mann noch eine weitere Absicht. Sie hatte ein Stelldichein am hellen Tag während der Mittagsruhe vorgeschlagen, er dagegen würde lieber am Abend von ihr besucht werden. Er möchte ihr also zu verstehen geben: Was willst du mich auf ein Stündchen treffen zu einer Zeit, da wir beobachtet werden können; komm lieber am Abend, wenn ich allein in meinem Zelt bin, dann können wir die ganze Nacht über ungestört der Liebe pflegen. Wenn das seiner Intention entspricht, wäre seine Gleichgültigkeit nur vorgetäuscht.

Hld 1,9–14: Zwiegespräch – Gegenseitiges Rühmen

Text

Übersetzung

9 *Einer Stute bei Pharaos Wagen*
vergleiche ich dich, meine Freundin.
10 *Lieblich sind deine Wangen in den Bändern,*
dein Hals in den Perlenschnüren.
11 *Goldene Bänder machen wir dir*
samt silbernen Kügelchen.

12 *Bis wo der König beim Gelage ruht,*
gibt meine Narde ihren Duft.
13 *Ein Bund Myrrhe ist mir mein Freund,*
zwischen meinen Brüsten soll er nächtigen.
14 *Eine Traube Henna ist mir mein Freund*
in den Weinbergen von Ejn Gedi.

Analyse

Aufbau: Zwei Teile

Dieses Lied besteht aus sechs Versen. In den drei ersten (V 9–11) rühmt der Mann die Schönheit der Frau, in den letzten drei Versen (V 12–14) äußert sie sich rühmend über ihn.

Stellung im Kontext

Der Mann, der im vorangehenden Dialog das letzte Wort hatte, eröffnet das Gespräch. Wenn sich seine vorige Rede eher zurückhaltend anhörte, ist diesmal eine gewisse Annäherung zu beobachten: Er nennt sie »meine Freundin«. Trotzdem bleibt etwas von der Distanz der vorigen Szene zu spüren; so wie er dort mit ihrer Schönheit vor seinen Freunden angeben wollte, spricht er auch hier von der Breitenwirkung ihrer Schönheit, indem er sie mit einer Stute in Pharaos Streitwagenverband vergleicht (V 9; Näheres in der Auslegung). Außerdem führt auch im vorliegenden Abschnitt seine Beschreibung nicht zu größerer Nähe zwischen den beiden, wohingegen ihre Worte auf eine sehr enge Beziehung schließen lassen: »zwischen meinen Brüsten soll er nächtigen« (V 13). Diese und die voranstehende literarische Einheit sind assoziativ miteinander verknüpft: Oben ist von Lämmern *(gediot)* die Rede (V 8), hier endet das Lied mit den »Weinbergen von Ejn Gedi« (V 14).

Entsprechungen zwischen den beiden Teilen

Zwischen den beiden gleich langen Hälften des Liedes bestehen deutliche Entsprechungen:

a) Er nennt einen König (»Pharao«) zu Beginn seiner Rede (V 9), sie spricht von einem König: »bis wo der König beim Gelage ruht« (V 12).

b) Er redet sie im ersten Vers (V 9) an als »meine Freundin«, sie nennt ihn »mein Freund« im zweiten und dritten Vers ihrer Rede (V 13–14).

c) Er vergleicht sie zu Anfang seiner Rede (V 9) mit etwas, das seiner eigenen Welt fern steht, sie vergleicht ihn in ihrem zweiten und dritten Vers (V 13–14) mit Duftstoffen, die ihr ganz nahe sind.

d) Er illustriert ihre Schönheit anhand ihrer Schmuckstücke, deren Kostbarkeit er noch erhöhen möchte (V 10–11), sie erblickt in ihm das Schmuckstück (V 13).

e) Er zählt dreierlei Schmuck auf: Bänder, Perlenschnüre, Kügelchen (V 10–11), sie nennt dreierlei Duftstoffe: Narde, Myrrhe, Henna (V 12–14).

Diese Symmetrie wirft die Frage auf, ob die beiden Redeteile unabhängig voneinander sind oder ob die Worte der Frau die Erwiderung auf die Worte des Geliebten bilden. Bei der näheren Untersuchung der Texte wird sich herausstellen, dass die Frau mit seinen Ausführungen nicht recht zufrieden war und deshalb in ihrer Entgegnung versteckte Kritik daran übt.

Auslegung

Die Rede des Geliebten (V 9–11)

V 9 *»einer Stute«* – LXX, Vulgata, *Raschi* und *R. Samuel b. Meïr* haben diese Vokabel als Kollektiv aufgefasst. Überzeugender scheint mir die Deutung von *R. Abraham b. Esra*, der für das Suffix auf Nominalbildungen in Jes 1,21 und Hos 10,11 verweist; s. auch Formen wie *rabbati* und *sarati* in Klgl 1,1. Demnach handelt es sich um eine poetisch archaische Genitiv-Endung,[34] die mit dem abschließenden »meine Freundin« *(raʿjati)* einen Reim bildet.

»bei den Wagen Pharaos« – Gemeint sind Streitwagen (vgl. Ex 14,9.18.23; 15,19). Die Erwähnung von Salomos Pferdehandel mit Ägypten (1 Kön 10,26–29) passt in die Atmosphäre von Hld. Mit »Wagen« *(rechev)* sind nicht nur die Fahrzeuge gemeint (z.B. Dtn 11,4; 2 Kön 5,9), sondern auch die Pferde (2 Sam 8,4). Daraufhin erhebt sich die Frage, wie eine Stute unter Pharaos Streitrosse gerät – ein Phänomen ohne Parallele – und weshalb die Stute im Singular steht, die Wagen bzw. Pferde dagegen im Plural.

»vergleiche ich dich« – Zur Semantik des Verbs vgl. Jes 46,5; in Hld verwenden es sowohl der Mann als auch die Frau (2,17; 7,8; 8,14).

»meine Freundin« – Diese Bezeichnung ist singulär in Hld (1,15; 2,2.10.13; 4,7; 5,2; 6,4); außerdem findet sie sich noch im *Ketiv* von Ri 11,37 für die Freundin (nach dem *Qere*: Freundinnen) von Jiftachs Tochter.

Den Hintergrund für den Vergleich mit der Stute, durch den der Mann die Wirkung seiner Freundin auf ein großes Publikum veranschaulicht, hat *M. H. Pope*[35] anhand eines ägyptischen Textes, der Biographie des Amenemheb (ANET 241) eruiert. Darin schildert der Soldat Amenemheb, wie im Kampf von Thutmosis III. gegen den Fürsten von Kadesch letzterer eine

[34] Vgl. *Gesenius-Kautzsch*, Hebräische Grammatik, § 90 l–o.

[35] *M. H. Pope*, A Mare in Pharaoh's Chariotry, in: BASOR 200 (1970) 56–61; auch in: ders., Song of Songs (AncB 7C), Garden City/New York 1977, 336–341.

Stute unter die ägyptischen Schlachtrosse schickte, um durch die Nähe des weiblichen Tieres die männlichen Pferde zu verwirren; er aber, der tapfere Soldat, sei zu Fuß hinter dem Tier hergerannt, habe ihm den Bauch aufgeschlitzt und den abgeschnittenen Schwanz der Stute dem Pharao gebracht, wodurch ein großes Durcheinander im ägyptischen Kampfverband verhütet worden sei.

Eine ähnliche Auffassung äußert sich im Midrasch *Canticum rabba* zu unserer Stelle: »Die Israeliten waren sozusagen die weiblichen Pferde, und die Pferde der bösen Ägypter waren brünstige Hengste, die hinter ihnen herrannten, bis sie im Meer versanken. *R. Simon* sprach: Gott behüte, dass Israel mit Stuten verglichen werden sollte, vielmehr glichen die Meereswellen Stuten, und die Pferde der Ägypter waren brünstige Hengste, die hinter ihnen herrannten, bis sie im Meer versanken.«

Nachdem der Mann in V 9 geschildert hat, wie überwältigend die Schönheit seiner Freundin auf ihre Betrachter wirkt, geht er ins Detail.

»lieblich sind« – Die hier verwendete hebräische Wurzel begegnet in Hld V 10
stets mit Bezug auf die Schönheit der Frau (1,5; 2,14; 4,3; 6,4). LXX, Symmachus und Vetus Latina lesen hier »wie lieblich sind ...« wie in Jes 52,7; zur Punktierung der Verbform vgl. Ps 93,5.

»deine Wangen« – Die Wangen des Geliebten sind in 5,13 erwähnt.

»in den Bändern« (torim) – Dieses Schmuckstück kommt in der ganzen Bibel nur hier und im unmittelbar folgenden Vers vor. Unter den antiken Versionen haben LXX und Vulgata die Vokabel als »Turteltauben« aufgefasst, wohl unter dem Eindruck des vorangehenden Verses, wo die Frau mit einer Stute verglichen wird; daher lesen diese Versionen »wie Turteltauben« (dann auch »wie Perlen«, d. h. die Präposition *ke-* statt *ba-*). Möglicherweise ist die Vokabel von der Wurzel *taw-waw-resch* mit der Bedeutung »drehen, winden« abzuleiten; demnach würde es sich um runde Schmuckstücke handeln, etwa Ohrringe (Num 31,50; Ez 16,12), bei denen auch die Bemerkung angebracht wäre, dass sie gut zu ihren Wangen passen. Eine andere Deutung legt die Bedeutung der Vokabel *tor* zugrunde, wie sie in Est 2,12.15 vorkommt, nämlich als »Reihe« (auch im Aramäischen belegt); demnach wären es Reihen von kleinen Münzen oder Perlen. Aramäisch *tora* bezeichnet einen Faden, und aus dem Akkadischen ist die Bezeichnung eines Schmuckstücks *turru* in der Verbindung *turri hurasi* (goldener *tor*) bekannt (s. auch zum folgenden Vers).

»dein Hals« – Vom Gesicht geht die Beschreibung zum Hals über. Der Hals kommt auch in weiteren Schilderungen der Schönheit der Geliebten vor (4,4; 7,5).

»in den Perlenschnüren« – Auch diese Vokabel ist *hapax legomenon*. Im rabbinischen Hebräisch wird die Wurzel *chet-resch-sajin* verwendet für Fleisch- oder Fischstücke, die in einer Metzgerei auf Spieße gezogen werden (b *Chullin* 95b); demnach scheint das gemeint zu sein, was auch im moder-

nen Hebräisch unter *charusim* verstanden wird: Perlen aus verschiedenen Materialien mit einem Loch in der Mitte, so dass sie auf eine Schnur aufgefädelt werden können. Arabisch bezeichnet *haraz* einen zumeist dreireihigen Halsschmuck aus Perlen, Muscheln und dergleichen. Die Worte des Mannes sind nicht unbedingt schmeichelhaft für die Frau, denn ihre Schönheit scheint für ihn in ihrem Schmuck zu bestehen. Da die Schmuckstücke der Freundin ihren Wert in den Augen des Geliebten erhöhen, will er diese vermehren und verbessern.

V 11 »*goldene Bänder*« – Ihre bisherigen Bänder waren offenbar aus schlichteren Materialien, nun will er sie durch Hinzufügung von Edelmetall, Gold und Silber, verschönern.

»*machen wir dir*« – vgl. 8,8: »Was machen wir mit unserer Schwester ...«. Bei der Verbform im Plural könnte es sich um Plural majestatis handeln oder aber um den Wunsch des Mannes, seine Rede nicht zu persönlich klingen zu lassen (die ähnliche Tendenz ist bei ihr in 1,4 zu beobachten).

»*samt*« – zur Erhöhung der Kostbarkeit, vgl. etwa 4,13–14; 5,1.

»*silberne Kügelchen*« *(nequdot)* – Auch diese Vokabel ist singulär, wenngleich die hebräische Wurzel biblisch belegt ist (etwa Gen 30,32 f.35.39; 31,8.10). In Anbetracht der neuerlichen Erwähnung der *torim* in diesem Vers ist wohl anzunehmen, dass es sich bei *nequdot* um etwas Ähnliches handelt wie die *charusim* im vorigen Vers, also um kleine aufgefädelte Kugeln. Auch hier ersetzt der Geliebte die schlichten Perlen durch silberne. Zur Abfolge der Metalle Gold – Silber vgl. 2 Kön 25,15; Spr 25,11; Hab 2,19.[36]

Die Erwiderung der Geliebten (V 12–14)

V 12 Der Mann hat mit königlichem Bezugsrahmen begonnen, mit ihrer Wirkung auf ein großes Publikum – so auch sie. Doch während er sie nur mit einer Stute vergleicht, deren Gegenwart unter Pharaos Pferden heillose Verwirrung anrichtet, schildert sie ihre Wirkung auf den König höchstpersönlich sowie auf dessen Gefährten, um ihren Geliebten eifersüchtig zu machen.

»*bis wo der König*« – bis dahin, wo der König sich befindet.

»*beim Gelage*« – Offenbar ist das Sofa gemeint, auf dem er ruht, wenn er mit seinen Gefährten ein Symposion begeht, entsprechend der Bedeutung der Vokabel im rabbinischen Hebräisch (b *Schabbat* 62a–63b). Von dem Möbelstück ist die Vokabel dann vielleicht auf den Anlass, d.i. das Gelage, übergegangen. Hier brüstet sich die Geliebte also damit, dass der Duft ihrer Narde bis dorthin gelangt, wo der König beim Gelage zu ruhen pflegt.

»*meine Narde*« – eine Pflanze der Gattung *Nardostachys*, kommt biblisch nur in Hld vor (4,13–14). Im Talmud (b *Keritut* 6a) ist »die Ähre der Narde« erwähnt unter den Kräutern, die am Tempel als Rauchopfer dargebracht wurden. Narde wächst nicht in Israel, sondern in Nepal im Himalaya-Gebir-

---

36 Zur Determination von »Silber« hier vgl. den »purpurnen Faden« (4,3), die »tausend Schilde« (4,4), die »runde Schale« (7,3) u.a.m.

ge; es handelt sich um einen teuren Duftstoff, der von weither importiert wurde.

»gibt ihren Duft« – vgl. auch Hld 2,13; 7,14 sowie Ez 6,13.

Aus dieser Äußerung soll der Geliebte offenbar entnehmen, dass er sich auf den Eindruck, den seine Freundin in weiten Kreisen macht, nichts einzubilden braucht, denn sogar der König und dessen Gefährten fühlen sich durch ihren Duft angeregt (und zumindest der Redaktor von Hld gibt ja zu verstehen, dass nicht nur ihr Duft, sondern auch sie selbst bereits in die Gemächer des Königs gelangt ist [1,4]). Im vorigen Lied hegte der Geliebte den Wunsch, seine Freundin vor seinen Gefährten sehen zu lassen; hier macht sie ihn darauf aufmerksam, dass ihre Wirkung auf den König und dessen Gefährten für ihn vielleicht von Nachteil sein könnte.

In V 13 versöhnt die Frau ihren Geliebten, indem sie ihm sagt, dass er die V 13
Quelle ihres Duftes ist und dass ihr Herz ihm ganz gewogen ist. Bei alledem erteilt sie ihm eine Lehre: Wenn sie ihm teuer ist um ihres Schmuckes willen, dann ist er ihr teuer um seiner selbst willen. Er – nicht sein Gold und Silber – ist das Schmuckstück, das sie tragen will.

»ein Bund« – ein kleiner Beutel (Gen 42,35; Spr 7,20 u.ö.).

»Myrrhe«[37] – in Hld häufig erwähnt (3,6; 4,6.14; 5,1.5.13); der hebräische Name *(mor)* hängt wohl mit dem bitteren *(mar)* Geschmack zusammen. Dieses Kraut wächst in Somalia und in Südarabien. Laut Auskunft von *Josephus* (bell IV 8,3) wächst es auch bei Jericho, was aber unbewiesen ist; vielleicht ist diese Aussage von unserem Vers beeinflusst. Die Frucht davon heißt in Ex 30,23 *mar dror* und wird in Körnerform beutelweise verkauft.

»mein Freund ist mein« – vgl. 2,16; 6,3 sowie im folgenden Vers. Hier artikuliert das Mädchen die enge Beziehung zwischen ihr und dem Freund.

»zwischen meinen Brüsten«[38] – Während sich der Mann mit dem Blick auf ihr Gesicht und ihren Hals begnügte, geht sie weiter bis zu den Brüsten, worin sich die Intimität zwischen ihr und dem Geliebten äußert (vgl. auch 4,5; 7,4.8.9; 8,1.8.10). Möglicherweise sind die Duftkräuter zwischen den Brüsten identisch mit den Jes 3,20 erwähnten *bate hanefesch.*

»soll er nächtigen« – Der Beutel von Duftkräutern steht für den Geliebten und dieser soll bei ihr liegen (vgl. Ps 49,13; Spr 15,31; Ijob 19,4) und die Nacht bei ihr zubringen (s. auch 7,12). Gezeichnet ist hier das Bild von Beischlaf, oder wie der mittelalterliche Kommentator *R. Samuel b. Meïr* es beschreibt: »Nun liegen beide auf ihrem Bett und reden miteinander ... angenehm ist mir der Geliebte, wie er liegt und bei mir die Nacht zubringt,

---

[37] Hebräisch determiniert, s. weitere Beispiele in der vorigen Anmerkung.

[38] Weitere Beispiele für das Vorkommen der Präposition »zwischen« mit einem Körperteil im Dual: Ex 13,9.16; Dtn 6,8; 14,1; Ri 5,27; 1 Sam 17,6; 1 Kön 18,42; 2 Kön 9,24.

indem er seinen Kopf zwischen meine Brüste legt wie einen Beutel von Spezereien.«

V 14 »*eine Traube Henna*« – Zur Verstärkung ihrer Aussage vergleicht die Frau ihren Geliebten mit einem weiteren Duftkraut: »Henna«, das biblisch nur noch einmal vorkommt (Hld 4,13) zusammen mit Narde (jeweils in der Pluralform). Diese Pflanze wächst in Israel (M *Schewi'it* VII 6); Josephus (bell IV 1,3) bezeugt sie bei Jericho. Mit der »Traube« ist offenbar die weißduftende Blütendolde gemeint.

»*ist mir mein Freund*« – betont wie oben die enge Beziehung der Liebenden.

»*in den Weinbergen von Ejn Gedi*« – ein Hinweis auf die Gewürzkräuter, die sich in den Weingärten zwischen den Reben empor ranken. Mit dem Weinberg spielt die Sprecherin vielleicht auf ihren eigenen Körper an (unmittelbar davor hatte sie von ihren Brüsten gesprochen) und auf den Höhepunkt der liebenden Vereinigung. Wenn sie zu Beginn ihrer Rede die Eifersucht des Geliebten angestachelt hatte, indem sie ihre Wirkung auf den König erwähnte, dann beruhigt sie ihn hier, indem sie ihn weitab vom königlichen Palast und vom Trubel der Stadt in die entlegenen Weinberge von Ejn Gedi einlädt, wo sie die Annehmlichkeiten jener Oase in Ruhe genießen können (vgl. Jos 15,62; 1 Sam 24,1–2; Ez 47,10; 2 Chr 20,2). Ejn Gedi war tatsächlich berühmt für seine Produktion von Duftstoffen, wie Quellen aus der Zeit des Zweiten Tempels sowie aus der römisch-byzantinischen Epoche bezeugen. Es gibt auch einen rabbinischen Beleg für das Sammeln von Balsam »von Ejn Gedi bis Ramata« (b *Schabbat* 26a). Vielleicht bezieht sich auch die aramäische Inschrift auf dem Fußboden einer antiken Synagoge in Ejn Gedi auf die dortige Parfümindustrie: »Weh dem, der das Geheimnis dieser Stadt Fremden enthüllt«.[39]

Das Bild der Duftpflanzen, die neben der Quelle (von Ejn Gedi) emporwachsen, erinnert an das Bild des Gartens Hld 4,12–5,1. Von daher wiederholt 1,14 nicht einfach die Aussage des vorigen Verses, sondern gibt an, wo die Liebenden zusammenkommen werden. Was der Mann nicht getan hat, tut hier die Frau: Er hatte keinerlei Wunsch nach intimem Zusammensein geäußert, sie dagegen hat die Initiative ergriffen und ihr Verlangen nach Vereinigung mit ihm in dezente, aber anspielungsreiche Worte gefasst.

---

39 Veröffentlicht von *B. Mazar,* Eine Inschrift auf dem Fußboden der Synagoge in Ein Gedi (hebr.), in: *Tarbiz* 40 (1971) 18–23; übersetzt bei *I. Naveh,* Auf Mosaik und Stein (hebr.), Jerusalem 1978, 107. Den möglichen Zusammenhang zwischen jenem »Geheimnis« und der Parfümproduktion hat *S. Lieberman* gesehen: Vorbemerkung zum Geheimnis von Ein Gedi (hebr.), in: *Tarbiz* 40 (1971) 24–26.

Hld 1,15–17: Zwiegespräch der Liebenden

Text

Übersetzung

15 *Du bist schön, meine Freundin,*
du bist schön, deine Augen sind Tauben.

16 *Du bist schön, mein Freund, auch angenehm,*
auch unser Diwan ist frisch.
17 *Unsere Hausbalken sind Zedern,*
unsere Bretter Zypressen.

Analyse

Aufbau

In diesem weiteren Dialog eröffnet er das Gespräch mit der Anrede »meine Freundin« *(raʿjati)*; sie erwidert mit »mein Freund« *(dodi)* und beschließt den Gesprächsgang.

Die Rede des Geliebten (V 15)

Wie im voranstehenden Dialog beginnt er mit dem Lob ihrer Schönheit, auch diesmal greift er zu einem Vergleich aus dem Tierreich: »deine Augen sind Tauben« (1,15). Aber er scheint etwas gelernt zu haben: Diesmal spricht er nicht die Wirkung der Geliebten auf andere an (die Stute – 1,9), sondern senkt seinen Blick tief und ausschließlich in ihre Augen.

Die Antwort der Geliebten (V 16–17)

In ihrer Entgegnung rühmt die Frau ihrerseits die Schönheit des Geliebten, indem sie zunächst seine Formulierung nahezu wörtlich aufnimmt: Seinem »Du bist schön, meine Freundin« (1,15) stellt sie entgegen »Du bist schön, mein Freund« (1,16), was sie durch »auch angenehm« weiterführt. Dadurch leitet sie zur Fortsetzung ihrer Rede über: »Auch unser Diwan ist frisch« (1,16b). Wie im vorigen Lied ist es die Frau, die schließlich auf die intime Nähe der Liebenden zu sprechen kommt und zwar mit einer Bildvorstellung aus dem Pflanzenreich.

Auslegung

Die Rede des Geliebten (V 15)

»*du bist schön, meine Freundin*« – gleichlautend mit Vers 4,1, der ebenfalls V 15
eine Schilderung der Schönheit der Frau eröffnet, dort vom Kopf bis zu den Brüsten. Hier besteht ihre Schönheit nicht in ihrem Schmuck (wie oben, 1,10), sondern in ihren körperlichen Vorzügen. Das Lob geht zusammen mit der Anrede »meine Freundin« (wie in 2,1.13; 4,7; 6,4).

»*du bist schön*« – Der Sprecher wiederholt seine Aussage nach der Anrede »meine Freundin«. Was hier vorliegt, ist ein erweitertes Kolon, wie es sowohl in der ugaritischen als auch in der biblischen Dichtung vorkommt.[40] In

[40] Dazu *S. A. Loewenstam*, Das erweiterte Kolon in der ugaritischen und biblischen Dichtung (hebr.), in: *Leschonenu* 27–28 (1964) 111–126.

Hld finden sich noch weitere Belege dafür: 1,15; 4,1 (mit unserem Vers identisch).8.9.10.12; 5,9; 6,1; 7,1.

»*deine Augen*« – Hier begnügt sich der Geliebte mit einem Detail ihrer äußeren Erscheinung, ihren schönen Augen, in die er blickt, während er zu ihr spricht. Was die Beziehung zwischen weiblicher Schönheit und den Augen der betreffenden Frau angeht, ist die Gestaltung des Unterschieds zwischen Lea und Rahel aufschlussreich: »Leas Augen waren weich, und Rahel war schön von Erscheinung und Aussehen« (Gen 29,17). Und in Bezug auf den jungen David heißt es: »Er war rötlich mit schönen Augen und gutaussehend« (1 Sam 16,12). Der Kommentar *Aqedat Jizchaq* meint, die Schönheit der Augen sei ein Indiz für den ganzen Körper. Auch im Talmud gelten die schönen Augen einer Braut als sicheres Zeichen dafür, dass ihr gesamter Körper schön sei (b *Taanit* 24a).

»*Tauben*« – An anderer Stelle (5,12) sagt die Frau über den Geliebten, seine Augen seien »wie Tauben«.[41] Hier werden die Augen der Frau als taubenförmig bezeichnet. Dass nicht etwa Augen von derselben Form wie Taubenaugen gemeint sind,[42] geht aus 4,1 hervor, denn dort erscheint der Körper der Frau nicht etwa wie ein Taubenkörper, sondern wird Stück für Stück beschrieben: »dein Haar wie die Ziegenherde«, »deine Zähne wie die Schafherde« usw.

Die Antwort der Geliebten (V 16–17)

V 16 »*du bist schön, mein Freund*« – Die Frau nimmt die Rede des Mannes wörtlich auf, wendet sie nur ins maskulin. Zur Schilderung von männlicher Schönheit in der Bibel s. Gen 39,6; 1 Sam 16,12; 17,42; 2 Sam 14,25.

»*auch angenehm*« – Im Unterschied zu dem Mann zählt die Frau nicht die einzelnen körperlichen Vorzüge des Geliebten auf, sondern kennzeichnet den Gesamteindruck. Die hier gewählte Vokabel »angenehm« *(naʿim)* hat verschiedene Konnotationen. Mit »schön« geht sie in Hld 7,7 zusammen, sonst auch mit »gut« (Gen 49,15; Spr 15,26; 24,25; Ijob 36,11), mit »süß« (Spr 9,17) und mit »Liebe« (1 Sam 23,26 sowie der bereits erwähnte Vers Hld 7,7). In einem einzigen Wort, das sich zudem auf die Rede des Geliebten reimt *(jonim – naʿim)*, verleiht die Frau ihren Gefühlen für den Mann prägnanten Ausdruck.

»*auch unser Diwan ist frisch*« – Nachdem die Frau durch die Bezeichnung als »angenehm« kundgetan hat, dass sie den Mann liebt, geht sie nun einen Schritt weiter in Richtung Intimität. Formal geschieht die Verknüpfung ihrer vorangehenden Rede mit der jetzigen durch die Partikel »auch« *(ʾaf)*, die in beiden Fällen eine Steigerung markiert: Der Geliebte ist nicht nur schön, sondern auch angenehm, und auch ihr gemeinsames Lager ist frisch.

[41] Es ist nicht nötig, hier Haplographie des Buchstabens *kaf* anzunehmen, denn biblisch finden sich auch Vergleiche ohne die Präposition *ke-* (Zef 3,3; Job 8,9).

[42] Wie unter den antiken Versionen Peschitta und Vulgata annehmen, unter den mittelalterlichen Exegeten *R. Abraham b. Esra* und *R. Samuel b. Meïr.*

Anscheinend trägt die Vokabel »*ʿaräs*«[43] hier eine doppelte Bedeutung: Zum einen handelt es sich um ein Ruhebett (vgl. auch Am 3,12; Ps 132,3), das zu Gelagen (Am 6,4) oder auch zum Liebesakt (Spr 7,16) benützt wird, aber anscheinend (zumal in Anbetracht des folgenden Verses) schwingt auch eine andere Bedeutung mit, die sich auf das rabbinische Hebräisch[44] und auf das Arabische stützen kann, wonach die Vokabel eine Art Laubhütte bezeichnet. Damit ergäbe sich eine Anknüpfung an die Rede der Frau am Ende des vorigen Liedes: »Eine Traube Henna ist mir mein Freund in den Weinbergen von Ejn Gedi« (1,14) sowie an die Bilder aus der Pflanzenwelt im folgenden Vers. Die Doppeldeutigkeit der verwendeten Vokabel kann die Rede der Frau harmlos erscheinen lassen. Zur Polsterung des Lagers mit allerlei Pflanzen im Hinblick auf den Liebesakt vgl. bei Pseudo-Philo, *Antiquitates Biblicae* in Bezug auf Jaël und Sisera: »Und da Sisera hineinging und als er die auf dem Bett verstreuten Rosen sah, sprach er …« (31,3).[45] Das Adjektiv »frisch« *(raʿanan)* erscheint in der Regel als Eigenschaft von Holz (z. B. Dtn 12,2; Hos 14,9; Ps 52,10), es bezeichnet aber auch Bäume, unter denen der Liebesakt stattfindet (Jer 2,20; 3,6.13). Von daher handelt es sich bei dem Diwan hier nicht um ein Möbelstück, sondern um eine Art Liebesnest im Gesträuch (dazu auch in der Fortsetzung).

Anscheinend ist es auch in V 17 (wie im vorangegangenen und im folgenden Dialog) die Frau, die ihre intime Nähe weiter anspricht; jedenfalls ist nicht anzunehmen, dass der Mann hier die Rede aufnimmt oder dass beide das Ende des vorigen Verses gemeinsam gesprochen haben sollten.

»die Balken unserer Häuser sind Zypressen« – Wenn die Geliebte im vo- V 17
rigen Vers von einer Liebeslaube in freier Natur gesprochen hat, so wird diese hier zu einem Palast. Selbst wenn dort nur von einem weichen, duftenden Lager die Rede war, so befindet sich dieses nun in einem nicht von Menschenhänden erbauten Zauberschloss (zur Beziehung zwischen Ruhelager und Haus vgl. auch Ps 132,3). Einerseits verleihen die Bäume den Liebenden das Gefühl eines geschützten Raumes, der ihnen ganz allein gehört und wo sie ungestört nach eigenem Gutdünken agieren können; andererseits kennt dieses ihr Traumschloss keine Grenzen, die ganze Schöpfung ist ihr Haus.

Bei den Balken handelt es sich um kräftiges Bauholz (vgl. 2 Kön 6,2.5), möglicherweise Dachbalken[46] – so jedenfalls sind sie im Midrasch aufgefasst: »R. Johanan sprach: Hier lehrt die Bibel Verhaltensnorm, dass man

---

[43] Auch Dtn 3,11 als Femininum verwendet.

[44] M *Kelim* VI 1; M *Eruvin* II 4 u. a. m., s. auch *R. Gordis*, The Song of Songs: A Study, modern Translation and Commentary, New York 1974, z. St.

[45] Deutsche Fassung nach *Chr. Dietzfelbinger*, Pseudo-Philo: Antiquitates Biblicae (Liber Antiquitatum Biblicarum), Gütersloh ²1979, 192.

[46] Vgl. den Ausdruck »im Schatten meiner Balken« (Gen 19,8), womit Lot sein Haus vor seinen Gästen bezeichnet; ferner 2 Chr 34,11 im Zusammenhang mit Bauarbeiten.

nämlich das Dach aus Zedernholz machen soll und die Inneneinrichtung aus Zypressen« (*Cant r* I 16). Die Äußerung der Frau besagt, dass die Zweige der Zedern, der höchsten unter den Bäumen des Libanon (vgl. 2 Kön 19,23; Am 2,9; Ps 92,13), ihnen Schatten bieten und so ihr »Haus« zu einem Palast machen, der bis in den Himmel emporragt. Zedern gelten als königliches Bauholz (z.B. 2 Sam 7,2; Jer 22,14). Demnach entsteht hier eine Atmosphäre von doppelter Bedeutung: Die Liebenden sind gleichsam das königliche Paar in seinem Palast, aber dieser Palast ist größer und prächtiger als jedes Königsschloss, es ist nämlich der Zedernwald des Libanon, in dem sie sich befinden. Die Pluralform von »Haus« (*batenu*, nicht Singular: *bejtenu*) ist hier durch den Plural des voranstehenden Nomens »Balken« ausgelöst; diese sprachliche Erscheinung ist im rabbinischen Hebräisch dann häufig anzutreffen.[47]

»unsere Bretter« – hebräisch: *rahitenu*[48], *hapax legomenon;* gemeint ist ebenfalls Bauholz (ähnlich im Syrischen), auch im Talmud gibt es einen entsprechenden Beleg für die Bedeutung der Vokabel.[49]

»Zypressen« – hebräisch: *berotim,* in dieser Form *hapax legomenon.*[50] Zypressen wachsen ebenfalls auf dem Libanon (vgl. 2 Kön 19,23; Ez 23,5). Sie werden biblisch oft zusammen mit Zedern genannt (z.B. 1 Kön 5,22.24; 2 Kön 19,23; Jes 14,8) und dienen auch als Material für königliche Bauten (vgl. 1 Kön 5,22.24; 6,15); ihre Erwähnung hier rundet das Bild des natürlichen Königspalastes ab. Die Zypresse ist ein Nadelbaum von der Gattung *Juniperus,* der bis zu 20 m hoch werden kann und im Munde der Ortsansässigen bis heute *barta* heißt.[51]

Dieser Abschluss des Liedes hat manche Exegeten zu der Annahme geführt, hier liege ein Hochzeitslied vor, und zwar aufgrund einer talmudischen Überlieferung, wonach bei der Geburt eines Sohnes eine Zeder gepflanzt werde und bei der Geburt einer Tochter eine Zypresse, und bei deren Hochzeit werde der Traubaldachin aus dem Holz dieser beiden Bäume gebaut (b *Gittin* 57a); allerdings könnte diese Stelle auf unserem Vers beruhen und nicht umgekehrt.

---

47 So heißt dort der Plural von *bet-knesset* (»Synagoge«) in der Regel nicht *bate-knesset,* sondern *bate-knessiot* (z.B. b *Megilla* 26a).

48 So Qere, als *Ketiv* steht *rachitenu;* Wechsel von *he* zu *chet* ist etwa in 2 Kön 20,4 zu beobachten; in einigen samaritanischen Pentateuch-Handschriften steht für die Tränkrinnen Ex 2,16 nicht *rehatim,* sondern *rechatim.*

49 b *Chagiga* 16a: »Die Steine und die Bretter« *(rahite)* seines Hauses geben Auskunft über einen Menschen, wie es heißt: Hab 2,11«; s. auch unten zu 7,6 *(ba-rehatim).*

50 Sonst lautet der Name des Baumes *berosch,* die Vertauschung von Sibilant mit Dental folgt den Lautgesetzen des Aramäischen.

51 Nicht identisch mit dem im modernen Hebräisch als *berosch* bezeichneten Baum, dessen Holz zur Verarbeitung ungünstig ist.

Hld 2,1–3: Zwiegespräch der Liebenden

Text

Übersetzung

1 *Ich bin die Narzisse von Scharon,*
eine Lilie der Niederungen.

2 *Wie eine Lilie unter den Dornsträuchern,*
so ist meine Freundin unter den Töchtern.

3 *Wie ein Apfelbaum unter den Bäumen des Waldes,*
so ist mein Freund unter den Söhnen.
In seinem Schatten habe ich Lust zu sitzen,
und seine Frucht ist meinem Gaumen süß.

Analyse

Bildwelt

Ein weiterer Dialog zwischen der Frau und ihrem Geliebten. Nach dem ersten Vers wechselt die Perspektive: Die Liebenden sprechen nicht mehr zueinander, sondern übereinander in dritter Person. Die Bilder aus der Pflanzenwelt, die im vorangegangenen Dialog die intime Beziehung der beiden Liebenden kennzeichneten, erscheinen auch hier gleich von Anfang an. Das Mädchen gleicht verschiedenen Blumen, der junge Mann einem Apfelbaum. Die Vergleiche zwischen der Geliebten und deren Freundinnen sowie zwischen dem Geliebten und dessen Freunden erinnern an biblische Pflanzengleichnisse, etwa an das Gleichnis von Dornstrauch und Zeder (2 Kön 14,9), wo es um ein Heiratsbündnis zwischen verschiedenartigen Pflanzen geht, oder die Jotam-Fabel (Ri 9,8–15), wo ebenfalls Vergleiche zwischen verschiedenen Bäumen angestellt werden (Weiteres dazu unten).

Aufbau

Den vorigen Dialog hatte er eröffnet, und sie hatte ihn abgeschlossen mit einem dezenten Hinweis auf ihre Liebesbeziehung zueinander; hier dagegen spricht sie zuerst, er antwortet darauf, den Abschluss formuliert wiederum sie mit einer Äußerung über ihr intimes Verhältnis. Dieses Zwiegespräch scheint aus drei (nicht nur zwei) Etappen zu bestehen: Sie sagt etwas (2,1), was er nicht richtig versteht (2,2), daher nimmt sie die Rede noch einmal auf und versucht, ihr Ziel auf anderem Wege zu erreichen (2,3).

Auslegung

Die Rede der Frau (V 1)

»*Ich*« – begegnet in Hld ausschließlich im Munde der Frau (1,5; 2,5; 5,2.6; V 1
6,3; 7,11; 8,10).

»*Narzisse von Scharon*« – vgl. Jes 35,1 f.: »Es frohlocken Wüste und Wildnis, es jubelt die Steppe und blühet auf wie eine Lilie/Narzisse, in voller

Blüte steht sie und jubelt nur Jubel und Jauchzen, Herrlichkeit des Libanon wird ihr gegeben, Schmuck des Karmel und Scharon« (Jes 35,2a). In LXX und Vulgata ist *chavazelet* als allgemeine Bezeichnung für »Blume« aufgefasst; im Talmud (b *Berachot* 43b) sowie im Targum und bei *R. Jona ibn Janach* als Narzisse; *R. Abraham b. Esra* und *R. David Kimchi* nehmen eine Rose an; *J. Feliks*[52] identifiziert die Blume als Strandkrokus *(crocus vitellinus)*. Möglicherweise ist die Landschaftsbezeichnung »Scharon« ursprünglich ein Appellativ, abgeleitet von der hebräischen Wurzel *jod-schin-resch*, also: Flachland, Ebene; das würde in den Kontext passen, als Gegenstück zur Lilie der »Niederungen«. Die geographische Bezeichnung »Niederung Scharon« findet sich in einer ägyptischen Beschreibung der Rückkehr des Pharao Amenophis III. von einem Feldzug (vgl. ANET 246). Wenn die Landschaft Scharon hier letzten Endes in der Küstenebene anzunehmen ist (1 Chr 27,29, vgl. auch j *Joma* V 3), dann könnte *J. Feliks* mit seiner Bestimmung Recht haben.

»*Lilie der Niederungen*« – Lilien sind in Hld noch häufiger erwähnt: 2,16; 4,5; 5,13; 6,2.3; 7,3. Auch hier gehen die Meinungen der Exegeten auseinander. Im Targum ist *schoschana* als »Rose« wiedergegeben, aber das könnte ein Missverständnis auf Grund des folgenden Verses sein: »Wie eine *schoschana* unter den Dornen«, als ob mit den Dornen die eben jener Blume gemeint seien. *J. Feliks*[53] identifiziert *schoschana* hier als »Narzisse«. Es könnte sein, dass der Name aus dem Ägyptischen kommt, wo er die Lotusblume[54] bezeichnet. Auch die Vokabel »Niederung« *(ʿemeq)* kommt in Verbindung mit Flachland vor, z.B. als die Jesreel-Ebene (Jos 17,16); jedenfalls fungiert dieses Wort als Gegenteil von Berg (*har*, z.B. Mi 1,4).

Das genauere Verständnis des Verses hängt nicht allein an der Identifizierung der Pflanzen. Wenn das Mädchen über Blumen in Scharon bzw. in den Niederungen spricht, vergleicht es sich wohl nicht mit ganz ungewöhnlichen, sondern eher mit bekannten Blumen. Weshalb tut sie das? Will sie, dass der Geliebte ihre Bescheidenheit zurückweist und ihre Schönheit rühmt? Das ist es, was er im folgenden Vers tut. Oder will sie dem Geliebten zu verstehen geben, dass er kommen und sie pflücken soll? In 6,2 sagt die junge Frau: »Mein Freund ist hinabgestiegen … zu seinen Balsambeeten, in den Gärten zu weiden und Lilien zu sammeln«.

Die Antwort des Mannes (V 2)

V 2 Der Mann versteht nicht – oder will nicht verstehen –, was die Frau gemeint hat. Er ist anscheinend noch nicht zur intimen Beziehung bereit. Er nimmt offenbar an, das Mädchen habe seinen eigenen Wert herabgesetzt; deshalb führt er den Vergleich mit der Lilie weiter und steigert ihn zu einem eindeutigen Kompliment.

---

52 *J. Feliks*, Die biblische Flora (hebr.), Jerusalem 1968, 242.

53 *J. Feliks*, a.a.O. 234.

54 Vgl. *O. Keel*, Das Hohelied (ZBK.AT 18), Zürich ^{2}1992, 79–82.

»Wie eine Lilie unter den Dornsträuchern« – Mir scheint die Annahme überflüssig, dass es sich hier um eine andere Blume handle als um die unmittelbar zuvor erwähnte.[55] Wichtig ist hier der Kontrast: Wenn die Geliebte eine Lilie ist, dann sind die übrigen Frauen Dornsträucher. Dieser Dornstrauch ist ein stacheliges Unkraut.[56] In biblischen Pflanzengleichnissen steht er jeweils für ein wertloses oder gar schädliches Gewächs: »ein Dorn gerät in die Hand eines Betrunkenen, ein Gleichnis in den Mund von Toren« (Spr 27,9); »statt Weizen wächst Dorngestrüpp, statt Gerste Unkraut« (Ijob 31,40). Besonders relevant ist in diesem Zusammenhang die Fabel von Zeder und Dornstrauch 2 Kön 14,9: »... der Dornstrauch auf dem Libanon sandte zur Zeder auf dem Libanon: Gib deine Tochter meinem Sohn zur Frau! Da kam das Feldvieh auf dem Libanon und zertrat den Dornstrauch«. Da diese Fabel, in der ein hochwertiger Baum einem minderwertigen gegenübergestellt wird, einen Heiratsantrag enthält, steht sie der Welt von Hld nahe.

»so« – ein häufiges Bindeglied zwischen den Vergleichsobjekten (vgl. auch 2 Sam 14,17; 16,23; 2 Kön 18,21; Spr 30,20; Koh 7,6).

»meine Freundin unter den Töchtern« – »Töchter« hier im Sinne von »Frauen«, vgl. den Parallelismus Jes 32,9: »sorglose Frauen, erhebt euch! höret meine Stimme! sichere Töchter, lauscht auf meine Rede!«. Auch an den anderen Stellen, wo die Vokabel »Töchter« in diesem Sinn verwendet ist, handelt es sich um positive Aussagen über eine Frau (z.B. Gen 30,13), oder sogar wie hier um den Vorzug einer Frau über die übrigen: »eine ist meine reine Taube ... Töchter sahen sie und priesen sie glücklich, Königinnen und Konkubinen sangen ihr Lob« (Hld 6,9); »... Ihre Söhne stehen auf und preisen sie glücklich, ihr Mann singt ihr Lob: Viele Mädchen haben Wackeres geleistet, du aber bist unübertroffen« (Spr 31,28 f.).

Die Antwort der Frau (V 3)

Die Frau lässt den Geliebten nicht merken, dass er ihre Rede missverstanden hat. Im Gegenteil: Sie nimmt sein Kompliment an und erwidert es nach demselben Muster (wie bereits in 1,16). Von da aus geht sie einen Schritt weiter, um ihre eigentliche Botschaft mitzuteilen. V 3

»wie ein Apfelbaum« – Sich selbst hat sie mit Blumen verglichen (deren grammatisches Genus feminin ist), und er war ihr darin gefolgt; ihn dagegen vergleicht sie mit einem (maskulinen) Baum. Der Apfel – sowohl die Frucht als auch der Baum – ist in Hld mehrere Male erwähnt (vgl. 2,5; 7,9 sowie besonders 8,5, wo der Liebesakt unter dem Apfelbaum stattfindet). Unter »Apfel« ist dieselbe Frucht zu verstehen, die noch heute so heißt.[57] In der sumerischen Liebesdichtung ist »Apfel« eine Bezeichnung für den Mann.

---

[55] So *J. Feliks*, a.a.O. 234.
[56] Dazu *J. Feliks*, a.a.O. 208.
[57] Dazu *J. Feliks*, a.a.O. 60.

»unter[58] *den Bäumen des Waldes«* – Im Wald wachsen in der Regel keine Fruchtbäume. Die Unterscheidung zwischen verschiedenen Kategorien von Bäumen nach ihrer Nutzung durch den Menschen wird biblisch in Ez 15,2 und Koh 2,5–6 gemacht.[59] Die junge Frau macht ihrem Geliebten sogar ein größeres Kompliment, als er ihr gemacht hatte: Die übrigen Waldbäume sind zwar nicht wertlos (im Unterschied zum Dornstrauch), denn sie spenden Schatten und ihr Holz dient zu verschiedenen Zwecken, aber der Geliebte übertrifft sie doch alle.

»so ist mein Freund unter den Söhnen« – Ihre Äußerung ist ganz nach dem Muster der seinigen gestaltet; wie die »Töchter« bezeichnen hier die »Söhne« auch Männer, die dem Kindesalter bereits entwachsen sind (vgl. Spr 7,7).

Erst in der zweiten Vershälfte kommt die Geliebte dann auf ihr eigentliches Anliegen zurück: Nachdem er nicht verstanden hat, dass die Blumen gepflückt werden wollen, erklärt sie nun den Apfelbaum zum idealen Ort für Liebe.

»in seinem Schatten« – Der Apfelbaum besitzt auch die Vorzüge der Waldbäume[60]: Sogar der Dornbusch in Jotams Fabel verweist auf den Schatten, den er von seiner Beschaffenheit her nicht zu spenden vermag (Ri 9,15). Dort wird der wertlose Dornbusch mit den Fruchtbäumen kontrastiert; hier dagegen geht es um den Apfelbaum, der sowohl Schatten als auch Früchte gibt. Der »Schatten« des Apfelbaums deutet auf seine Fähigkeit, der Geliebten Schutz zu bieten.[61]

»habe ich Lust zu sitzen«[62] – Im Zusammenhang mit einem Baum steht die hebräische Wurzel »Lust« *(chet-mem-dalet)* in der Paradies-Erzählung Gen 2,9; 3,6, (s. auch Am 5,11); die Vokabel kommt auch im Zusammenhang mit menschlicher Schönheit vor (Spr 6,25; Klgl 2,4); zum Sitzen im Schatten vgl. Ez 31,6; Jona 4,5; Ps 91,1. Die markante Verwendung der Perfektform könnte hier darauf hindeuten, dass das intime Beisammensein mit dem Geliebten bereits stattgefunden hat.

»seine Frucht« – Das erinnert wiederum an die Frucht des Baumes im Paradies, den anzuschauen »eine Lust« ist (Gen 3,3); zur symbolischen Bedeutung der Liebesfrucht vgl. Hld 8,11–12 sowie die Auslegung dort. Durch

---

58 Hier steht die Präposition *be-*, die im biblischen Hebräisch üblich ist; sonst *bejn* gemäß dem Sprachgebrauch des rabbinischen Hebräisch.

59 Zur Wortverbindung »Waldbäume« s. ferner Jes 7,2; 44,14; Ez 15,6; Ps 96,12; 1 Chr 16,33 sowie Jes 10,19; 44,33.

60 Vgl. zum Schatten der Zeder Ez 17,23; 31,6.

61 »Schatten« in diesem Sinne kommt zusätzlich zu Jotams Fabel biblisch noch häufiger vor: Gen 19,8; Jes 30,2; Ps 17,8.

62 Die Aneinanderreihung von zwei Verbformen im Perfekt *(chamadti wejaschavti)* ist eine sprachlich späte Erscheinung; klassisch biblisch hebräisch wäre *chamadti wa'eschev.* Eine vergleichbare Verbalfügung findet sich auch Dtn 1,5 und Hos 5,11.

den Hinweis auf die Frucht wird illustriert, wodurch sich dieser Baum vor den übrigen Bäumen des Waldes auszeichnet.

»ist meinem Gaumen süß« – vgl. die Äußerung der Geliebten »sein Gaumen Süßigkeit, ganz ist er Lustbarkeit« (Hld 5,16). Der Gaumen der Geliebten wird in Hld 7,10 mit gutem Wein verglichen. Auch bei der fremden Verführerin Spr 5,3 ist die Glätte ihres Gaumens eigens erwähnt (vgl. auch Spr 24,13).

Hld 2,4–7: Wachtraum – Monolog des Mädchens

Text

Übersetzung

4 Er brachte mich ins Haus des Weines,
sein Blick auf mich ist Liebe.
5 Stützt mich mit Traubenkuchen,
stärkt mich mit Äpfeln,
denn krank vor Liebe bin ich.
6 Seine Linke unter meinem Kopf,
und seine Rechte umfängt mich.
7 Ich beschwöre euch, Töchter Jerusalems,
bei den Gazellen oder den Hinden des Feldes,
ob ihr erwecket, ob ihr erreget die Liebe, bis sie verlanget.

Analyse

Abgrenzung

Ich möchte diese Verse lieber als gesonderte Einheit betrachten und nicht als Fortsetzung von 2,1–3, denn dort sprechen die Liebenden miteinander, während hier die Frau einen Monolog hält vor den Töchtern Jerusalems, wie sich in 2,7 herausstellt.

Eine gewisse Schwierigkeit bietet dabei die Verbform »er brachte mich«, deren pronominales Subjekt keinen deutlichen Bezugspunkt hat. Doch die Identität dieses Subjekts ergibt sich in der unmittelbaren Fortsetzung aus den weiteren Handlungen, die dieser männlichen Figur zugeschrieben werden. Außerdem bleibt auch das Publikum, zu dem die Frau spricht, bis gegen Ende ihrer Rede undefiniert. Insofern lässt sich diese Texteinheit als eine Art Rätsel betrachten, das sich allmählich löst.

Die Schwierigkeit bei der Bestimmung des männlichen Subjekts hat einige der antiken Versionen (LXX, Vetus Latina, Symmachus, Peschitta) dazu veranlasst, die Verbform als Imperativ »bringt mich« zu lesen, wohl in Angleichung an die Imperative in V 5. Diese Lösung hat allerdings nicht nur Vor-, sondern auch gewichtige Nachteile: Dadurch wird die Struktur der Texteinheit unklar, V 4–5 werden von V 6–7 getrennt, so dass die beiden letzteren zu völlig unverbundenen Fragmenten werden.

Chiastischer Aufbau

In V 4 und 6 berichtet die Frau, was der Geliebte mit ihr macht: »Er brachte mich …«, »seine Linke …«; in V 5 und 7 dagegen wendet sie sich an ihr Publikum: »stützt mich …«, »ich beschwöre euch …«; so entsteht eine Struktur A–B, A–B. Die Sprecherin operiert also auf zwei verschiedenen Ebenen: Sie ist mit ihrem Geliebten zusammen, gleichzeitig aber auch mit ihren Freundinnen.[63] So entsteht eine traumähnliche Atmosphäre, aus der heraus die zweite Wendung der Frau an ihre Freundinnen möglich wird (V 7, s. u. die Auslegung).

Textwiederholung

Quantitativ kommt mehr als die Hälfte dieser literarischen Einheit ein weiteres Mal in Hld vor: 2,5b = 5,8b; 2,6 = 8,3; 2,7 ist ganz ähnlich wie 8,4 (wobei 8,3–4 den Abschluss der literarischen Einheit 8,1–4 bilden); eine wörtliche Entsprechung zu 2,7 findet sich in 3,5. Zum Phänomen der Textwiederholungen in Hld s. o. Einleitung XVIII.

Stellung im Kontext

Dieses Lied steht in Beziehung zum vorangehenden: Nachdem die Frau in den literarischen Einheiten davor dem Geliebten so viele Andeutungen gemacht hat, dass sie an seiner intimen Nähe interessiert ist (1,13–14.16–17; 2,3), wird jetzt endlich er aktiv, so dass sie passiv bleiben kann. Unmittelbar zuvor (2,3) hat die Frau den Geliebten mit einem Apfelbaum verglichen, dessen Frucht ihrem Gaumen süß sei; dadurch erscheinen die Äpfel, mit denen sie jetzt von ihren Freundinnen gestärkt werden möchte, als Symbol für ihre Beziehung zu dem Geliebten.

Auslegung

Rede der Frau über ihr Zusammensein mit dem Geliebten (V 4)

V 4 *»er brachte mich«* – Ganz ähnlich setzt 1,2 ein. Die Frau spricht mit ihren Gefährtinnen, den Töchtern Jerusalems (2,7), über ihren Geliebten. Er ist aktiv, sie passiv. Auch beim ersten Vorkommen der Verbform »er brachte mich« (1,4) tranken die Liebenden Wein. In anderen Liedern ist sie aktiv, deshalb ist dort sie es, die ihn bringt: 3,4; 8,2. Im zuletzt genannten Vers ist ebenfalls die Verbindung vom Bringen der geliebten Person mit Genuss von Wein zu erkennen: »Ich führe dich, ich bringe dich … ich lasse dich trinken vom Würzwein …«.

»ins Haus des Weines« – eine singuläre Wortverbindung.[64] Die Verbindung zwischen Weintrinken und Liebesakt ist verbreitet (zusätzlich zu den soeben genannten Beispielversen vgl. auch Hld 5,1; 7,10). In einem altägyptischen Liebeslied ist die Hütte des Rauschtranks der Ort, wo die Liebenden ihr Mahl im Garten einnehmen: »… ihr Freund sitzt zu ihrer Rechten, sie

[63] Vgl. 1,2–4, wo ebenfalls die Verbform »er brachte mich« vorkommt (1,4).

[64] In Est 7,8 kommt »Haus des Weingelages« vor, »Haus des Gelages« in Jer 16,8; Koh 7,2; Dan 5,10.

macht ihn berauscht … die Hütte des Rauschtranks ist wirr vor Trunkenheit, doch sie bleibt bei ihrem Bruder«.[65]

»und sein Blick« – Die hebräische Wurzel *dalet-gimel-lamed* (die auch Hld 5,10; 6,4.10 vorkommt) bedeutet hier »sehen« wie ihr Gegenstück im Akkadischen.

»auf mich ist Liebe« – Der Freund blickt die Geliebte nur an, und sie deutet seinen Blick als Ausdruck von Liebe. Die Nominalfügung im Hebräischen entspricht hier etwa dem Adverb in europäischen Sprachen: »er blickt mich liebevoll an«.[66]

Aufforderung der Frau an die »Töchter Jerusalems« (V 5)

In V 4 hat die Frau ihren Gefährtinnen von ihren Erlebnissen mit dem Geliebten berichtet. Nun braucht sie deren Unterstützung, um ihre Enttäuschung zu verwinden: Er hat sie nur angeblickt, die ersehnte Vereinigung ist noch nicht zustande gekommen. V 5

»stützt mich« – In der Bedeutung »helfen, retten« kommt dieses Verb in Jes 59,16; 63,5 vor; in der Bedeutung »stärken« (durch Nahrung) in Gen 27,37.

»mit Traubenkuchen« – gepresste Rosinen, wie sie offenbar auch Hos 3,1 erwähnt sind, auch dort im Zusammenhang mit Vollzug des Liebesakts (im Zuge eines Fruchtbarkeitskultes?).[67] Abgesehen von der assoziativen Beziehung zur Liebe dürfte diese Vokabel auch gewählt sein, weil die hebräische Wurzel *alef-schin-schin* die Bedeutung »Stärke« hat (vgl. Jes 46,8).

»stärkt mich« – Dieses Verb kommt auch als Polstern einer Lagerstatt vor (vgl. Ijob 17,13); ein Substantiv von derselben Wurzel erscheint auch Hld 3,10. Die hebräische Wurzel *resch-pe-dalet* scheint eine phonetische Variante der Wurzel *resch-bet-dalet* zu sein (vgl. Spr 7,16; 31,22).[68] Zu diesem Verb bemerkt der mittelalterliche Exeget *R. Abraham b. Esra*, »in der Sprache Ismaels« (d.i. auf Arabisch) bedeute es »stärken«. Hier wird mit der zweifachen Bedeutung des Verbs gespielt: Einerseits möchte das Mädchen durch Speise »gestärkt« werden, andererseits wünscht sie die Polsterung ihres Liebeslagers.

»mit Äpfeln« – d.h. mit Früchten des Apfelbaums (vgl. V 3). Auch hier liegt Doppeldeutigkeit vor: Einerseits wird der Genuss von Obst die Frau erquicken (vgl. etwa 1 Sam 30,12), andererseits steht der Verzehr des Apfels für den Liebesakt (s.o. V 3), wofür wiederum das Lager gepolstert werden soll.

---

[65] Papyrus Turin: *M. Fuks*, Liebeslieder 48; vgl. *H. A. Schlögl*, Gärten der Liebe 76; *S. Schott*, Altägyptische Liebeslieder 60f.

[66] Dieselbe Erscheinung ist auch in Hos 14,5 und Ps 120,7 zu beobachten.

[67] Vgl. ferner 2 Sam 6,19 (= 1 Chr 16,3); *zapichit*, womit der Geschmack von Manna verglichen wird (Ex 16,31), ist bei Onkelos durch die hier in Hld verwendete Vokabel übersetzt.

[68] In den Tontäfelchen von Lachisch (IV 5) kommt die Wortverbindung *bejt h-rpd* vor, was *H. Tur-Sinai*, Lachish I. The Lachish Letters, London 1938, als Stätte des Liegens, Übernachtungsstätte auffasst (110); vgl. dazu zuletzt *J. Renz/W. Röllig*, Handbuch der althebräischen Epigraphik, Band 1, Darmstadt 1995, 421.

»denn krank vor Liebe bin ich« – Liebeskrankheit kommt durch unerfüllte Liebe zustande. Was hier auffällt, ist die markante Wiederholung der Vokabel »Liebe«: ein Blick voll »Liebe« (V 4), woraufhin die Frau krank wird vor »Liebe« (V 5). Diese Liebeskrankheit mag zum Teil vorgetäuscht sein: Die Frau lässt sich das Lager polstern, sie wünscht Dinge zu essen, die auf ihr Verlangen hindeuten, und wenn sie dann im Bett liegt, wird der Geliebte zu ihr kommen. Die Worte der Liebenden erinnern an die Erzählung von Amnon und Tamar (2 Sam 13): Amnon hat sich in seine Schwester Tamar verliebt (V 1), und als er sie nicht gleich bekommt, schlägt sich das auf seine Gesundheit nieder (V 2). Sein Freund (dem hier die Freundinnen der Frau entsprechen) gibt ihm den guten Rat, sich krank ins Bett zu legen (V 5) und Tamar kommen zu lassen, damit sie ihm etwas Stärkendes zu essen gebe (V 6); was Tamar ihm zubereiten soll, ist bedeutsam: Herzkuchen (V 8)[69]. Als Tamar ihm die ans Bett bringt, zieht er sie hinein und vergewaltigt sie (V 11 ff.). Neben den Gemeinsamkeiten gibt es auch markante Unterschiede zwischen der Erzählung dort und dem Lied hier: Amnon will einer Frau, die seine Liebe nicht erwidert, etwas zu Leide tun (und tut es auch); die Geliebte dagegen weiß, dass der Mann sie liebt (V 4), sie will ihn nur ermuntern, seine Empfindung in die Tat umzusetzen.[70]

Liebeskrankheit ist auch in der altägyptischen Liebesdichtung erwähnt; dort sagt etwa der verliebte Knabe: »Ich will mich drinnen hinlegen: dann gleiche ich einem Kranken. Dann kommen die Nachbarn hinein, mich zu sehen. Dann kommt meine Schwester mit ihnen. Die Ärzte macht sie lächerlich (?), meine Krankheit wird sie verstehen«.[71] Weiter heißt es dort: »Ganze sieben Tage habe ich meine Schwester nicht gesehen. Krankheit hat mich erfasst, schwer sind meine Glieder … wenn die größten Ärzte zu mir kommen, werden ihre Arzneien meinem Herzen keine Ruhe verschaffen … Besser ist mir meine Schwester als sämtliche Arznei … Wenn ich sie sehe, werde ich gesund. Öffnet sie ihr Auge, so wird mein Leib jung. Wenn sie spricht, so genese ich. Ich will sie umfangen (vgl. unten zu V 6), und sie wird das Böse von mir treiben …«.[72] Auch die altägyptische Geliebte ist krank vor Liebe, sie sagt etwa: »Mein Bruder verwirrt mir das Herz mit seiner Stimme, er macht mich krank … Er kennt nicht meine Sehnsucht, ihn zu umfangen …«.[73] Man könnte sich fragen, ob sich die Geliebte noch im »Haus des

---

[69] Vgl. Hld 4,9: »Du berückst mich, meine Schwester Braut, du berückst (wörtlich: beherzt) mich mit einem deiner Augen«.

[70] Zu weiteren Übereinstimmungen zwischen der Erzählung von Amnon und Tamar und Hld sowie deren Ursprung s. o. Einleitung XIII.

[71] Papyrus Harris 500: *M. Fuks,* Liebeslieder 19; vgl. *H. A. Schlögl,* Gärten der Liebe 38; *S. Schott,* Altägyptische Liebeslieder 48.

[72] Papyrus Chester Beatty I: *M. Fuks,* Liebeslieder 56; vgl. *H. A. Schlögl,* Gärten der Liebe 16; *S. Schott,* Altägyptische Liebeslieder 43.

[73] Papyrus Chester Beatty I: *M. Fuks,* Liebeslieder 51; vgl. *H. A. Schlögl,* Gärten der Liebe 10; *S. Schott,* Altägyptische Liebeslieder 39 f.

Weines« befindet, als sie ihre Gefährtinnen um Unterstützung bittet, oder ob der Schauplatz gewechselt hat. Ich würde für Letzteres plädieren, denn ohnehin wechseln die Orte in diesem Lied ständig, die »Töchter Jerusalems« sind nicht dort zugegen, wo sich die Frau die Gegenwart ihres Geliebten erträumt.

Rede der Frau über ihr Zusammensein mit dem Geliebten (V 6)

V 6 ist, wie gesagt, identisch mit 8,3; auch dort signalisiert dieser Vers, V 6
dass der Wunsch, den die Frau am Anfang ihrer Rede geäußert hat (V 1–2), in Erfüllung gegangen ist (Näheres dort in der Auslegung).

»seine Linke unter meinem Kopf« – Die Frau scheint weiterhin passiv; aktiv ist der Mann, der die Geliebte bereits ins Haus des Weines gebracht hat. Aber ganz so unbeteiligt ist das Mädchen gar nicht: Weil der Geliebte sie zwar ins Haus des Weines gebracht, sie dort aber nur liebevoll angeschaut hat, war sie gezwungen, sich krank zu stellen und verwöhnen zu lassen, um ihn zu weiterer Annäherung zu ermuntern, was offenbar gelungen ist. Daraufhin kann sie nun ihren Freundinnen erzählen, was der Geliebte mit ihr macht. Wie in dem ägyptischen Liebesgedicht möchte auch hier die Kranke von ihrem Geliebten umarmt werden, was auch geschieht. Die Hand unter dem Kopf deutet auf liegende Haltung (vgl. auch Ez 32,27). Der Kommentar *Aqedat Jizchaq* bemerkt dazu: »… das ist annähernd liegende Position; daran ist zu erkennen, dass sich der Geliebte neben seine Freundin auf den Diwan gelegt hat«.

»und seine Rechte umfängt mich« – So ist die Geliebte von beiden Armen des Mannes umfangen. Die Linke und die Rechte erscheinen häufig gemeinsam (z.B. Gen 13,9; 24,49; Sach 12,6). Umarmung gilt als Bestandteil des Liebesakts (vgl. Spr 5,20).

Aufforderung der Frau an die »Töchter Jerusalems« (V 7)

In V 7 richtet die Frau wieder eine Bitte an ihre Freundinnen, nur dass V 7
sich deren Inhalt den Umständen gemäß verändert hat.

»ich beschwöre[74] euch« – Der Beschwörungsvers kehrt in Kap. 8 wieder (im Anschluss an 8,2, eine Wiederholung von 2,6), dort ohne die »Gazellen oder Hinden des Feldes« (in LXX hinzugesetzt), außerdem in 3,5. In allen drei Fällen erscheint die Beschwörungsformel im Anschluss an die Vereinigung der Geliebten mit dem Freund, dabei geht jeweils innerhalb des Liedes ein Wechsel des Schauplatzes voraus. Eine weitere Beschwörung der Töchter Jerusalems aus dem Munde der Geliebten findet sich in 5,8: »Ich beschwöre euch, Töchter Jerusalems, wenn ihr meinen Freund findet, was sollt ihr ihm sagen? Dass ich krank bin vor Liebe«; dies ist noch ein Fall, in dem die Frau Hilfe bei ihren Freundinnen sucht, weil sie sich krank fühlt vor Verlangen nach ihrem Geliebten. Auch dort ist die Atmosphäre als Traum geschildert: »Ich schlafe, und mein Herz ist wach« (5,2).

---

[74] Die Verbform steht hier im Perfekt, denn es handelt sich um einen performativen Akt; vgl. auch 2 Sam 19,8.

»Töchter Jerusalems« – das sind die Gefährtinnen der Geliebten (s. o. die Auslegung zu 1,5).

»bei den Gazellen oder den Hinden des Feldes« – Von den schlanken, schönäugigen Antilopen gibt es in Israel zwei Arten: die Gazelle im Negev und den Hirsch mit dem vollen, gewundenen Gehörn. Der Karmelhirsch, die in Israel anzutreffende Gattung, ist in den letzten Generationen ausgerottet worden. Gazelle und Hirsch werden häufig gemeinsam genannt (z. B. Dtn 14,5; 1 Kön 5,3). In Hld kommen sie mehrmals als Metapher für den Geliebten vor (2,9.16; 8,14); auch die Brüste der Frau werden mit »zwei Zwillingsjungen einer Gazelle« verglichen (4,5; 7,4). Weshalb beschwört die Frau ihre Gefährtinnen bei Tieren, und gerade bei diesen beiden? Zum einen passen diese Tiere gut in die Liebesdichtung (vgl. auch Spr 5,19); zum anderen gefällt mir die Beobachtung von *R. Gordis* (The Song of Songs, z. St.), der auf den Anklang der beiden Tiernamen an Gottesnamen verweist: die Gazellen *(zeva'ot)* erinnern an Zebaot[75], die Hinden des Feldes (*'ajalot hasade*, vgl. auch Jer 14,5) an *'el schadai*; die Verwendung der eigentlichen Gottesnamen in so profanem Kontext wäre unpassend gewesen, daher begnügt sich die Sprecherin mit diesen Anklängen. *Canticum rabba* führt dazu aus: »Wobei werden sie beschworen? R. Elieser sagt: bei Himmel und Erde; bei den Gazellen *(zeva'im)*, d. i. beim oberen und beim unteren Heer *(zava')*.«[76] Dass die Sprecherin die feminine Namensform der Tiere wählt, hängt wohl damit zusammen, dass hier eine Frau zu einem rein weiblichen Publikum spricht.

»ob ihr erwecket, ob ihr erreget« – vgl. 8,4: »was erweckt ihr, was erregt ihr …«, wobei die Funktion der indirekten wie der direkten Frage dieselbe ist: die Liebe soll weder erweckt noch erregt werden (so *R. Saadja Gaon*). Die Wiederholung derselben Verbalwurzel in zwei verschiedenen Stammesmodifikationen dient zur Verstärkung der Aussage (vgl. auch Ps 118,11).

»die Liebe« – Dies ist das dritte Vorkommen des Nomens »Liebe« in diesem Lied. Zunächst (V 4) hatte der Mann die Geliebte nur liebevoll angeschaut, woraufhin sie liebeskrank geworden war (V 5); nun mit dem Vollzug der Liebe fürchtet die Frau den jähen Abbruch des intimen Beisammenseins. Hier ist mit »Liebe« der eigentliche Liebesakt gemeint (vgl. auch Jer 2,33), und das Mädchen bittet darum, diesen nicht zu »wecken«, d. h. nicht zu stören. Wenn sie zuvor um Unterstützung bei der Herbeiführung der günstigen Umstände zur Verwirklichung ihrer Liebe gebeten hatte, so geht es ihr hier um Aufschub des Endes.

»bis sie verlanget« – bis sie selbst es wünscht, bis sie zur Erfüllung gelangt ist.[77] Auf der anderen Seite lässt sich »Liebe« hier auch als Bezeichnung für

75 Vgl. besonders die Beschwörung in Jes 19,18.

76 Zu Beschwörung bei Gott bzw. beim Tetragramm vgl. Gen 24,3; 1 Kön 2,42; 2 Chr 36,13.

77 Zur Beziehung der hebräischen Wurzel *chet-pe-zade* zur Liebe s. Gen 34,19; Jes 2,4; Est 2,14.

die Geliebte verstehen, wie etwa in Hld 7,7; dann wäre das Wecken wörtlich zu verstehen: Die Geliebte ist sich dessen bewusst, dass die Erfüllung ihrer Liebe nur ein Traum war, aus dem ihre Freundinnen sie nicht vorzeitig aufwecken sollen. Die traumähnliche Stimmung, die sowohl in diesem Lied herrscht wie auch in den anderen Liedern, in denen die Beschwörungsformel vorkommt, lässt auch diese Deutung nicht abwegig erscheinen. Wenn die Sprecherin selbst um den Traumcharakter ihrer Vorstellungen wüsste, würde das dem ganzen Kontext eine humoristische Note verleihen.

Hld 2,8–13: Wachtraum – Hinaus in die freie Natur

Text

Übersetzung

8 *Stimme meines Freundes – sieh da, er kommt*
hüpfend über die Berge, springend über die Hügel,
9 *so gleicht mein Freund einer Gazelle oder einem Junghirsch,*
sieh da, er steht hinter unserer Mauer,
schaut durch die Fenster, späht durch die Ritzen.

10 *Mein Freund hat erwidert und mir gesagt:*
Erhebe dich, meine Freundin, meine Schöne, und geh dir!
11 *Denn sieh da, der Winter ist vorüber,*
der Regen ist ganz und gar vorbei,
12 *die Blüten sind zu sehen im Lande,*
die Zeit des Rebenschneidens ist gekommen,
die Stimme der Turteltaube ist zu hören in unserem Land.
13 *Die Feige hat ihre Frühfeigen reifen lassen,*
und die Weinstöcke stehen in Blüte, sie duften.
Erhebe dich, meine Freundin, meine Schöne, und geh dir!

Analyse

Stellung im Kontext

Im voranstehenden Lied hat der Geliebte seine Freundin hineingebracht (2,4), hier lockt er sie hinaus ins Freie (2,8). Der letzte Vers endete mit der Beschwörung der Töchter Jerusalems »bei den Gazellen oder den Hinden des Feldes« (2,7), und hier wird der Geliebte verglichen mit einer Gazelle oder einem Junghirsch (2,8). Die traumhafte Atmosphäre, von der die Beschwörung und das ganze vorige Lied getragen waren, herrscht auch hier (s. bes. zu 2,8). Das Lied hier weist etliche Parallelen zu 5,2–6,3 auf, nur dass die Szene hier bei Tage spielt und dort in der Nacht. Auch dort erscheint zu Beginn der Ausdruck »Stimme meines Freundes« (5,2), doch während der Mann hier am hellen Tag die Geliebte in die Natur hinaus bringen will, möchte er dort in der nächtlichen Szene zu ihr hinein. Hier kommt die Begegnung zwischen dem Freund und der Geliebten nicht zustande, dort stellt sich am Ende heraus, dass sich der Freund bereits »in seinem Garten«, d.h. bei der Geliebten, befindet.

Aufbau

Dieses Lied besteht aus zwei Teilen. Im ersten (2,8–9) wird von der Ankunft des Freundes berichtet. Sein Hereinspähen durchs Fenster verbindet die beiden Bereiche, das Draußen und das Drinnen, bringt die Außenwelt, den Frühling, hinein und macht der Frau Lust, hinaus in die freie Natur zu gehen. Im zweiten Teil (2,10–13) zitiert die Frau die Aufforderung des Freundes zweimal, so dass eine Rahmung entsteht: »erhebe dich, meine Freundin, meine Schöne, und geh dir« (2.10.13). Der Mann fordert die Geliebte zwar nicht direkt auf, zu ihm hinauszukommen, aber seine Rede richtet sich an verschiedene Sinnesorgane: Gesicht, Gehör und Geruch. Der berauschende Frühling, die sich erneuernde Natur dürften ihren Eindruck nicht verfehlen; von daher ist dieses Lied durchaus nicht unverfänglich.

Auslegung

Erster Teil: Ankunft des Freundes (V 8–9)

V 8 *»Stimme«* – elliptisch für »Ich höre die Stimme« (s. auch Hld 5,2 sowie Jes 40,3). Vielleicht bedeutet die Vokabel *qol* auch »Ruhe!« wie im Ugaritischen und Akkadischen, vgl. z.B. Jes 52,8: »Stimme deiner Späher, sie geben Laut«, was auch »Ruhe! deine Späher geben Laut« bedeuten könnte.

»mein Freund, sieh da, er kommt« – Die Geliebte ist in gespannter Erwartung und verkündet seine unmittelbar bevorstehende Ankunft (vgl. auch 1 Kön 19,5; 2 Kön 5,22; Jes 21,9).

»hüpfend«[78] – Im Unterschied zu der nächtlichen Situation, wo die Geliebte den Freund erst hört, als er bereits vor ihrer Tür steht (5,2), nimmt sie ihn hier schon auf relativ weite Entfernung wahr.

»über die Berge« – Er durchmisst die Entfernung bis zu ihr so eilig, um ihr die frühlingshafte Erneuerung der Natur zu verkünden; auch der Verkünder der Heilsbotschaft in Jes 52,7 kommt »über die Berge« geeilt.

»springend« – vgl. 2 Sam 22,30 (= Ps 18,30); Jes 35,6; Zef 1,9; synonym mit dem zuvor verwendeten Verb.

»über die Hügel« – Die hebräische Bibel unterscheidet Berge und Hügel nicht nach deren Höhe, die beiden Vokabeln sind synonym (z.B. Jes 10,32;31,4;40,4.12; Ps 72,3 und Hld 4,6).

[78] Biblisch kommt die Wurzel *qof-pe-zade* nur hier im *Piʿel* in dieser Bedeutung vor, im rabbinischen Hebräisch öfter (z.B. j *Chagiga* II 1); rabbinisch hat sie auch im *Qal* dieselbe Bedeutung, sie ist auch im Aramäischen und Arabischen verbreitet. *R. Abraham b. Esra* bringt sie als Äquivalent eines anderen hebräischen Verbs in Lev 11,21.

Sowohl die erhebliche Entfernung, die der Freund zu überwinden hat, um zu der Geliebten zu gelangen, als auch ihr Wissen um sein Herannahen, obwohl er noch weit im Gelände ist, sprechen für den Traumcharakter dieses Liedes.

V 9 »*so gleicht mein Freund*« – V 9 beginnt wie V 8 und V 10 mit der Hervorhebung von »mein Freund«, wodurch die Sehnsucht der Sprecherin nach ihm unterstrichen wird. Zur Verwendung der Wurzel *dalet-mem-he* (»ähnlich, gleich«) in der Rede der beiden Liebenden s. o. zu 1,9.

»*einer Gazelle oder einem Junghirsch*« – Der Vergleichspunkt ist wohl sein leichtfüßiges Hineilen zu ihr. Das schnelle Laufen der Gazelle ist biblisch sprichwörtlich (2 Sam 2,18).[79] Der Vergleich des Geliebten mit Gazelle oder Junghirsch findet sich auch Hld 2,17 und 8,14. LXX fügt hier die Erwähnung von Bergen hinzu in Analogie zu 2,17 und 8,14, was jedoch überflüssig ist, da hier die Berge im voranstehenden Vers genannt sind. Das Jungtier *(ʿofer)* von Gazelle bzw. Hirsch kommt nur in Hld vor, zum einen als Vergleich für den Geliebten, zum andern bildlich für die Brüste der Frau (4,5; 7,4). Mit der Schilderung des Geliebten in der ersten Vershälfte überbrückt die Sprecherin sozusagen die Augenblicke, bis er vollends zu ihr gelangt sein wird.

»*sieh da*« – wörtliche Wiederholung aus dem vorangehenden Vers, um das Gefühl der Eile zu erhöhen: dort war er noch unterwegs zu ihr, inzwischen ist er bereits angekommen.

»*er steht*« – d. h. seine rasche Bewegung ist zum Stillstand gekommen (vgl. 1 Sam 9,27; 2 Sam 2,28).

»*hinter unserer Mauer*« – Hier wird das Ich zum Wir (vgl. oben zu 1,4.11). Die Vokabel *kotel* ist im biblischen Hebräisch singulär, im rabbinischen Sprachgebrauch dann verbreitet (z. B. M *Baba batra* I 1); sie findet sich ebenso im Aramäischen (biblisch Esra 5,8; Dan 5,5), auch *R. Abraham b. Esra* kennt sie aus dem Aramäischen.

Die Sprecherin nimmt den Geliebten als von ihr getrennt wahr. Er erscheint als das wilde Jungtier aus der freien Landschaft, duftend nach Frühling, er möchte nicht hinein zu ihr (im Unterschied zu der nächtlichen Szene 5,2). In diesem Stadium sucht er scheinbar noch keinen Kontakt zu ihr; sie sieht ihn nicht, spürt seine Nähe nur durch die Wand hindurch.

»*schaut*« – ein Verb für prüfendes Beobachten (s. Jes 14,16; Ps 33,13 f.; Sir 40,29; 50,5), im Aramäischen üblich.

»*durch*[80] *die Fenster*« – das einzige Mal in der hebräischen Bibel, dass jemand durch das Fenster hineinspäht.[81] Hiermit ist die Verbindung zwi-

[79] Vgl. auch Spr 6,5; zur Schnelligkeit von Hirschen s. Hab 3,19. Zur Identifizierung der genannten Tierarten s. o. zu Hld 1,7.

[80] Die Präposition *min* in der Bedeutung »durch« findet sich außerdem in der Fortsetzung dieses Verses und in Hld 5,4; auch LXX und Vulgata haben sie so verstanden.

[81] Aber vgl. Sir 14,23; zum Stehen am Fenster vgl. den Exkurs im Anschluss an die Auslegung.

schen Draußen und Drinnen hergestellt; die Außenwelt, der Bereich des Geliebten, dringt ins Innere des Hauses, den Bereich der Frau. Das Mädchen empfindet die Gegenwart des Geliebten so stark, dass er sie nicht nur durch ein, sondern durch viele Fenster anzublicken scheint.[82]

»*späht*« – In dieser Bedeutung ist die Verbalwurzel *zade-waw-zade* im biblischen Hebräisch singulär; im rabbinischen Sprachgebrauch erscheint sie häufiger als Synonym zu »sehen« (etwa T *Baba batra* I 5) oder zu »blicken« (etwa b *Berachot* 16b). Die Verwendung gerade dieses Verbs passt besonders gut in den Kontext, denn seine zweite biblische Bedeutung ist »erblühen« (Ez 7,10), hier eine Andeutung dessen, was der Geliebte von draußen mitbringt, wovon er seiner Freundin berichtet: »die Blüten sind zu sehen im Lande« (2,12a). Die beiden Bedeutungen dieser Verbalwurzel hängen miteinander zusammen.[83]

»*durch die Ritzen*« – hebräisch singulär, aramäisch Äquivalent zu »Fenster« (hebr. *chalon*);[84] im Midrasch wird der Unterschied zwischen den beiden als Vergleich genommen für den Unterschied zwischen dem Verdienst der Erzväter und dem der Erzmütter (*Num r* 11,2). LXX deutet den Ausdruck als eine Art Verschlag oder Gitter.

Zweiter Teil: Rede des Freundes (V 10–13)

V 10 »*mein Freund hat erwidert und mir gesagt*« – Die Kommunikation zwischen den beiden wird intensiver: Zunächst hatte er sie nur angeblickt, nun spricht er sie an, fordert sie auf, aus ihrer Welt in seine zu kommen. Jedes Stadium der sich verstärkenden Verbindung setzt ein mit dem Stichwort »mein Freund«. Das Hendiadyoin »er erwiderte (oder: antwortete) und sprach« kommt biblisch häufiger vor, etwa in der Bedeutung: »er hub an zu sprechen« (z.B. Gen 18,27; 27,37.39; 31,31).

»*erhebe dich*« – In der Nachtszene fordert der Mann die Geliebte auf »öffne mir« (5,2), denn er will hinein zu ihr; hier dagegen lockt er sie hinaus in die freie Natur. Daher nimmt er auch nicht Bezug auf sich, sondern verwendet das auf sie rückbezügliche Pronomen wie auch in der Fortsetzung »geh dir«.[85]

»*meine Freundin*« – So erwidert er ihre Bezeichnung »mein Freund«; zum Terminus *raʿja* s. auch Hld 1,9.15; 4,1.7 u.ö.

»*meine Schöne*« – nur hier und in V 13. Einerseits betont der Mann hier ihre Schönheit und ihre Zugehörigkeit zu ihm, andererseits spricht er nicht davon, dass sie zu ihm in seine Welt hinauskommen soll. LXX ergänzen sowohl hier als auch in V 13 »meine Taube« (vgl. 4,2; 6,9 und besonders

---

[82] Eine ähnlich steigernde Wirkung der Pluralform vgl. auch in Jer 9,20.

[83] Ähnliches gilt für die Wurzel *nun-bet-tet*, die im *Qal* »sprossen«, im *Hifʿil* »blicken« bedeutet.

[84] Z.B. Targum zu Gen 26,8; Jos 2,16, wo etwa *R. Samuel b. Meïr* ausdrücklich auf die Entsprechung hinweist.

[85] *Dativus commodi*, vgl. *Gesenius-Kautzsch*, Hebräische Grammatik, §154, 3c.

5,2: »meine Schwester, meine Freundin, meine reine Taube«); dieser Zusatz findet eine Stütze in der folgenden Erwähnung der Turteltaube (V 12).

»und geh dir«[86] – Sowohl hier als auch zum Abschluss seiner Rede (V 13) unterstreicht der Sprecher, dass die Geliebte für sich handeln soll – »geh zu deinem Vergnügen«, wie der anonyme Kommentator schreibt. Dagegen ist die Paraphrase des *R. Samuel b. Meïr* nicht ganz exakt. Er meint nämlich, der Mann fordere die Geliebte hier auf, mit ihm zusammen zu fliehen; vielleicht ist es das, was er intendiert, aber er ist vorsichtig genug, es nicht direkt auszusprechen. Zur rahmenbildenden Funktion der identischen Worte im Munde des Freundes hier und V 13b s. u. zu V 13.

Bevor der Sprecher das neue Leben schildert, das der Frühling mit sich bringt, weist er darauf hin, dass der Winter, die Regenzeit, vorüber sei; darin ist impliziert, dass die junge Frau nun unbesorgt aus dem Haus gehen kann. Dabei hat der Winter nichts Negatives, im Gegenteil: Der Regen hat das neue Wachstum erst ermöglicht; trotzdem ist der Aufenthalt im Freien zur Regenzeit nicht so angenehm. In der nächtlichen Szene begehrt der Mann Einlass mit dem Hinweis auf die Feuchtigkeit der Nacht (5,2). Hier dagegen ermuntert er sie hinauszukommen und fügt hinzu, sie habe keine Nässe mehr zu fürchten. V 11

»denn sieh da« – Hiermit setzt die Begründung ein, weshalb sie nunmehr aus dem Haus gehen könne (vgl. auch Jes 26,21; Jer 49,15; Ps 59,4; 83,3).

»der Winter« – Die Vokabel *setaw* ist *hapax legomenon*, aus dem Aramäischen entlehnt, und bedeutet Winter, Regenzeit. Onkelos verwendet sie Gen 8,22 als Äquivalent zu hebräisch *choref* (»Winter«), ebenso Targum Jonatan zu Jes 18,6.[87]

»ist vorüber« – wörtlich: »ist vorübergegangen« *(ʿabar)*. Die Verbform steht hier in Parallele zu »ist vorbeigegangen« *(chalaf)* in V 11b (vgl. Jes 8,8; 24,5; Hab 1,11).

»der Regen« – spezifischer als die Erwähnung der Jahreszeit zuvor; die Witterungsverhältnisse waren ein Grund, nicht aus dem Haus zu gehen.

»ist ganz und gar vorbei« – wörtlich: »ist vorbeigegangen, ist gegangen« *(chalaf; halach)*. Das Verb »gehen« zusätzlich zu den beiden Synonymen »vorübergehen« und »vorbeigehen« soll hier offenbar auf die vorangehende Aufforderung an die Geliebte »geh dir« zurückweisen (V 10); die Wiederholung desselben Verbs betont den Kontrast zwischen dem Gewesenen und dem für das Jetzt Erwünschten.

V 12 zählt verschiedene Faktoren auf, die das Hinausgehen ins Freie attraktiv erscheinen lassen. V 12

[86] Die Folge »erhebe dich und geh …« findet sich Gen 28,2; Num 22,20 u. ö. Zur Verbindung »geh dir« vgl. Gen 12,1 und 22,2.

[87] Auch im Syrischen und Arabischen hat das Wort dieselbe Bedeutung.

»die Blüten[88] *sind zu sehen im Lande«* – Hiermit bringt der Sprecher Elemente aus der Natur ins Haus der Geliebten.

»die Zeit des Rebenschneidens ist gekommen« – Die Angabe »die Zeit von *samir«* kann zweierlei bedeuten. Zum einen kann damit die Zeit der Traubenernte gemeint sein, was durch eine Wortverbindung wie »Zeit der Ernte« (Jer 51,33) gestützt wird;[89] so haben LXX, Aquila, Symmachus, Vulgata, Peschitta und Targum die Vokabel verstanden; dafür spricht sich auch *R. Samuel b. Meïr* in seinem Kommentar aus, indem er auf Lev 25,5 verweist. Auch die Wortbildung passt zu landwirtschaftlichen Tätigkeiten wie *charisch* (Pflügen) und *qazir* (Ernte). Gegen diese Deutung wird häufig eingewandt, die Zeit der Weinernte (Juli/August) liege doch wesentlich später als der hier intendierte Zeitraum; mit diesem Argument operiert etwa *R. Abraham b. Esra*. Auch im Kalender von Geser wird der Erntemonat, einschließlich der Weinlese, ans Ende des Jahres verlegt. Allerdings scheint mir nicht ausgeschlossen, dass hier ans Zurückschneiden der Reben gedacht ist, was im Frühjahr stattfindet; ein Hinweis darauf findet sich vielleicht Jes 18,5.

Die meisten mittelalterlichen Exegeten haben die andere Bedeutung der Vokabel *samir* gewählt, nämlich »Gesang«; *Raschi* etwa verweist auf die Vögel, deren lieblicher Gesang die Wanderer erfreut.[90] In Anbetracht der Fortsetzung des Verses ist tatsächlich eher an Vogelgesang zu denken als an Gesang von Menschen. Allerdings kann hier nicht der Singvogel »Nachtigall« gemeint sein, denn deren Benennung als *samir* gehört erst ins mittelalterliche Hebräisch und beruht auf der vermeintlichen Parallele zwischen *samir* und Turteltaube im vorliegenden Vers.[91]

Wir müssen uns nicht unbedingt entscheiden zwischen »Rebenschneiden«, was zum Anfang des Verses passt, und »Gesang«, was eher mit der Fortsetzung zusammenpasst. Die Bedeutungen können beide intendiert sein, denn Hld arbeitet auch sonst mit Doppeldeutigkeit von Wörtern.

»die Stimme der Turteltaube ist zu hören« – Wie der Anblick der Blüten (V 12a) auf den Blick des Geliebten zurückweist, der von außen ins Innere späht, so knüpft hier das Hören des Vogelgesangs an das Lauschen auf die sich nähernden Schritte des Geliebten zu Anfang an. Dadurch kommt eine chiastische Struktur zustande: hören – sehen – sehen – hören. Die Sinne der Geliebten, die zunächst auf das Herannahen des Freundes fixiert waren,

---

88 Die Vokabel *nizzanim* (»Blüten«), Plural zum Singular *nez*, ist *hapax legomenon;* in Gen 40,10 kommt eine Form *nizza* vor, die in Jes 18,5 synonym zu »Blume« *(perach)* verwendet wird. Zum Anklang an die Verbform *meziz* (»schauend«) s. o. zu 2,9b.

89 Dafür sprechen Stellen wie Lev 25,3.4; Jes 5,6, sowie die Nominalbildung *semora* (»Weinranke«) Num 13,23; Ez 15,2.

90 Zur Verbalwurzel *sajin-mem-resch* in der Bedeutung »singen« vgl. 2 Sam 23,1; Jes 24,16; 25,5.

91 Erstes Vorkommen offenbar im »Schreiben der Tiere«, das von *Kalonymus b. Kalonymus* (1286–1328?) aus dem Arabischen ins Hebräische übersetzt wurde.

werden nun auf die visuellen und akustischen Eindrücke der Natur gelenkt. Die Turteltaube ist ein Zugvogel, der das Land Israel im Frühjahr passiert (vgl. Jer 8,7); die Kragentaube dagegen ist fest im Lande ansässig.

»in unserem Land« – Von den Blüten hieß es oben, sie seien »im Lande« zu sehen, nun ist Vogelgesang »in unserem Land« zu hören. Der Übergang von »Land« zu »unser Land« signalisiert eine Entwicklung; je weiter die Naturschilderung voranschreitet, desto stärker wird die Bindung des Menschen an die Erde, auf der er steht.[92]

Der Sprecher hat seine Beschreibung des Frühlings in V 12a mit der Er- V 13
wähnung von Blüten eröffnet und schließt sie in V 13 mit der Beschreibung eines Phänomens aus der Pflanzenwelt.

»die Feige hat ihre Frühfeigen reifen lassen«[93] – Die Vokabel *pag* ist *hapax legomenon;* gemeint sind hier offenbar noch unreife Feigen, wie auch *R. Abraham b. Esra* mit Hinweis auf das Arabische vermutet. In der Mischna gibt es einen Beleg für das Einlegen von *pagim* in Öl bis zum Termin des jüdischen Neujahrsfestes im September/Oktober (M *Schewiit* II 5) und in der Tosefta heißt es, zwischen dem Erscheinen der Blätter und dem der *pagin* liege ein Zeitraum von fünfzig Tagen (T *Schewiit* IV 20). Dieselbe Vokabel wird in der Mischna auch im Zusammenhang mit anderen Baumfrüchten wie Etrog, Olive und Dattel gebraucht; dort handelt es sich um den Fruchtansatz nach dem Abfallen der Blütenblätter.[94]

»und die Weinstöcke stehen in Blüte« – Feige und Weinstock werden auch sonst zusammen genannt (vgl. Num 20,5: Dtn 8,8; Joël 2,22; Sach 3,10). Die Vokabel *semadar* kommt noch in 2,15 vor und in 7,13.[95] Mittelalterlich-jüdische Exegeten wie *Ibn Jannach* und *R. Samuel b. Meïr* deuten die Vokabel als Weinblüte und Targum Jonatan zu Jes 18,5 gibt in der Tat das Wort »Blüte« *(nizza)* mit *semadar* wieder. Im Aramäischen der Targumim, im Syrischen und Mandäischen bezeichnet die Vokabel das Blühen überhaupt (nicht nur von Wein). *J. Feliks* hat darauf hingewiesen, dass mit dem Aufspringen der äußeren Blütenblätter der Duft zu entströmen beginnt, wovon in der unmittelbaren Fortsetzung unseres Verses die Rede ist. *Y. Yadin* hat in Hazor eine Krugscherbe mit der Aufschrift *semadar* gefunden, womit anscheinend »Wein mit Blütenduft« gemeint ist.[96]

»sie duften«[97] – Demnach ist der Frühling durch drei Sinnesorgane wahrzunehmen: Gesicht, Gehör und Geruch.

---

[92] Zu Vorkommen des Wortes »unser Land« (allerdings in nationalem Sinne, der nicht in unseren Kontext passt) s. Mi 5,4.5; Ps 85,10.

[93] Die Verbalwurzel *chet-nun-tet* (auch arabisch belegt) kommt biblisch sonst nur noch in der Bedeutung »mumifizieren« vor (Gen 50,2.26), wobei Duftstoffe verwendet wurden; in der Fortsetzung unseres Verses ist dann auch der Geruchssinn angesprochen.

[94] Dazu *J. Feliks*, Die biblische Flora (hebr.), Jerusalem 1968, 33.

[95] Die hier vorliegende Aussage ist nach demselben Muster gebaut wie Ex 9,31.

[96] Vgl. *Y. Yadin*, Hazor, Jerusalem 1958–1997.

[97] Wörtlich: »geben Duft«; zu dieser Wortverbindung vgl. Ez 6,13 und Hld 1,12; 7,14.

»erhebe dich, meine Freundin, meine Schöne, und geh dir« – Der Mann schließt seine Rede, wie er sie begonnen hat, mit einer Aufforderung an die Geliebte, in die Natur hinauszugehen. Dabei erwähnt er nicht ausdrücklich, dass sie zu ihm hinauskommen soll, aber aus dem Inhalt seiner Rede, aus den von ihm skizzierten Parallelen zwischen dem menschlichen und dem Bereich der Natur lässt es sich entnehmen.

Das Motiv der »Fensterschau«

Exkurs

Das Fenster bildet eine Öffnung, durch die eine Verbindung zwischen dem geschlossenen Innenraum und der Außenwelt zustande kommt.[98] Die biblischen Vorkommen dieses Motivs bringen auch die Beziehung zwischen zwei anderen Welten mit ein, zwischen der Welt des Mannes und der Welt der Frau. Wenn eine Frau am Fenster steht, hält sie Ausschau nach einem Mann, wenn ein Mann durchs Fenster schaut, sieht er eine Frau oder Beziehungen zwischen Mann und Frau.

Das Motiv der Frau am Fenster ist auch archäologisch belegt.[99] In der biblischen Literatur kommt das Motiv der männlichen oder weiblichen Gestalt am Fenster in verschiedenen Gattungen vor, in erzählenden und poetischen Texten sowie in der Weisheitsliteratur. Die weitreichenden Übereinstimmungen im Ausdruck lassen auf ein gemeinsames literarisches Repertoire schließen. Ich stelle zunächst die einzelnen Vorkommen des Motivs tabellarisch zusammen und werde sie anschließend kurz kommentieren.

	Gen 26,8	Ri 5,28	2 Sam 6,16	2 Kön 9,30–32 1 Chr 15,29	Spr 7,6–23	Hld 2,9	Hld 4,1–7	Hld 6,4–9
Frau am Fenster		x	x	x			x	x
Mann am Fenster	x				x	x		
Frau königlich	x	x	x				x	
Mann königlich	x		x	x				
Blick nach draußen	x	x	x	x	x		x	x
Blick nach drinnen						x		

98 Dazu der hebräische Beitrag »Die Luke von Captain Nemo und die Fenster von Sherlock Holmes«, in: haSifrut 30/31 (1981) 1–19; zur Beziehung zwischen Innen und Außen in Hld s. auch oben in der Einleitung XXVIII.

99 S. das Tonrelief an einer phönizischen Capella aus Zypern, abgebildet in: Encyclopaedia Biblica III, Sp. 154 (s. v. *chalon*), sowie ein Elfenbeintäfelchen aus Nimrud, ANEP Nr. 131, bzw. O. *Keel*, Die Welt der altorientalischen Bildsymbolik und das Alte Testament. Am Beispiel der Psalmen, Zürich ²1977, 213 Abb. 319.

	Gen 26,8	Ri 5,28	2 Sam 6,16	2 Kön 9,30–32 1 Chr 15,29	Spr 7,6–23	Hld 2,9	Hld 4,1–7	Hld 6,4–9
gesehen: Mann		x	x	x				
gesehen: Frau						x		
gesehen: Mann und Frau	x				x			
zufälliger Beobachter	x				x			
Frau wartet auf den Mann		x	x	x				
Frau verhöhnt den Mann			x	x				
weibliche Schönheit vom Mann gesehen				x			x	x

Bei Gen 26,1–3 handelt es sich um das dritte Vorkommen des Motivs der Ehefrau = »Schwester« des Patriarchen[100]. Während bei den beiden früheren Erwähnungen des Motivs die Frau in den Harem des ausländischen Königs genommen wurde, scheut hier der Erzähler eine solche Unterstellung: Diesmal droht der Frau keinerlei Gefahr durch den fremden Herrscher, denn dieser erkennt Rebekka als Isaaks Ehefrau, als er durch deren Fenster schaut und die Beiden in einer intimen Situation beobachtet (Gen 26,8).

In Ri 5 ist es Siseras Mutter, die am Fenster steht und auf die Heimkehr ihres Sohnes aus der Schlacht harrt. Im Unterschied zur vorangehenden Erzählung Ri 4, wo Sisera als Feldherr des Königs von Hazor erscheint, ist er in Deboras Lied Ri 5 als König gezeichnet.[101] Hier wird die Frau am Fenster zwar ausdrücklich als Siseras Mutter bezeichnet, aber es scheint nicht ausgeschlossen, dass es ursprünglich seine Frau bzw. Geliebte war.

In 2 Sam 6,16 ist es Michal – Tochter und Gattin eines Königs –, die aus dem Fenster verächtlich auf ihren Ehemann herabschaut, der nicht königlicher Abstammung war und in ihren Augen das Königtum ihres Vaters usurpiert hat.

Wie Michal ist auch Isebel gezeichnet: Auch sie ist Königin und Königstochter, die in voller Schönheit und königlichem Aufzug am Fenster er-

[100] Zuvor in Gen 12,6–10 und in Gen 20; zum Vergleich zwischen den jeweiligen Erzählungen s. *Y. Zakovitch*, Abram und Sarai in Ägypten (hebr.), Jerusalem 1983, 133–138.
[101] Vgl. die Tabelle, wo königliche Gestalten bei der Fensterschau vorkommen.

scheint, obwohl sie weiß, dass sie verloren ist (2 Kön 9,30). Von dort aus verhöhnt sie Jehu, wobei sie einerseits auf die Auflehnung des Untertanen gegenüber seinem König anspielt (1 Kön 16,15 ff.), andererseits auf den König, der nach nur sieben Tagen gezwungen war, sich zu verbrennen (ebd. V 18). Hier wird deutlich, dass der Erzähler Isebel zwar respektiert, ihren Sturz aber dennoch begrüßt. Da sie Jehu verspottet hatte, wird sie auf dessen Geheiß aus dem Fenster gestürzt (2 Kön 9,33). In allen drei Fällen, bei Siseras Mutter, bei Sauls Tochter Michal und bei Isebel, markiert die Szene am Fenster den Untergang der jeweiligen Dynastie.

In Spr 7 haben wir es wiederum mit einem zufälligen Beobachter zu tun, dem Weisen, der das Geschehen zwischen einem Mann und einer Frau mit ansieht, wobei die Frau einen törichten Knaben verführt. Der Weise steht sozusagen außerhalb, er beobachtet das Geschehen, ohne darauf einzuwirken; er hört, was die Frau zu ihrem Opfer spricht und sieht dessen böses Ende voraus.

Gegenüber den bislang besprochenen Belegen des Motivs haben die Vorkommen in Hld ihr durchaus eigenes Profil. In Hld 2,9 steht der Fensterschauer draußen und richtet seinen Blick ins Innere des Hauses, was eine gewisse Parallele bei Jesus Sirach hat, wo die Weisheit durchs Fenster betrachtet wird (Sir 14,23). Es gibt mehrere biblische Beispiele dafür, dass die am Fenster stehende Frau von einem Mann draußen gesehen wird (so etwa 2 Kön 9,30–32 sowie Hld 4,1–7; 6,10.4–9). In Hld 2,9 spürt die nach ihrem Geliebten verlangende Frau dessen Blick »durch die Fenster, durch die Ritzen« auf sich gerichtet, er scheint sie von überall her anzuschauen, seine Welt dringt gleichsam in die ihrige ein und sie fühlt sich aufgerufen, hinauszutreten in seine Welt, in den erwachenden Frühling der Natur.

An den beiden anderen Stellen in Hld ist das Motiv weniger deutlich ausgeführt. Das Stichwort »Fenster« wird zwar nicht genannt, aber es handelt sich eindeutig um eine Fensterschau-Szene. In 4,1–7 schildert der Mann die Gestalt seiner Geliebten vom Kopf bis zu den Brüsten; der restliche Körper ist unterhalb des Fensterrahmens nicht zu sehen.[102] In dem Lied 6,10.4–9 sieht der Betrachter das Gesicht der Geliebten, was an Isebels Erscheinung in 2 Kön 9,30 erinnert. In der Eröffnung »Wer ist es, die zu erschauen …« (V 10) klingen andere Vorkommen des Motivs an, in denen ebenfalls Formen der Verbalwurzel *schin-qof-zade* im *Hifil* erscheinen; außerdem steht in dieser Texteinheit das Verb »sehen«; allerdings ist hier nicht die Frau am Fenster diejenige, die hinausschaut, vielmehr lässt sie sich in ihrer vollen Schönheit sehen. Bei mehreren Vorkommen des Motivs sind die Betrachter Könige oder Königinnen (vgl. die Tabelle), doch nirgends ist das Publikum so zahlreich und illuster wie hier in Hld: »Sechzig sind die Königinnen, acht-

[102] An anderen Stellen, wo die Schönheit des männlichen oder weiblichen Körpers geschildert wird, erstreckt sich die Beschreibung auf den gesamten Körper, etwa Hld 5,11–15; 7,2–6.

zig die Konkubinen und Jungfrauen ohne Zahl – eine ist meine reine Taube … Königinnen und Konkubinen sangen ihr Lob« (6,8–9).

Hld 2,14: Meine Taube in den Felsklüften

Text

Übersetzung

14 *Meine Taube in den Felsklüften,*
im Versteck der Bergstufe,
lass mich schauen deinen Anblick,
lass mich hören deine Stimme,
denn deine Stimme ist süß,
und dein Anblick ist lieblich.

Analyse

Stellung im Kontext

Im vorangehenden Lied hatte die Frau den Geliebten mit einer leichtfüßigen Gazelle verglichen (V 8), hier vergleicht er sie mit einer Taube, die sich in Felsklüften verborgen hält. Als er die Freundin aufforderte, aus dem Haus zu treten, hatte er nicht zugegeben, dass er sie bei sich haben wollte. Er hatte nicht darum gebeten, sie sehen und hören zu dürfen, sondern auf die optischen und akustischen Eindrücke in der Natur verwiesen (V 12). Nun, da sie ins Freie gekommen war, um die Annehmlichkeiten der Natur zu genießen, ohne sich ihm zuzuwenden, sieht er sich gezwungen, etwas deutlicher zu werden: Er möchte sie sehen und hören. Vermutlich war der jungen Frau von vornherein klar, dass es ihm um den Kontakt zu ihr ging, hatte sie doch seinen Blick von allen Seiten her auf sich gerichtet gefühlt (V 9) und die Rede von seinem Kommen mit dem Hinweis auf seine Stimme begonnen (V 8); nun ist er es, der ihre Stimme zu hören begehrt.

Auch die Eröffnung dieses Liedes mit der Anrede »meine Taube« knüpft an das vorige Lied an; hiermit wird erst die eigentliche Absicht hinter seiner Erwähnung der Vogelstimmen deutlich: der Täuberich wartet auf seine Taube.[103]

Beziehung zu 5,2–6,3

Der Anschluss von V 14 an das vorige Lied schafft eine ähnliche Situation wie in der Nachtszene 5,2–6,3. Nachdem die Frau den Geliebten hingehalten und ihm nicht gleich aufgemacht hat, ist die Begegnung versäumt; sie muss nun hinaus und ihn suchen gehen. So auch hier: Nachdem der Geliebte nicht ausdrücklich gesagt hat, dass er sie bei sich haben möchte, befindet sie sich nun draußen in der Natur, aber nicht mit ihm zusammen, woraufhin er sie bitten muss, sich sehen und hören zu lassen.

---

[103] Zur Kombination von Turteltaube (hebr. *tor*, maskulin) und Taube (hebr. *jona*, feminin) s. auch Lev 5,7; 12,6.8; 14,22; 15,29 u.ö.

Auslegung

V 14 »*meine Taube*« – Im voranstehenden Lied hatte der Mann die Geliebte als »meine Freundin, meine Schöne« angeredet (V 10.14); hier ist sein Besitzanspruch beibehalten, jedoch eine Benennung gewählt, die zu ihrer vorübergehenden Verborgenheit passt (s. auch 5,2; 6,9).

Lied des Geliebten (V 14)

»*in den Felsklüften*« – Aus diesem Attribut geht hervor, dass die sog. Felsentaube *(columba livia)* gemeint ist. Der Ausdruck »Felsklüfte«[104] kommt biblisch zwei weitere Male vor: Jer 49,16 und in dem Parallelvers Obd 3. Dort ist vom Adler die Rede, der sich in den Felsklüften sicher und geborgen fühlt. In Hld wird die Taube als scheuer Vogel geschildert, der sich in den Felsklüften versteckt. Dieses Motiv findet sich analog bei *Homer* (Ilias XXI, 493), wo die flüchtige Artemis mit einer Taube verglichen wird.

»*im Versteck der Bergstufe*«[105] – Aus der ersten Vershälfte geht hervor, dass die Geliebte verborgen ist, die zweite Vershälfte geht davon aus, dass sie sich vor dem Mann versteckt hat. Daraufhin äußert er nicht etwa die Absicht, sie aufzuspüren und zu fangen, sondern er bittet sie nur, sich sehen oder wenigstens hören zu lassen.

»*lass mich schauen deinen Anblick*«[106] – »sehen lassen« mit innerem Objekt ein weiteres Mal Hld 8,4.

»*lass mich hören deine Stimme*« – Auch in Hld 8,13 bittet der Mann die Geliebte, sie möge ihre Stimme hören lassen; möglicherweise ist auch die Stimme der Taube mitgemeint (Jes 38,14; 59,11). Damit die Geliebte sich nicht bedrängt fühlt, tut der Sprecher so, als begnüge er sich mit dem Anblick ihrer Schönheit oder mit dem Klang ihrer Stimme. Durch die Gegenüberstellung von Bitte und Begründung entsteht eine chiastische Struktur.

»*denn deine Stimme ist süß*«[107] – »süße Stimme« ist auch im rabbinischen Sprachgebrauch belegt (z.B. T *Eruvin* II 3; b *Taanit* 16a).

»*und dein Anblick ist lieblich*« – Dasselbe Adjektiv hatte die Sprecherin in ihrer Selbstbeschreibung (Hld 1,5) verwendet. Der »Anblick« biblischer Frauengestalten wird auch bei Abrahams Frau Sarai (Gen 12,11) und bei Rebekka gerühmt (Gen 24,16; ähnlich Gen 26,7).

---

[104] Der Plural *status constructus chagwe* geht zurück auf eine Singularform *chagaw* mit Grundbedeutung »Bruch«; vgl. die Vokabel *chaga* Jes 19,17 mit *Raschi* z.St.

[105] Die Bedeutung ist mehrfach gesichert: Zum einen durch 1 Sam 25,20, wo Abigajil ins »Bergversteck« hinabsteigt, um David zu treffen, sowie durch den Parallelismus »Berge« – »Stufen« in Ez 38,20. Im rabbinischen Sprachgebrauch sind *madregot* offenbar die Terrassen, die zwecks landwirtschaftlicher Nutzung am Berghang angelegt wurden (M *Schewiit* III 8). Die akkadische Wurzel *daragu* bedeutet »hoch sein, erheben«.

[106] Plene-Schreibung mit *jod* vor dem Suffix, hier als Plural vokalisiert, in der Fortsetzung des Verses als Singular (in etlichen Handschriften ohne *jod*); vgl. auch Koh 11,9, wo die Schreibung des Substantivs »Blick« in den Mss und antiken Versionen schwankt; ferner Dtn 23,15; Jes 30,23; 1 Kön 2,26; Ijob 41,1.

[107] Zur Bedeutung des Adjektivs vgl. Ps 104,34; Spr 20,17.

Hld 2,15: Das Rätsel von den kleinen Füchsen

Text

Übersetzung

15 *Ergreift uns Füchse,*
kleine Füchse
verderben Weinberge,
und unsere Weinberge stehen in Blüte.

Analyse

Ein Kinderlied?

Allein die Platzierung innerhalb von Hld weist diesen kurzen Text als Bestandteil einer Liebesdichtung aus; in anderem Kontext wäre er etwa als Kinderlied zu verstehen, das beim Fangen oder einem anderen Laufspiel gesungen wird. Das kurze Lied hat Metrum und Reim; durch Wortwiederholungen sind die erste und zweite, dritte und vierte Zeile untereinander verknüpft: »Ergreift uns Füchse / kleine Füchse / verderben Weinberge / und unsere Weinberge stehen in Blüte«. Durch Reim und Wortwiederholung erhält der Text etwas Leichtes, Übermütiges.

Wer singt das Lied?

Es lässt sich nicht mit Sicherheit ausmachen, aus wessen Mund dieses Lied kommt. Es könnten Leute im Weinberg sein, Brüder, die um die Unschuld ihrer Schwestern besorgt sind (vgl. 8,8), oder junge Mädchen (vgl. 1,6); Letzteres scheint mir am wahrscheinlichsten, denn der Weinberg steht für den Körper der Frau (8,11–12) bzw. für ihre Unschuld (1,6). Zu der Gefahr, die Mädchen von ihnen im Weinberg auflauernden Männern zu gewärtigen haben, vgl. die Entführung der Mädchen von Schilo durch die Efraimiten (Ri 21,19–23).

Stellung im Kontext

Es scheint nicht ausgeschlossen, dass dieses Lied von einer einzelnen Sprecherin vorgetragen wird, die im Plural spricht (vgl. 1,4). Der Redaktor scheint den Textverlauf folgendermaßen angelegt zu haben: In 2,10–13 fordert der Mann die Geliebte auf, aus dem Haus ins Freie zu kommen; zu diesem Zweck schildert er die Schönheiten der Natur draußen und endet mit den Worten »die Weinstöcke stehen in Blüte« (V 13); im folgenden Vers bittet er sie, sich nicht länger vor ihm verborgen zu halten. Daraufhin gibt ihm die Geliebte hier in V 15 zu verstehen, dass sie nicht so leicht zu verführen ist; sie hat begriffen, dass mit dem blühenden Weinberg sie gemeint ist, und nimmt sich entsprechend in Acht.

Das Motiv »Füchse im Weinberg«

Füchse im Weinberg finden sich in der biblischen Liebesgeschichte *par excellence,* bei Simson, der sich an den Philistern dafür rächt, dass sie ihm die Frau vorenthalten haben. Er jagt dreihundert Füchse mit brennenden Fackeln an den Schwänzen in ihr bebautes Land, wodurch er Getreidefelder, Weinberge und Ölbäume[108] in Brand steckt (Ri 15,5). Bei Simson ist offenbar ein Motiv aus der althebräischen Liebesdichtung in die Handlung der Erzählung eingegangen.[109]

Außerhalb der Liebesdichtung finden sich Füchse, die in Weinbergen Schaden an-

---

[108] LXX und Peschitta lesen »und« vor den Ölbäumen, was hier vorzuziehen ist, denn die Vokabel *kerem* bezieht sich biblisch durchweg auf Weinpflanzungen.

[109] Weitere Beispiele für diese Erscheinung s. o. Einleitung XIII.

richten, in der Gleichnisliteratur, sowohl bei *Äsop* (Fabel Nr. 212) als auch im Midrasch (*Koh r* V, 21).

Doppeldeutigkeit

Auf den ersten Blick mag es scheinen, als ob die Frauen die Füchse fangen lassen wollen, damit sie ihnen nichts zu Leide tun können. Bei näherem Hinsehen erweist sich der Text aber als zweideutig: Scheinbar wollen die Frauen die gefährlichen Tiere von sich fernhalten, aber vielleicht sollen die Füchse (die Geliebten) gefangen werden, damit sie das Verlangen der Frauen stillen.

Auslegung

Das Rätsellied (V 15)

V 15 »*ergreift*«[110] – Das hier gewählte Verb (*'achas*) ist neutral, im Unterschied zu »fangen« (*lakad*; vgl. Ri 15,4), das eine negative Konnotation hätte. So wird die doppelte Deutung ermöglicht, denn in Hld 3,4 spricht die Frau davon, dass sie ihren Geliebten »ergreifen« und nicht wieder loslassen wolle; auch wo der Mann den Körper der Geliebten mit einer Dattelpalme vergleicht (7,9), kommt das Verb »ergreifen« vor.

»*uns*« – Dieses Personalpronomen lässt sich als reiner Dativ *ethicus* verstehen[111] oder aber als Dativ *commodi* im wörtlichen Sinne: Die Frauen sind daran interessiert, dass die Füchse ergriffen werden. Außerdem besteht die Möglichkeit, »uns« als direktes Objekt aufzufassen[112], dann wollten die Frauen sich von den Füchsen ergreifen lassen.

»*Füchse*« – Abgesehen von Hld und von der Simson-Erzählung kommen Füchse in der Bibel als Aasfresser vor (Ps 63,11) oder als kleine Raubtiere, die durch Ruinen streunen (Ez 13,4; Klgl 5,18). In LXX, Vulgata und einigen hebräischen Mss steht die Vokabel »Füchse« hier im Vers nur einmal (Haplographie), aber aus Gründen des Metrums (s. o.) ist sie zweimal hintereinander anzunehmen.

»*kleine Füchse*« – In einem altägyptischen Liebeslied (Papyrus Harris 500) bezeichnet die Frau ihren jugendlichen Liebhaber als jungen Fuchs[113]. Die Bezeichnung als »klein« hat innerbiblische Gründe: Dadurch werden die Männer als harmlos, von den Frauen leicht manipulierbar dargestellt (in Hld 8,1–2 erscheint der Geliebte als passiver Knabe); insofern wirkt die Herausforderung der Frauen, die Füchse sollten sie fangen, geradezu ironisch.

---

110 Zu dieser Imperativ-Form vgl. 2 Sam 2,21.

111 Vgl. etwa Ez 37,11 und *Gesenius-Kautzsch*, Hebräische Grammatik § 119s.

112 Vgl. Lev 19,18; 2 Sam 3,30.

113 *M. Fuks*, Liebeslieder 18. *W. M.* Müller, Die Liebespoesie der Ägypter, Leipzig 1899, Taf. 4.2: »Bin ich nicht nachgiebig deiner Liebe, mein junger Fuchs, zu befriedigen deine Lust«; vgl. *H. A. Schlögl*, Gärten der Liebe 37 (»mein kleiner Wolfsschakal«); *S. Schott*, Altägyptische Liebeslieder 47 (übersetzt sehr blass: »mein Liebling«). Auf einem ägyptischen Ostrakon findet sich auch die Wortverbindung »Liebesfuchs«, *M. Fuks* a. a. O. 66.

Möglicherweise ist mit dem »Kleinen« auch das männliche Glied gemeint, mit dem Männer im weiblichen Weinberg Schaden anrichten können; in dieser Bedeutung kommt die Vokabel z. B. in der Rede vor, die dem jungen König Rehabeam von seinen jugendlichen Ratgebern in den Mund gelegt wird (1 Kön 12,10)[114]. Das Attribut »klein« bezeichnet vielleicht auch die Schlauheit der Füchse – auf Syrisch bedeutet *qatina* »schlau«.[115]

»verderben« – Die Verbalwurzel *chet-bet-lamed* (vgl. Jes 13,5; Mi 2,10; Koh 5,5 u. ö.) ist ebenfalls zweideutig: zumal sie im *Pi'el* auch »schwängern« bedeutet (Hld 8,5 und besonders Ps 7,15).

»und unsere Weinberge stehen in Blüte« – In etlichen Mss steht hier der Singular »Weinberg«, aber da es sich um Füchse im Plural handelt und die Sprecherinnen Frauen im Plural sind, ist die Pluralform hier vorzuziehen. Diese Äußerung zum Abschluss des Verses veranschaulicht zum einen die Gefahr, die gerade den blühenden Weinstöcken droht, zum anderen wirkt sie wie eine Herausforderung an die »Füchse«.

Füchse sind naturgemäß eher an den Früchten des Weinbergs interessiert als an dessen Blüten.[116] Da sich die Füchse hier aber ausdrücklich in einem blühenden Weinberg tummeln, ist der Vers vielleicht dahingehend zu verstehen, dass erst durch den Liebesakt, durch das Eindringen des Fuchses in den Weinberg, die Blüte zur Frucht wird.

Hld 2,16–17: »Der unter den Lilien weidet«

Text

Übersetzung

16 *Mein Freund ist mein, und ich bin sein,*
der unter den Lilien weidet.
17 *Bis verhaucht der Tag und gewichen die Schatten,*
wende dich und gleiche dir, mein Freund,
der Gazelle oder dem Junghirsch auf den Bergen von Betar.

---

[114] Auch in der rabbinischen Literatur ist diese Bedeutung belegt: b *Sukka* 52b.

[115] Dazu *N. Tur-Sinai, Peschuto schel Miqra* II, Jerusalem 1968, 122.

[116] In einer Idylle des *Theokrit von Alexandria* (um 275 v. Chr.) stehen Füchse für liebeshungrige junge Männer, und in einer antiken Randbemerkung zur 5. Idylle wird das Stehlen von Trauben als Metapher für den Liebesakt bezeichnet (s. *M. Fuks* a. a. O. 81; vgl. auch *E. Staiger*, Theokrit. Die echten Gedichte, Zürich/Stuttgart 1970, 47).

Analyse

Weitere Vorkommen

Die Bestandteile dieses Liedes kommen in Hld nicht nur einmal vor: 2,16 erscheint in umgekehrter Reihenfolge seiner Elemente noch einmal in 6,3; 2,17a ist in 4,6a wiederholt und 2,17b steht wiederum leicht abgewandelt in 8,14; außerdem haben wir den Anklang an 2,9a.[117]

Stellung im Kontext

Dieses Lied steht in der Verlängerung des Liedes, in dem der Mann die Geliebte einlädt, die Schönheiten der Natur zu bewundern (2,8–13), worauf die kurzen Lieder folgen, in denen er die Verborgene aufzufinden sucht (V 14) und sie ihm zu verstehen gibt, dass sie vor ihm auf der Hut ist (V 15). Hier geht sie nun auf seine Wünsche ein; ihr ist deutlich, dass sie füreinander bestimmt sind (V 16), doch sogleich schickt sie ihn wieder weg in die Berge, aus denen er gekommen war (V 8), wobei sie ihn wieder mit Gazelle und Junghirsch vergleicht (wie V 9a).

Zwei unverbundene Fragmente?

Das scheinbar Unlogische ihres Verhaltens wirft die Frage auf, ob es sich bei diesen beiden Versen um zwei eigentlich unverbundene Fragmente handelt. Dafür spricht auch die Beobachtung, dass die Frau in V 16 über ihren Geliebten spricht, in V 17 dann zu ihm (wobei die Verbindung nur durch die Bezeichnung »mein Freund« gestiftet wird). Eine ähnliche Situation liegt in Hld 7,11.12–14 vor. Trotz dieser Schwierigkeiten möchte ich für die Zusammengehörigkeit der Verse hier plädieren.

Auslegung

Rede der Geliebten an die Gefährtinnen (V 16)

V 16 *»mein Freund ist mein, und ich bin sein«* – Die Sprecherin berichtet hier von gegenseitiger liebevoller Hingabe; mit ähnlichen Ausdrücken kann biblisch die Beziehung zwischen Gott und Israel bezeichnet werden (z. B. Dtn 26,17–18; 29,12; Jer 7,23). Beim zweiten Vorkommen dieses Verses (6,3) ist die Reihenfolge umgekehrt: »Ich bin meines Freundes, und mein Freund ist mein«; Wiederkehr in chiastischer Verschränkung ist in der biblischen Literatur recht verbreitet.[118] Hier jedenfalls stellt die Sprecherin die Zugehörigkeit des Geliebten zu ihr voran.

»der unter den Lilien weidet« – Hier ist das Verb »weiden« intransitiv verwendet[119], d. h. der Geliebte ist derjenige, der etwas genießt. An der Parallelstelle geht der Vers voran »Mein Freund ist hinabgestiegen in seinen Garten, zu seinen Balsambeeten, in den Gärten zu weiden und Lilien zu sammeln« (6,2). Auch in 4,5 erscheint das Verb »weiden« intransitiv; dort sind es die mit Junghirschen verglichenen Brüste der Geliebten, die »unter den Lilien weiden«. Die Bedeutung der Wortverbindung »unter den Lilien weiden« ist nicht ganz klar: Nach der Aussage des Verses hier gleicht die

---

[117] Näheres dazu in der Auslegung zu den einzelnen Stellen sowie oben Einleitung XVIII.

[118] Dazu *M. Seidel*, Parallelen zwischen Jes und Ps (hebr.), in: *Sinai* 19 (1957) 149–176.229–240.272–280.333–355; *R. Weiss*, Zum Chiasmus in der Bibel (hebr.), in: *Bet-Miqra* 7 (1962) 46–51.

[119] So auch Vulgata; vgl. ferner Gen 41,2.18; 1 Chr 27,29.

Geliebte einer Lilie, woraufhin »der unter den Lilien weidet« so zu verstehen wäre, dass der Mann sich unter den Mädchen umschaut, welche er »pflücken« möchte. So verstanden würde unser Vers besagen, dass die Geliebte sich ihrem Freund zugehörig fühlt, obwohl er »unter den Lilien weidet«; allerdings wäre darin impliziert, dass er ihr nicht treu ist. Gegen diese Deutung spricht auch die Beobachtung, dass am Anfang von Hld 2 nicht die Mädchen überhaupt als »Lilien« bezeichnet werden, sondern nur die Geliebte; auch in 6,2 ist nicht davon die Rede, dass er etwa andere Mädchen »pflückt«. Demnach dürfte mit »weiden unter den Lilien« wohl eher der Genuss der Liebesfreuden gemeint sein. In 4,5 sind in dem Vers vor der Entsprechung zu 2,17 die Brüste der Geliebten mit zwei Zwillingsjungen einer Gazelle verglichen, »die unter den Lilien weiden«; vielleicht sind auch dort die Liebesfreuden gemeint, denen die Jungtiere – die Brüste – zuteil werden. Wenn die Rede der Sprecherin über die Freuden des Geliebten auch einen Hinweis auf den Genuss der Frau, d. h. auf den Genuss, den ihre Brüste erfahren, enthalten, geht das mit der unmittelbaren Fortsetzung des Textes gut zusammen.

Aufforderung der Geliebten an den Geliebten (V 17)

»bis verhaucht der Tag und gewichen die Schatten« – ebenso in 4,6a. V 1
Auch dort ist davon die Rede, dass der Geliebte in die Berge geht. Das Verb »hauchen« steht auch in Hld 4,17; gemeint ist das Wehen des Windes, wobei zunächst noch offen ist, ob es sich um Abend- oder Morgenwind handelt.[120] Aus dem Weichen der Schatten geht hervor, dass es der Morgenwind ist, der die nächtliche Dunkelheit wegweht.[121] Einige von den antiken Versionen lesen hier »bis sich neigen die Schatten« (*natu* statt *nassu*), was eine Deutung auf den Abendwind ergäbe; allerdings wird diese Lesart durch die Parallelstelle nicht bestätigt, vielmehr scheint sie durch Jer 6,4 beeinflusst. Demnach spricht die Frau hier am Abend und ihre Rede bezieht sich auf die bevorstehenden Nachtstunden bis zum nächsten Morgen.

»wende dich« – vgl. 8,4 zur zweiten Vershälfte. Auf den ersten Blick scheint es, als ob die Frau den Geliebten wegschicke, als ob er sich bis zum Morgengrauen nicht bei ihr sehen lassen solle. Das Verb *sabab* bedeutet in der Tat »sich wenden« (vgl. Gen 42,24; 1 Sam 5,8; 15,27; 17,30; 2 Sam 14,24); ob eine Wendung von ihr weg oder zu ihr hin intendiert ist, wird zu klären sein. Unangebracht scheint mir jedenfalls die Emendation des Imperativs *sov* (wende dich) in *schuv* (kehr um)[122]; dahinter steht das Bemühen, den Text zu glätten, Übereinstimmung zwischen den beiden Hälften des Liedes herzustellen, denn wenn sie ihn auffordert umzukehren, dann will sie ihn unzweifelhaft bei sich haben.

---

[120] Auch das gebräuchlichere Verb für »wehen« kommt sowohl für Abendwind vor (z. B. 2 Kön 7,5.7; Jes 5,11) als auch für Morgenwind (Ps 119,147; Ijob 7,4).

[121] Zum Schatten als Bezeichnung für die Nachtstunden vgl. Jes 16,3; Jer 6,4; zum fliehenden Schatten vgl. Ijob 14,2; ferner Ps 144,4.

[122] Belegt in LXX, Peschitta und Vulgata; zu ähnlicher Vertauschung in LXX s. Ps 71,21.

»und gleiche dir[123]*, mein Freund, der Gazelle oder dem Junghirsch«* – In 4,5 sind es die Brüste, die als Zwillinge einer Hirschkuh unter den Lilien weiden. Da hier der Geliebte »unter den Lilien weidet«, vergleicht ihn die Sprecherin mit einer Gazelle oder einem Junghirsch. Dieser Vergleich passt auch zu der Eile, mit der er sich zu den Bergen begeben soll (von wo er gekommen ist laut 2,9).

»auf den Bergen[124] *von Betar«* – In der Parallelstelle 8,14 heißt es »auf Balsambergen«, wie Peschitta und Theodotion auch hier harmonisierend lesen; an der Parallelstelle zur ersten Hälfte unseres Verses 4,6 steht: »... ich gehe mir zum Myrrhenberg und zum Weihrauchhügel«. In Vulgata, Aquila und Symmachus wird die Buchstabenfolge *bet-tav-resch* nur transkribiert, denn sie ist als Eigenname aufgefasst. Auch *R. Samuel b. Meïr* plädiert für einen Ortsnamen, vermutlich Betar, das heutige Battir, etwa 11 km südwestlich von Jerusalem gelegen. Die Targumim, *Raschi* und *R. Abraham b. Esra* dagegen nehmen eine hebräische Vokabel von der Wurzel »zerschneiden, spalten« an[125], d.i. Berge mit einer Spalte (2 Sam 2,29) dazwischen; das wäre eine Anspielung auf die Brüste der Frau. Diese Annahme findet sich in 4,5f. bestätigt, denn nachdem der Sprecher dort die Gestalt der Geliebten vom Kopf bis zu den Brüsten geschildert und letztere mit »unter Lilien weidenden« Jungtieren verglichen hat, sagt er: »bis verhaucht der Tag ... gehe ich mir zum Myrrhenberg ...«. Das würde bedeuten, dass die Sprecherin hier den Geliebten nicht von sich weist, ganz im Gegenteil: Zuerst betont sie die enge Beziehung der beiden Liebenden, dann lädt sie ihn ein, die Nacht bei ihr zu verbringen, sich ihrer Brüste zu erfreuen bis zum andern Morgen. Sie ist raffiniert genug, eine verdeckte Redeweise zu wählen, sei es, dass sie ihn und seine Auffassungsgabe auf die Probe stellen will, sei es, dass sie nach außen hin den Eindruck einer keuschen Jungfrau erwecken will, die den Geliebten über Nacht nicht zu sich lässt. Daraufhin besteht die Gefahr, dass der Geliebte nur den vordergründigen Sinn ihrer Rede versteht und meint, sie schicke ihn tatsächlich fort, denn den ersten Teil ihrer Äußerung (V 16), der an ihr Publikum (wohl ihre Gefährtinnen) gerichtet war, hat er ja nicht gehört. Ähnlich ambivalent lässt sich auch der Abschlussvers von Hld (8,14) verstehen, s.u. die Auslegung.

---

[123] Zu dem Dativ commodi vgl. neben Hld 8,4 und 2,9a noch Gen 27,43; 2 Chr 35,21 u.a.m.

[124] Zum Motiv der Gazelle auf dem Berg vgl. auch 1 Chr 12,9.

[125] Biblisch belegt für Opfertiere: Gen 15,10; Jer 34,18–19; vgl. auch *R. Saadja Gaon*.

Hld 3,1–5: Nächtlicher Traum – »Auf meinem Lager«

Text

Übersetzung

1 *Auf meinem Lager nächtlich*
suche ich, den meine Seele liebt,
ich suche ihn und finde ihn nicht.
2 *Ich will aufstehen und umhergehen in der Stadt,*
auf Märkten und Plätzen
will ich suchen, den meine Seele liebt,
ich suche ihn und finde ihn nicht.
3 *So fanden mich die Wächter, die in der Stadt umhergehen:*
»Den meine Seele liebt, habt ihr gesehen?«
4 *Kaum war ich an ihnen vorüber,*
da fand ich, den meine Seele liebt,
ich ergreife ihn und lasse ihn nicht los,
bis ich ihn gebracht ins Haus meiner Mutter,
ins Gemach meiner Erzeugerin.

5 *Ich beschwöre euch, Töchter Jerusalems,*
bei den Gazellen oder den Hinden des Feldes,
ob ihr erwecket, ob ihr erreget, die Liebe, bis sie verlanget.

Analyse

Stellung im Kontext

Im vorangehenden Lied hatte die Frau den Geliebten scheinbar weggeschickt bis zum andern Morgen (2,17). Ihre Rede war zwar zweideutig (s. dazu in der Auslegung), aber er hatte sie wörtlich genommen und war weggegangen. Mit Einbruch der Nacht findet sich die Frau also allein auf ihrem Lager und macht sich auf, den Geliebten zu suchen, oder wie der anonyme mittelalterliche Kommentator schreibt: »Nun berichtet sie, wie sie nachts auf ihrem Lager bedauerte, dass sie ihn weggehen geheißen …«. Zuvor (2,17) hatte sie den Geliebten mit Gazelle oder Junghirsch verglichen; am Ende des vorliegenden Liedes beschwört sie ihre Gefährtinnen »bei den Gazellen oder den Hinden des Feldes«, sie nicht zu stören.

Aufbau

Die ersten vier Verse dieser literarischen Einheit, die viele Wortwiederholungen hat, sind nach dem Muster 3 + 1 aufgebaut:[126] Die Suche nach dem Geliebten geht in vier Etappen vor sich; die ersten drei Versuche (V 1–3) scheitern, erst beim vierten Mal (V 4) findet sie ihn und bringt ihn zu sich nach Hause.[127]

---

[126] Vgl. *Y. Zakovitch*, Zu drei bzw. vier (hebr.), Jerusalem 1979.

[127] Dasselbe Muster findet sich etwa bei Sauls Suche nach den verlorenen Eselinnen (1 Sam 9,3–10.17, bes. 4–5): An drei verschiedenen Orten sucht er vergeblich, erst am vierten wird er fündig.

In allen vier Etappen der Suchaktion wird der Gesuchte bezeichnet als »den meine Seele liebt«. Die ersten beiden Versuche, ihn zu finden (V 1–2), zuerst neben ihr im Bett, dann draußen in der Stadt, haben einiges gemeinsam: Sie enthalten beide die Aussage, dass sie ihn sucht, und enden jeweils mit der Feststellung: »ich suche ihn und finde ihn nicht«. Auch die letzten beiden Versuche (V 3–4) bilden insofern ein Paar, als sie beide das Motiv des Findens enthalten: In V 3 vollzieht sich ein Wechsel der Perspektive, die junge Frau wird von den Wächtern »gefunden«, erst im letzten und höchsten Stadium des Vorgangs (V 4) ist ihre Suche von Erfolg gekrönt.

Szenerie

Den äußeren Rahmen der Handlung bildet das Haus der Sprecherin; von da geht sie aus und dorthin kehrt sie mit dem Gefundenen zurück. Erst aus dem letzten Vers dieser Einheit (V 5) geht hervor, an welches Publikum die Erzählung dieses Vorgangs gerichtet ist: an die Gefährtinnen der Sprecherin, die Töchter Jerusalems, die von ihr beschworen werden.

Gemeinsamkeiten mit 5,2–6,3

Das vorliegende Lied weist zahlreiche Gemeinsamkeiten mit der Nachtszene 5,2–6,3 auf:

3,1: Auf meinem Lager nächtlich	5,2: Ich schlafe …
Ich suche ihn	5,6: Ich suche ihn
und finde ihn nicht.	und finde ihn nicht.
3,3: So fanden mich die Wächter,	5,7: So fanden mich die Wächter,
die in der Stadt umhergehen	die in der Stadt umhergehen
3,5: Ich beschwöre euch,	5,8: Ich beschwöre euch,
Töchter Jerusalems, …	Töchter Jerusalems, …

In beiden Liedern befindet sich die junge Frau zu Hause im Bett, begibt sich hinaus auf die Suche nach ihrem Geliebten, fragt auch ihre Zuhörer nach ihm. An beiden Szenen sind dieselben Figuren beteiligt: die junge Frau, ihr Geliebter, die Wächter und die Töchter Jerusalems.

Unterschiede zwischen 3,1–5 und 5,2–6,3

Trotz der vielen Gemeinsamkeiten gibt es auch markante Unterschiede zwischen den beiden Liedern: In 3,1–5 bleiben die übrigen Personen Randfiguren; die Wächter haben das Mädchen zwar »gefunden«, gehen aber nicht auf seine an sie gerichtete Frage ein (3,3), auch die Töchter Jerusalems sagen kein Wort; sowohl die Wächter als auch die Gefährtinnen bleiben völlig passiv. Als die junge Frau den Geliebten findet, hält sie ihn fest und bringt ihn ins Haus ihrer Mutter. Im Gegensatz dazu enthält die Parallelszene 5,2–6,3 eine Reihe von plastischen Konfrontationen: zwischen der Frau und dem Geliebten; zwischen ihr und den Wächtern, die sie misshandeln; zwischen ihr und den Töchtern Jerusalems. Sowohl der Geliebte als auch die Gefährtinnen führen einen Dialog mit ihr. Das Lied 3,1–5 ist verhaltener als sein Gegenstück 5,2–6,3, das unverhüllt erotisch ist: Die junge Frau im Bett hat ihre Kleider ausgezogen, von den Wächtern wird sie ihres Gewandes beraubt, die Schönheit des Geliebten wird geschildert, und er steigt hinab in seinen Garten.

Gemeinsamkeiten mit 8,1–4

Das Lied 3,1–5 hat noch mit weiteren Liedern in Hld Gemeinsamkeiten: 3,4 erinnert an die Szene, wie der Geliebte sich völlig passiv von der Frau ins Haus ihrer Mutter führen lässt (8,1–4):

3,4: da fand ich	8,1: ich finde dich
3,2: auf Märkten und Plätzen	auf der Gasse
3,4: bis ich ihn gebracht	8,2: ich bringe dich
ins Haus meiner Mutter	ins Haus meiner Mutter
3,5: Ich beschwöre euch …	8,4: Ich beschwöre euch …
bis sie verlanget.	bis sie verlanget.

Die Szene 8,1–4 spielt nicht bei Nacht, sondern am hellen Tag, daher kann die

Frau den Geliebten nicht ins Haus ihrer Mutter bringen, es sei denn, er gelte als ihr Bruder.

Hld 2,4–7 Die abschließende Beschwörung 3,5; 8,4 findet sich auch in 2,4–7. An allen drei Stellen trägt sie zur traumhaften Stimmung bei; die Sprecherin scheint wie berauscht von ihrer Liebe. Ausführlicher zu den Wiederholungen innerhalb von Hld s. o. Einleitung XVIII.

Hos 2,7–9 Ein ähnliches Liebeslied, in dem sich ebenfalls die Frau auf die Suche nach ihrem Geliebten begibt, findet sich bei Hos: »... denn sie sprach: Ich will meinen Liebhabern nachlaufen ... Sie soll ihren Liebhabern nachjagen und sie nicht einholen, sie soll sie suchen und nicht finden ...« (Hos 2,7.9; s. auch oben Einleitung XIII).

Auslegung

Erster Akt der Suche (V 1)

»auf meinem Lager« – Die Lagerstatt kommt auch sonst in erotischem Kontext vor (z. B. Gen 49,4; Spr 7,17), vor allem in der Erzählung von Amnon und Tamar, die mit Hld vieles gemeinsam hat (2 Sam 13,5). Außerdem ist es der Ort, wo der Mensch liegt und träumt: Ijob 33,15; Dan 2,28, ferner Dan 4,2.7.10; 7,1. In Hld kommen beide Komponenten zusammen. V 1

»nächtlich« – Die hier verwendete Pluralform von »Nacht« (wörtlich: »in den Nächten«, vgl. 3,8: »vor nächtlichem Schrecken«) ist entweder als poetisch einzuordnen[128] oder aber als Verallgemeinerung (vgl. dazu Ps 16,7; 92,3; 134,1): Es handelt sich um einen Traum, der die Sprecherin häufiger heimsucht.

»suche ich« – Das hier verwendete Verb dient biblisch öfter als Äquivalent für »suchen« (z. B. 1 Sam 10,2.14), allerdings nicht als einziges (vgl. Ex 10,11; 1 Chr 21,3).

»den meine Seele liebt« – Diese Bezeichnung des Geliebten kommt in allen vier Etappen des Handlungsverlaufs vor; außerdem findet sie sich in 1,7: »Sag mir, den meine Seele liebt«. Auch dort ist es die Frau, die ihren Geliebten so nennt, auch dort geht sie hinaus, ihn zu suchen. An beiden Stellen wird nicht deutlich, ob die Liebe auf Gegenseitigkeit beruht. Hier fehlt der Geliebte ihr im nächtlichen Traum und sie zieht aus mit dem festen Entschluss, ihn um jeden Preis zu finden (vgl. auch Jes 26,9; Ps 63,7).

»ich suche ihn und finde ihn nicht« – ebenso 3,2 und 5,6. Das Verb »suchen« ist hier wiederholt, einerseits um die von der Sprecherin aufgewandte Mühe hervorzuheben, andererseits für die Gegenüberstellung von Suchen und Finden.[129] LXX fügt hier in Angleichung an 5,6 hinzu: »Ich rufe ihn, und er antwortet mir nicht«; dort hat dieser Satz seine Berechtigung, denn

[128] Ähnlich wie »seine Gemächer« (1,4), »unsere Häuser« (1,17) u. ö.

[129] Vgl. dazu auch Jes 65,1; Jer 29,13; Hos 5,6 und bes. Hos 2,9, wo eine ähnliche Situation geschildert wird wie hier.

die Frau hat zuvor mit dem Geliebten gesprochen (5,2–3), was hier nicht der Fall ist.

V 2 *»ich will aufstehen«* – zu dieser Verbform als Selbstermunterung vgl. 2 Sam 3,21, zur Verwendung der Partikel *na'* in Aufforderungen vgl. z.B. Gen 19,8.20; Dtn 3,25. Zweiter Akt der Suche (V 2)

»und umhergehen in der Stadt« – In V 3 trifft sie dann die »Wächter, die in der Stadt umhergehen« (ebenso 5,7). Die junge Frau ist recht kühn, dass sie sich nachts allein auf die Straße wagt, um ihren Geliebten zu suchen. Anständige Frauen waren um diese Zeit nicht unterwegs, was z.B. aus der Sorge hervorgeht, die Boas für Rut zeigt: Er lässt sie nicht bei Nacht nach Hause zurückkehren, vielmehr bleibt sie bei ihm auf der Tenne bis zum andern Morgen (Rut 3,13–14). Dagegen geht die fremde Frau, die Hure aus Spr 7, bei Nacht und Nebel auf Männerjagd (Spr 7,9–10). Auch wo Jes die Stadt Tyrus als vergessene Hure anredet, spricht er davon, dass sie in der Stadt umhergeht (Jes 23,15–16; vgl. auch oben Einleitung XIII). Bei der Beschreibung dessen, was sie tun will, verwendet die junge Frau also Vokabular aus dem Prostituierten-Milieu.

»auf Märkten und Plätzen« – Beim Markt *(schuq)* handelt es sich um die offene Straße,[130] wo man den Blicken der Vorübergehenden ausgesetzt ist. So wird etwa das Opfer der Hure in Spr 7,8 als »Passant auf dem Markt« bezeichnet und von ihr heißt es in der Fortsetzung »bald auf der Gasse, bald auf den Plätzen, an jeder Ecke lauert sie« (Spr 7,12); im Zusammenhang mit hurerischem Gebaren kommen »Plätze« auch in Ez 16,24.31 vor. Eine in den Verdacht der Prostitution geratene Frau hat nichts Gutes zu gewärtigen: In unserem Paralleltext Hld 5 wird die Geliebte dann auch von den Wächtern aufgegriffen, ihres Schleiers beraubt und geschlagen (5,7), und das obwohl dort nicht gesagt ist, dass sie »in der Stadt umhergehe«, was sie unkeusch erscheinen lassen könnte. Daher würde ich davon ausgehen, dass die beiden Lieder auf eine dritte Quelle zurückgehen, die eine vollständigere Darstellung des Vorgangs enthielt: Als die Frau nachts in der Stadt umhergeht, wird sie von den Wächtern aufgegriffen und misshandelt, weil die sie für eine Prostituierte halten.[131]

»will ich suchen, den meine Seele liebt« – Diesmal erscheint das Suchen nicht als Faktum, sondern als Absicht, in der Verlängerung von »ich will aufstehen …«. Ihre Aussichten, den Geliebten bei Nacht draußen zu finden, sind äußerst gering, aber die Frau hat solche Sehnsucht nach ihm, dass sie bereit ist, jedes Risiko auf sich zu nehmen.

»ich suche ihn und finde ihn nicht« – Hier hat die Geliebte ihr Vorhaben bereits in die Tat umgesetzt, mit nur im Traum möglicher Geschwindigkeit;

---

130 So die Bedeutung von akkadisch *suqu*.

131 So hält auch der Stammvater Juda seine Schwiegertochter Tamar für eine Prostituierte, weil sie verschleiert an der Straßenecke sitzt (Gen 38,14); s. auch oben Einleitung XIII.

das Resultat ist jedoch ebenso enttäuschend wie am Ende von 3,1. Die Wiederholung unterstreicht das Erlebnis des Scheiterns und die Hoffnungslosigkeit.

Dritter Akt der Suche (V 3)

V 3 *»so fanden mich die Wächter«* – Im dritten Stadium der Suche erfolgt eine überraschende Wendung: Nach zweimaligem Nicht-Finden folgt endlich ein Finden, nur dass nicht sie den Gesuchten findet, sondern sie wird gefunden von den Nachtwächtern, den Einzigen, die bei Nacht zur Bewachung der Stadt (vgl. Jes 21,11; 62,6) auf der Straße sind.

»die in der Stadt umhergehen« – genauso 5,7; hier entsteht dadurch eine Symmetrie zwischen dem Umhergehen der liebenden Frau und dem der Wächter.

»den meine Seele liebt, habt ihr gesehen?« – Dieser Satz ist formal nicht als Frage gekennzeichnet, nur durch Situation und Intonation wird er als solche erkennbar.[132] Da durchaus damit zu rechnen ist, dass die Wächter die Frau wegen nächtlichen Herumtreibens anhalten (was in 5,7 tatsächlich berichtet ist), kommt sie ihnen mit einer Frage zuvor. Die junge Frau ist anscheinend so auf die Person ihres Geliebten fixiert, dass sie meint, alle müssten ihn kennen; daher bezeichnet sie ihn hier mit demselben Ausdruck wie zuvor gegenüber ihren Gefährtinnen. Eine etwaige Antwort der Wächter wird nicht erwähnt, sei es, weil die Frage nicht verstanden wird, sei es, weil die Fragestellerin nicht stehen bleibt, um eine Antwort abzuwarten. Das Schweigen der Wächter passt in den Kontext des Liedes, in dem außer den Liebenden niemand zu Worte kommt.

Vierter Akt der Suche (V 4)

V 4 Nach dreimaligem Scheitern scheint die Suche verloren; nicht einmal die Wächter, deren Aufgabe darin besteht, auf nächtliche Passanten zu achten, können ihr helfen, den Geliebten zu finden. Doch da vollzieht sich der wunderbare Umschwung:

»kaum war ich an ihnen vorüber« – Sobald die Frau dem Zugriff der Wächter entzogen ist, geschieht das kaum zu Erhoffende: Sie findet ihren Geliebten. Eine ähnliche Verwendung der Partikel »kaum« ist in Ez 16,47 zu beobachten; das Verb »vorübergehen« steht in vergleichbarer Konstruktion in Dtn 2,8.

»da fand ich« – Die Geliebte hat den Geliebten gefunden, ohne jegliche Mitwirkung von außerhalb. Anders als im älteren biblischen Sprachgebrauch steht das Verb »finden« hier im Perfekt, ebenso das Verb »bringen« in der zweiten Vershälfte.

»den meine Seele liebt« – Diese Bezeichnung erscheint hier zum vierten und letzten Mal im Munde der Geliebten.

»ich ergreife ihn« – Das Verb *alef-chet-sajin* »ergreifen, packen« bezeichnet meistens die Gefangennahme von Feinden (vgl. Ri 1,10; 2 Sam 2,21), hier dagegen ist es in positivem Sinne gemeint (vgl. Ps 139,10, s. auch Hld

[132] Vergleichbar etwa 1 Sam 21,16 oder 2 Sam 11,11; 18,29.

2,15). Hier legt jedenfalls die Frau Entschlossenheit an den Tag, wohingegen ihr Geliebter eher passiv erscheint.

»und lasse ihn nicht los«[133] – Die Verneinung des Gegenteils zur Bekräftigung der ursprünglichen Aussage findet sich ähnlich auch Spr 4,13; somit wird klargestellt, dass die Frau den Geliebten jetzt fest in der Hand hat.

»bis ich ihn gebracht« – perfektische Verbform wie oben bei »da fand ich«, um die Promptheit des Geschehens zu betonen. Dieser Teil weist Anklänge an 8,1–4 auf (s.o. Analyse).

»ins Haus meiner Mutter« – Der Terminus »Haus der Mutter« kommt auch Hld 8,2 vor, ferner Gen 24,28; Rut 1,8; er bezieht sich auf einen Teil der Familie, bestehend aus einer Frau und deren Kindern (vgl. auch oben 1,6: »die Söhne meiner Mutter«).

»ins Gemach meiner Erzeugerin«[134] – Möglicherweise wird das »Gemach« erst nach dem »Haus« genannt, weil es einen intimeren Raum innerhalb des Gebäudes bezeichnet (auch in 1,4 wird die Frau »in die Gemächer« gebracht). So jedenfalls meint der anonyme mittelalterliche Kommentar: »ins Haus meiner Mutter – das ist der äußere Bereich ... ins Gemach meiner Erzeugerin – das ist der innerste Raum, verborgen und geeignet zum Liebeslager«. Wie in Kap. 8 äußert sich hier eine gewisse Scheu der Sprecherin vor der vollen Vereinigung mit dem Geliebten. Zu Anfang des Liedes auf ihrem Bett liegend hatte sie große Sehnsucht nach ihm empfunden, doch nun, da sie ihn heimführt, bringt sie ihn nicht »zu meinem Lager« oder »in mein Haus«, sondern ins Haus ihrer Mutter. Möglicherweise steckt dieselbe Vorstellung dahinter, die sich auch in 8,1–4 äußert: Die Heimführung des Geliebten wird legitim, wenn sie ihn als eine Art Bruder deklariert. Die Gestalt der Brautmutter wird auch in der sumerischen Liebesdichtung öfter erwähnt.[135]

Beschwörung der »Töchter Jerusalems« (V 5)

V 5 Nachdem ihr Wunsch in Erfüllung gegangen ist, wendet sich die Sprecherin an ihre Gefährtinnen und beschwört sie, nicht zu stören – entweder heißt das, dass sie das intime Beisammensein der Liebenden nicht unterbrechen sollen, oder aber, dass sie die Sprecherin nicht aus ihren Träumen wecken sollen. Auch an den beiden weiteren Vorkommen – 2,7 und 8,4 – lässt dieser Vers beide Deutungen zu (s.o. zu 2,7). Die Beschwörung in 5,8 lautet anders, denn dort ist die Situation eine andere: Dort ist das Finden des Geliebten durch die Wächter vereitelt worden.

---

133 Zur Zeitenfolge der hebräischen Verbformen hier vgl. *S. R. Driver*, Tenses, §42.

134 Zum Parallelismus »Haus/Gemach« vgl. Spr 24,3–4; zum Parallelismus »Mutter/Erzeugerin« vgl. Hos 2,7.

135 Vgl. *S. N. Kramer*, The Biblical Song of Songs and the Sumerian Love Songs, in: Exped. 5 (1962) 25–31.

Hld 3,6: »Umräuchert von Myrrhe und Weihrauch«

Text

Übersetzung

6 *Wer ist es, die heraufsteigt aus der Wüste wie Rauchsäulen,*
umräuchert von Myrrhe und Weihrauch,
von jeglichem Pulver des Gewürzhändlers.

Analyse

Stellung im Kontext: Fragment

V 6 steht für sich, er bildet nicht die Einleitung zu V 7–11, denn die Frage »Wer ist es, die …« verlangt als Antwort eine Person, nicht einen Gegenstand (obwohl die Vokabel für »Bett« auf Hebräisch feminin ist). Auch die sorgfältige Strukturierung von V 7–11 lässt keinen Raum für einen vorangestellten Vers (vgl. dazu die Auslegung von 3,7–11). Der eingeschobene V 6 stört sogar das redaktionelle Kontinuum von 3,1–5 und 3,7–11. Ein ähnliches Fragment findet sich Hld 8,5a: »Wer ist es, die emporsteigt aus der Wüste, gestützt auf ihren Freund«. Ein vergleichbarer Vers »Wer ist es, die zu erschauen wie die Morgenröte, schön wie der Mond, lauter wie die Sonne, furchterregend wie die Sichtbaren« (6,10) ist disloziert, er gehört an den Anfang der literarischen Einheit 6,4–9 (s. dort).

Anspielung auf die Erzählung über den Besuch der Königin von Saba bei Salomo

Wer den Vers 3,6 hier sekundär eingebaut hat, wollte ihn anscheinend zu den folgenden Versen in Beziehung setzen: Da 3,7–11 von König Salomo handelt und auf Details aus seinem Leben sowie auf seinen aus Kön bekannten Reichtum anspielt, könnte ein Bearbeiter des Textes V 6 mit seiner Erwähnung einer von allerlei Düften umwehten jungen Frau auf die Königin von Saba und deren Besuch bei König Salomo bezogen haben (vgl. 1 Kön 10,1–13). In 1 Kön 10,10 sind unter den Geschenken, welche die Königin mitbrachte, ausdrücklich große Mengen von Spezereien erwähnt, und ein Vers wie Ez 27,22, wo die »Gewürzhändler von Saba« genannt sind, ist dazu angetan, die Beziehung der Königin von Saba zu »jeglichem Pulver des Gewürzhändlers« in unserem Vers zu verstärken.

Die Erzählung über den Besuch der Königin von Saba bei König Salomo endet mit einem Vers (1 Kön 10,13), dessen Unklarheit Anlass zur Vermutung gibt, dass sich die Beziehungen zwischen den beiden vielleicht nicht nur auf den Handel beschränkten, zumal im folgenden Kapitel in 1 Kön 11 von König Salomos ausländischen Frauen die Rede ist. Anscheinend sollte diese Überlieferung schon in Kön heruntergespielt werden. Auch die geringe Bezugnahme auf die Begegnung zwischen König Salomo und der Königin von Saba in der rabbinischen Literatur verrät dieselbe Tendenz: Die Rabbinen wollten diese Episode unter den Tisch fallen lassen. Deutlich polemischen Charakter hat etwa eine diesbezügliche Äußerung von *R. Johanan*: »Wer von der ›Königin von Saba‹ spricht, der irrt; es handelt sich nicht um die Königin, sondern um das Königreich von Saba …« (b *Baba batra* 15b). Spätere jüdische Schriften wie das sog. Alphabet des Ben-Sira und Targum scheni zu Ester sprechen unverblümt von erotischen Beziehungen zwischen den beiden. Nach dem mittelalterlichen Buch Ben-Sira ging Nebukadnezzar aus der Verbindung zwischen der

Königin von Saba und König Salomo hervor.[136] Die Tradition, wonach der Bösewicht, der den Ersten Tempel zerstörte, ein Nachkomme von König Salomo und der Königin von Saba war, steht offenbar in Konkurrenz zu der anders lautenden äthiopischen Überlieferung über die Reise der Königin von Saba zu König Salomo nach Jerusalem; dort wird der aus der Verbindung der beiden hervorgegangene Sohn als der eigentliche Erbe des israelitischen Königtums dargestellt.[137] Dass die sexuellen Elemente in der späteren jüdischen Überlieferung sowie außerhalb Israels auftauchen, zeugt für eine Wiederherstellung der ursprünglichen Tradition, die in der biblischen Literatur zurückgedrängt, aber mündlich weitertradiert wurde, bis sie in der mittelalterlich-jüdischen Literatur wieder an die Oberfläche trat.

Absicht des Redaktors

Von daher könnte es sein, dass ein Redaktor, der die Tradition von der sexuellen Verbindung zwischen König Salomo und der Königin von Saba kannte, in der in unserem Vers erwähnten jungen Frau die Königin von Saba erblickte, wie sie zu König Salomos Bett hinaufsteigt. Insofern läge hier eine Art Hochzeitslied vor, ähnlich wie in Ps 45 die eheliche Verbindung des Königs mit einer fremden Prinzessin, der Königstochter von Tyrus, berichtet ist (Ps 45,13). Auf der anderen Seite ist nicht auszuschließen, dass hinter der Anordnung der Verse 3,6.7–11 bereits eine allegorische Deutung steht: Etwa im Sinne von Jer 2,2 könnte der Redaktor Hld 3,6 auf die Beziehung zwischen Gott und Israel zur Zeit der Wüstenwanderung bezogen haben; dann wären die Rauchsäulen ein Hinweis auf die Wolken- und Feuersäule, die Israel damals begleitete, und die Schilderung des königlichen Tragsessels eine Bezugnahme auf die Anfertigung der Stiftshütte (s. o. Einleitung XII).

Allegorisierung?

Unter Umständen wäre auch denkbar, dass der Redaktor die Vokabel »Bett« als Euphemismus für »Frau« aufgefasst haben könnte, wofür sich im rabbinischen Sprachgebrauch Belege finden (etwa b *Pessachim* 112b).

Auslegung

Rhetorische Fragen (V 6)

V 6 *»wer ist es«* – Zumeist werden rhetorische Fragen dieser Art in der unmittelbaren Fortsetzung des Textes beantwortet (z. B. Jes 63,1; Jer 46,7–8); in Jes 60,8 ist die Antwort nicht ausdrücklich formuliert, lässt sich aber aus dem Kontext erschließen.

»die heraufsteigt aus der Wüste« – Die »Wüste« ist unbebautes Land (vgl. Jer 2,2), das auch als Weidegelände dienen kann (Ex 3,1; 1 Sam 17,28). Aus der Wüste herauf schickt David seine Boten zu Nabal, woraus seine Verbindung mit Abigajil resultiert (1 Sam 25,4–5). In einer Endzeitvision steigt der Geist Gottes aus der Wüste herauf (Hos 13,15). Der reale Hintergrund des Heraufsteigens aus der Wüste beruht auf der Topographie des Landes Israel: Sowohl die Wüste Juda als auch der Negev sind niedrig gelegen, so dass der Weg zu den Ortschaften ins Bergland »hinauf« führt.

136 Dazu *E. Yassif*, The Tales of Ben Sira in the Middle-Ages (hebr.), Jerusalem 1985, 56 f.

137 Zur Königin von Saba in der äthiopischen Überlieferung s. *E. Ullendorff*, The Queen of Sheba in Ethiopian Tradition, in: *J. B. Pritchard* (Hg.), Solomon and Sheba, New York 1974, 104–114.

»wie Rauchsäulen« – Das Wort »Rauchsäule« (vgl. auch Ri 20,40) erinnert an die Wolken- und die Feuersäule, von denen die Israeliten während ihrer Wüstenwanderung begleitet wurden (s. Ex 13,21–22; 14,1.24 u.ö.). Derselbe Ausdruck wie hier *(timrot aschan)* findet sich biblisch noch einmal in Joël 3,3. Im rabbinischen Hebräisch kommt die Wurzel *taw-mem-resch* als Nomen und als Verb vor,[138] jeweils in der Bedeutung »hoch und schlank emporwachsen«. Insofern könnte hier durchaus dieselbe Wurzel vorliegen wie in der Vokabel *tamar* (»Dattelpalme«), mit der die Gestalt der Geliebten ja ausdrücklich verglichen wird (Hld 7,8). Der Aufstieg der jungen Frau aus der Wüste gleicht also dem Aufsteigen einer Rauchwolke (vgl. Jos 8,21; Ez 8,11), wobei hier wohl weniger an ihre körperliche Erscheinung oder an den von ihren Füßen aufgewirbelten Staub gedacht ist, sondern eher an die sie umwehende Duftwolke. Die Verwendung der Pluralform (Rauchsäulen, nicht -säule wie in LXX und Vulgata) könnte von Joël 3,3 beeinflusst oder ein poetisches Stilmittel (ähnlich in Hld 2,9 zu beobachten) sein.

»umräuchert« – Sobald sie näherkommt, wird sie nicht nur mit den Augen, sondern auch mit dem Geruchssinn wahrnehmbar. Es ist nicht nötig, die Partizipform *mequteret* in die Nominalform *miqteret* (Räucherpfanne, vgl. Ez 8,11; 2 Chr 26,19) zu emendieren oder in *miqtoret* (wie Aquila, Vulgata und Targum). Rabbinisch ist das Partizip in der Bedeutung »parfümiert« belegt (z.B. *Pirqe deRabbi Elieser* XXX, wo es mit dem Namen von Abrahams Frau Ketura in Verbindung gebracht wird).

»von Myrrhe« – s. oben zu 1,13; beachte den Anklang von *mor* (»Myrrhe«) und *timrot* (»Säulen«).

»und Weihrauch« – auch sonst zusammen mit Myrrhe genannt (Hld 4,6, vgl. auch 4,14); einer der Bestandteile des am Jerusalemer Tempel verwendeten Räucherwerks (Ex 30,34). Es handelt sich um Harz verschiedener Weihrauchbaumarten *(Boswellia)*, die auf der arabischen Halbinsel, in Ostafrika und Indien wachsen.

»von jeglichem Pulver des Gewürzhändlers« – Auf die einzelnen Duftstoffe folgt der zusammenfassende Oberbegriff.[139] Die starke Parfümierung der jungen Frau, nicht nur mit Myrrhe und Weihrauch, sondern mit allem, was an Duftstoffen im Handel war, wird hier rühmend hervorgehoben (vgl. auch 4,13–14 sowie Ps 45,9). Die Vokabel *'avqa* (»Pulver«) ist *hapax legomenon*, sie kommt auch im rabbinischen Sprachgebrauch nicht vor. Zu *rochel* als »Händler« vgl. 1 Kön 10,15; Ez 17,4), zu Gewürzhändlern vgl. auch Ez 27,22.

---

[138] b *Pessachim* 26a (Nomen), b *Joma* 38a (Verb); b *Ketubot* 111b (Verb).

[139] Zur distributiven Verwendung von *mikkol* vgl. auch Gen 6,21; 7,15–16.

Hld 3,7–11: »Salomos Bett«

Text

Übersetzung

7 *Sieh da, Salomos Bett,*
sechzig Helden rings umher
von Helden Israels,
8 *allesamt schwertgegürtet, kampferfahren,*
jedermann mit dem Schwert an der Hüfte,
vor nächtlichem Schrecken.

9 *Einen Tragsessel ließ sich machen König Salomo*
aus Bäumen des Libanon,
10 *die Säulen machte er silbern, die Lehne golden, den Sitz purpurn,*
das Innere ausgekleidet mit Liebe von den Töchtern Jerusalems.

11 *Gehet aus und sehet, Töchter Zions, den König Salomo,*
die Krone, mit der ihn seine Mutter gekrönt
am Tag seiner Hochzeit, am Tag seiner Herzensfreude.

Analyse

Stellung im Kontext

Das nachträglich eingeschobene Fragment 3,6 stört den redaktionellen Zusammenhang zwischen 3,1–5 und 3,7–11. Der ursprüngliche Redaktor hatte 3,7–11 als Spottlied auf Salomo aufgefasst und es 3,1–5 so gegenübergestellt, dass der Kontrast recht deutlich wird.

Kontrast zwischen 3,1–5 und 3,7–11

In 3,1–5 spricht die junge Frau davon, was sie »nächtlich« auf ihrem Lager empfindet; das Lied über Salomo 3,7–11 handelt von dessen nächtlicher Furcht. Der Unterschied ist markant: Sie hat keine Angst, mitten in der Nacht hinauszugehen, um ihren Geliebten zu suchen, obwohl sie dabei Gefahr läuft, von den Wächtern, »die in der Stadt umhergehen«, aufgegriffen zu werden. Der König dagegen bleibt in seinem Bett, wo sechzig bewaffnete Helden »rings umher« stehen. Während die Frau den Mann sucht, »den meine Seele liebt«, ergeht an die Töchter Jerusalems die Einladung, herbeizukommen und König Salomo in seinem Bett zu bewundern. Die junge Frau ist aktiv, sie ergreift ihren Geliebten und bringt ihn ins Haus ihrer Mutter; der König dagegen ist passiv (wie der Geliebte des Mädchens), er braucht Wächter zu seinem Schutz und lässt sich von seiner (ihrerseits aktiven) Mutter die Krone auf den Kopf setzen. Das Gemach der Mutter des Mädchens ist ein intimer Raum geeignet für die Vereinigung zwischen der jungen Frau und ihrem Geliebten; Salomos Tragsessel ist alles andere als intim. Ein zahlreiches Publikum ist zugegen und das Innere ist gepolstert mit Liebe von den Töchtern Jerusalems. Die junge Frau beschwört die Töchter Jerusalems, das intime Beisammensein mit ihrem Geliebten nicht zu stören; für Salomo ergibt sich keine solche Möglichkeit, denn die Töchter Jerusalems umstehen sein Bett.

Aufbau: Drei Strophen

Das Lied über König Salomo besteht aus drei Strophen (V 7–8; V 9–10; V 11), die jeweils mit seiner namentlichen Erwähnung einsetzen. In der ersten Strophe (V 7–8) wird der äußerste Ring angesprochen, die Wächter rings um sein Bett. Die zweite Strophe (V 9–10) führt den Zuschauer in den inneren Ring, in Salomos Tragsessel, ausgekleidet mit Liebe von den Töchtern Jerusalems. In der dritten Strophe (V 11) werden die beiden Sphären miteinander verknüpft: Sämtliche Jerusalemerinnen werden eingeladen, ins Innere zu schauen.

Spottlied auf König Salomo

Dieses Lied gibt sich äußerlich als Hochzeitslied (bes. V 11), aber im Grunde ist es ein Spottlied auf König Salomo (wie das andere Lied über Salomo, Hld 8,11–12, s. dort). Das Lied greift traditionelle Elemente wie Salomos Vielweiberei (1 Kön 11,1 ff.) und Reichtum (1 Kön 10) sowie den Anteil seiner Mutter an seiner Krönung auf (1 Kön 1). Geschildert wird ein völlig passiver König, dessen Luxus ein wenig an den des Königs Ahaschwerosch (vgl. bes. Est 1,6) erinnert. Die Erwähnung der sechzig Helden, auf deren Bewachung er selbst bei Nacht nicht verzichten kann, wirkt wie eine Satire auf die Überlieferung von Salomo als Friedensherrscher.[140] Der Midrasch bemerkt dazu: »Nicht einmal über sein Bett war er König, denn er fürchtete sich vor den Geistern« (*Cant r* I 10). Nicht nur die männlichen Beschützer verhindern jegliche Intimität, auch das zahlreiche weibliche Publikum, die Töchter Jerusalems, innerhalb des Tragsessels. Im zweiten Anlauf werden dann sämtliche Jerusalemerinnen geladen, den Prunk drinnen zu bewundern, der in der Krone gipfelt, mit der ihn seine Mutter gekrönt hat. Dieser Salomo ist ein verwöhntes Muttersöhnchen, und er ist arm dran, weil ihm keine wahre Liebe zuteil wird.

Auslegung

Erste Strophe (V 7–8)

»*sieh da*« – Diese Partikel dient als optischer Hinweis auf jeglichen Gegenstand, so etwa in Gen 31,51 auf das Steinmal, das Laban zum Zeichen seines Bundes mit Jakob errichtet. V 7

»*Salomos Bett*«[141] – zur Schilderung von Prunkbetten vgl. Am 6,4; Est 1,6, ferner den im Folgenden beschriebenen Tragsessel.

»*sechzig Helden*« – Die Zahl sechzig kommt in Hld ein weiteres Mal vor (6,8), ebenfalls in einem Kontext, der dem König nicht gerade schmeichelt; so viele Frauen soll Salomos Sohn Rehabeam gehabt haben (1 Chr 11,21). Laut 1 Chr 11,11 *(Ketiv)* hatte David dreißig Helden (s. auch 1 Chr 11,15 sowie 1 Chr 12,19 [*Ketiv*]); demnach hatte Salomo doppelt so viele Helden

---

140 Die Ableitung seines Namens von der hebräischen Vokabel für Frieden findet sich bereits biblisch: 1 Chr 22,9 sowie 1 Kön 5,4; Ps 72,3.4; Sir 47,19.

141 *mittato sche-li-schelomo*: zum Pronominalsuffix, bevor das Beziehungswort genannt ist, vgl. Ex 2,6; Ez 10,3. Die hybride Formulierung des Genitiv-Attributs (s. o. Einleitung XV) ist die im rabbinischen Sprachgebrauch übliche, z. B. M *Sebachim* V 1; M *Menachot* IX 6; in guten Mischna-Handschriften (etwa Ms Kaufmann) wird die Partikel *schel* mit dem folgenden Wort zusammengeschrieben wie hier in Hld.

wie sein Vater. Weiteres zur Anzahl der Helden in der Auslegung zum folgenden Vers.

»rings umher«[142] – Dass dieses Bett hier nicht näher beschrieben wird, liegt daran, dass es von so vielen Männern umgeben ist. Während Davids Helden zum Kampf gegen die Philister eingesetzt wurden, brauchte Salomo seine zahlreicheren Helden zum Schutz seines Bettes.

»von Helden Israels« – nicht irgendwelche Krieger, sondern die Elite-Truppe; weshalb so viele Helden zur Bewachung des Bettes eingesetzt werden, geht dann aus dem folgenden Vers hervor.

V 8 *»allesamt schwertumgürtet«* – Hiermit wird die rühmende Schilderung der Helden weitergeführt. Die Bedeutung von »umgürtet« (vgl. 2 Chr 28,5) ist die von »geübt«, »erfahren« wie im Akkadischen;[143] insofern liegt keine Doppelung mit der folgenden Erwähnung des »Schwerts an der Hüfte« vor, vielmehr wird hier die Qualifikation der Krieger genannt, dort deren Bereitschaft, ihre Fähigkeiten auch einzusetzen. Zur Verwendung einer passiven Verbform in aktiver Bedeutung vgl. etwa Ri 18,11 (ferner Jes 26,3; 51,21; 53,3; Ps 103,14; 112,7). Dieses sprachliche Phänomen ist in der rabbinischen Literatur recht verbreitet.

»kampferfahren«[144] – gleichbedeutend mit der voranstehenden Wortverbindung, erhöht das Heldentum der Wächter. Mit »Kampf« ist hier »Kampfgerät« gemeint (vgl. Ri 18,11; Jer 51,20 u.ö.); zur Bedeutungsgleichheit von »Schwert« und »Kampf« vgl. Jes 2,4 (= Mi 4,3); 22,2, ferner Hos 2,20; Ps 76,4. Die Voranstellung von »schwertumgürtet« vor »kampferfahren« rührt wohl daher, dass der zweite Ausdruck allgemeiner klingt; insofern werden hier die militärischen Qualitäten dieser Kämpfer noch erweitert. Damit wächst auch die Ironie, denn diese Fähigkeiten werden ja nicht auf dem Schlachtfeld eingesetzt, sondern zum Schutz des ängstlichen Königs vor nächtlichen Schrecken.

»jedermann sein Schwert an der Hüfte« – So gerüstet ziehen Dinas Brüder aus, um die Ehre ihrer Schwester zu rächen (Gen 34,25). Das Tragen des Schwertes »an der Hüfte« ist biblisch mehrfach belegt (z.B. Ex 32,27; Ri 3,16.21); besonders markant ist Ps 45,4, wo der Bräutigam aufgefordert wird, das Schwert um seine Hüfte zu gürten; hier dagegen sind die Schwertträger die rings um das Bett des Bräutigams postierten Helden.

»vor nächtlichem Schrecken« – Der Kontrast zwischen dem Heldentum der Wächter und dem Gegenstand ihrer Bewachung erhöht die ironische Wirkung. Bei dem Schrecken handelt es sich um Salomos Angst, was der Dichter jedoch nur implizit zu verstehen gibt, um den Spott auf König Salomo nicht zu offenkundig werden zu lassen. Demnach war Salomos Furcht-

---

142 *saviv la*: vgl. Neh 3,8; Ps 125,2.

143 Ebenso die Wurzel *taw-pe-samech/sin* Ez 38,4; s.a. Verse wie Jer 46,9; Am 2,15.

144 Vgl. 2 Sam 22,35 (= Ps 18,35), ferner 2 Sam 1,18; Ps 144,1; 1 Chr 5,18.

samkeit der Grund für sein Image als der »Friedenskönig«: Er hatte zuviel Angst vor gewaltsamer Konfrontation. In der Bibel wird Furcht sehr anschaulich geschildert: »Du fürchtest dich nicht vor nächtlichem Schrecken, vor Pfeil, der bei Tage fliegt …« (Ps 91,5; vgl. auch Jes 24,18; Jer 48,44).

Die Notwendigkeit, Salomo zu bewachen, hängt anscheinend mit seinem Status als Bräutigam zusammen. Im Talmud sind dreierlei Personen genannt, die besonderen Schutzes bedürfen: ein Kranker, Bräutigam und Braut (b *Berachot* 54b); der Midrasch weiß sogar von besonderen Schutzengeln für den Traubaldachin (*Pirqe deRabbi Elieser* XII). Von daher bietet sich die Analogie zwischen den dreißig Gefährten bei Simsons Hochzeit und Salomos sechzig Helden an: Als Simson nach Timna kam, um seine dortige Frau zu heiraten, ordneten ihm die Philister dreißig junge Männer zu (Ri 14,10f.). Vom Zeremoniell her hätte der Bräutigam seine Freunde mitgebracht, aber da Simson in Timna fremd war, stellten ihm die Gastgeber Begleiter; deren Aufgabe bestand ursprünglich darin, den Bräutigam vor allerlei Gefahren zu schützen, die ihm im Zusammenhang mit der Hochzeit drohen mochten. Simson jedoch war als gewalttätig bekannt, daher dienten die dreißig jungen Männer eher zum Schutz der Hochzeitsgesellschaft vor ihm, wie auch aus der Lesart der LXX sowie aus der Darstellung bei Josephus hervorgeht.[145] Wie dem auch sei, dem Bräutigam Salomo, der hier als Anti-Held geschildert ist, wird die doppelte Zahl von jungen Männern zugeordnet, damit er keine Angst zu haben braucht.[146]

Zweite Strophe (V 9–10)

»einen Tragsessel« – Dieser scheint identisch zu sein mit dem in der vo- V 9
rigen Strophe erwähnten Bett, das nunmehr beschrieben wird, da der Blick des Betrachters in die innere Sphäre vorgedrungen ist. Die Vokabel *'apirion* ist biblisch *hapax legomenon*; es scheint sich um eine Entlehnung von griechisch φορεῖον zu handeln, das in LXX als Äquivalent steht, vielleicht nicht direkt aus dem Griechischen, sondern auf dem Umweg über das Aramäische oder Syrische.[147] Im rabbinischen Sprachgebrauch bezeichnet *'apirion* die Sänfte, in der die Braut dem Bräutigam zugetragen wird (T *Jevamot* XIII 1). So wird etwa für die Szene der Wiederverheiratung von Moses Eltern für Jochebed eine Sänfte angenommen, vor der ihre beiden älteren Kinder, Aaron und Mirjam, getanzt hätten (b *Sota* 12b).

»ließ sich machen« – Das allgemeine Verb *ajin-sin-he* »machen«, das Anfertigung von Gegenständen verschiedenster Art bezeichnet, kommt biblisch im Zusammenhang mit Salomos Bauvorhaben häufig vor (z.B. 1 Kön

---

[145] Die Lesart von MT dürfte die ursprüngliche sein, die LXX ist bereits eine Auslegung.

[146] Zu Begleitung des Bräutigams durch bewaffnete Helden vgl. auch 1 Makk 9,40; allerdings handelt es sich dort nicht um Bewachung des Bettes.

[147] Um die Annahme des griechischen Lehnworts zu vermeiden, ist die Emendation in *'appadan* (»Palast«, nach Dan 11,45) vorgeschlagen worden; dann wäre der hier angesprochene Ort nicht mit dem zuvor genannten Bett identisch. Auch auf etwaigen persischen Ursprung der Vokabel *(upariyana)* ist hingewiesen worden.

6,31.37; 7,6.7.51); für unseren Kontext heranzuziehen ist vor allem die Herstellung seines Thronsessels 1 Kön 10,18. Es ist das einzige Mal in unserem Lied, dass Salomo als Subjekt einer Verbform erscheint, wobei jedoch klar ist, dass er nicht selbst etwas tut, sondern nur den Auftrag dazu gibt.

»*König Salomo*« – Erst hier, nicht schon zu Beginn der vorigen Strophe, erhält Salomo den Titel »König«, was allerdings nicht heißt, dass die Haltung des Liedes ihm gegenüber respektvoll wäre (wie aus dem Kontext hervorgeht).

»*aus Bäumen des Libanon*« – Diese galten als vorzügliches Holz, was sich etwa im Zusammenhang von Salomos Bauvorhaben zeigt (2 Chr 2,7.15), wobei besonders Zedernholz verwendet wurde (vgl. auch Esra 3,7).

V 10 Die nun folgende detaillierte Schilderung des Tragsessels ist nach dem literarischen Schema 3 + 1 angelegt, wobei die drei ersten Elemente von gleicher Art sind und das vierte aus dem Rahmen fällt.[148]

»*die Säulen machte er silbern*« – Auf diesen Säulen ruht der Baldachin. Beim ersten der aufgezählten Bestandteile steht das Verb »machen«, das auch für die beiden folgenden gilt. Den mit Silber überzogenen Holzsäulen vergleichbar sind Prunkmöbel im Palast des persischen Königs Ahaschwerorsch, wie sie in Est 1,6 geschildert sind.

»*die Lehne golden*« – Silber und Gold werden häufig zusammen genannt (vgl. Gen 24,35; Num 22,18; 24,13; Dtn 7,25). Die Vokabel *refida* ist biblisch *hapax legomenon*; in der rabbinischen Literatur ist sie häufiger belegt (z.B. *Pesiqta deRav Kahana*, Ed. *S. Buber*, Lyck 1868, 168a). Als Verb kommt die hebräische Wurzel *resch-pe-dalet* Hld 2,5 vor: »stützt mich mit Traubenkuchen, stärkt mich *(rappeduni)* mit Äpfeln ...«, vielleicht eine phonetische Variante von *resch-bet-dalet*, was »Polster« bedeutet, wie aus der Rede der Verführerin Spr 7,16 hervorgeht. Laut Hld 2,5 handelt es sich bei *refida* um die Lehne (so auch LXX und Vulgata); allerdings könnten auch Polster gemeint sein, die zum Sitzen oder Liegen dienen (dann wäre das Gold in Form von Goldfäden eines Gewebes anzunehmen).

»*den Sitz purpurn*« – Dies sind Kissen und Pfühle, um darauf zu sitzen (vgl. Lev 15,9). *'argaman* bezeichnet hier die Farbe, die aus der am Mittelmeerstrand häufig anzutreffenden Purpurschnecke *(murex)* gewonnen wird.

»*das Innere*«[149] – Hier wird der Leser eingeladen, einen Blick hinter die Vorhänge des Tragsessels zu werfen.

»*ausgekleidet*« – als Partizip *hapax legomenon*; biblisch kommt sonst nur das Substantiv *rizpa* (»Fußboden«) vor (vgl. Ez 40,17–18; 42,3; 2 Chr 7,3; s. auch Est 1,6). Die Vorstellung hier ist wohl die eines eingelegten, gepflasterten Fußbodens.

---

[148] Vgl. die oben bereits zitierte Studie *Y. Zakovitch*, Zu drei bzw. vier (hebr.), Jerusalem 1979, 467–495.

[149] Als Substantiv kommt *toch* auch Dtn 3,17, Jos 12,2 und 1 Kön 8,64 vor.

»mit Liebe von den Töchtern Jerusalems« – Aus dem (irrigen) Bedürfnis heraus, das vierte Element in der Beschreibung des Tragsessels in der Art den drei zuvor erwähnten anzugleichen, sind verschiedene Textemendationen vorgeschlagen worden: statt *'ahava* (»Liebe«) wurde *hovnim* (»Ebenholz«, vgl. Ez 27,15) oder *'avanim* (»Steine«, vgl. M *Ohalot* XVIII 5) gelesen; wenn man nämlich den Buchstaben *mem* vor den »Töchtern Jerusalems« an den Schluss des voranstehenden Wortes transferiert, bleiben diese als Vokativ stehen, entsprechend den »Töchtern Zions« in der Fortsetzung. Die Septuaginta empfand offenbar die Verbindung von jungen Mädchen mit Fußbodenbelag als schwierig, daher schreibt sie: »das Innere mit Mosaik ausgelegt, eine Liebesgabe von den Töchtern Jerusalems«. Doch tun wir gut daran, MT stehen zu lassen: Das vierte Element der Beschreibung fällt zunächst dadurch aus dem Rahmen, dass nicht das Verb »machen« weiter fungiert, sondern eine neue Verbform eingeführt wird. Der Dichter will anscheinend zu verstehen geben, der Fußboden des königlichen Tragsessels sei voller junger Mädchen gewesen, oder wie der jüdische Kommentar Aqedat Jizchaq es formuliert: »sämtliche Mädchen hätten gern mit ihm zusammen darin gesessen«. Wenn wir annehmen wollen, dass in *rizpa* auch die Nebenbedeutung dieser Vokabel, »Glühstein« (vgl. Jes 6,6), mitschwingt, würde daraus hervorgehen, dass das Innere von Salomos Tragsessel von der Liebe der Jerusalemerinnen glühte.[150]

Wohl kein Zufall ist die analoge Formulierung »von Helden Israels« (V 6) und »von den Töchtern Jerusalems« (V 7). So wie in der äußeren Sphäre die jungen Männer, die den König schützen sollen, keinerlei Intimität aufkommen lassen, geschieht dies innen durch die allzu zahlreichen verliebten Mädchen. Hier macht sich der Dichter lustig über die Torheit des Königs, der nicht begreift, dass er nicht viele Frauen auf einmal lieben kann; gerade deren große Zahl vereitelt das Zustandekommen einer wahrhaft liebevollen Beziehung.

Dritte Strophe (V 11)

»gehet aus und sehet« – Biblisch kommen die beiden Verben nur hier zusammen vor; ihre Kombination hat ein genaues aramäisches Gegenstück, das im talmudischen Schrifttum verbreitet ist;[151] die hebräische Einleitungsformel einer Argumentation, die sich in der rabbinischen Literatur findet, »geh hinaus und lerne« (z. B. b *Ketubot* 64b), ist vielleicht daraus weiterentwickelt. Die beiden femininen Imperative »gehet« und »sehet« bilden auch hebräisch einen Reim.[152] V 11

»Töchter Zions« – Auch diese Strophe steht ganz und gar im Zeichen der Frauen. Die Anrede »Töchter Zions« (vgl. Jes 3,16; 4,4) fungiert als Variante zu den zuvor genannten »Töchtern Jerusalems«. Vielleicht war die Diffe-

---

[150] Vgl. den Kommentar des MaLBIM (*R. Meïr Lob ben Jechiel Michael*, 1809–1879) z. St.

[151] *puq chase* (»hinaus! schau!«), z. B. b *Eruvin* 14b.

[152] Die zweite dieser Formen ist regulär gebildet, die erste ihr klanglich angeglichen.

renzierung im Ausdruck bedingt durch die Notwendigkeit, zwischen den beiden Gruppen von Frauen zu unterscheiden: Die »Töchter Jerusalems« befinden sich im Innern des Tragsessels, während die »Töchter Zions« nur als Zuschauerinnen von draußen geladen sind. Wenn in den ersten beiden Strophen die Grenze zwischen den beiden Sphären, den Helden rings um das Lager und den Mädchen drinnen, klar gezogen war, so verschwimmt sie hier: Sobald sämtlichen Töchtern Zions Einblick ins Innere gewährt wird, haben Dach und Wände des Tragsessels ihre Funktion verloren. König Salomo besitzt keinerlei Intimsphäre mehr, sie ist gerade durch die Pracht seiner Lagerstatt zerstört.

»den König Salomo« – Das hebräische Verb für »sehen« *(resch-alef-he)* mit der Präposition *be-* bezeichnet gezieltes Schauen eines emotional beteiligten Betrachters (vgl. Gen 34,1; 1 Sam 6,19; Spr 7,7; auch Hld 6,11). Auch hier ist Salomo mit dem Königstitel versehen, was wohl durch die Nennung seiner Krone ausgelöst ist.

»die Krone«[153] – Hier werden die Mädchen eingeladen, nicht den König selbst zu bewundern, sondern seine Krone; nachdem er so großen Wert auf äußere Prachtentfaltung gelegt hat, tritt er völlig zurück hinter seinem Zubehör.

»mit der ihn seine Mutter gekrönt«[154] – Nachdem in dem Lied von den »Töchtern Zions« insgesamt die Rede war, wird nun speziell eine Frau erwähnt, aber nicht etwa Salomos Geliebte, sondern seine Mutter. Hier hat die Überlieferung von der wesentlichen Rolle, die Salomos Mutter Batseba bei seiner Einsetzung zu Davids Thronfolger gespielt hat (1 Kön 1), einen deutlichen Niederschlag gefunden. Auch hier liegt versteckter Spott auf den passiven, verwöhnten König vor.

»am Tag seiner Hochzeit« – wörtlich: am Tag seines Bräutigamsstandes; die Vokabel *chatuna* ist biblisch *hapax legomenon,* kommt auch im rabbinischen Hebräisch nicht vor. Von daher handelt es sich bei der Krone nicht nur um ein Symbol seiner Königswürde, sondern um eine Hochzeitskrone. Eine solche ist z. B. M *Sota* IX 14 belegt, wo die Krone des Bräutigams, die Krone und die Sänfte der Braut als Elemente jüdischen Brauchtums genannt werden, die im Zuge der religiösen Verfolgungen von der römischen Besatzungsmacht unterdrückt wurden.

»am Tag seiner Herzensfreude«[155] – synonym zur voranstehenden Wortverbindung.[156] Am Tag seiner Hochzeit sollte sich der König wohl freuen können. Aber wie sollte unter den hier geschilderten Umständen Freude zu-

---

[153] Die Vokabel *'atara* bezeichnet ein Diadem, einen Reifen aus Edelmetall, vgl. etwa 2 Sam 12,30; Ps 21,4; Est 5,15.

[154] Zu dem Verb, das von derselben hebräischen Wurzel abgeleitet ist wie das Substantiv, vgl. Ps 8,6.

[155] Zum Ausdruck »Herzensfreude« vgl. Num 10,10; Jes 30,29; Jer 15,15; Ez 36,5.

[156] Zu *waw copulativum* zwischen Synonymen vgl. Sach 9,9.

stande kommen: rings um das Lager bewaffnete Helden, um die Furcht des Königs zu beschwichtigen; das Lager selbst voll mit jungen Frauen, wobei zahlreiche weitere Frauen von draußen hereinschauen, angeblich um die Krone des jungen Königs zu bewundern, wodurch diesem jedoch jeglicher Genuss unmöglich gemacht wird.

Hld 4,1–7: Die Schönheit der Geliebten

Text

Übersetzung

1 *Du bist schön, meine Freundin, du bist schön,*
deine Augen sind Tauben durch deinen Schleier hindurch,
dein Haar wie die Herde der Ziegen, die herabgleiten vom Berge Gilead,
2 *deine Zähne wie die Herde der Schafe, die heraufsteigen vom Bade,*
die alle zwiefach werfen, keine unter ihnen ohne Junge,
3 *wie Purpurfaden deine Lippen, dein Rede-Organ lieblich,*
wie Granatspalt deine Wange, durch deinen Schleier hindurch,
4 *wie Davids Turm dein Hals, schichtweise gebaut,*
tausend Schilde daran aufgehängt, sämtliche Köcher der Helden,
5 *deine beiden Brüste wie zwei Zwillingsjunge einer Gazelle,*
die unter den Lilien weiden.
6 *Bis verweht der Tag und weichen die Schatten,*
gehe ich mir zum Myrrhenberg und zum Weihrauchhügel.
7 *Ganz bist du schön, meine Freundin, kein Makel an dir.*

Analyse

Stellung im Kontext

Im vorangehenden Lied hatten die Helden Salomos Bett bewacht (3,7), hier hängen sie ihre Schilde an den Davidsturm, mit dem der Hals der Geliebten verglichen wird (4,4) – dies sind die beiden einzigen Vorkommen von »Helden« in Hld.

Gattung: Beschreibungslied (*Wasf*)

Hier redet der Sprecher die Geliebte an und rühmt ihre Schönheit. Die vorliegende literarische Gattung ist ein Beschreibungslied *(Wasf)*, das im Hld eine ausführliche Schilderung der körperlichen Vorzüge von Bräutigam und Braut bietet, wie dies aus der arabischen Volksdichtung bis in die Gegenwart belegt ist.[157] Ihren Ur-

[157] Dazu *J. G. Wetzstein,* Die syrische Dreschtafel, in: ZE 5 (1873) 270–302, und *G. Dalman,* Palästinischer Diwan, Leipzig 1901, 302.

sprung hat die Gattung in der altorientalischen und altägyptischen Dichtung.[158] Während sie in Mesopotamien überwiegend zur Schilderung von Göttinnen eingesetzt wurde, war sie im Alten Ägypten – wie in Hld – Bestandteil der Liebesdichtung.[159] Auch im antiken Griechenland sind solche detaillierten, an Metaphern und Superlativen reichen Körperbeschreibungen zu finden.[160]

Weitere Vorkommen der Gattung

In Hld sind – außer 4,1–7 – noch weitere Beschreibungslieder zu finden: die Schilderung des Geliebten 5,10–16 und die der Frau 6,10.4–9 sowie 7,1–7. In Dan fallen die Schilderung des Standbilds in Nebukadnezzars Traum (Dan 2,31–33) und die des Mannes in leinenen Kleidern (Dan 10,5–6) in die Kategorie des Beschreibungsliedes. Ebenso ist die Beschreibung der Kleidung der allegorischen Figur Jerusalem in Ez 16,10–12 mitzuzählen. Erwähnenswert sind in diesem Zusammenhang auch die detaillierten Angaben zu Gottes Gestalt in Schiur Qoma, einer mystischen Schrift aus den ersten nachchristlichen Jahrhunderten,[161] wo im Anschluss an die Schilderung der göttlichen Gestalt die Beschreibung des Geliebten aus Hld 5 zitiert wird; es handelt sich also um eine mystisch-allegorische Auslegung dieser Verse.

Beschreibungslied über Sara im Genesis-Apokryphon

Im Genesis-Apokryphon ergänzt der Verfasser die biblischen Angaben zu Saras Schönheit (Gen 12,11.14) durch Äußerungen, die er Pharaos Beamten in den Mund legt, die ihre Vorzüge vor ihm rühmen: die Form ihres Gesichts, ihr feines Haar, die hübsche Nase in ihrem blühenden Antlitz, ihre schöne Brust, ihre weißen Arme, ihre Hände samt Handflächen und Fingern, ihre Füße und Schenkel; nachdem sie als allen Frauen überlegen geschildert ist, bildet ihre Weisheit den krönenden Abschluss, weswegen der Pharao sie natürlich begehrt.[162]

Struktur des *Wasf*

Genau wie diese Beschreibung Saras verläuft die Schilderung des *Wasf* (einschließlich die des Standbilds Dan 2,31–33) von oben nach unten. Nur die Tänzerin in Hld 7,1–7 wird von den Füßen aufwärts geschildert, da es bei einer Tänzerin naturgemäß die Füße sind, auf die die Zuschauer ihren Blick zuerst richten.[163] Bei Sara wird der ganze Körper geschildert, ebenso die Gestalt des Geliebten (Hld 5,10–16), die tanzende Sulamit (7,1–7), das Standbild (Dan 2,31–33) und der Mann in leinenen Kleidern (Dan 10,5–6). Im Unterschied dazu ist hier in Hld 4,1–7 nur der Oberkörper beschrieben, Kopf und Brust, sozusagen der Ausschnitt der Gestalt im Fenster;[164] noch reduzierter ist der Bildausschnitt in Hld 6,4–10, wo mehrere Metaphern aus dem Lied Hld 4,1–7 nahezu wörtlich wiederkehren (dazu im Folgenden).

Unterschiede bei der Beschreibung von Mann und Frau

Die Personenbeschreibungen in Hld sowie die des »Mannes in leinenen Kleidern« (Dan 10,5–6) sind reich an Metaphern (die etwa bei der Schilderung von Saras Schönheit im Genesis-Apokryphon völlig fehlen). Dabei ist ein gewisser Unterschied zu beobachten, je nachdem ob Männer oder Frauen beschrieben werden: Die

158 *W. Hermann*, Gedanken zur Geschichte des altorientalischen Beschreibungsliedes, in: ZAW 75 (1963) 176–196.
159 Dazu *M. Fuks*, Liebeslieder 50, sowie *H. A. Schlögl*, Gärten der Liebe 10, *S. Schott*, Altägyptische Liebeslieder 39.
160 Vgl. *M. Roselaar*, Das Hohelied im Lichte der hellenistisch-erotischen Dichtung (hebr.), in: *Eschkolot* I (1954) 42.
161 Veröffentlicht bei *J. D. Eisenstein*, Ozar Midrashim II, New York 1915, 561 f.; darüber s. *G. Scholem*, Die jüdische Mystik in ihren Hauptströmungen, Frankfurt 1980, 68–72.
162 *N. Avigad / Y. Yadin* (Hg.), A Genesis Apocryphon – a Scroll from the Wilderness of Judaea, Jerusalem 1956, XX 2–8.
163 Vgl. auch die erwähnte Beschreibung Ez 16,10–12 und die Erwähnung von Abschaloms Schönheit 2 Sam 14,25, die sozusagen *Wasf* in Kurzform darstellt.
164 Zu biblischen Gestalten am Fenster s. o. den Exkurs zu 2,8–13.

Körperteile von Männern werden mit Metallen, Stein und Holz verglichen – feste Materialien, die auf die Kraft des Geliebten schließen lassen; dasselbe gilt für die Beschreibung des Mannes in leinenen Kleidern (Dan 10,5–6). Diese Beschreibungen wirken wie die einer Statue, was besonders durch den Vergleich mit der Schilderung des Standbilds in Dan 2,31–33 offenkundig wird. Neben solchen unbelebten Stoffen kommen bei der Beschreibung des Geliebten in Hld – vor allem seines Gesichts – auch Bilder aus dem Bereich von Flora und Fauna vor, die ihn lebendig erscheinen lassen. Die Gestalt der Frau in Hld wird hauptsächlich mit Bildern aus der Tier- (Tauben, Ziegen, Schafe, Gazellen) und Pflanzenwelt (Granatapfel und Lilien) beschrieben; bis zu einem gewissen Grad gilt dies auch für die Figur der Tänzerin in Hld 7. Nur der Hals der Geliebten ist mit Turm und Schild in Verbindung gebracht (Hld 4,4), womit auf die Beziehung von Männern zu ihr angespielt wird (dazu im Folgenden).

Aufbau von 4,1–7

Die Beschreibung der Frau in unserem Lied wirkt sehr lebendig nicht nur durch die verwendeten Tiere und Pflanzen, sondern auch durch die gezeichneten Bewegungen: Die Ziegenherde »gleitet herab« vom Berge Gilead (4,1), die Schafherde »steigt herauf« vom Bade (4,2), sowie durch die kontrastierenden Farben: schwarz (Ziegen), weiß (Schafe) und verschiedene Schattierungen von rot (Purpur und Granatapfel: 4,3).

Die Schilderung der Geliebten ist sogar in einen Rahmen gefasst: Der Sprecher beginnt und endet mit der Feststellung »du bist schön« (V 1a bzw. V 7); dazwischen wird diese Aussage sozusagen illustriert durch Aufzählung von Details: Augen, Haar, Zähne, Lippen, Wange, Hals und Brüste.

Wörtliche Berührungen mit anderen Stellen in Hld

Teile diese Liedes kommen an weiteren Stellen in Hld vor: 4,1a entspricht 1,15 (ohne die Worte »durch deinen Schleier hindurch«; vgl. auch 5,12, wo die Augen des Geliebten mit Tauben verglichen werden); 4,1b entspricht 6,5b; 4,2 entspricht 6,6; 4,3b entspricht 6,7; 4,5 entspricht 7,4 (ohne »der unter den Lilien weidet«); 4,6a entspricht 2,17a (zu Wiederholungen innerhalb von Hld s. auch oben Einleitung XVIII).

Auslegung

Das Beschreibungslied (V 1–7)

»du bist schön, meine Freundin« – Hiermit wird der literarische Rahmen um diese Einheit eröffnet; er schließt in V 7 mit »ganz bist du schön, meine Freundin«. V 1

»du bist schön, deine Augen sind Tauben« – vgl. Hld 1,15 (ebenfalls Eröffnung eines Liedes) mit Auslegung dort.

»durch deinen Schleier (zama) hindurch«[165] – dazu im Folgenden (V 3), vgl. auch 6,7. Die hebräische Vokabel kommt auch Jes 47,2 vor, wo aus dem Kontext hervorgeht, dass es sich um die Entblößung von sonst verhüllten Körperteilen handelt. Von daher ist die Deutung dieser Vokabel bei *R. Abra-*

---

[165] Belege für die Präposition in gleicher Bedeutung: Gen 28,8; Jos 2,15; 1 Sam 4,18; 2 Sam 20,21.

ham b. Esra als »eine Art Bedeckung, Verhüllung« recht überzeugend; auch die hebräischen Lexikographen *Menachem b. Saruq* und *R. Schlomo Farchon* nehmen einen Gesichtsschleier an. Im Fragmententargum zu Gen 24,65 (Version Paris) bzw. zu Gen 38,15 (Version Vatikan) ist denn auch das hebräische Verb »bedecken« mit dieser Wurzel wiedergegeben. Demnach wird die Schönheit der Geliebten hier durch einen Schleier erblickt,[166] was ihr etwas Geheimnisvolles verleiht. Auf das Haar der Geliebten ist die Vokabel jedenfalls nicht zu beziehen (gegen *R. David Kimchi* z.St.), denn dieses wird in der Fortsetzung ausdrücklich genannt.

»dein Haar wie die Herde der Ziegen« – Durch die zahlreichen Bilder aus dem Hirtenmilieu entsteht eine assoziative Beziehung zwischen der Freundin/Hirtin und den erwähnten Tieren. Die zweite Vershälfte entspricht 6,5b, womit dort die Beschreibung der Schönen eröffnet wird. Das Haar als Inbegriff der Schönheit findet sich biblisch noch einmal bei Davids Sohn Abschalom 2 Sam 14,25–26: »Aber wie Abschalom war kein Mann schön in ganz Israel, so dass man ihn sehr rühmte; von seinem Fußballen bis zum Scheitel war kein Makel an ihm.[167] Und wenn er sein Haupthaar schor – und es geschah von Zeit zu Zeit, dass er es schor, weil es ihm zu schwer wurde, dann schor er es – so wog sein Haupthaar zweihundert Schekel nach dem königlichen Gewicht.« In Ps 151 aus Qumran lässt der Dichter König David die Schönheit seiner Brüder durch einen Hinweis auf deren Haar veranschaulichen. An unserer Stelle ist sicher an schwarze Ziegen gedacht, sonst würde der Vergleich nicht zum Haar der Geliebten passen. Die Bewegung von weidenden Ziegen auf dem Berghang gleicht offenbar dem Spiel schwarzer Locken bei jeder Kopfbewegung.

»die herabgleiten« – LXX und Vulgata fassen die Bedeutung dieses Verbs als »hinaufsteigen« auf in Analogie zur Bewegung der Schafe im folgenden Vers. *R. Abraham b. Esra* und *R. Samuel b. Meïr* deuten die Verbform: »(Ziegen,) die erblickt werden«; *Menachem b. Saruq* verknüpft die beiden Deutungen: »die beim Aufstieg erblickt werden«. Aufstieg »vom Berg« ergibt jedoch kein überzeugendes Bild; daher sieht *Raschi* in seinem Kommentar zur Stelle hier eine Analogie zwischen der Bewegung der Ziegenherde vom Berg Gilead herunter und der Flucht Jakobs und seiner Familie vor Laban in Gen 31,21 ff. (Weiteres dazu im Folgenden). Allem Anschein nach ist mit diesem Verb (im Kontrast zum Folgenden) tatsächlich eine Abwärtsbewegung der Herde intendiert, was auch zu lang herabwallendem Haar besser passt als die umgekehrte Richtung. Ein ähnliches Bild kommt vielleicht in einem ugaritischen Psalm über die Erscheinung des Baal vor.[168] Die Bedeutung dieses Verbs als Abwärtsbewegung geht auch mit dem rabbi-

---

166 Ausführlicher zur Verschleierung oben in der Auslegung zu 1,7.
167 Vgl. dazu Hld 4,7; was hier vorliegt, ist eine Kurzform von *Wasf*.
168 »das Haar seines Hauptes beim Herabgleiten vom Himmel (?)«, vgl. Ugaritica V, 557.

nischen Sprachgebrauch zusammen, wo es im Zusammenhang mit überkochendem Wasser vorkommt (b *Pessachim* 37b), das ja über den Topfrand hinunterfließt.

»vom Berge Gilead« – Im Hebräischen bildet das Verb »gleiten« *(gimel-lamed-schin)* mit dem geographischen Namen Gilead eine Alliteration. Das Bergland von Gilead liegt mitten in Transjordanien, wo zweieinhalb israelitische Stämme sich im Zuge der Landnahme niederließen (Dtn 3,2–13 u.ö.). Da es dort reichlich Weideland gab (Num 32,1; Jer 50,19; Mi 7,14), ist die Erwähnung von Gilead in unserem Kontext sehr passend. An der Parallelstelle 6,5b heißt es nur »vom Gilead«, aber die Kombination »Berg Gilead« ist biblisch noch mehrfach belegt (Gen 31,32.25; Dtn 3,12; Ri 7,3). Die Beziehung zu Gen 31 ist vielleicht sogar intendiert (s. Auslegung zum folgenden Vers).

»deine Zähne wie die Herde der Schafe, die heraufsteigen vom Bade« – V 2
V 2a ist ganz analog gebaut wie V 1b, doch die entworfenen Bilder stehen in Kontrast zueinander: Das Haar ist schwarz, die Zähne weiß. Für »Schafe« steht an der Parallelstelle *rechelim*, hier das *hapax legomenon qezuvot*. Da die Verbalwurzel *qof-zade-bet* die Bedeutung »abschneiden« hat, kommen Peschitta, LXX und Targum auf geschorene Schafe, was aber nicht recht ins Bild passt, denn das Weiße an Schafen ist gerade ihre Wolle (vgl. Jes 1,18; Dan 7,9), von daher wären geschorene Schafe nicht gut mit strahlend weißen Zähnen vergleichbar. Diese Schwierigkeit sucht *A. B. Ehrlich* zu beheben, indem er die Form des Partizip Passiv hier als Gerundivum auffasst: »nicht die Geschorenen, sondern die zu Scherenden, für die Schur Fertigen«;[169] unmittelbar vor der Schur werden die Schafe gewaschen, so dass ihr Fell dann besonders weiß erscheint. Mir will das Bild von den Schafen vor der Schur für den Vergleich mit den Zähnen hier nicht recht einleuchten; ich würde den semantischen Bezug der Verbalwurzel lieber in 1 Kön 6,25 (vgl. auch 7,37) suchen, wo von einheitlicher Größe und gleichem Schnitt *(qezev)* der beiden Cherubenfiguren im Allerheiligsten die Rede ist. Dass für die Schönheit der Zähne hier deren gleichmäßige Form angeführt ist, wird durch das Bild in der zweiten Vershälfte bestätigt. Nicht nur die Farben der beiden Kleinviehherden in V 1b und V 2a kontrastieren miteinander, sondern auch deren Bewegung: Die Ziegen gehen bergab, die Schafe hinauf. Wie bei den frischgewaschenen[170] Schafen kommt auch bei den Zähnen das leuchtende Weiß durch die Berührung mit Wasser zustande.

»die alle[171] zwiefach werfen« – Als Verb erscheint die hebräische Wurzel

[169] *A. B. Ehrlich*, Randglossen zur Hebräischen Bibel VII, Leipzig 1914, 9. Nach derselben Logik deutet er auch Ps 137,8 »die beraubte Tochter Babels« als Babel, die beraubt werden soll, deren Beraubung unmittelbar bevorsteht.

[170] Zur Verwendung des Verbs »waschen, baden« *(rachaz)* vgl. die Beschreibung des Mannes in Hld 5,12.

[171] »alle« *(kullam)* steht hier in der Maskulin-Form, nicht Feminin-Plural, vgl. 6,8.

taw-alef-mem (nominal in der Bedeutung: »Zwilling, genau entsprechendes Gegenstück«) nur noch im Zusammenhang mit Bauteilen des Stiftszeltes (Ex 26,24; vgl. auch 36,29). *Raschi* dagegen leitet die Vokabel von der Wurzel *taw-mem-mem* »vollkommen, unversehrt« ab und verweist auf *metom* »Heiles, Unversehrtes« (Ps 38,4), wobei er sich auf die Fortsetzung des Verses stützen kann (vgl. auch V 7). *R. David Kimchi* schreibt: »Schafe, die Zwillinge gebären«; demnach entnimmt er aus der Fortsetzung des Verses, dass jedes der hier gedachten Schafe zwei Junge wirft und keines sein Lamm verliert; diese Deutung wird auch durch LXX bestätigt. Jeder Zahn im Oberkiefer hat sein genaues Gegenstück im Unterkiefer, oder wie der anonyme mittelalterlich-jüdische Kommentar schreibt: »die obere Reihe hat ihr Gegenstück in der unteren«.

»keine unter ihnen[172] *ohne Junge«* – Hebräisch liegt hier ein Wortspiel vor zwischen »sie alle« *(schäkkullam)* und »Muttertier, das sein Junges verloren hat« *(schakkula)*. Dieselbe Vokabel verwendet Jakob in seiner Rechtfertigung gegenüber Laban Gen 31,38: »Deine Schafe und Ziegen haben ihre Jungen nicht verloren« *(lo schikkelu)*; nach der Erwähnung des Berges Gilead ist dies ein zweiter Berührungspunkt zwischen der Erzählung Gen 31 und unserem Vers. Die Zähne der Geliebten erscheinen hier als weiß und in jeder Hinsicht vollkommen.

V 3 *»wie Purpurfaden deine Lippen«* – Die hebräische Vokabel für »Purpur« *(schani)* geht klanglich mit den »Zähnen« *(schinajim)* in V 2 sowie mit den »zwei« *(schnej)* Brüsten in V 5 zusammen. Nach schwarz und weiß kommt jetzt rot mit ins Bild (weitergeführt durch den Granatapfel in der unmittelbaren Fortsetzung). Purpurfarbe wird aus der Purpurschnecke *(Kermes biblicus)* gewonnen und dient zum Färben von Fäden und Geweben (z.B. 2 Sam 1,24; Jes 1,18; Spr 31,21). *R. Samuel b. Meïr* erläutert das Bild des Purpurfadens hier als die Trennungslinie zwischen Ober- und Unterlippe; auf diese Deutung kommt er offenbar, weil er den »Faden« als dünn annimmt.[173] Doch kommt Purpur biblisch auch in dickerer Form vor. So scheint etwa der Purpurfaden, den die Hure Rahab in Jericho an ihr Fenster binden soll, identisch zu sein mit dem Seil, an dem sie Josuas Kundschafter heimlich hinuntergelassen hatte (Jos 2,15.18); demnach könnte der Purpurfaden hier für die roten Lippen selbst stehen. Es ist interessant, dass Purpurfaden in der Bibel nur in zwei Erzählungen mit stark sexuellem Einschlag vorkommt: bei Rahab mit den Kundschaftern und bei Juda und seiner Schwiegertochter Tamar; in letzterem Kontext steht zwar nur »Purpur« (Gen 38,28.30), aber nach der Situation muss es sich um einen Faden gehan-

---

172 Weitere Vorkommen der Präposition be- mit Pluralsuffix in der Bedeutung »unter«: Ri 14,3; Jes 43,12.

173 Ein dünner »Faden« *(chut)* ist in Ri 16,12 vorausgesetzt, aber der »dreifache Faden«, dessen Haltbarkeit in Koh 4,12 gerühmt wird, ist zweifellos dicker.

delt haben (wie Targum Jonatan und Peschitta zu Gen 38 auch übersetzen). Anscheinend haben die Autoren jener beiden Erzählungen ein Motiv aus der Liebesdichtung genommen und zum Handlungselement gemacht.

»dein[174] *Rede-Organ lieblich«* – Die hebräische Vokabel *midbar* in einer Bedeutung, die irgendwie mit Reden zusammenhängt, ist *hapax legomenon* und muss aus dem Kontext hier erschlossen werden. LXX und Vulgata übersetzen »Rede«; das ist auch die Meinung von *Raschi*. Die Schwäche dieser Deutung besteht darin, dass in 4,1–5 sonst nur Körperteile der Geliebten beschrieben werden; außerdem bezieht sich das Adjektiv »lieblich« in Hld stets auf optisch wahrnehmbare Phänomene (1,5; 6,4 und besonders 2,14: »denn deine Stimme ist süß, und dein Anblick ist lieblich«). *R. Saadja Gaon* und neuere Exegeten haben *midbar* auf das Organ der Geliebten bezogen, mit dem sie redet, nämlich ihren Mund; schwierig an dieser Deutung ist die vorangehende Erwähnung von Zähnen und Lippen, denn dies wäre der einzige Fall, wo in einer Beschreibung zuerst die einzelnen Bestandteile aufgeführt sind und danach noch einmal das Körperglied insgesamt. Demnach dürfte hier eher die Zunge der Geliebten gemeint sein. Lippen und Zunge werden häufiger zusammen genannt, z. B. »seine Lippen voller Wut, seine Zunge wie fressendes Feuer« (Jes 30,27) und in Hld: »Honigseim triefen deine Lippen, Braut, Honig und Milch unter deiner Zunge« (4,11; vgl. auch Ps 12,4). Für die Zunge ist »Rede-Organ« eine passende Bezeichnung, denn an vielen Stellen geht die Tätigkeit des Redens von ihr aus (z. B. Jes 32,4; Jer 9,4; Ps 12,4; Ijob 33,2). Außerdem kommt in der Mischna ein *hapax legomenon* vor, das in der Regel als *medabber* vokalisiert wird (M *Bechorot* VI 8) und das den Teil der Zunge bezeichnet, der die Laute hervorbringt, d. h. der Teil, der nicht am Gaumen angewachsen ist.[175] Vielleicht hat der Dichter die seltene Vokabel *midbar* hier gewählt, weil sie zusammen mit der Prädikation »lieblich« *(nave)* an den Ausdruck für Wüsten-Oase (*Neve Midbar*, vgl. Jes 27,19; Ps 65,13) anklingt; die Oase wiederum (vgl. 2 Sam 7,8; Ez 34,14) ist typisches Weideland wie die Wüste überhaupt (vgl. Ex 3,1; 1 Sam 17,28). So passt das Bild der Zunge hier zu den vorangehenden Bildern für Haare und Zähne der Geliebten.

»wie Granatspalt« – Zu der Vokabel »Spalt« *(pelach)* verweist *R. Abraham b. Esra* auf 1 Sam 30,12; außerdem kommt sie als (in zwei Hälften gespaltener) »Mühlstein« vor (vgl. Ri 9,53; 2 Sam 11,21); das Verb von derselben Wurzel *(pe-lamed-chet)* hat die Bedeutung »spalten« (vgl. 2 Kön 4,39). Gemeint ist ein Ausschnitt aus dem Granatapfel, dessen Inneres rot ist, was zum Rot der Lippen passt. Der Granatapfel wird in der Liebesdichtung von Hld häufiger erwähnt (4,13; 6,7 [die Parallele zu 4,3].11; 7,13).

---

174 Die Plene-Schreibung des Possessiv-Suffixes (mit *jod*) ist spät, vgl. auch »dein Anblick« in 2,14.

175 Dazu Mischnajot. Die sechs Ordnungen der Mischna, Teil V: Seder Kodaschim, Berlin 1925, 266 mit Anm. 59.

»deine Wange« – Die Vokabel *raqa* ist biblisch nur hier (und in der Parallele 6,7) sowie bei der Erschlagung Siseras durch Jaël in Ri 4,21 f.; 5,26 belegt. Nach der Erzählung dort könnte Siseras Schläfe gemeint sein, aber deren rote Farbe in Hld lässt eher auf »Wange« schließen. *Raschi* z.St. verweist auf die Bezeichnung »Äpfel« für »Wangen« im Altfranzösischen; im Talmud werden die Wangen »Granatäpfel des Gesichts« genannt (b *Aboda sara* 30b). Vielleicht ist es kein Zufall, dass hier die *raqa* der Schönen mit dem Granatspalt verglichen ist, denn in Ri 4–5 spaltet Jaël Siseras *raqa*. Beide Deutungen sind problematisch, denn *raqa* kommt immer nur im Singular vor, Schläfen oder Wangen müssten im Dual stehen. Um dieser Schwierigkeit zu entgehen, ist für *raqa* auch der rötliche, feuchte Innenraum des Mundes vorgeschlagen worden;[176] dagegen spricht, dass der Mund zuvor schon beschrieben war, sein Innenraum dürfte auch schwer erkennbar gewesen sein, zumal hinter einem Schleier.

»durch deinen Schleier hindurch« – s.o. zu 4,1. Zum Abschluss seiner Beschreibung des verschleierten Antlitzes erinnert der Dichter an die Ambivalenz: Der Sprecher sieht die Geliebte zwar vor sich, doch etwas trennt ihn von ihr.

V 4 *»wie Davids Turm dein Hals«* – Hier vollzieht sich ein Wechsel vom ländlichen in den urbanen Bereich. Der Vergleich von Hals und Turm findet sich auch bei der Beschreibung der Sulamit in 7,5: »dein Hals wie Elfenbeinturm« (dort geht der Vergleich mit den beiden Zwillingsjungen einer Gazelle voraus, hier folgt er). In *Abot deRabbi Natan* findet sich die Gleichsetzung von menschlichem Hals und Turm ebenfalls.[177] Anscheinend galt ein langer Hals als besonders schön. Dieser Schluss ergibt sich jedenfalls aus Jesajas kritischen Äußerungen über die eitlen Jerusalemerinnen: »... weil sich die Töchter Zions überheben, einhergehen mit gestrecktem Hals und lügnerischen Augen ...« (Jes 3,16). In einem altägyptischen Liebeslied wird die Geliebte als »langhalsig« bezeichnet, was sicher ein Kompliment sein soll.[178] Türme dienen als Metapher auch für andere Körperglieder, etwa für Nase (7,5) und für Brüste (8,10). Bei dem hier erwähnten Davids-Turm könnte es sich um ein bestimmtes Gebäude handeln, das den Zeitgenossen des Dichters bekannt war; allerdings ist dieses sonst nirgends belegt. Vielleicht wird gerade David hier genannt, weil er ein kriegerischer König war, der Jerusalem eroberte; außerdem trugen seine Elitetruppen den Titel »Helden« (vgl. 2 Sam 23,8), was gut zur Fortsetzung des Verses passt.

»schichtweise gebaut« – Für die Vokabel *talpijot* bringt *R. Abraham b. Esra* zwei mögliche Deutungen: zum einen die Teilung in zwei Wörter:

[176] Vgl. *M. Roselaar*, Das Hohelied im Lichte der hellenistisch-erotischen Dichtung (hebr.), in: *Eschkolot* I (1954) 33–48.

[177] *Abot deRabbi Natan* A XXXI (hg. von *S. Schechter*) 92.

[178] Papyrus Chester Beatty I: *M. Fuks*, Liebeslieder 50; vgl. *H. A. Schlögl*, Gärten der Liebe 10; *S. Schott*, Altägyptische Liebeslieder 39.

litlot (»aufzuhängen«) *pijot* (»Schwerter«),[179] zum anderen als Ableitung von der Wurzel *alef-lamed-pe* in der Bedeutung »lernen«, wobei das anlautende *taw* Präfix wäre. In dieselbe Richtung geht der Kommentar des *R. Samuel b. Meïr*: »von dem alle künftigen Baumeister lernen können«, d.h. vorbildlich (ebenso Sefer haRiqma). Ich würde allerdings für eine Ableitung von der arabischen Verbalwurzel *lamed-pe-he* plädieren, was bedeutet: »Steine schichtweise aufeinander setzen«; das wäre ein Vergleich mit dem Hals der Geliebten, den Reihen von Perlenketten und sonstigen Schmuckschnüren umgeben.

»tausend Schilde« – »tausend« steht für eine ungeheuer große Zahl (vgl. Dtn 1,15; 32,30; Ri 15,15; 1 Kön 3,4 und Hld 8,11–12); außerdem klingt das Zahlwort für tausend *('elef)* an *talpijot* an. Hier wechselt die Bildwelt ins Militärische, der Schmuck der Geliebten wird mit Waffen verglichen.

»daran aufgehängt« – Auch das Partizip »aufgehängt« *(taluj)* bildet einen Anklang an *talpijot*. Der Brauch, Waffen an Türmen und Mauern aufzuhängen, ist in Ez 27,10–11 belegt: »... deine Kriegsleute, Schild und Helm hängten sie an dir auf, sie verliehen dir Glanz. Die Söhne Arwads und dein Heer auf deinen Mauern ringsum, Gammadäer in deinen Türmen waren sie, ihre Schilde hängten sie an deine Mauern ringsum, sie vollendeten deine Schönheit«. Aus diesen Versen geht hervor, dass die an der Stadtmauer aufgehängten Waffen zur Zierde dienten.

»sämtliche Köcher der Helden« – In Entsprechung zu der gewaltigen Anzahl »tausend« steht hier »sämtliche« *(kol)*, was noch eindrucksvoller wirkt. Die beiden Waffenarten (*magen* »Schild« und *schelet*, dessen Bedeutung weniger klar ist) kommen auch sonst gemeinsam vor, etwa 2 Chr 23,9: »Der Priester Jojada gab den Obersten der Hundertschaften die Speere, Schilde und *schelatim* des Königs David, die im Hause Gottes waren« – auffällig ist hier die Beziehung zu König David, nach dem auch der an unserer Stelle erwähnte Turm benannt ist. Zu weiteren Beziehungen zwischen König David und den *schelatim* vgl. 2 Sam 8,7: »David nahm die goldenen *schelatim*, welche die Knechte Hadadesers hatten, und brachte sie nach Jerusalem« (= 1 Chr 18,7). Angesichts der Nachbarschaft von *magen* und *schelet* werden die beiden Vokabeln als synonym betrachtet. Es gibt allerdings auch die Bedeutung »Köcher« für *schelet* nach Jer 51,11: »Wählt aus die Pfeile, füllt die Köcher *(schelatim)*!«[180] Dieser Vers schließt jedoch die Bedeutung »Schilde« nicht völlig aus, sofern man das Verb »füllen« allgemeiner, etwa als »zurüsten« auffasst. Es ist interessant, dass LXX die *schelatim* in 2 Sam 8,7 (und an der Parallelstelle 1 Chr 18,7) – vielleicht beeinflusst von Hld 4,4 – als Bezeichnung von Schmuck und Kleidung »verstanden« hat. Hier in Hld hat LXX für *schelatim* »Wurfspieße«; in dieser Bedeutung kommt die

[179] Gestützt auf die Wortverbindung *pi-cherev*, z.B. Ex 17,13; Ps 149,6.
[180] Akkadisch *saltu* = Köcher; so auch die Wiedergabe von LXX zu Jer 51,11 und Ez 27,11.

Vokabel auch in der Kriegsrolle aus Qumran vor.[181] Anscheinend soll die militärische Metaphorik im Zusammenhang mit dem Schmuck der Geliebten andeuten, dass sämtliche Helden vor ihrer Schönheit dahinschmelzen; vor ihr legen sie die kriegerische Attitüde ab und hängen ihre Waffen (= die Schmuckstücke, die sie ihr schenken) an den Turm (= ihren Hals), wodurch ihre Schönheit noch erhöht wird.

V 5 »*deine beiden Brüste*« – Vom Kopf über den Hals wandert der Blick des Betrachters abwärts zu den Brüsten der Geliebten. Das Zahlwort »zwei« *(schnej)* klingt lautlich an »deine Zähne« *(schinnajich)* und »Purpur« *(schani)* an; außerdem dominiert hier der Zischlaut: *schnej schadajich kischnej* …

»*wie zwei Zwillingsjunge einer Gazelle*« – zur Bestimmung der Tierarten s.o. zu 2,9. Die hebräische Wurzel von »Zwillinge« nimmt das »zwiefach werfen« vom Vergleich mit den Zähnen wieder auf; betont wird das symmetrisch Vollkommene in der Erscheinung der Geliebten. Hier kehrt die Metaphorik in den Bereich der Tierwelt zurück. Brüste sind das Symbol der Mütterlichkeit (z.B. Hld 8,8, auch Ps 22,10), daher sind nicht nur die Jungtiere erwähnt, sondern auch die Gazelle. Der Vergleich mit jungen Gazellen ist sehr passend, weil diese Tiere von Farbe, Körperbau und Bewegung her besonders hübsch sind.

»*die unter den Lilien weiden*« – In 2,16 (und in 6,3) ist es der Geliebte, der unter den Lilien weidet. Diese Worte stehen in der Parallele 7,4 nicht, doch an ihrer Ursprünglichkeit hier besteht kein Zweifel. Die Verbform »weiden« *(roʿim)* schafft einen Anklang an »meine Freundin« *(raʿjati)* im Rahmen dieses Liedes, das reich ist an Bildern aus dem Hirtenmilieu. Die Brüste, das nährende weibliche Organ, erscheinen hier als weidende, d.h. sie genießen etwas, nämlich die Freuden der Liebe. Während in 2,16 und in 6,3 der Mann als der Genießende dargestellt ist (s. in der Auslegung dort sowie zu 4,7), erfreut sich hier die Frau dessen, was der Geliebte ihr zu bieten hat. Nach der pauschalen Erwähnung der »Helden« kommt der Sprecher wieder auf sich und seine Liebe zu ihr zurück.

V 6 »*bis verweht der Tag und weichen die Schatten*« – In der Hexapla-Fassung von LXX steht dieser Vers nicht. Die Beschreibung der schönen Frau wird durch den Vers unterbrochen; außerdem stimmt seine erste Hälfte mit 2,17a überein, was auch an die Worte »der unter den Lilien weidet« (2,16b) anschließt. Von daher könnte sich die Vermutung nahe legen, dass es sich um einen nachträglichen Einschub handelt. Doch fügt sich der Vers durchaus organisch ein: Im voranstehenden Vers spricht der Mann von sich selbst, daraufhin deutet er jetzt an, was er nun vom Abend bis zum nächsten Morgen tun möchte.

---

[181] 1 QM VI 2, bei *F. Garcia Martinez/E. J. C. Tigchelaar* (Hg.), The Dead Sea Scrolls. Study Edition I, Leiden 1997, 123.

»gehe ich mir zum Myrrhenberg und zum Weihrauchhügel« – In 2,17 hatte die Frau den Geliebten scheinbar weggeschickt, als ob er bis zum nächsten Morgen nicht bei ihr sein solle; eigentlich aber hatte sie ihn eingeladen, die Nacht auf ihren Bergen (= Brüsten) zu verbringen (entsprechend dann auch in 8,14). Hier stellt sich heraus, dass der Mann die Rätselrede seiner Geliebten sehr wohl verstanden hat. Aus seiner Äußerung hier könnte man entnehmen, dass ihn ihre Schönheit so erregt, dass er Abstand gewinnen und ein Stück weit weggehen muss, um sich zu beruhigen. Aber vielleicht sind seine Worte nicht weniger zweideutig als die ihrigen zuvor: Bei der Schilderung ihrer Schönheit ist er bis zu ihren Brüsten gelangt, und dahin begibt er sich jetzt. Berg und Hügel[182] sind Berge von Duftstoffen, Myrrhe und Weihrauch.[183] Zum Abschluss der Beschreibung wird also auch der Geruchssinn durch die duftenden Brüste der Geliebten angesprochen.

»ganz bist du schön, meine Freundin« – Die zweite Hälfte des literari- V 7
schen Rahmens wiederholt die Formulierung von 4,1 in leicht abgewandelter Form: Statt »Du bist schön« heißt es jetzt: »Ganz bist du schön« (vgl. Jes 14,29.31; 22,1); nachdem der Sprecher die körperlichen Vorzüge der Geliebten einzeln aufgeführt hat, kann er mit der Feststellung ihrer makellosen Schönheit schließen. Mit der Betonung von Ebenmaß und Vollkommenheit endete oben die Beschreibung ihrer Zähne (4,2).

»kein Makel an dir« – ein antithetischer Parallelismus, der wiederum an die bildhafte Darstellung der Zähne erinnert, insofern er in der Betonung dessen gipfelt, was »nicht daran« ist.[184]

Hld 4,8–11: Rühmender Monolog

Text

Übersetzung *8* *Mit mir vom Libanon, Braut,*
mit mir vom Libanon kommst du herein,
springst vom Gipfel des Amana,
vom Gipfel des Senir und Hermon,
von Löwenhöhlen, von Tigerbergen.

---

182 Zu deren Gleichrangigkeit s. auch 2,8 – auch dort ist es der Mann, der sich auf den beiden aufhält.

183 Zur assoziativen Nähe von Berg und Weihrauch vgl. auch Gen 22,2, wo vom Bergland Morija die Rede ist.

184 Zu dieser Ausdrucksweise vgl. etwa Num 19,2: »an der kein Makel ist«.

9 *Du berückst mich, meine Schwester Braut,*
du berückst mich mit einem deiner Augen,
mit einem Reifen deines Halsschmucks.

10 *Wie schön ist deine Liebe, meine Schwester Braut,*
wie gut ist deine Liebe, (besser) als Wein,
der Duft deiner Öle als alle Spezereien.

11 *Honigseim triefen deine Lippen, Braut,*
Honig und Milch unter deiner Zunge,
und der Duft deiner Gewänder wie der Duft des Libanon.

Analyse

Stellung im Kontext

Am Ende des voranstehenden Liedes hatte der Geliebte verkündet, er wolle in die Berge gehen (4,6). Nun stellt sich heraus, dass er nicht allein dorthin gegangen ist, denn die Geliebte kehrt ebenfalls zurück, steigt mit ihm zusammen herab. Auffällig ist das Wortspiel *givat halevona* (»Weihrauchhügel«) mit *'itti milevanon* (»mit mir vom Libanon«); demnach bezeichnet »Libanon« hier nicht nur den Ort, von dem die Geliebte herkommt, sondern auch ihren Duft. Wenn oben das Haar der Geliebten mit Ziegen verglichen wurde, die vom Berge Gilead herabgleiten (4,1), so sind es nun die beiden Liebenden, die gemeinsam vom Berg herabsteigen. Zuvor hatte er die Augen der Geliebten mit Tauben verglichen und ihren von Schmuck umgebenen Hals mit einem durch daran aufgehängte Waffen gezierten Turm; jetzt werden beide erneut angesprochen, wobei ihre faszinierende Wirkung noch erhöht scheint: »Du berückst mich mit einem deiner Augen, mit einem Reifen deines Halsschmucks« (4,9b.c). Die abschließende Feststellung des Liebenden in 4,7 »Ganz bist du schön« *(kullach jafa)* führt hier weiter zu ihrer Bezeichnung als *kalla* (»Braut«, 4,8 ff.).

Kunstvoller Aufbau

Das Lied 4,8–11 besteht aus vier Strophen. In den drei ersten ist das erste Kolon jeweils verdoppelt (V 8: »mit mir vom Libanon ...«; V 9: »du berückst mich ...«; V 10: »wie schön ist deine Liebe ..., wie gut ist deine Liebe ...«); in V 11 dagegen sind die ersten beiden Kola parallel gestaltet (»Honigseim triefen deine Lippen ..., Honig und Milch unter deiner Zunge«).

Zu Beginn der ersten und der vierten Strophe (4,8.11) redet der Sprecher die Geliebte als »Braut« an; in den beiden inneren Strophen (4.9.10) verwendet er die erweiterte Anrede »meine Schwester Braut«.

Die Rahmenwirkung der beiden äußeren Verse wird unterstrichen durch das Vorkommen von »Libanon« am Anfang (»mit mir vom Libanon ...«) und am Ende (»... wie der Duft des Libanon«).

Stilmittel: Wortwiederholungen

Zusätzlich zu den Wiederholungen in den verdoppelten Kolen und bei der Anrede der Geliebten sind weitere Doppelausdrücke zu beobachten: »vom Gipfel des Amana, vom Gipfel des Senir und Hermon« (V 8); »von Löwenhöhlen, von Tigerbergen« (V 8); »mit einem deiner Augen, mit einem Reifen deines Halsschmucks« (V 9). Und zum Abschluss der beiden letzten Strophen erscheint das Wort »Duft«: »der Duft deiner Öle ...« (V 10); »der Duft deiner Gewänder ...« (V 11).

Auslegung

Erste Strophe (V 8)

»*mit mir vom Libanon*« – Die in LXX, Vetus Latina, Vulgata und Peschitta vorgenommene Lesung der Vokabel *'itti* (»mit mir«) als *'eti* (aramäisch: »komm«)[185] ist unangebracht, denn in der Fortsetzung des Verses steht nicht der Imperativ »komm«, sondern der Indikativ: »kommst du«; es ist jedoch nicht auszuschließen, dass die Doppeldeutigkeit dieser Vokabel unterschwellig mitklingt. Der Libanon ist der Höhenzug, der sich nördlich von Galiläa die Küste entlang zieht, vom Litani-Fluss im Süden bis zum Kabir-Fluss im Norden. V 8

»*Braut*« – seine künftige Ehefrau (vgl. etwa Jes 49,18; 61,10; Jer 7,34).

»*mit mir vom Libanon kommst du herein*« – Die Geliebte kommt mit ihm zusammen aus dem Libanon, von einem fernen, exotischen Ort, wie der Geliebte in der Fortsetzung ausführt. Zur Heimführung der Braut aus der Ferne gibt es biblisch den vergleichbaren Fall von Rebekka und Isaak (Gen 24), nur dass dort ein Bote die Frau holt und hier der Bräutigam selbst. Dass die Braut von weit her kommt, ist in Hld mehrfach angedeutet (3,6; 8,2 – auch dort kommt sie mit ihm zusammen).

»*springst du*« – zur Bedeutung des hier verwendeten hebräischen Verbs als »springen« vgl. Hos 13,7; zur Beziehung zwischen »kommen« und »springen« vgl. oben 2,8 (dort ist es der Geliebte, der von den Bergen kommt). LXX und Peschitta haben die Verbform offenbar von der Wurzel *alef-schin-resch* in der Bedeutung »gehen, reisen« abgeleitet, wobei das anlautende *alef* abgefallen wäre.[186]

»*vom Gipfel des Amana*« – Zwischen der vorangehenden Verbaussage *taschuri* (»springst du«) und *rosch* (»Gipfel«) besteht ein Anklang. Dass die Geliebte vom Berg herabsteigt, erhöht das Geheimnisvolle ihrer Ankunft. Amana ist ein Bergzug im Süden von Syrien, ein Teil des Antilibanon. Offenbar ist er mit Dschebel Zabadani gleichzusetzen, wo der Amana-Fluss entspringt (2 Kön 5,12), das ist der Barda-Fluss, der die Umgebung von Damaskus mit Wasser versorgt. In assyrischen und babylonischen Inschriften ist der Berg Amana häufig erwähnt.

»*vom Gipfel des Senir und Hermon*« – Die Wiederholung des Wortes »Gipfel« betont die erhabene Herkunft der Frau. Senir und Hermon sind Berggipfel im Antilibanon. Trotz der in Dtn 3,9 angedeuteten Gleichsetzung der beiden, scheint es sich um zwei verschiedene Berge zu handeln (die in 1 Chr 5,34 nebeneinander genannt sind). Der Hermon ist der südliche Ausläufer des Antilibanon.

---

185 Aufgrund der Synonymität beider Wurzeln, vgl. etwa Mi 4,8; Spr 1,27.

186 Vielleicht besteht ein Zusammenhang zwischen diesem Verb und der Vokabel *schejara* (»Karawane, Zug«) im rabbinischen Hebräisch und *sijjara* (»Fahrt, Reise«) im Arabischen.

»von Löwenhöhlen«[187] – Durch diese Angabe wird die Besonderheit und Gefährlichkeit des Ortes hervorgehoben. Der Libanon ist bekannt für die dort vorkommenden Tiere (Jes 40,16). Die Bedeutung des Ortes wird hier schrittweise eingeführt: zunächst der bloße Name, Libanon, dann die Gipfel der höchsten Berge und schließlich die dort lebenden Raubtiere.

»von Tigerbergen« – vgl. »von Raubtierbergen« in Ps 76,5.[188] In Parallele mit Leopard *(Panthera pardus)* erscheint der Tiger in Hab 1,8; mit Junglöwe *(kefir)* in Jes 11,6; vgl. auch Jer 5,6. Jede der sechs Herkunftsangaben in diesem Vers ist durch die Präposition »von« *(min)* eingeleitet. Durch deren allmähliche Steigerung wird angedeutet, dass es sich um eine Furcht erregende Stätte handelt, d.h. der Mann braucht Mut, um seine Braut von dort zu holen.

V 9 Unter dem Eindruck von 4,8 mag sich die Frage erheben, weshalb der Liebende sich auf eine so weite und gefährliche Reise begibt, um seine Geliebte heimzuführen; 4,9 bietet die Antwort darauf. Zweite Strophe (V 9)

»du berückst mich« – Die Verbform *libavtini* bildet ein Wortspiel mit *milevanon*: Der Geliebte holt sie aus dem Libanon, weil sie ihn berückt hat. Das hier verwendete Verb lässt sich mit der Feuerflamme *(libbat-esch)* aus der Erzählung von der Offenbarung Gottes im Dornbusch (Ex 3,2) in Verbindung bringen; doch scheint es eher von dem Nomen *lev* (Herz) abgeleitet (so Sefer haRiqma), d.h. sie hat sein Herz gewonnen (s. *R. Abraham b. Esra* z.St.); laut Peschitta und Symmachus stärkte sie ihm das Herz (woraufhin er die gefährliche Brautfahrt wagte). So steht im Midrasch Tanchuma zu Ex 12: »Warum ist Gott dem Mose auf dem Berg Horeb in einer Feuerflamme erschienen? Um sein Herz zu entzünden *(lelabvo)*, falls er zum Sinai kommen, dort dasselbe Feuer sehen und in Furcht geraten würde, deshalb erschien er uns in einer Feuerflamme«. Und der anonyme mittelalterliche Kommentar lässt den Liebenden seiner Geliebten für das tapfere Herz danken, das er durch seine Liebe zu ihr gewonnen habe, so dass er imstande sei, es mit Löwen und Tigern aufzunehmen. Überzeugender scheint die erste Deutungsmöglichkeit in Anbetracht von analog gebildeten Verben.[189] Das Verb von der Wurzel *lamed-bet-bet* kommt biblisch noch in der Erzählung von Amnon und Tamar (2 Sam 13,6.8) vor und zwar in der Bedeutung »Herzkuchen« bereiten (die Beziehung dieser Episode zu Hld ist oben in der Auslegung zu 2,4–7 behandelt).

»meine Schwester Braut« – Der Anrede »Braut« aus der ersten Strophe geht hier »meine Schwester« voran (was in der altägyptischen Liebesdichtung häufig anzutreffen ist) zur Bezeichnung der überaus engen Beziehung

187 Zu Löwen vgl. Nah 2,12; ferner Am 3,4; Ps 104,22; Ijob 38,39f., wo Wohnstätten von Löwen erwähnt sind.

188 Daher ist die Lesung »Berge« beizubehalten, nicht in »Löcher« zu emendieren.

189 So etwa *sinev* – schlug den Schwanz *(sanav)* ab, d.i. schlug die Nachhut des Heeres (Dtn 2,18; Jos 10,19), entsprechend *libev* – nahm das Herz *(lev)* weg.

der beiden Liebenden untereinander. Dieser Ausdruck findet sich im Buch Tobit sowohl in Bezug auf Tobias (den Sohn) und dessen Frau (Tob 7,12) als auch aus dem Mund Raguëls als Anrede an seine Frau (Tob 7,15). Vielleicht beruhen auch die Erzählungen, in denen einer der Patriarchen seine Frau als seine Schwester ausgibt (Gen 12,13.19; 20,2.5.12; 26,6.9), auf dem Trick, dass »Schwester« eine Bezeichnung für die Ehefrau war, so dass dem jeweiligen Patriarchen nicht direkt eine Lüge, sondern nur unpräziser Sprachgebrauch vorzuwerfen wäre. Im Unterschied zu den Erzählungen, in denen die Ehefrau aus taktischen Gründen als Schwester präsentiert wird, äußert die Geliebte in Hld 8,1–2 den Wunsch, der Geliebte möge als ihr »Bruder« gelten. Bei Amnon und Tamar wiederum handelt es sich tatsächlich um ein Paar von Halbgeschwistern.

»mit einem deiner Augen« – Die maskuline Form des Zahlworts im *Ketiv* ist wohl von der unmittelbaren Fortsetzung beeinflusst: Das Substantiv »Reifen« (V 9c) ist tatsächlich maskulin.[190] Vielleicht steht auch die Annahme einer Ellipse dahinter, etwa: »mit einem (Blick) deiner Augen«, womit die Schwierigkeit behoben wäre, dass hier nur ein Auge genannt ist und nicht beide. Doch der Text ist auch so verständlich, wie er dasteht: Wenn schon die Wirkung des einen Auges so nachhaltig ist, dann würde die Wirkung beider Augen jede Vorstellungs- und Ausdrucksmöglichkeit übersteigen. Auch als der geblendete Simson seine Rache plant, ist nur von einem seiner Augen die Rede (Ri 16,28 – Näheres dazu oben Einleitung XIII). Die vom *Qere* vorgesehene feminine Form des Zahlworts »eins« *('achat)* bildet einen Anklang an »meine Schwester« *('achoti)*. Es ist vorgeschlagen worden, das »Auge« hier im Sinne von akkadisch *enu*, ein augenförmiger Edelstein, aufzufassen, was zur Fortsetzung des Verses passen würde, wo eines der Schmuckstücke der Geliebten erwähnt ist; möglicherweise schwingt dies als Nebenbedeutung mit.

»mit einem Reifen« – Wortspiel zwischen »deine Augen« *(ʿeinajich)* und »Reifen« *(ʿanaq)*. *ʿanaq* ist ein Halsschmuck,[191] gemeint ist offenbar ein Edelstein (vgl. Spr 1,9). Der Sprecher empfindet die Schönheit der Geliebten als so überwältigend, dass er nicht einmal sie selbst anzuschauen braucht, ein Blick auf einen Edelstein an ihrem Halse genügt, um ihn völlig außer Fassung zu bringen. Ihren Halsschmuck und dessen Wirkung schildert der Liebende auch in 1,10 und 4,4. Die Voranstellung des Zahlworts (vgl. Neh 4,11) ist ein sprachlich spätes, vom Aramäischen beeinflusstes Phänomen; hier verleiht sie dem Zahlwort größeres Gewicht.

»deines Halsschmucks« – Symmachus, Peschitta, Vetus Latina und Vulgata übersetzen »Hals«. Das hier vorkommende *hapax legomenon* kann

---

190 Allerdings kommt biblisch auch die Dual-Form von »Augen« maskulin vor: Sach 4,10; Hld 6,5.

191 Nicht nur für Menschen; laut Ri 8,26 tragen Kamele einen solchen um den Hals.

entweder einen Halsschmuck bezeichnen oder aber als Pluralform von »Hals« fungieren;[192] im letzteren Fall hätten wir hier eine weitere archaische Pluralform in Hld vor uns.

V 10 In der zweiten Strophe hatte der Liebende vom optischen Eindruck der Geliebten auf ihn gesprochen. Die dritte Strophe setzt mit dem Gesichtssinn ein und geht dann weiter zu Geschmack und Geruch. Dritte Strophe (V 10)

»wie schön ist deine Liebe« – ein Ausruf der Bewunderung (vgl. 7,7). Die Bezeichnung »schön« hier ist schwierig, denn ein Abstraktum wie »Liebe« ist ja nicht optisch wahrnehmbar; eine Lösung bieten die antiken Versionen (LXX und Peschitta), die statt *dodajich* (= »deine Liebe«) offenbar *dadajich* (= »deine Brüste«) gelesen haben (vgl. oben zu 1,2). Ich würde MT hier jedoch stehen lassen, denn mit der Liebe der Frau scheinen mir ihre Küsse gemeint, und zwar in Anbetracht der Fortsetzung des Verses, wo deren Geschmack mit dem von Wein verglichen wird (s. auch 1,2); insofern bildet die Prädikation »schön« hier den Übergang vom Sehen zum Schmecken.

»meine Schwester Braut« – dieselbe Anrede wie oben in der zweiten Strophe.

»wie gut ist deine Liebe, (besser) als Wein« – Wiederholung eines Kolons mit leichter Abwandlung wie in 4,12; 6,1. Zur Verbindung von »schön« mit »gut« vgl. 1 Sam 16,12; 25,3; Koh 5,17; Est 2,7 (vgl. Gen 29,17); das hier verwendete Verb ist dasselbe wie in Hld 1,2. Von der subjektiven Schilderung ihrer Wirkung auf ihn geht der Sprecher zu einer »objektiveren« Darstellung ihrer Eigenschaften über; die dabei angestellten Vergleiche mit bekannten Erscheinungen fallen natürlich allesamt zu Gunsten der Geliebten aus.

»der Duft deiner Öle« – Vom Geschmackssinn wechselt der Sprecher zum Geruchssinn. Die Lesart der LXX, die hier wie im folgenden Vers »Duft deiner Gewänder« hat, ist ein Fehler. Bei den Ölen handelt es sich um Duftstoffe, Kosmetika; die Analogie zu 1,2 wird weitergeführt. Dies ist sozusagen die Erwiderung des Geliebten auf die dortige Aussage der Frau. Die Prädikation »gut« vom vorangehenden Kolon gilt hier zweifellos weiter; in 1,2 lautet die entsprechende Formulierung: »zum Riechen sind deine Öle gut«.

»als alle Spezereien« – Beim Vergleich ihrer Liebe mit Wein hatte der Liebende den Komparativ verwendet, hier geht er gewissermaßen zum Superlativ über.[193] Die Vokabel *bosem* (= »Spezerei«, »Balsam«) fungiert als Oberbegriff für alle Arten von Duftpflanzen wie in 4,14.16; 8,14.

V 11 *»Honigseim«* – Rückkehr zum Geschmackssinn. Hier wird zunächst der Vierte Strophe (V 11)
aus der Wabe fließende Honigseim erwähnt,[194] der Honig dann in der Fort-

[192] *zawronim* ist Plural zum Singular *zawar* wie *panim* zu *pe*.
[193] Die Wendung *mikkol* (= als alle) zum Ausdruck des Superlativs vgl. etwa in Est 2,17; 2 Chr 11,21.
[194] Hebräisch *nofet*, ugaritisch *nbt* = der flüssige Honig im Bienenstock.

setzung. Honigseim ist außerdem in Ps 19,11; Spr 24,13 (an beiden Stellen zusammen mit Honig) und in Spr 27,7 belegt; an allen drei Stellen wird seine Süße hervorgehoben. In Spr 5,3 kommt Honigseim in ähnlichem Kontext vor wie hier, nämlich als verführerisch süß; dort gibt es dieselben aufeinander folgenden Wörter: »denn Honigseim triefen die Lippen der Fremden, glatter als Öl ihr Gaumen ...« (zu weiteren Beziehungen der Warnung vor der fremden Verführerin in Spr 5 und Versen in Hld s. o. Einleitung XIII).

»*triefen*« – Wortspiel zwischen »Honigseim« *(nofet)* und »triefen« *(titofna)*. Dasselbe Verb bezeichnet auch in 5,13 das, was von den Lippen des Geliebten herabfließt (vgl. ferner 5,5).

»*deine Lippen*« – Hier könnten die Worte der Geliebten gemeint sein, denn die Verbalwurzel *nun-tet-pe* im *Hif'il* kommt im Zusammenhang mit Rede vor (vgl. Ez 21,2.7; Am 7,16; Mi 2,6.11); Honig dient gelegentlich auch als Bild für angenehme Worte (z. B. Spr 16,24). Auch der oben erwähnte Vers Spr 5,3 lässt sich auf die Worte der fremden Verführerin beziehen. Die Schönheit des Rede-Organs der Geliebten hatte der Sprecher ja bereits in 4,3 geschildert. Man könnte zwar sowohl in 4,3 als auch hier an die Küsse der Frau denken (s. o. zu 4,10), aber nachdem in 4,10 von ihren Küssen die Rede war, dürfte der Sprecher hier eher zu einem anderen Aspekt übergehen, nämlich zu ihren Worten.

»*Braut*« – Der Rückgriff auf die Anrede der ersten Strophe verstärkt die literarische Rahmenwirkung; außerdem bildet die Vokabel »Braut« *(kalla)* einen Anklang an *mikkol* (»als sämtliche«) aus dem letzten Kolon des vorangehenden Verses.

»*Honig und Milch*« – Die üblichere Reihenfolge lautet »Milch und Honig«[195]. Die Umkehr der Reihenfolge könnte auf diachronen Chiasmus zurückgehen[196] oder aber poetisch bedingt sein, damit der Honig an der analogen Stelle steht wie der Honigseim oben. Zu Honig und Milch im Zusammenhang mit dem Genuss der Liebe s. auch Hld 5,1.

»*unter deiner Zunge*« – Dieser Ausdruck spricht dafür, dass hier Worte gemeint sind, denn es gibt biblisch Belege für Worte »unter der Zunge« (Ps 10,7; Ijob 20,12), nur dass es sich dort um böse und hier um gute Worte handelt.

»*und der Duft deiner Gewänder*« – Kombination von Geschmacks- und Geruchssinn wie im vorigen Vers; oben war es der Geschmack ihrer Küsse und der Geruch ihres Parfüms, hier der Geschmack ihrer Worte und der Geruch ihrer Kleider. Zum Duft der Kleidung im Zusammenhang mit Lie-

---

195 Hauptsächlich in Beziehung auf das gelobte Land, z. B. Ex 3,8; Num 13,27; Dtn 6,3. Vgl. jedoch »Honig und Butter« (Ijob 20,17) mit »Butter und Honig« (Jes 7,15.22).

196 Vgl. *A. Hurvitz*, Diachroner Chiasmus im biblischen Hebräisch (hebr.), in: *B. Uffenheimer* (Hg.), *haMiqra weToldot Israel.* FS Liver, Tel-Aviv 1972, 248–255.

besdichtung vgl. Ps 45,9a: »Myrrhe und Kardamom, Kassia sind all deine Gewänder«. Sowohl in Hld als auch bei Ps 45,9 haben Kommentatoren darauf hingewiesen, dass die Duftstoffe auch als Mottenschutz für die Kleider dienen mochten.

»wie der Duft des Libanon« – vgl. Hos 14,7: »wie Ölbaum seine Pracht, sein Duft wie Libanon«. Die Vulgata liest hier: »wie der Duft von Weihrauch« *(levona)*. *R. Samuel b. Meïr* schreibt dazu: »der Duft deiner Gewänder und sonstigen Kleidung ist mir besser und angenehmer als Weihrauchhölzer«. In Ps 45,9 riechen die Gewänder nach den Duftstoffen, darunter auch Weihrauch. Unübersehbar ist auch das Wortspiel zwischen Weihrauch *(levona)* am Ende des vorigen Liedes (4,7) und Libanon am Anfang dieses Liedes (V 8). Trotzdem gibt es gute Gründe dafür, MT nicht zu korrigieren: Zum einen ist der Geruch des Libanon bei Hos belegt (s.o.); zum anderen gibt es auch im biblischen Erzählschatz einen Fall, wo die Kleider nach dem Ort riechen, von dem ihr Träger herkommt: Gen 27,27 identifiziert der erblindete Isaak die Kleider seines Sohnes Esau an deren Feldgeruch. Gegen Ende des Liedes, als sich die Geliebte zusammen mit ihrem Freund von ihrem Herkunftsort entfernt, haftet an ihren Kleidern immer noch der Geruch des Libanon, der Duft von Zedern und Zypressen, der den Liebenden an den erhabenen und geheimnisvollen Ort erinnert, von dem sie kommt, sowie an die Gefahren, die er zu bestehen hatte, um sie von dort zu holen. Somit eröffnet und schließt er dieses Lied mit der Erwähnung des Libanon. Die klangliche Nähe von *levona* (»Weihrauch«) und *levanon* (»Libanon«), die in Hld mehrfach aktualisiert wird (3,6; 4,6.14), verleiht dem Namen Libanon eine zusätzliche unterschwellige Bedeutung.

Hld 4,12–5,1: Zwiegespräch – Der verschlossene Garten

Text

Übersetzung

4,12 *Ein verschlossener Garten ist meine Schwester Braut,*
ein verschlossener Teich, versiegelter Quell,
13 *deine Kanäle ein Baumgarten von Granatbäumen*
samt köstlicher Frucht, Henna samt Narden.

14 *Narde und Safran, Kalmus und Zimt*
samt allerlei Weihrauchhölzern,

Myrrhe und Adlerholz
samt allerlei hervorragenden Spezereien.

15 *Ein Gartenquell, ein Brunnen lebendigen Wassers,*
fließend vom Libanon.

16 *Erwache, Nord! Komm, Süd!*
Bewehe meinen Garten, so fließen seine Spezereien!
So komme mein Freund in seinen Garten
und er esse seine köstlichen Früchte.

5,1 *Ich komme in meinen Garten, meine Schwester Braut,*
ich pflücke meine Myrrhe samt meiner Spezerei,
ich esse meine Wabe samt meinem Honig,
ich trinke meinen Wein samt meiner Milch.
Esst, Gefährten, trinkt und berauscht euch, Freunde!

Analyse

Stellung im Kontext

Zahlreiche Elemente verbinden diese literarische Einheit mit der vorigen. In beiden redet der Geliebte seine Freundin als »meine Schwester Braut« an (4,9.12; 5,1). Im vorigen Lied hatte der Sprecher etliche Vorzüge seiner Geliebten aufgezählt, nun möchte er sie genießen:

»Wie gut ist deine Liebe (besser) als Wein« (4,10) – »ich trinke meinen Wein« (5,1); »der Duft deiner Öle (besser) als alle Spezereien« (4,10) – »... samt allerlei hervorragenden Spezereien« (4,14); »so fließen seine Spezereien« (4,16) – »ich pflücke meine Myrrhe samt meiner Spezerei« (5,1).

Rollenzuteilung

Bei diesem Lied ist die Aufteilung unter den beiden Sprechern schwierig. Nur 4,16 wird eindeutig von der Frau gesprochen, denn in der zweiten Hälfte redet sie über ihren Geliebten. Meines Erachtens ist auch 4,14 der Sprecherin zuzuweisen, denn 4,13, wo der Mann seinen Garten, d.i. seine Geliebte rühmt, endet mit den Worten »Henna samt Narden« und 4,14 nimmt das Stichwort »Narde« wieder auf, nur diesmal im Singular; das scheint mir ein deutlicher Hinweis auf Sprecherwechsel zu sein. Die Frau knüpft an die Aufzählung der Köstlichkeiten im Garten an und verheißt, dass der Garten noch mehr davon enthält, was sie dann näher ausführt. Wenn V 14 und 16 beide zu der Frau gehören, ergibt sich also folgende Struktur:

Aufbau

Der Liebende beginnt, indem er seine Geliebte mit einem »verschlossenen Garten« (V 12a) und mit einem »verschlossenen Teich« (V 12b) vergleicht; in V 13 geht er auf Einzelheiten im Innern des Gartens ein. Die Geliebte führt diese Linie in V 14 weiter. In V 15 kommt der Liebende eingehender auf das vom Garten ausgehende Wasser zu sprechen, wobei er u.a. das Verb »fließen« verwendet. Dies greift wiederum die Frau in V 16 auf (»so fließen seine Spezereien«) und lädt dann den Mann ein, hineinzukommen und zu essen. Dieser nimmt ihre Einladung an, indem er verkündet, genau das zu tun, wozu sie ihn aufgefordert hatte (5,1a).

Überraschend folgt dann der letzte Teil von 5,1, denn nun stellt sich plötzlich heraus, dass die Freunde bereits während des Zwiegesprächs zuvor zugegen waren, wodurch dieses in eine ganz andere Perspektive gerückt wird, als wenn es nur unter den beiden Liebenden geführt worden wäre. Die an die Freunde gerichtete Aufforderung knüpft zwar an die unmittelbar vorangehende Selbstaussage an (5,1a: »ich esse ... ich trinke ...«; 5,1b: »esst, ... trinkt ...«), aber das Essen und Trinken der Freunde ist offenbar nicht dasselbe wie das des Geliebten (Weiteres zur Funktion von 5,1b sowie zur Anwesenheit von Freunden bei der Hochzeit s. u. in der Auslegung).

Aufnahme der Paradiesüberlieferung in Hld

Eine biblische Tradition, die Hld stark geprägt hat, ist die vom Paradies. Eine Bezugnahme auf die Paradieserzählung ist in Hld 7,11 zu beobachten, wo die Frau sagt: »ich bin meines Freundes, und nach mir ist sein Verlangen«; dies ist ein Echo des Strafspruches Gottes über die Frau nach der Übertretung des Gottesgebotes: »nach deinem Mann ist dein Verlangen, und er wird über dich regieren« (Gen 3,16; s. auch in der Auslegung zu Hld 7,11). Die Berührungspunkte zwischen Paradieserzählung und Hld sind bereits den älteren Exegeten aufgefallen. So erscheinen in der Rede der Weisheit Sir 24 Andeutungen an Hld vermischt mit solchen an Gen 2–3. Im Targum zu Hld 4,12 heißt es: »Und die Männern angetrauten Frauen sind keusch wie eine keusche Braut und wie der Garten Eden, wo kein Mann Zutritt hat mit Ausnahme der Gerechten, deren Seelen dorthin [geleitet] werden durch die Engel; und deine Jungfrauen sind ... dort versiegelt wie der Wasserquell, der unter den Wurzeln des Lebensbaums entspringt als Fluss, der ausgeht von Eden und sich in vier Arme teilt, und wenn er nicht versiegelt wäre mit dem großen und heiligen Namen, würde er ausgehen und die ganze Welt überschwemmen«. Und im Targum zu Hld 4,13 ist von Kindern jener Frauen die Rede, die nach den guten Duftstoffen aus dem Garten Eden riechen, Henna und Narde.

Auch der Midrasch Canticum rabba zieht Verbindungen zwischen Hld und der Paradieserzählung; zu 5,1 heißt es dort: »Es steht nicht ›ich komme in den Garten‹, sondern ›in meinen Garten‹, in mein Baldachinhaus, an den Ort, wo meine Wurzel von Anfang an war – war die Wurzel der göttlichen Einwohnung denn nicht bei den Unteren? Das ist es, was geschrieben steht: ›sie hörten die Stimme des Ewigen Gottes einhergehen im Garten‹ (Gen 3,8)«.

Auch im Midrasch Tanchuma werden die vorliegenden Verse in Hld auf die in Gen 2–3 erzählten Vorgänge im Paradies bezogen: »R. Schimon b. Jochai sagt: Überall, wo es heißt ›und es geschah‹, da handelt es sich um etwas, was zunächst war, dann für geraume Zeit unterbrochen war und dann wieder so wurde wie es gewesen war. Das ist es, was die Schrift sagt: ›ich komme in meinen Garten‹ (Hld 5,1). Damals als er die Welt erschuf, wünschte er sich eine Wohnung bei den Unteren wie er eine bei den Oberen hatte; er rief den Menschen und gebot ihm: ›von jeglichem Baum des Gartens sollst du essen, und vom Baum der Erkenntnis des Guten und Bösen sollst du nicht essen‹ (Gen 2,16f.), doch er übertrat sein Gebot. Da sprach zu ihm der Heilige gelobt sei Er: Ich hatte mir gewünscht, wie ich eine Wohnung bei den Oberen habe, so möchte ich eine bei den Unteren haben, doch ein einziges Gebot habe ich dir gegeben, und du hast es nicht eingehalten. Sogleich ließ der Heilige gelobt sei Er seine göttliche Einwohnung zum Himmel emporsteigen. Woher? Es heißt: ›sie hörten die Stimme des Ewigen Gottes einhergehen im Garten beim Wind des Tages ...‹ (Gen 3,8)«.[197]

Im Laufe der Auslegung dieses Liedes werden wir die einzelnen Bezüge zur Para-

[197] Tanchuma Buber, *Naso*, 19a.

dieserzählung aufzeigen; dabei ist wichtig festzuhalten, dass der Verfasser des Liedes die Paradiesüberlieferung nicht unbedingt in der Form verwendet, wie wir sie aus Gen 2–3 kennen. Er zieht vielleicht nicht nur Traditionen heran, die sich in der biblischen Literatur erhalten haben, sondern auch solche, die während der biblischen Epoche mündlich tradiert und erst in nachbiblischer Zeit schriftlich fixiert wurden. Schließlich werden wir zu klären versuchen, weshalb der Dichter diese Überlieferung heranzieht und wie er sie einsetzt.

Auslegung

Rede des Geliebten (V 12–13)

V 12 *»ein verschlossener Garten«* – In diesem Lied vergleicht der Sprecher die Geliebte mit einem Garten (s. auch 4,16; 5,1); der Vergleich kehrt auch in 6,2 wieder. Dieser Garten, d.h. die junge Frau, ist verschlossen und verriegelt, so dass der Liebende nicht hineinkommt. Wer ihm den Zugang zum Garten unmöglich macht, bleibt unklar, jedenfalls fühlt der Sprecher sich ausgeschlossen. Im folgenden Lied (5,2–6,3) ist es die junge Frau, die zu Hause eingeschlossen ist, und der Liebende sucht Einlass. Die Konstellation der an der Gartenszene beteiligten Personen (Mann und Frau) erinnert an den Schluss der Paradieserzählung, nur dass sich hier die Frau drinnen und der Mann draußen befindet, während in der Paradieserzählung der Garten hinter den beiden Vertriebenen verschlossen wird.

»meine Schwester Braut« – zu dieser Anrede s.o. 4,9.10 und u. 5,1. Hier befindet sich der Sprecher einerseits außerhalb des verschlossenen Gartens, aber die Bezeichnung »meine Schwester Braut« verrät andererseits, dass er die Hoffnung nicht aufgegeben hat, sie für sich zu gewinnen. Es wird nicht ganz deutlich, ob der Sprecher hier die Frau anredet, oder ob er dazu noch nicht den Mut hat und hier erst über sie spricht; in diesem Falle wäre der Ausdruck »meine Schwester Braut« sozusagen die Lösung des Rätsels, was er mit dem »verschlossenen Garten« meint.

»ein verschlossener Teich« – Viele Handschriften sowie LXX, Peschitta und Vulgata lesen hier ein zweites Mal »Garten« *(gan)*, nicht »Teich« *(gal)* wie MT. Strukturell handelt es sich jedenfalls um Verdoppelung des ersten Kolons (s.o. 1,15), was auch sonst mit leichter Variation des Ausdrucks vorkommt (z.B. 4,10; 6,1). Die Vokabel *gal* bildet ein Wortspiel mit *gan*, außerdem führt sie das Motiv des Wassers im Garten ein (vgl. etwa Gen 2,10–14).[198] Für die Lesart von MT an unserer Stelle lässt sich Ijob 8,16f. anführen: »nass ist er vor der Sonne, auf seinem Garten geht sein Spross auf, auf

[198] Weitere gemeinsame Vorkommen von Garten und Wasser s. Num 24,6; Jes 58,11; Jer 31,12; Sir 24,25–31.

seinem *gal* sind seine Wurzeln ineinander verflochten«; hier hat *gal* offenbar die Bedeutung Wasserlache, Teich.[199]

»*versiegelter Quell*« – Dieser Ausdruck bildet eine Steigerung gegenüber dem vorangehenden. Ein sprudelnder Quell wirkt dynamischer als ein stehendes Gewässer, strotzt sozusagen vor Energie, die nach draußen drängt; allerdings ist der Quell hier versiegelt. »Versiegelt« ist stärker als »verschlossen«, denn ein Schloss lässt sich vielleicht unbemerkt öffnen, aber das Brechen eines Siegels ist nicht geheim zu halten (vgl. Dan 6,18). Der Vergleich von Frau und Quelle findet sich auch in Spr 5,15: »Trink Wasser aus der eigenen Grube und Fließendes aus deinem Born, dass deine Quellen strömen auf die Flur …«. In unserem Vers artikuliert sich die Enttäuschung des Liebenden: Je schwieriger der Zutritt, je zahlreicher die Hindernisse, die den Garten und das darin befindliche Wasser von dem Einlassbegierigen trennen, desto stärker sein Verlangen, desto intensiver das Gefühl, dass hinter Schloss und Riegel etwas ungeheuer Attraktives liegt. Dieser Schatz erscheint hier wohlverwahrt: Nicht nur der Garten ringsum ist verschlossen, auch der Teich drinnen; der Quell ist sogar versiegelt.

V 13 In 4,13 ergeht sich der Sprecher im Ruhm des zuerst genannten Elements, des verschlossenen Gartens. Er kann zwar nicht hinein, scheint aber doch etwas über die hinter der Mauer verborgenen Herrlichkeiten zu wissen; einige Informationen sind offenbar zu ihm hinaus gedrungen. Wenn vorher nicht klar ist, ob er die Geliebte anzureden wagt, nun tut er es eindeutig.

»*deine Kanäle*« – Eine mögliche Bedeutung der Vokabel *schelachim* wäre »Äste« (nach Jes 16,8; Ps 80,11, auch Sir 24,16), *R. Abraham b. Esra* meint »Zweige«. Demnach wäre der Garten zwar verschlossen, aber einige Zweige ragen über die Mauer nach draußen und vermitteln einen Eindruck von dem, was sich drinnen befindet. Eine zweite Möglichkeit wäre die, dass es sich um Wasserrinnen handelt, die ebenfalls aus dem Garten nach draußen führen, um auch das Land ringsum zu bewässern, so wie der Fluss aus dem Paradies nicht nur den Garten selbst, sondern auch dessen Umgebung tränkt (Gen 2,10–14). Bestätigungen für diese Bedeutung finden sich in dem Ausdruck *brechat haschelach* (»Wasserleitung«, Neh 3,15) sowie in einem Vers bei Ez: »und ihre Kanäle entsendend zu allen Bäumen des Feldes« (Ez 31,4; vgl. auch Ez 31,5).[200] *Raschi* z.St. verweist auf den rabbinischen Sprachgebrauch, wo *bet schelachin* ein hochgelegenes Feld oder einen Garten bezeichnet, jedenfalls eine Kulturpflanzung, die der zusätzlichen Bewässerung bedarf (vgl. b *Baba batra* 68a).[201]

---

199 Vgl. den Ortsnamen *Gullot Majim* (»Wasserquellen«) Jos 15,19; Ri 1,15; vgl. auch Koh 12,6. Ugaritisch *gl* und akkadisch *gulattu* ist jeweils die Bezeichnung für ein Gefäß, das Flüssigkeit enthält.

200 In der Ez-Stelle ist zwar vom »Garten Gottes« die Rede (31,8), aber es liegt keine deutliche Paradies-Tradition vor; Weiteres dazu im Folgenden.

201 Dazu *H. Yalon, Pirqe Laschon*, Jerusalem 1971, 426f.

»*ein Garten von Granatbäumen*« – Wenn man *schelachim* als »Äste« nimmt, sind es die Zweige der Bäume innerhalb des Gartens, die über die Mauer hinausragen; aber auch die Bedeutung »Bewässerungsrinnen« passt zur Anlage einer Baumpflanzung. Die Vokabel *pardes* (Garten) ist persischen Ursprungs und über das Griechische in weitere europäische Sprachen eingedrungen und zum »Paradies« geworden. Biblisch gehört sie in eine sprachlich späte Schicht (Neh 2, 8; Koh 2, 5) und verbindet sich mit »paradiesischen« Vorstellungen von üppiger Vegetation und reichlich Wasser: »Ich legte mir Gärten und Haine an und pflanzte darin allerlei Fruchtbaum; ich legte mir Wasserteiche an, daraus einen baumsprossenden Wald zu bewässern« (Koh 2, 5 f.). Granatäpfel kommen in der Liebesdichtung häufig vor (s. o. zu 4, 3); es gibt sogar eine Überlieferung, wonach der Baum des Lebens ein Granatapfelbaum war.

»*samt köstlicher Frucht*« – Im Syrischen und Jüdisch-Aramäischen bedeutet *migda* »Frucht«, von daher ist *pri megadim* hier eine *constructus*-Verbindung von zwei Synonymen, die sozusagen als Superlativ fungiert; die Vokabel ist noch einmal belegt in Hld 7, 14, außerdem in Dtn 33, 13–19. Die Präposition »samt« *(ʿim)* kommt in 4, 13 zweimal vor, in 4, 14 weitere zweimal und in 5, 1 nicht weniger als dreimal;[202] dadurch wird die reiche Fülle veranschaulicht, als ob die beiden Liebenden von Minute zu Minute weitere Herrlichkeiten im Garten entdecken. Der Baumgarten besticht nicht nur durch seine Schönheit, er trägt auch sehr einladende Früchte; allerdings ist der Garten verschlossen, so dass potentiellen Genießern der Zutritt verwehrt bleibt.

»*Henna*« – Nicht nur Äste oder Bewässerungskanäle reichen bis in die Umgebung des Gartens, auch der Duft der darin wachsenden Pflanzen dringt nach draußen und lockt Besucher an. Die hier verwendete Vokabel *kefarim* ist die Pluralform von *kofer*, s. o. zu 1, 14.

»*samt Narden*« – Auch diese Duftpflanze erscheint im Plural, um die reiche Fülle zu unterstreichen. Narde ist auch in Hld 1, 12 (s. dort) sowie in 4, 14 erwähnt. Der Sprecher nennt hier zwei Pflanzenarten; Zweiheit beherrscht dieses Lied durchweg: Freund und Freundin, Garten und Teich usw.

Rede der Geliebten (V 14)

V 14 »*Narde*« – Die Wiederholung der Vokabel vom Ende des vorangehenden Verses, nur diesmal im Singular, lässt auf einen Sprecherwechsel schließen, denn aus dem Munde desselben Sprechers wäre eine solche Wortwiederholung ungelenk. Demnach fällt hier die Freundin in die Rede des Liebenden ein, bestätigt die Richtigkeit seiner Beobachtung und zählt noch weitere Wunderdinge auf, die der Garten für ihn birgt, wodurch sie sein Verlangen nach ihr nur erhöht. Dass Narde nicht in Israel wächst, verleiht dem Garten etwas Exotisches, Kostbares; er wird dargestellt wie ein Paradies.

»*und Safran*« – Auch die von der Frau aufgeführten Duftpflanzen er-

---

[202] Zur Verwendung dieser Präposition vgl. etwa 1 Sam 16, 18.

scheinen paarweise. Safran *(karkom)* kommt biblisch nur hier vor, zusammen mit Narde im babylonischen Talmud als eines der Ingredienzien des im Tempel darzubringenden Räucherwerks (b *Keritut* 6a). *I. Löw*[203] nimmt an, dass hier nicht der in Israel vorkommende echte Safran *(Crocus sativus)* gemeint sei, sondern der indische *(Curcuma longa)*.

»*Kalmus*« – Hier handelt es sich wohl um das »Duftrohr«, das bei der Herstellung des heiligen Salböls Verwendung findet (Ex 30,23). »Rohr« heißt es nach seinem hohlen Stengel. Es kommt von weit her, anscheinend aus Indien; vgl. Jer 6,20: »... und das gute Rohr aus fernem Lande« (ferner Jes 43,24; Ez 27,19).

»*und Zimt*« – Wortspiel zwischen *qinnamon* (»Zimt«) und dem unmittelbar voranstehenden *qane* (»Kalmus«);[204] ebenfalls ein Bestandteil des heiligen Salböls (Ex 30,23). Es handelt sich um Cassiarinde, die nur als Duftstoff dient, nicht als Gewürz; sie ist auch in der Rede der Verführerin Spr 7,17 erwähnt (vgl. auch Sir 24,15). Bereits in der Antike war Zimt für seinen Wohlgeruch berühmt: »In Jerusalem gab es Zimtbäume, wenn davon geerntet wurde, verbreitete sich ihr Duft im ganzen Land Israel« (b *Schabbat* 63a). In der rabbinischen Literatur ist auch eine Überlieferung fassbar, wonach Zimtbäume im Paradies wuchsen; angesichts des Ölzweigs im Schnabel der von Noach ausgesandten Taube überlegt *R. Abahu*, weshalb sie nicht lieber ein Blatt von einem Zimt- oder Balsambaum gebracht habe (*Gen r* XXXIII 9).

»*samt allerlei Weihrauchhölzern*« – zu Weihrauch[205] s.o. 3,6. Diese Worte bilden eine Steigerung gegenüber dem Voranstehenden, nicht nur durch die Präposition »samt«, sondern auch durch die Einordnung der zuvor einzeln genannten Dufthölzer in den Gesamtbegriff. Die zusammenfassende Formel »allerlei Hölzer« *(kol ʿaze ...)* erinnert an die Schilderung der Vegetation im Paradies (Gen 2,9.16; vgl. auch Ez 31,8).

»*Myrrhe*« – s.o. zu 3,6; in Kombination mit Weihrauch dort sowie 4,6. Vgl. auch die Rede der verführerischen Fremden Spr 7,17.

»*und Adlerholz*« – Duftstoff, der aus der verharzten Rinde des vor allem in Indien und auf dem Himalaja wachsenden Adlerbaums gewonnen wird, entfaltet seinen Wohlgeruch beim Verbrennen, kommt auch in Spr 7,17 vor, außerdem in dem Hochzeitslied Ps 45,9: »Myrrhe und Adlerholz, Kassia sind all deine Gewänder«. Bedeutsam ist vor allem die Erwähnung von Adlerholz im Bileamspruch: »Wie Täler eingesenkt, wie Gärten am Strom, wie Adlerbäume gepflanzt, die JHWH gepflanzt, wie Zedern am Gewässer« (Num 24,6). Dazu erläutert *Raschi*: »›die der Ewige gepflanzt‹ – im Paradies«. Hier haben wir einen Beleg für die biblische Tradition, wonach unter

203 Vgl. *I. Löw*, Die Flora der Juden, I–IV, Wien 1924–29.
204 Vergleichbare Anklänge finden sich in Est 2,17; Jes 5,6; 7,24; 9,17 u.ö.
205 In Parallele zu »Rohr« Jer 6,20; in der Nähe davon Jes 43,23f.

den Bäumen, die Gott im Paradies pflanzte (Gen 2,8–9) auch Duftpflanzen waren; daraus erhellt, dass auch das Motiv der im Garten des Liebenden wachsenden Duftbäume auf eine Paradies-Überlieferung zurückgeht. Eine solche (ohne Bezugnahme auf Hld) ist in der apokryphen Literatur nachweisbar: »Es geschah an jenem Tage, da Adam aus dem Paradies ging, opferte er Räucherwerk von Weihrauch, Galdanum, Styrax und Narde am Morgen bei Sonnenaufgang, von dem Tage an, da er seine Scham bedeckte« (Jub III 27). Dieselbe Überlieferung hat sich auch in der Mose-Apokalypse niedergeschlagen. Nachdem die Vertreibung aus dem Paradies über ihn verhängt war, soll Adam sich mit folgender Bitte an die Dienstengel gewandt haben: »Seht, ihr vertreibet mich. Ich bitt euch nur: Lasst aus dem Paradies mich Wohlgerüche mitnehmen, dass ich nach meinem Auszug Gott Opfer bringen kann, auf dass mich Gott erhöre! Da nahten sich die Engel Gott und sprachen: Gott, König der Welt! Befiehl uns, Adam aus dem Paradies Räucherwerk wohlriechend mitzugeben! Und Gott ließ Adam kommen; er durfte aus dem Paradies wohlriechend Gewürz mitnehmen und Sämereien zu seinem Unterhalt. Da ließen ihn die Engel beide Arten sammeln: Safran, Narde, Kalmus, Zimt und Sämereien zu seinem Unterhalt. Mit diesen ging er aus dem Paradies« (XXIX 2–6).[206]

»samt allerlei hervorragenden[207] *Spezereien«* – In der ersten Vershälfte hatte die Sprecherin zwei Paare von Duftstoffen vor dem Gesamtbegriff genannt, hier nur noch eines; darin artikuliert sich vielleicht eine gewisse Ungeduld, als ob sie die Reaktion des Geliebten auf die angekündigten Herrlichkeiten kaum erwarten könnte. Sie schließt mit einem Hinweis auf die hohe Qualität der aufgezählten Duftstoffe.

Rede des Geliebten (V 15)

Der Geliebte geht nicht direkt auf die verführerischen Worte der Frau ein, V 15
sei es, dass er ihre Andeutungen nicht versteht, sei es, dass er seinen Ohren nicht zu trauen wagt. Stattdessen spricht er weiter über das zweite Element, das er anfangs erwähnt hatte, über den Wasserquell im Garten. Trotzdem scheinen ihre Worte nicht wirkungslos geblieben zu sein: Er spricht über das Wasser mit ähnlicher Ausführlichkeit wie zuvor sie über die Duftstoffe; was im Garten liegt, scheint ihm nicht mehr verborgen.

»ein Gartenquell« – Im Unterschied zu 4,12 ist der Quell hier nicht mehr versiegelt, demnach hofft der Liebende anscheinend, doch noch hineinzukommen. Die Quelle hier ist zur Bewässerung des Gartens bestimmt, so werden die beiden in 4,12 separat genannten Elemente verknüpft (zur poetischen Pluralform von »Garten« vgl. oben zu 1,17).

»ein Brunnen lebendigen Wassers« – Der Brunnen ist ein Symbol für die Frau (vgl. Spr 5,16; 23,27). So übersetzt Targum Jonatan die Versicherung

---

[206] Nach: Altjüdisches Schrifttum außerhalb der Bibel, übersetzt und erläutert von *P. Riessler*, Heidelberg 1928, 149.

[207] *rosch* (oder *reschit*) zur Bezeichnung erstklassiger Qualität s. auch Ex 30,23; Am 6,6.

der durchziehenden Israeliten »wir werden kein Brunnenwasser trinken« (Num 20,17) mit »wir werden keinen Geschlechtsverkehr treiben mit verheirateten Frauen« (s. auch Num 21,22). Zu der Wortverbindung »Brunnen lebendigen Wassers« vgl. Gen 26,19, zu »Lebenswasser« vgl. Lev 14,5.6.50–52; 15,13; Num 19,17. Die Kombination Lebenswasser und Lebenskraut (charakteristisch für Paradies-Überlieferungen) findet sich im altorientalischen Mythos (aus dem Ende des dritten vorchristlichen Jahrtausends) beim Abstieg der Göttin Inanna in die Unterwelt; nachdem ihre Schwester, die Göttin der Unterwelt, sie getötet hatte, gelang es den Boten des Enki, des Gottes der Weisheit und Zauberkunst, sie mit Hilfe von Lebenswasser und Lebenskraut wieder lebendig zu machen.

»fließend« – Von »fließen« und Flüssigkeit ist sowohl in Spr 5,15 als auch in Bileams Weissagung Num 24,7 die Rede. Das nun nicht mehr stehende, sondern fließende Wasser bringt eine Dynamik in die Szene, die auf künftige Vereinigung der beiden Liebenden schließen lässt.

»vom[208] *Libanon«* – zu Libanon s.o. 3,9. Auf den ersten Blick haben die Duftpflanzen und das Wasser nichts miteinander zu tun, aber der Name »Libanon« klingt an die Vokabel *levona* (»Weihrauch«) im vorigen Vers an. Eine Beziehung zwischen Wasser und Duft wird dann im folgenden Vers hergestellt. In V 15 entsteht der Eindruck, als ob der Quell bereits nicht mehr hermetisch verschlossen sei: Das Wasser kommt von weit her. Außerdem sind sozusagen alle räumlichen Dimensionen erfasst, vom hohen Libanon bis hin zum tiefen Brunnen. Das Wasser vom Libanon gilt als besonders gut, s. etwa 2 Kön 19,23 f.; Jer 18,14.

V 16 Die Sprecherin kommt auf die Duftstoffe zurück (vielleicht weil der Geliebte auf ihre verführerische Rede nicht eingegangen ist), doch sind seine Worte von V 15 nicht spurlos an ihr vorübergegangen: Die Dynamik seiner Rede über das Wasser schlägt sich sozusagen auch in den von ihr verwendeten Verben nieder; nun hat sie den Mut, den Geliebten in den Garten, d.h. zu sich einzuladen, wobei sie allerdings nicht direkt zu ihm spricht, sondern scheinbar über ihn. Rede der Geliebten (V 16)

»erwache« – Mit diesem Verb werden auch sonst Winde erweckt, vgl. etwa Jer 51,11; Hag 1,14; Esra 1,5; 2 Chr 21,16; 36,22.

»Nord« – da es sich um den Nordwind handelt (vgl. Ez 42,17), steht der Imperativ in der feminin-Form; hier ruft die Frau eine befreundete Naturmacht zu Hilfe. Den Nordwind nennt sie an erster Stelle, weil der Freund unmittelbar zuvor den Libanon als Ausgangsort erwähnt hatte.

»komm, Süd« – Als Gegenstück zum Nordwind erscheint hier auch der Südwind. Zur Gegenüberstellung von Nord und Süd vgl. Dtn 3,27; Jes 43,6. Mit der Nennung dieser beiden Windrichtungen sind sozusagen sämtliche Winde angerufen *(Merismus)*.

---

208 Zur Verwendung der Präposition *min* (von … her) vgl. Num 23,7; 2 Kön 14,2 u.a.m.

»bewehe meinen Garten« – dieselbe Verbalwurzel auch in 2,17 und 4,7; zum Vorkommen des Windes *(ruach)* in der Paradies-Überlieferung s. Gen 3,8. Vgl. auch die Rolle des Windes in einer Weiterbildung des Schöpfungsberichts in der Vision von den trockenen Gebeinen bei Ez: »Und er sprach zu mir: Weissage dem Odem *(ruach)*, ... sprich zum Odem: So spricht Gott der Herr: Von den vier Winden, Odem, komm und wehe hinein in die Erschlagenen da, so leben sie« (Ez 37,9; vgl. Gen 2,7). Im Midrasch werden die Winde aus Hld 4,16 als aus dem Paradies kommend geschildert: »... und da Mose das Pessach-Opfer darbrachte, befahl der Heilige gelobt sei Er den vier Winden der Welt, die im Paradies wehen, von den Winden aus dem Paradies gingen welche hin und hafteten an diesem Pessach-Opfer – erwache, Nord! komm, Süd! bewehe meinen Garten, so fließen seine Spezereien – so erging sich dessen Geruch über vierzig Tage« (*Ex r* XIX 5).

»so fließen seine Spezereien« – Durch die Aufnahme des Verbs »fließen« aus der Rede des Geliebten von 4,15 verleiht die Sprecherin auch den Düften etwas Dynamisches. Die Erwähnung der Spezereien knüpft an den krönenden Abschluss ihrer eigenen Rede in 4,14 an.

»so komme mein Freund in seinen Garten« – Im Gefolge des Südwinds wird auch der Geliebte kommen; sobald der Garten den Winden offen steht, hat auch der Freund Zugang. Die Sprecherin spricht von sich selbst als Garten wie der Geliebte zuvor; im Verlauf des Verses wird »mein Garten« im Munde der Sprecherin zu »sein Garten«.

»und esse seine köstlichen Früchte« – Wieder nimmt die Frau eine Formulierung des Geliebten auf; er hatte seine Schilderung des wunderbaren Gartens mit dessen »köstlicher Frucht« geschlossen (4,13), sie erklärt hier die köstlichen Früchte zu seinem Eigentum. Zum Essen der Frucht in der Paradies-Erzählung vgl. Gen 2,16–17; 3,1 ff.; allerdings ist es hier nicht einseitig die Frau, die den Mann verführt, sondern es handelt sich um die schrittweise gegenseitige Annäherung der beiden Liebenden, die im Verzehr der Frucht gipfelt. Das Essen steht hier für den Vollzug des Liebesakts, vgl. etwa Spr 30,20 (s. auch b *Joma* 75a). So wird Hld 4,16 auch im Midrasch gedeutet: »Aus der Tora sind Umgangsformen zu lernen: der Bräutigam tritt unter den Traubaldachin nicht eher ein, als bis ihm die Braut die Erlaubnis erteilt. Das ist es, was geschrieben steht: ›So komme mein Freund in seinen Garten und esse seine köstlichen Früchte‹« (*Lev r* IX 6).

Reaktion des Geliebten auf die Bitte der Geliebten (5,1a)

Im ersten Teil von 5,1 teilt der Mann der Frau mit, dass er ihren/seinen 5,1
Wunsch erfüllt.

»ich komme in meinen Garten« – Mit dieser Aussage knüpft er direkt an die Aufforderung der Geliebten an; er verwendet hier die Perfektform, stellt also sein Kommen als bereits vollzogen dar.[209] Das Verb »hineingehen, kom-

[209] Zur Verwendung der Verbform vgl. Gen 23,11; 43,9; Jes 9,1; vgl. auch *Gesenius-Kautzsch*, Hebräische Grammatik, § 106i.

men« bezeichnet biblisch u.a. den Vollzug des Geschlechtsakts (z.B. Gen 16,4; 30,4). Sobald der Mann in den Garten gekommen ist, gehört dieser ihm; von da an und weiter bezeichnet er alles, was im Garten ist, als sein Eigentum.

»*meine Schwester Braut*« – so auch oben 4,12; hier wird also der literarische Rahmen dieses Liedes geschlossen. Doch während bei der Eröffnung diese Anrede noch wie eine Projektion wirkte, ist sie hier inhaltlich voll abgedeckt.

»*ich pflücke*« – Im Pflücken ist das Essen bereits impliziert (vgl. Ps 80,13 und im rabbinischen Sprachgebrauch b *Baba mezia* 89b). Die hier verwendete Verbalwurzel *alef-resch-jod* bildet vielleicht einen Anklang an »erwache« (*ʿuri*) und weist außerdem voraus auf den Honig, der im Arabischen auch *ʾari* heißt.[210]

»*meine Myrrhe samt meiner Spezerei*« – Hier findet sich wieder die paarweise Darstellung der Genüsse. Myrrhe und Spezerei weisen zurück auf die Rede der Frau 4,14. Die Vokabel *bosem* (»Balsam, Spezerei«) erscheint in verschiedenen Formen jeweils am Ende einer Rede-Einheit, zweimal aus ihrem Mund (V 14.16a), einmal aus seinem.

»*ich esse*« – Auch hier schließt der Geliebte aufs Engste an die Rede der Geliebten an; zuerst sollte er kommen, danach essen; zuerst waren die Duftstoffe genannt, dann das Essen.

»*meine Wabe samt meinem Honig*« – Hier erscheint die Vokabel »Wabe« in der maskulin-Form (*jaʿar*), in 1 Sam 14,27 als feminin (*jaʿara*). Der Verzehr von Honig steht für den Geschlechtsakt, was etwa bei dem Rätsel eine Rolle spielt, das Simson seinen Hochzeitsgästen aufgibt (Ri 14,5–19; Näheres dazu oben Einleitung XIII). Auch in der rabbinischen Literatur findet sich Honig Essen als Symbol für den Geschlechtsakt in den Worten einer Frau, die den Akt ihres Vergewaltigers vergleicht mit einem Mann, der am Versöhnungstag Honig zu sich nimmt (j *Sota* IV 4). Der Mann wird hier als heißhungrig dargestellt, so dass er beim Aussaugen des Honigs auch einen Teil der Wabe mitverzehrt. In den bisherigen Schilderungen des wunderbaren Gartens waren weder der Honig noch die in der Fortsetzung erscheinenden Getränke erwähnt.

»*ich trinke meinen Wein samt meiner Milch*« – Um auch im dritten Begriffspaar Identität zwischen den beiden genannten Elementen herzustellen, deutet der Targum die »Milch« hier als Weißwein; Gleichsetzung von Milch mit weißem Wein findet sich auch im Midrasch (*Gen r* XCVIII 9 zu Gen 49,11). Nebeneinander erscheinen Wein und Milch in Jes 55,1. Am Ende des vorigen Liedes war von Honig und Milch unter der Zunge der Geliebten

[210] Ein Spiel zwischen den Wurzeln *alef-resch-jod* und *alef-waw-resch* liegt 1 Sam 14,27 vor, wo Sauls Sohn Jonatan die Augen hell (*alef-waw-resch*) werden, nachdem er (verbotenerweise) Honig zu sich genommen hat.

die Rede (Hld 4,11); auch Wein assoziiert den Liebesakt (s. bes. 1,4; 7,10). Das Trinken als solches kann für den Liebesakt stehen: »man soll nicht aus dem einen Becher trinken und dabei auf den anderen schauen« (b *Nedarim* 20b). Durch die Mischung der Getränke ist hier etwas vom Ungestüm des Liebenden angedeutet (so im Kommentar *Aqedat Jizchaq*). Es fällt auf, dass die in diesem Lied genannten Flüssigkeiten genau die sind, die nach dem slavischen Henoch als Ströme vom Paradies ausgehen sollen: »Und zwei Quellen entspringen, die eine bringt Honig und Milch hervor, [die andere] Öl und Wein. Und sie teilen sich in vier Teile« (VIII 5).[211] Ähnliche Paradiesvorstellungen haben sich auch im Koran erhalten: »Das Paradies, das den Gottesfürchtigen versprochen ist, ist so beschaffen: In ihm sind Bäche mit Wasser, das nicht faul ist, andere mit Milch, die unverändert schmeckt, andere mit Wein, den zu trinken ein Genuss ist, und andere mit geläutertem Honig« (Sure 47,15).[212] Die Verknüpfung von Paradies-Motiven wie Strömen, Wohlgerüchen und Winden mit Hld 4,16 findet sich auch im Midrasch: »Sogleich macht der Heilige gelobt sei Er dem Messias sieben Baldachine aus Edelsteinen und Perlen. Und von jedem einzelnen Baldachin gehen vier Ströme von Wein, Honig, Milch und reinem Balsam aus ... Zu jener Stunde ruft der Heilige gelobt sei Er den Nordwind und den Südwind. Er spricht zu ihnen: Kommt, fegt und spült vor Ephraim, dem Messias der Gerechtigkeit, mit allerlei Düften des Paradieses, wie es heißt: ›erwache, Nord! komm, Süd! bewehe meinen Garten, so fließen seine Spezereien, so komme mein Freund in seinen Garten und esse seine köstlichen Früchte‹« (*Pessiqta deRav Kahana* XXXVII).

Aufforderung an die Gefährten (5,1b)

»esst, Gefährten« – abrupter Übergang von der Intimität des Zwiegesprächs zur Atmosphäre des Hochzeitsgelages. Anscheinend redet der Bräutigam hier seine Hochzeitsgeleiter an (wie bereits *R. Samuel b. Meïr* z. St. bemerkt hat). Demnach waren diese während des ganzen vorangegangenen Gesprächs zwischen den beiden Liebenden zugegen, wodurch dieses den Charakter einer Aufführung vor den Hochzeitsgästen erhält. Die Begriffe aus der ersten Vershälfte verändern ihre Bedeutung beim Übergang zur zweiten: Beim Essen der Freunde handelt es sich um Nahrungsaufnahme, nicht um den Liebesakt, obwohl auch eine diesbezügliche Ermunterung des Bräutigams an seine Freunde nicht völlig abwegig erscheinen mag.

»trinkt und berauscht euch« – Das Trinken der Freunde ist eher im wörtlichen Sinne zu verstehen als das des Bräutigams zuvor. Die Kombination von Trinken und Rausch ist biblisch auch sonst belegt: Gen 9,21; 43,34; Jer 25,27. Essen, Trinken und Rausch findet sich in einer ugaritischen Parallele:

---

[211] Nach *Chr. Böttrich*, Das slavische Henochbuch, Gütersloh 1996, 849 f.

[212] Nach: Der Koran – Übersetzung von *R. Paret*, Stuttgart u.a. 1979, 358; vgl. auch *A. Th. Khoury*, Der Koran. Arabisch-Deutsch, Gütersloh 2004, 634.

»so essen die Götter und trinken, trinken Wein bis zur Sättigung, Most bis zur Trunkenheit«[213]; s. auch 2 Sam 11,13.

»Freunde« – Die beiden hebräischen Vokabeln, *reʿim* und *dodim*, werden in Hld nicht in ihrer üblichen biblischen Bedeutung verwendet, sondern zur Bezeichnung von Freunden oder Gefährten. Hld 5,16 stehen die beiden Termini parallel zueinander; *reʿa* ist speziell ein Freund, der den Helden in Frauensachen berät (Gen 38,20; 2 Sam 13,3). Besonders markant ist die Analogie zu Simsons »Gefährten«, die ihm bei seiner Hochzeit zugesellt werden, zumal ein Hochzeitsmahl biblisch nur hier und in Ri 14,1 geschildert wird und hier wie dort der Fokus vom Genuss des Bräutigams zu dem seiner mitfeiernden Gefährten wechselt (Weiteres zur Beziehung zwischen Simsons Lebensgeschichte und Hld s. o. Einleitung XIII).

Der nachhaltigste Eindruck, den der Betrachter dieses Liedes gewinnt, ist die vielfältige Beziehung zu Paradies-Überlieferungen, und zwar sowohl zu biblischen (Gen 1–3; Ez 31) als auch zu außerbiblisch erhaltenen (in der apokryphen und in der rabbinischen Literatur). Das Lied enthält auch paradiesische Motive, die in der Erzählung von Gen nicht belegt sind (z. B. die von den dort wachsenden Duftpflanzen ausgehenden Wohlgerüche oder die dort wehenden Winde).

Unser Lied verwendet die Paradies-Tradition, indem es sie umkehrt: In Gen wird der Mensch aus dem Paradies vertrieben, weil er von der verbotenen Frucht gegessen hat, hier wird er ausdrücklich aufgefordert, hineinzukommen und von den köstlichen Früchten zu essen. Dort isst der Mensch und wird daraufhin ausgeschlossen, hier bleibt der Garten nur solange verschlossen, bis der Liebende hineingeht, um zu essen. In Gen führt das verbotene Essen zum Liebesakt, in Hld ist das Essen identisch mit dem Vollzug des Liebesakts.

Auch die Atmosphäre des Liedes hier ist ganz anders als die der Erzählung dort: Während die Erzählung Gen 2–3 überschattet ist von Schuldgefühlen, klingt das Lied harmonisch und spannungsfrei. Die beiden Liebenden sind keinerlei Verboten unterworfen, keine höhere Instanz wacht kritisch über ihr Tun. Die Rückkehr ins Paradies ist optimistischer als die Vertreibung daraus – die Trennwände fallen, verriegelte Türen springen auf und die beiden Liebenden vereinigen sich zur Freude ihrer mitfeiernden Gefährten; dadurch gewinnt das Lied etwas Heiteres und Unbeschwertes.

---

[213] Ugaritica V, 545.

Hld 5,2–6,3: Traumlied – Die nächtliche Suche nach dem Geliebten

Text

Übersetzung

5,2 *Ich schlafe, und mein Herz ist wach.*
Stimme meines Freundes pocht:
Öffne mir, meine Schwester, meine Freundin, meine Taube, meine Reine,
denn mein Haupt ist voller Tau,
meine Haarsträhnen (voller) Nachttropfen.
3 *Ich habe mein Gewand abgelegt, wie sollte ich es anziehen?*
Ich habe meine Füße gewaschen, wie sollte ich sie beschmutzen?
4 *Mein Freund streckte seine Hand durchs Loch,*
und mein Inneres ward erregt über ihm.
5 *Aufgestanden bin ich, meinem Freund zu öffnen,*
meine Hände troffen Myrrhe
und meine Finger ausfließende Myrrhe auf die Griffe des Schlosses.
6 *Geöffnet habe ich meinem Freund,*
da war mein Freund verschwunden, vorbei.
Meine Seele war ausgegangen bei seinem Reden,
ich suchte ihn und fand ihn nicht,
ich rief ihn, und er antwortete mir nicht.
7 *So fanden mich die Wächter, die in der Stadt umhergehen,*
sie haben mich geschlagen, verwundet,
sie haben mir das Obergewand weggenommen die Hüter der Mauern.
8 *Ich beschwöre euch, Töchter Jerusalems,*
wenn ihr meinen Freund findet, was sollt ihr ihm sagen?
Dass ich krank bin vor Liebe.

9 *Was ist dein Freund (mehr) als Freund, Schönste unter den Frauen,*
Was ist dein Freund (mehr) als Freund,
dass du uns so beschwörst?
10 *Mein Freund ist hell und rot,*
herausragend über Zehntausende.
11 *Sein Haupt gediegenes Gold,*
seine Haarsträhnen Locken rabenschwarz,
12 *seine Augen wie Tauben an Wasserbächen,*
gebadet in Milch, sitzend an Füllung,
13 *seine Wangen wie das Balsambeet, Türme von Würzkräutern,*
seine Lippen Lilien triefend von ausfließender Myrrhe,
14 *seine Hände goldene Rollen, eingelegt mit Chrysolith,*
sein Leib Gebilde aus Elfenbein, bedeckt mit Saphiren,

15 *seine Schenkel Säulen aus Elfenbein,*
gegründet auf goldene Podeste,
sein Anblick wie der Libanon, ein Jüngling wie Zedern,
16 *sein Gaumen Süßigkeit, ganz ist er Lustbarkeit –*
das ist mein Freund, das ist mein Gefährte, Töchter Jerusalems.

6,1 *Wo ist dein Freund hingegangen, Schönste unter den Frauen,*
wohin hat sich dein Freund gewandt, dass wir ihn mit dir suchen?
2 *Mein Freund ist hinabgestiegen in seinen Garten, zu seinen Balsambeeten,*
in den Gärten zu weiden und Lilien zu sammeln.
3 *Ich bin meines Freundes, und mein Freund ist mein,*
der unter den Lilien weidet.

Analyse

Stellung im Kontext

Im voranstehenden Lied hatte der Geliebte Einlass in den verschlossenen Garten, d. i. zu seiner Geliebten, begehrt, was sie gewährt hatte. In dem Lied hier findet sich der Geliebte wieder von seiner Freundin getrennt. Sie verbirgt sich zu Hause hinter Schloss und Riegel in der Nacht, und er möchte hinein zu ihr. Gegen Ende des Liedes stellt sich heraus, dass sein Wunsch erfüllt worden ist, er und sie sind vereint. Das Lied endet mit der Mitteilung der Frau an ihre Gefährtinnen, dass der Geliebte bereits bei ihr ist (6,2–3). Von daher erscheint der Schluss hier nicht weniger optimistisch als der des vorigen Liedes; der Mann gelangt ans Ziel seiner Wünsche. Am Ende der vorangehenden Tagszene wendet sich der Geliebte an seine Freunde, die mit ihm zusammen feiern (5,1b), hier richtet die Frau zum Schluss das Wort an ihre Gefährtinnen. Sie lehnt deren Beteiligung an der Suche nach dem Geliebten dankend ab, denn sie möchte ihn für sich allein haben. Beide Abschlüsse verleihen der jeweiligen literarischen Einheit etwas Keckes, Humorvolles. Im vorigen Lied hatten die Schlussworte des Mannes die scheinbare Intimität des Zwiegesprächs zuvor zerstört; nachträglich erweist es sich als eine Art Vorführung vor einem Publikum, den Hochzeitsgästen. Auch hier bewirken die Abschlussworte der Frau (6,2–3) einen Umschwung der Atmosphäre: Es geht nicht mehr um die Suche nach dem verschwundenen Geliebten, Enttäuschung und Hilflosigkeit der Frau, die erhebliche Unannehmlichkeiten auf sich nimmt, um ihn zu finden, sondern inzwischen weiß die Sprecherin sogar ganz genau, wo sich der Geliebte befindet: Er ist hinabgestiegen in seinen Garten, d. i. zu ihr, um der Liebe zu pflegen. Der Abschluss des Liedes erweckt den Anschein, als ob die ganze Traumerzählung, die schmerzliche Getrenntheit der beiden Liebenden, nur als Anlass dient für die ausführliche Schilderung seiner Schönheit (5,10–16), wodurch sie die Eifersucht ihrer Gefährtinnen erregt, die ihr Hilfe beim Suchen angeboten hatten. Von daher scheint es nicht ausgeschlossen, dass die Frau den Traum überhaupt erfunden hat.

Beziehung zu 4,10–5,1

Zwischen den beiden benachbarten Liedern bestehen weitere Verbindungen auf Vokabel-Ebene: die Anrede »meine Schwester« in 5,1 und in 5,2; die Myrrhe unter den Duftkräutern des vorigen Liedes (4,14; 5,1) kehrt hier zweimal wieder (5,5.13), auch die Spezereien sind dort (4,10.16) wie hier (5,3) erwähnt, ebenso weitere Charakteristika des Gartens wie das Wasser (4,15) und die Beziehung zum Libanon (4,15 bzw. 5.12.15), außerdem die Milch (5,1 bzw. 5,12).

Beziehung zu weiteren Liedern

Unser Lied hier weist Berührungspunkte zu weiteren Liedern in Hld auf: zu dem nächtlichen Traum 3,1–5, auch zu der Szene am Tage, wo der Mann die Geliebte auffordert, hinauszukommen und die Schönheiten des Frühlings zu bewundern (2,8–13, s. dort in der Einführung).

Die ausführliche Schilderung der Gestalt des Geliebten hier (5,10–16) entspricht von der Gattung her den Körperbeschreibungen der Frau in 4,1–7 und 7,1–7. Zahlreiche Körperteile des Geliebten erscheinen wie aus unbelebten Materialien bestehend: Metall, Holz, Stein und Elfenbein, so entsteht der Eindruck einer Statue, eines Kunstwerks; eine gewisse Beziehung zur Beschreibung von Standbildern scheint tatsächlich vorzuliegen (vgl. etwa Dan 2,31–33).

Aufbau: Drei Teile

Dieses Lied, die längste und sehr komplexe literarische Einheit in Hld, gliedert sich in drei Hauptteile: Im ersten Teil (5,2–8) erzählt die Frau ihren Freundinnen, den Töchtern Jerusalems, wie sie im Traum den Geliebten verpasst hat, denn er war bereits verschwunden, nachdem sie ihm nicht rasch genug geöffnet hatte. Zu diesem Teil gibt es ein schönes Gegenstück in einem altägyptischen Liebeslied, wo der junge Mann bei Dunkelheit am Hause der Geliebten vorüberkommt und Einlass begehrt.[214] Im zweiten Teil (5,9–16) gibt die Frau eine detaillierte Schilderung der Schönheit des Geliebten in Erwiderung auf eine diesbezügliche Frage ihrer Gefährtinnen. Der dritte Teil (6,1–3) ist ein Zwiegespräch zwischen den übrigen Mädchen und der weiblichen Hauptfigur: Die Mädchen bieten ihr Hilfe an bei der Suche nach dem Geliebten, doch sie lehnt das Angebot ab; der Freund ist in seinen Garten hinabgestiegen, die beiden Liebenden gehören einander an.

Dramatik

Dieses Lied ist reich an inneren Spannungen, angefangen vom Gemütszustand der Sprecherin: »Ich schlafe, und mein Herz ist wach« (5,2). In der Fortsetzung entwickelt sich ein Konflikt zwischen ihr und dem Geliebten. Er klopft an ihre Tür, doch sie beeilt sich nicht, ihn einzulassen; und als sie dann aufmacht, ist er nicht mehr da (5,2.6). Daraufhin hat die Frau eine gewaltsame Auseinandersetzung mit den Wächtern auf den nächtlichen Straßen (5,7) und eine verbale mit ihren Gefährtinnen: Sie fragen nach dem Geliebten und wollen ihr suchen helfen; doch sie weist alle Einmischungsversuche zurück mit der Enthüllung, dass sich die Suche erübrigt habe.

Auslegung

Erster Teil (5,2–8)

»Ich schlafe, und mein Herz ist wach« – Auf den ersten Blick ist dies ein 5,2
Paradox, denn ein Mensch kann ja nicht gleichzeitig schlafen und wach sein; vgl. z. B. »wach auf, warum schläfst du« (Ps 44,24; vgl. auch Ijob 14,12). Der Dichter führt so die Traumsituation ein: Das Herz, der Ursprung menschlichen Wünschens und Verlangens, ist nicht untätig, solange der Mensch schläft. Die rabbinische Vorstellung von Traum geht dahin, dass Traum-

[214] Papyrus Chester Beatty I: *M. Fuks,* Liebeslieder 62; vgl. *H. A. Schlögl,* Gärten der Liebe 30; *S. Schott,* Altägyptische Liebeslieder 63 f.

gesichte dem Menschen Regungen seines Herzens veranschaulichen (b *Berachot* 55b). In dem analogen Traumlied 3,1–5 hatte der Dichter die Szene mit »auf meinem Lager nächtlich« eröffnet.

»*Stimme*« – entweder elliptisch für »ich höre die Stimme« oder als Aufruf zu Ruhe und Aufmerksamkeit wie im Ugaritischen und Akkadischen, s. o. zu 2,8; dort bildete diese Wortverbindung den Auftakt zur Einladung des Freundes an die Geliebte, hinauszukommen und die Schönheiten des Frühlings zu bewundern.

»*meines Freundes pocht*« – LXX und im Anschluss daran Vetus Latina ergänzen »an der Tür«, vgl. etwa Ri 19,22, wo die geilen Nachbarn »an die Tür pochen«. *R. Salomo Farchon* deutet das Pochen als Bedrängen, wie Gen 33,13, wo Jakob sein Vieh und Fußvolk nicht durch Eilmärsche »bedrängen« möchte; dies ist auch die Wiedergabe des Targum für das Pochen in Ri 19,22. Wenn der Geliebte hier an die Tür klopft, dann hat die liebende Frau, deren ganzes Sinnen und Trachten nach ihm steht (s. auch 3,1), ihn bereits erkannt, bevor er zu sprechen beginnt.

»*öffne mir*« – vgl. Ps 118,19. Der unvermittelte Übergang von der Gebärde des Anklopfens zum Akt des Sprechens macht es wahrscheinlich, dass das Verb »pochen« hier im Sinne von »bedrängen« verwendet ist.

»*meine Schwester …*« – Alle vier Anredeformen enthalten das Possessiv-Suffix »mein«. Mit dieser Anrede unterstreicht der Sprecher seine Liebe zu der Frau, worauf er anscheinend sein Verlangen nach Einlass gründet. Zu »meine Schwester« s. auch oben in der Auslegung zu 4,9.

»*meine Freundin*« – Diese Anrede kommt nur in Hld vor, s. oben in der Auslegung zu 1,9. In männlicher Form findet sich die Verbindung dieser beiden Bezeichnungen in Ps 35,14 (»Bruder« und »Freund«).

»*meine Taube, meine Reine*« – Das hebräische Adjektiv *tam, tamim* bezeichnet Vollkommenheit und Makellosigkeit, wie sie der Geliebten auch in 4,7 mit anderen Worten zugesprochen werden (vgl. auch 2 Sam 14,5). Die Verbindung »meine Taube, meine Reine« findet sich auch Hld 6,9. Die vier Anredewörter gliedern sich in zwei Paare: »meine Schwester/Freundin« steht für die intime Beziehung der beiden Liebenden untereinander, »meine Taube, meine Reine« drückt seine Bewunderung für ihre Schönheit aus. Zum Vergleich mit der Taube s. oben 2,14 sowie unten 6,9.

»*denn*[215] *mein Haupt ist voller Tau*« – Durch diese vordergründig technische Begründung – er möchte draußen nicht weiter nass werden – rückt die Serie der liebevollen Anreden zuvor in das zweifelhafte Licht manipulativer Schmeichelei. Vielleicht verweist der Geliebte auf seinen Kopf, weil das Haar als Inbegriff der Schönheit gilt (s. o. zu 4,1); mit der Schilderung seines Haares eröffnet die Geliebte dann auch ihre Beschreibung seiner schönen

---

215 Der Anschluss mit der Partikel *sche-* erinnert an 1,6: »dass mich die Sonne verbrannt«.

Gestalt (5,11). Demnach möchte der Sprecher hier ihr Verlangen nach ihm erregen.

»meine Haarsträhnen« – dazu im Folgenden (5,11) bei der Beschreibung seiner Schönheit. Diese Vokabel ist sprachlich spät (auch im Syrischen und im Arabischen vertreten), sie findet sich auch im rabbinischen Hebräisch (z. B. b *Nedarim* 9b).[216]

»Nachttropfen« – hier synonym zu »Tau« (hebr: *tal*). Die Vokabel ist von der hebräischen Verbalwurzel *resch-samech-samech* (»besprengen, besprühen«) abgeleitet (vgl. Ez 46,14). Im Targum steht das Wort als Äquivalent für *revivim* Dtn 32,2 (wo auch die Vokabel »Tau« vorkommt), ebenso in Jer 3,3; 14,22. Aus der Begründung des Sprechers geht hervor, dass es sich hier um eine Nachtszene handelt.

Anscheinend fühlt sich die Geliebte unangenehm berührt von den egois- 5,3
tischen Erwägungen des Sprechers, daher erwidert sie ihm in 5,3 auf ähnlicher Basis. Die Antwort der Frau besteht aus zwei parallel strukturierten rhetorischen Fragen (eine doppelte Frage s. auch oben, 1,7).

»ich habe mein Gewand abgelegt« – vgl. Gen 37,23. Die Sprecherin wählt eine Begründung, die dazu angetan ist, das Verlangen des Mannes nach ihr noch zu erhöhen; er kann sich nun vorstellen, wie sie unbekleidet im Bett liegt.

»wie sollte ich es anziehen« – Die reduplizierte Form des Fragepronomens (*'ejchacha* statt *'ejcha*) kommt biblisch nur hier vor und in einer weiteren Doppelfrage Est 8,6: »Denn wie sollte ich mitansehen das Übel, das mein Volk betreffen soll, und wie sollte ich mitansehen den Untergang meiner Verwandtschaft!?« Das Argument, das die Sprecherin in Form der rhetorischen Frage vorbringt, ist kein logisches; es besteht kein objektiver Grund, weshalb sie ihr Gewand nicht wieder anziehen könnte. Anscheinend will sie dem Geliebten das Egoistische seiner zuvor gegebenen Begründung veranschaulichen.

»ich habe meine Füße gewaschen« – Der Mann hatte bei seiner Begründung, weshalb er zu ihr hinein möchte, auf sein feuchtes Haupthaar verwiesen; sie dagegen geht hinab bis zu den Füßen. Die Tätigkeit des Füßewaschens hat ebenfalls etwas Lustvolles, zumal gelegentlich in erotischem Zusammenhang davon die Rede ist: Als Davids Boten Abigajil mitteilen, dass sie gekommen sind, um sie David als Frau zuzuführen, macht sie sich erbötig, bei ihm den Dienst der Füßewascherin zu versehen (1 Sam 25,41); und als David daran interessiert ist, dass Urija mit seiner Frau ehelichen Verkehr pflegt, ermuntert er ihn: »geh hinab in dein Haus und lass dir die Füße waschen« (2 Sam 11,8). Deutet die Sprecherin dem Mann hiermit an, dass sie sexuelle Beziehungen mit einem anderen begonnen hat?

»wie sollte ich sie beschmutzen« – indem ich sie vom Bett noch einmal auf

---

[216] In *Gen r* LXV 15 steht *qiwwez* (»der Vollhaarige«) im Kontrast zum *qereach* (»Glatzkopf«).

den Fußboden setze. Die Verbalwurzel *tet-nun-pe* kommt biblisch nur hier vor, ist jedoch im rabbinischen Sprachgebrauch recht verbreitet (z. B. *baba qama* 3a); sie ist auch im Aramäischen üblich und findet sich im Targum. Die zweite rhetorische Frage der Frau lässt auf eine negativere Einstellung schließen als die erste: Ihre Weigerung, sich noch einmal anzuziehen, könnte auf Bequemlichkeit beruhen, aber hinter der Weigerung, sich die Füße schmutzig zu machen, steckt so etwas wie Abscheu. Der Mann hatte sein nass werdendes Haar als Argument angeführt, sie schließt ihre Ablehnung mit dem Hinweis auf ihre bereits gewaschenen Füße; wenn diese wieder schmutzig würden, müsste sie sie noch einmal nassmachen. Durch die Begründung ihrer Weigerung, ihn einzulassen, gibt die Sprecherin dem Geliebten indirekt zu verstehen, wie bereit sie für ihn ist: Sie liegt nackt und frisch gebadet im Bett.

5,4 »*mein Freund streckte seine Hand durchs Loch*« – Da es dem Mann nicht gelungen ist, die Geliebte zum Öffnen zu überreden, wird er handgreiflich: Er versucht, die Tür selbst zu öffnen, was ihm aber auch nicht gelingt (so im Kommentar *Aqedat Jizchaq*). Sie hat ihm von ihren Füßen erzählt, er streckt die Hand nach ihr aus. Der Ausdruck »Hand ausstrecken« kommt im Zusammenhang mit dem gewaltsamen Aufbrechen der Tür zwecks Vollziehen einer sexuellen Handlung auch bei den Sodomitern vor, die sich vor Lots Hauseingang gegen ihn zusammenrotten. Dort sind es die Retter, welche die Hand ausstrecken und Lot ins Haus hineinholen (Gen 19,10), hier dagegen heißt es von dem Mann, der draußen vor der verschlossenen Tür steht, dass er die Hand ausstreckte. Die Präposition *min* in der Bedeutung »durch« kam schon in Hld 2,9 vor; auch dort steht der Geliebte hinter der Hauswand, »schaut durch die Fenster, späht durch die Ritzen«. Bei dem Loch handelt es sich entweder um ein Guckloch in der Tür (s. 2 Kön 12,10) oder um eine Öffnung in der Wand (Ez 8,7), die so groß ist, dass der Geliebte die Hand hindurchstecken kann. Auch das Einführen der Hand in die Öffnung hat eine ausgesprochen erotische Konnotation, insofern die Vokabel »Hand« auf das männliche Glied (z. B. Jes 57,8–10, s. auch zur Tür, ebd. V 8) und das »Loch« auf das weibliche Geschlechtsorgan hinweist. In den erotischen Kontext passt ebenfalls die Erwähnung der Tür (s. u. Hld 8,9 mit Auslegung).

»*und mein Inneres ward erregt über ihm*« – Was der Geliebte mit Worten nicht vermochte, das bewirkt seine Gebärde. Ihr Inneres gerät in Bewegung und ihr Herz wallt ihm entgegen; von einer solchen Gemütsbewegung ist in Jer 31,19 im Zusammenhang mit Erbarmen die Rede (vgl. auch Jes 16,11). Wenn die durch das Loch gesteckte Hand etwas Erotisches hat, dann wird das Bild durch die aufgewühlten Eingeweide vervollständigt; der Ausdruck »Inneres/Eingeweide« kann speziell die Gebärmutter bezeichnen (vgl. Rut 1,11).

5,5 »*aufgestanden bin ich, meinem Freund zu öffnen*« – Wenn bisher die Initiative vom Mann ausging (er klopfte an [5,2], steckte die Hand durchs Loch [5,4a]), dann wird nun die Frau aktiv: »ich … meinem Freund«. Bis jetzt hatte die Frau nur gesprochen und von ihrem Bett aus beobachtet; was sie sieht, kann sie eigentlich nur im Traum gesehen haben, denn für reales Sehen war es zu dunkel. Nun aber erhebt sie sich aus dem Bett[217], um dem Geliebten die Tür zu öffnen. Die zusätzliche Nennung des pronominalen Subjekts nach einer Verbform im Suffixtempus (»aufgestanden bin *ich, ich*«) ist eine sprachlich späte Erscheinung, die sich bei Koh häufiger findet (1,16; 2,1.11.15; 3,17.18), s. auch im folgenden Vers. Hier wird auf diese Weise die Subjektfunktion der Sprecherin hervorgehoben.

»meine Hände troffen Myrrhe« – Gegenüber seiner durchs Loch gesteckten Hand ist nun von ihren Händen die Rede. Wenn zuvor die Wirkung des Geliebten auf ihre inneren Organe erwähnt war, so sind hier äußerliche Symptome genannt: Ihre Hände triefen von Myrrhe, mit der sie anscheinend zuvor hantiert hatte, als sie aus dem Bade kam, vielleicht als sie sich für ihn zurechtmachte (s. o. zu 5,3; vgl. auch Spr 7,17–18); oder sollte er die Myrrhe auf dem Riegel gelassen haben, als er die Hand durchs Loch steckte? Oder war die Myrrhe beim Reden aus seinem Mund geflossen (vgl. die folgende Beschreibung des Geliebten »seine Lippen Lilien triefend von ausfließender Myrrhe«, 5,13)? Die Wurzel *nun-tet-pe* (»triefen«) besteht aus denselben Buchstaben wie das oben verwendete Verb *tet-nun-pe* (»beschmutzen«); die Vertauschung der Buchstaben signalisiert den Wandel, der sich in der seelischen Verfassung der Frau vollzogen hat: Zuvor hatte sie Angst, sich schmutzig zu machen, nun aber ist sie eine Quelle des Duftes, der sich über ihre Umgebung verbreitet, als sie zur Tür geht, um dem Geliebten aufzutun.

»und meine Finger ausfließende Myrrhe« – Das Verb »triefen« erstreckt sich auch auf das zweite erweiterte Kolon. Zur Parallelität von Hand und Fingern vgl. Jes 2,8; 17,8; 59,3; Ps 144,1; die Kombination der beiden findet sich auch in der ugaritischen Dichtung. Bei der hier (und in 5,3) erwähnten Myrrhe handelt es sich nicht um deren feste, kristalline Form, die in 1,13 als Bündel zwischen den Brüsten der Geliebten liegt, sondern das geschmolzene Harz, das Myrrhe-Öl (vgl. Est 2,12), das auch als »freie Myrrhe« (Ex 30,23) vorkommt; das Partizip *ʿover* bezeichnet die flüssige Form, das Strömen (vgl. Hab 3,10; Ijob 6,15). Parallelität zwischen einem Ausdruck und der erweiterten Wiederholung desselben Ausdrucks ist in Hld häufiger zu beobachten (s. o. Einleitung XX).

»auf die Griffe des Schlosses« – Mit den Griffen ist vielleicht die Türklinke gemeint, wobei allerdings nicht ganz klar wird, wie das Schloss beschaffen war. Wenn es sich um einen Rundriegel handelte, wären dessen Ringe gemeint; es könnten allerdings auch auf dem Riegel angebrachte Griffe sein.

[217] Vgl. Ps 41,9: »und wenn er liegt, soll er nicht mehr aufstehen«.

Interessant ist die Beziehung zwischen *kaf* (hier: »Griff«, sonst: »Handfläche«, vgl. Spr 31,20) und der Hand des Geliebten; nicht auf seine nach ihr ausgestreckte Hand lässt sie Wohlgeruch herabfließen, sondern auf den Griff (alias die Handfläche) des Schlosses, das ihn von ihr trennt. Zur Vokabel »Schloss« vgl. Neh 3,3.13–15; zum Verschließen der Tür vgl. Ri 3,24; 2 Sam 13,18; im voranstehenden Lied war die Geliebte mit einem »verschlossenen Garten« verglichen (4,12).

5,6 Über der umständlichen Schilderung, wie die Frau sich anschickt, dem Geliebten zu öffnen, ist der vor der verschlossenen Tür Wartende aus dem Blickfeld geraten.

»*geöffnet habe ich meinem Freund*« – Endlich hat sie ihre im vorigen Vers geäußerte Absicht in die Tat umgesetzt.

»*da war mein Freund verschwunden, vorbei*« – Nun stellt sich heraus, dass der Mann nicht abgewartet hat. Der Kontrast zwischen ihrer Erwartung und seinem Verhalten wird illustriert durch die beiden hier unmittelbar aufeinander folgenden Vorkommen der Vokabel »mein Freund«: zunächst als indirektes Objekt, dann als Subjekt. Die Frau hat zu lange gezaudert, daraufhin hat der Mann die Geduld verloren und ist weggegangen. Zum Verb *chamaq* »verschwinden« vgl. Jer 31,22, möglicherweise bedeutet es »drehen«[218], »wenden«; das Verb »sich wenden« kam schon in 2,17 vor, auch dort im Zusammenhang mit dem abrupten Weggang des Geliebten. Das unverbundene Nebeneinander der beiden Verbformen[219] (wörtlich: »war verschwunden, war vorbeigegangen«) signalisiert die unmittelbare Aufeinanderfolge, vielleicht im Sinne von Ursache und Wirkung. Die Verbform *ʿavar* (»ging vorbei«; s. auch 2,11) erinnert an die ausfließende Myrrhe *(mor ʿover)* aus dem vorigen Vers: Da der Mann vorbeigegangen ist, gelangt der Duft nicht bis zu ihm.

»*meine Seele war ausgegangen bei seinem Reden*« – Diese Aussage scheint auf den ersten Blick deplaziert, denn er hatte zuletzt in 5,2 geredet. Daher sind Versuche gemacht worden (*Ehrlich*, z.St.), »bei seinem Reden« dynamisch aufzufassen, »auf sein Reden hin«, »um zu hören, was er sagt«;[220] aber mir scheint diese Schwierigkeit nicht gravierend. Als die Frau entdecken muss, dass der Mann inzwischen weggegangen ist, bedauert sie ihr Verhalten, das dazu geführt hat, sie greift also auf ein früheres Stadium der Interaktion zurück. Der Klang seiner Stimme hatte sie so außer Fassung gebracht, dass sie sich ihres Tuns und seiner Auswirkungen nicht voll bewusst war. Das »Ausgehen der Seele« ist nicht im Sinne von Tod zu verstehen (vgl. Gen 35,18; vgl. auch Ps 146,4), sondern als tiefe Gemütsbewegung,[221] d.h. Sehnsucht und Verlangen: Als sie ihn reden hörte, war sie so

---

218 So erklärt *R. Salomo Farchon*, vgl. auch »die Drehungen deiner Hüften« Hld 7,2.

219 Vgl. auch 5,7 und 8,2.

220 Vgl. die ähnliche Verwendung der Präposition *be-* in Ex 10,12.

221 Vielleicht ähnlich wie *kaleta nafschi* (Ps 84,3; 119,81).

überwältigt von Verlangen nach ihm, dass sie nicht mehr wusste, was sie tat (so im Kommentar *Aqedat Jizchaq*). Diese ihre Äußerung geht mit dem Schluss von 5,4 zusammen; auch dort hatte sie, wenn auch in weniger drastischer Form, die Bewegung geschildert, die durch den Geliebten bei ihr ausgelöst wird: »Mein Inneres ward erregt über ihm«.

»ich suchte ihn und fand ihn nicht« – Diese Klage findet sich auch in dem parallelen Lied 3,1–2; anscheinend ist auch hier vorauszusetzen (wie in 3,2 geschildert), dass die Frau aus dem Haus geht, um den Geliebten in der Stadt zu suchen, denn im folgenden Vers wird bereits ihre Konfrontation mit den Nachtwächtern erzählt. Demnach lassen sich Handlungsschritte, die hier übergangen sind, aus der ausführlicheren Überlieferung dort ergänzen. Im Hebräischen entsteht ein Wortspiel zwischen dem Ausgehen der Seele *(jaz'a)* und dem Finden bzw. Nicht-Finden *(maz'a)*. Vielleicht schwingt eine weitere Bedeutung von »Ausgehen der Seele« mit: ihr Auszug, den verschwundenen Geliebten zu suchen; im Traum der Frau ist es die Seele, die ausgeht und den Freund finden will.

»ich rief ihn, und er antwortete mir nicht« – entspricht strukturell genau dem voranstehenden Ausdruck. Die Frau hat nicht nur motorisch, sondern auch akustisch versucht, den Kontakt zu ihm wieder aufzunehmen, doch ohne Erfolg. In 2,14 hatte der Mann versucht, die Geliebte auf Grund akustischer Signale ausfindig zu machen. Das Motiv des Rufs, der unbeantwortet bleibt, findet sich biblisch häufiger (vgl. Spr 1,28; ferner Jes 65,12; Jer 7,27; Spr 21,13 u.a.m.).

»so fanden mich die Wächter, die in der Stadt umhergehen« – wie in 3,3a, 5,7
nur dass dort zuvor berichtet war, wie sie ihrerseits in der Stadt umhergeht (3,2), so dass hier sozusagen ihre Bestrafung für ein charakteristisches Hurenverhalten (vgl. Jes 23,16) erfolgt. Das Verb »finden« enthält bisweilen die Konnotation »aufdecken von Schuld« (z.B. Spr 6,31). Motiviert wird diese Handlung von Seiten der Wächter durch den Handlungsschritt, der nur in 3,2 überliefert ist. Dass sie von den Wächtern aufgefunden wird, hat etwas Ironisches: Den Mann, dem sie Liebes tun wollte, findet sie nicht, dagegen wird sie von den Männern gefunden, die ihr übel mitspielen.

»sie haben mich geschlagen, verwundet« – Die unverbundene Nebeneinanderstellung der beiden Verbformen ist nicht die Ausdrucksform des klassisch biblischen Hebräisch,[222] s.o. zu 5,6. Die Sprecherin wird von den Wächtern geschlagen, weil diese sie für eine Hure halten; eine anständige Frau würde sich nicht nachts auf der Straße herumtreiben.

»sie haben mir das Obergewand weggenommen« – Die Wächter, Männer, begnügen sich nicht damit, die Frau zu schlagen, sondern beschämen sie durch Entkleidung. Im Kontext des Liedes besteht hier eine Art Ausgleich: Sie hatte sich geweigert, dem Geliebten zu öffnen, mit der Begründung, sie

[222] Für eben diese beiden Verben liegt diese in 1 Kön 20,37 vor.

habe ihr Gewand bereits abgelegt, hier wird sie von Männern ihres Gewandes beraubt. Auch ihre zweite Ausrede, der Hinweis auf ihre gewaschenen Füße, die sie nicht beschmutzen wolle, findet sein Gegenstück darin, dass sie jetzt auf der Suche nach dem Geliebten herumläuft; hier liegt also eine chiastische Verschränkung von Weigerung und deren Ahndung vor. Das hier genannte Kleidungsstück *(redid)* kommt biblisch nur noch in Jes 3,23 vor, aber im rabbinischen Sprachgebrauch und im Aramäischen ist die Vokabel verbreitet. Im Targum bildet sie das Äquivalent für »Schleier« (z.B. Gen 38,14.19), und in der Erzählung von Juda und Tamar hält Juda seine Schwiegertochter für eine Hure, weil sie verschleiert ist (Gen 38,14f.). Ebenso hat die Frau Bedenken, als »Verhüllte« bei den Gefährten ihres geliebten Hirten aufzutreten (s.o. 1,7 mit Auslegung).

»die Hüter der Mauern« – zweite Erwähnung der oben genannten Wächter, diesmal mit Erweiterung des Ausdrucks (ähnlich bei der Myrrhe in 5,5); von daher ist nicht mit zwei verschiedenen Kategorien von Wächtern zu rechnen.[223] *Constructus*-Verbindungen mit »Wächter« sind in der spätbiblischen Literatur recht verbreitet (z.B. Est 2,3.8.14; Neh 2,8). Bei der Bezeichnung der Wächter als »Hüter der Mauern« denkt der Dichter hier vielleicht an eine Nebenbedeutung von »Mauer«, nämlich eine keusche Frau (vgl. Hld 8,9–10),[224] insofern wäre hier von Tugendwächtern die Rede.

5,8 Die Suche der Frau nach ihrem Geliebten wird durch die Wächter abgebrochen. Die Szene mit den Wächtern bleibt ohne Abschluss, man erfährt nicht, wie die Frau ihnen schließlich entkommen ist. Der Übergang zum Gespräch mit den Gefährtinnen ist abrupt, was zum Verlauf von Traumgeschehen passt. In Anbetracht der gescheiterten Suchaktion wendet sich die Frau jetzt an ihre Freundinnen, ob sie den Geliebten vielleicht finden können. Bei dieser Gelegenheit stellt sich auch heraus, an welches Publikum die Rede der Frau bereits von Anfang dieses Liedes an gerichtet war.

»ich beschwöre euch, Töchter Jerusalems« – ebenso 2,7; 3,5 (die entsprechende Zeile im Paralleltext zu unserem) und 8,4. LXX ergänzt (auch in 8,5) »bei den Gazellen oder den Hinden des Feldes« (nach 2,7 und 3,5). Der Inhalt der Beschwörung ist hier ein anderer als an den drei Parallelstellen. Die Anrede »Töchter Jerusalems« findet sich im vorliegenden Lied noch einmal zum Abschluss der Antwort der Geliebten auf die von diesen gestellte Frage (5,16).

»wenn ihr meinen Freund findet« – wenn ihr gemeinsam bewerkstelligt, was mir allein nicht gelungen ist; wenn ihr vielen Frauen den einen Mann findet, so wie mich eine die vielen Wächter gefunden haben. Würde es nicht

---

[223] Jes 62,6 belegt, dass auf den Stadtmauern von Jerusalem Tag und Nacht Wächter stationiert waren.

[224] Auch den Ausdruck »Tür« im selben Lied (8,9) dürfte der Dichter auf die Frau gemünzt haben (vgl. oben 5,4).

die Eifersucht der Sprecherin erregen, wenn ihren Gefährtinnen die Gesellschaft des Geliebten vergönnt wäre? Wie sollten die Töchter Jerusalems imstande sein, ihn zu finden? Wissen sie überhaupt, wer er ist und wie er aussieht? Aus der Fortsetzung des Textes (5,9ff.) geht hervor, dass die Sprecherin nicht wirklich damit rechnet, dass die anderen Frauen den Geliebten finden.

»was sollt ihr ihm sagen« – Diese Worte sind entweder als Frage zu verstehen, etwa im Sinne von Hos 9,14; demnach sollen die anderen dem Geliebten mitteilen, in welchem Zustand sie sich befindet, um ihn womöglich zur Rückkehr zu bewegen; in diesem Falle wäre nur die eigentliche Aufforderung »sagt ihm« ausgelassen. Ein anderes mögliches Verständnis wäre von vornherein als Aufforderung »sagt ihm doch«.[225] Andererseits ließe sich das Fragewort auch als Negationspartikel verstehen[226], d. h. »sagt ihm nicht, dass ich krank bin«, um ihm nicht die Genugtuung zu verschaffen, sie durch sein Weggehen gekränkt zu haben.[227] Belege für das Fragewort *ma* als Negation findet sich in 1 Kön 12,16; Ijob 16,6. Anscheinend drückt die Sprecherin sich zweideutig aus, um ihre Gefährtinnen in Verlegenheit zu bringen (s. auch im Folgenden).

»dass ich krank bin vor Liebe« – In 2,5 rührte die Liebeskrankheit der Sprecherin von der Unerfülltheit ihrer Liebe her (s. dort). Hier hat ihr angegriffener Gesundheitszustand vielleicht einen weiteren Grund, nämlich die durch die Wächter erlittenen Verletzungen; demnach wäre sie krank/verwundet um ihrer Liebe willen.[228] Der anonyme mittelalterliche Kommentar schreibt dazu: »dass ich krank bin vor Liebe – dass ich ob meiner Liebe zu ihm verletzt und geschlagen worden bin«. Wenn sie daran interessiert ist, dass die Kunde zu ihrem Geliebten gelangt, dann wäre die ihr wegen ihrer Liebe zugefügte Verletzung dazu angetan, ihm Gewissensbisse zu machen. Wenn sie ihm ihren Zustand lieber verheimlichen möchte, könnte die Krankheit durch übermäßige Sehnsucht nach ihm ausgelöst sein; dann besteht die Wahrscheinlichkeit, dass die Zuhörerinnen sich dafür interessieren, wer der Mann ist, der eine so heftige Liebe hervorruft, und genau das tun sie in der unmittelbaren Fortsetzung. Diese Äußerung der Sprecherin gegenüber ihren Gefährtinnen, die auf einen Zustand der Wachheit schließen lässt, beendet den ersten Teil dieses Liedes und dient als Ausgangsbasis für das folgende Gespräch zwischen ihr und den anderen Frauen über die Schönheit des Geliebten.

Zweiter Teil (5,9–16)

Die Töchter Jerusalems sind frappiert von den Symptomen der Liebes- 5,9

[225] Dazu *Gesenius-Kautzsch*, Hebräische Grammatik, Anmerkung zu §137b.
[226] Ähnlich wie das *'im* (ob) von 2,7 und 3,5, wofür in 8,4 *ma* steht.
[227] Für das Nicht-Sagen gibt es den analogen Fall von 2 Sam 1,20, wo die Philisterinnen keine Schadenfreude empfinden sollen; vgl. auch Mi 1,10.
[228] Der Zusammenhang zwischen Schlagen und Krankheit ist in Dtn 28,61 belegt; ebenfalls Jer 6,7; 14,17.

krankheit bei der Sprecherin, deshalb erkundigen sie sich nach der Besonderheit ihres Geliebten. Wenn sie ihm tatsächlich eine Botschaft überbringen sollen, müssen sie imstande sein, ihn zu finden und zu erkennen.

»was ist dein Freund (mehr) als Freund« – Mit dieser Frage wird das Besondere des Geliebten herausgestellt: Worin zeichnet sich dein Freund vor allen anderen aus, womit hat er es verdient, dass du dich unter Gefährdung von Leben und Gesundheit auf die Suche nach ihm begibst?

»Schönste unter den Frauen« – Diese schmeichelnde Anrede wird von dem Frauenchor auch im folgenden Vers verwendet; sonst findet sie sich nur noch im Munde des Geliebten (1,8, s. in der Auslegung dort). Wenn die Gefährtinnen diese ihre Anrede ernst meinen, leuchtet ein, weshalb in ihren Augen dieser Geliebte so besondere Qualitäten haben muss, denn »die Schönste unter den Frauen« kann nur einen Mann lieben, der ihr in nichts nachsteht. Und da der Chor die Frau durch ihre äußere Erscheinung (und nicht etwa durch Charaktereigenschaften) kennzeichnet, erwartet er offenbar, dass auch die Besonderheit des Geliebten in seiner Schönheit besteht, was durch die Schilderung der Frau dann bestätigt wird. Die oben angedeutete Möglichkeit, dass die Sprecherin ihre Gefährtinnen an der Nase herumführt, lässt allerdings auch zu, dass deren Anrede »Schönste unter den Frauen« scherzhaft gemeint sein könnte, zumal dieses Lied insgesamt etwas Humoristisches hat.

»was ist dein Freund (mehr) als Freund« – Strukturell liegt hier abermals ein Fall von Wiederholung eines Kolons in erweiterter Form vor, s.o. in der Auslegung zu 1,15.

»dass du uns so beschwörst« – zu der Form *sche-kacha* (»dass so«) vgl. den späten Text Ps 144,15;[229] zu der Verbform »du beschwörst uns« vgl. Jos 2,17. Die Töchter Jerusalems beenden diesen Redegang, wie die Sprecherin ihn eröffnet hatte, mit ihrer Beschwörung.

0–16 In 5,10–16 beschreibt die Sprecherin den Körper des Geliebten, und zwar vom Kopf (s.u. Auslegung zu 5,11) bis zu den Füßen. Am Anfang (5,10) und am Ende (5,15b–16) macht sie allgemeine Bemerkungen über seine Vorzüge. In 5,15b nimmt sie wiederum Bezug auf ihre Zuhörerinnen.

5,10 *»mein Freund«* – eine passende Eröffnung der Antwort auf die Frage nach »deinem Freund«.

»hell« – klar und leuchtend (vgl. Jes 18,4), daher figurativ für deutliche Rede (Jes 32,4). Auch Klgl 4,7 enthält eine an Vergleichen reiche Schilderung mit den Leitfarben weiß und rot. Neben »Licht« hat das hebräische Adjektiv *zach* auch die Konnotation »Wärme«.[230] Die Erscheinung des Geliebten ist wie die der Sonne (vgl. bei der Beschreibung der Geliebten in

[229] Dazu *A. Hurwitz*, Between Language and Language (hebr.), Jerusalem 1972, 165f.

[230] Zusätzlich zu dem bereits erwähnten Beleg Jes 18,4 s. auch Jer 4,11, wo *ruach zach* ein glühend heißer Wind ist.

6,10: »lauter wie die Sonne«). In Ps 19,6 ist das Bild umgekehrt angelegt, dort wird die Sonne mit einem Bräutigam verglichen, der aus dem Hochzeitsbaldachin hervortritt.

»und rot« – Die rote Farbe unterstreicht die Hellhäutigkeit der Erscheinung. Leuchtendes Rot passt wiederum zum Vergleich mit der Sonne. Auch der junge David wird als schön und rötlich geschildert, so etwa bei seinem ersten Auftreten 1 Sam 16,12; im Munde des Philisters Goliat dagegen wirkt die Bezeichnung als schön und rötlich eher verächtlich (1 Sam 17,42): Ihm erscheint David eher wie ein zarter Knabe, nicht wie ein kampfgewohnter Krieger, dessen Haut die Spuren von Wind und Wetter trägt.

»herausragend« – nach der Bedeutung der semitischen Wurzel *dalet-gimel-lamed* im Akkadischen (s. auch in der Auslegung zu 2,4; 6,4) »der zu sehen ist«, »auffällig«. In der allgemeinen Abschlussbemerkung zur äußeren Erscheinung des Geliebten heißt es dann »sein Anblick wie der Libanon« (5,15).

»über Zehntausende« – Zehntausend steht biblisch für eine ungeheuer große Zahl (vgl. Lev 26,8; Dtn 32,30; 1 Sam 18,5–7). Damit wird die Vermutung des weiblichen Chors bestätigt, dass der Freund über alle sonstigen Freunde erhaben sei. Wenn mit dem Herausragen über die Vielen auf die Körpergröße des Geliebten angespielt wäre, würde das der Schilderung von König Saul entsprechen, an dem gerühmt wird, er habe sämtliche Israeliten um Haupteslänge überragt (1 Sam 9,2). Bei dem hier entworfenen männlichen Schönheitsideal wären also Merkmale von König Saul (schön und hochgewachsen) mit solchen von König David (schön und rötlich) kombiniert.

»sein Haupt gediegenes Gold« – Bei der Einzelbeschreibung beginnt die 5,11
Sprecherin mit dem Kopf des Geliebten, vielleicht weil sein Haar das letzte war, wovon er zu ihr gesprochen hatte, wenn auch in anderem Zusammenhang (5,2). Die Vokabel *ketem* bedeutet »Gold« (z.B. Spr 25,12; Ijob 31,24; Klgl 4,1), ebenso das Wort *pas* (vgl. Ps 19,11; 119,127), das gegen Ende der Schilderung noch einmal vorkommt (5,15); es handelt sich also um eine *constructus*-Verbindung von zwei Synonymen (vgl. Jes 13,12), vergleichbar der Verbindung *ketem ufas* bei der Beschreibung des Mannes in leinenen Kleidern (Dan 10,5), die mit der Schilderung des Geliebten hier mancherlei Berührungspunkte hat. Die goldene Farbe bezieht sich wohl nicht auf sein Haar, denn das ist ja schwarz, wie sich in der unmittelbaren Fortsetzung herausstellt, eher um seine Gesichtshaut. Wenn oben seine ganze Gestalt als hell bezeichnet wurde, dann ist es hier sein Gesicht, das leuchtet, wobei der Frau offenbar weiterhin das Bild der Sonne vorschwebt.

»seine Haarsträhnen« – In 5,2 waren sein Haupt und seine Haare in derselben Art hintereinander erwähnt.

»Locken« – hapax legomenon; wird von LXX auf die zarten Blätter der Dattelpalme bezogen, von der Vulgata auf deren Zweige. Die Beziehung

zur Dattelpalme ergibt sich aus den semitischen Sprachen: Die akkadische Vokabel *taliallu* bezeichnet die Staubgefäße innerhalb des Blütenstandes der Dattelpalme, und letzteres ist die Bedeutung der Vokabel im Arabischen; vgl. auch Hld 7,9: »ich will die Dattelpalme erklettern, deren Rispen fassen«.[231] Ihre moderne Bedeutung »Locken« hat die Vokabel *taltallim* dann im rabbinischen Sprachgebrauch erhalten (z. B. b *nedarim* 9b in Verbindung mit Haarsträhnen). *Cassuto* meint, die Wortverbindung Locken und Haarsträhnen in einem ugaritischen Text rekonstruieren zu können.[232]

»*rabenschwarz*« – Das tiefschwarze Haar bildet einen Kontrast zu der weißleuchtenden Gesichtshaut, wie der anonyme mittelalterliche Kommentar schreibt: »Es ist ein Merkmal von großer Schönheit für einen Menschen, wenn sein Haar schwarz ist und seine Wangen weiß«. Die in Israel verbreitete Rabenart ist der Kolkrabe *(Corvus corax)*; die hebräische Vokabel *ʿorev* erinnert an *ʿerev* (»Abend«), also ein Abendvogel, was auch mit seiner dunklen Farbe zusammenhängen mag. Vielleicht wählt die Sprecherin diesen Vergleich, weil eben jenes rabenschwarze Haar durch »Tropfen der Nacht« benetzt worden war. Das Bildmaterial für die Schilderung des Geliebten ist also aus dem Bereich von Flora, Fauna und unbelebten Materialien genommen.

5,12 »*seine Augen wie Tauben*« – Dieses Motiv kommt auch in Schilderungen der Geliebten vor (1,15; 4,1); hier ist anscheinend der schwarze Augapfel gemeint, dazu im Folgenden. Der Übergang vom Haar zu den Augen ist veranschaulicht als Übergang von einem schwarzen Vogel zu einem anderen; Rabe und Taube erscheinen in dieser Reihenfolge in der Sintfluterzählung (Gen 8,7–12). Vielleicht wählt die Sprecherin den Vergleich mit der Taube, weil der Geliebte zuvor sie als »meine Taube« angeredet hatte (5,2).

»*an Wasserbächen*«[233] – Der schwarze Augapfel erscheint auf dem weißen Hintergrund des umgebenden Auges zu schwimmen; die Vorstellung erinnert wiederum an das Ende der Sintflut, wo es von der Taube heißt, sie habe keinen Ort gefunden, wo sie ihren Fuß hinsetzen konnte, »denn Wasser war über der ganzen Erde« (Gen 8,9).

»*gebadet in Milch*« – zur Verbindung von Wasser mit Milch s. Ri 5,25; auch hier markiert der Übergang von der einen Flüssigkeit zur andern eine Steigerung der Qualität. Zum Baden in Milch s. Ijob 29,6. Die Farbe der Milch ist die Farbe des Weißen im Auge; sie erinnert wiederum an die Hervorhebung des Weiß in Klgl 4,7. Im vorliegenden Lied verbindet sich also

[231] In Jer 6,9 erscheint der Ausdruck *salsilot*, in Jes 18,5 *salsallim*; all diese Begriffe sind von der Wortbildung her ähnlich und stammen semantisch aus dem Bereich der Flora.

[232] Tafel V AB, Z. 29–31; dazu *M. D. Cassuto*, Biblische und kanaanäischen Literatur (hebr.), Jerusalem 1972, 274f.

[233] *ʾafiq majim* ist das Bachbett, s. Joël 1,20 (vgl. ebd. 4,18); Ps 18,16 (2 Sam 22,16 jedoch *ʾafiqe jam*); Ps 42,2.

das Weiße in den Augen des Geliebten mit dem Leuchtenden seiner Erscheinung insgesamt (5,10).

»sitzend an Füllung« – *hapax legomenon*; anscheinend handelt es sich um ein Vorratsbecken, aus dem Wasser geschöpft wird;[234] später werden die Augen der Geliebten mit Wasserbecken verglichen (7,5). Vielleicht spielt auch eine zweite Bedeutung der Vokabel mit: »gefüllt« im Sinne von eingelegt (vgl. 5,14), demnach wären die Augäpfel in Weiß gefasste Edelsteine. Dazu verweist *R. Abraham b. Esra* auf die Einlegearbeiten im Brustschild des Hohenpriesters (vgl. Ex 28,17–20).

»seine Wangen« – vgl. zur Schilderung der Geliebten 1,10. 5,13

»wie das Balsambeet« – Dieselbe Wortverbindung erscheint gegen Ende dieser literarischen Einheit (6,2) im Plural; in den antiken Versionen sowie in hebräischen Handschriften steht auch hier Plural. Die Sprecherin zieht hier eine Verbindung von den Wasserquellen (s. die Schilderung der Augen unmittelbar davor) zu der Vegetation ringsum, was an die Beschreibung des Gartens 4,12–16 erinnert. Auch der Garten ist reich an Duftpflanzen, wie das wiederholte Vorkommen der Vokabel *bosem* (Singular und Plural) bezeugt: 4,10.14.16; 5,1; 6,3. Hier (sowie in 5,1 und 6,3) fungiert das Wort nicht als allgemeine Bezeichnung für Duftpflanzen überhaupt (wie etwa in 4,10.14.16; 8,14), sondern als Name einer bestimmten Pflanzenart, die in Israel wächst: Balsam, d.h. das Harz der Balsamstaude.[235] In griechisch-römischen Quellen ist die Produktion von Balsam im Lande Israel belegt. Zur Verbindung zwischen »Beet« (*ʿaruga*) und Wasser vgl. Ez 17,7–8; die Verbalwurzel *ajin-resch-gimel* bezeichnet biblisch Sehnsucht, Verlangen speziell nach Wasser, vgl. Joël 1,20; Ps 42,2. Die Sprecherin hat hier offenbar den Backenbart des Geliebten im Sinn (dazu auch im Folgenden), der sie an Duftkräuter erinnert.

»Türme von Würzkräutern« – Der Vergleich der Wangen mit Türmen (*migdalot* wie in 8,10 als femininer Plural von *migdal*) passt so schlecht ins Bild, dass die Lesart von LXX, Vetus Latina, Vulgata und Targum (sowie *R. Saadja Gaon*) vorzuziehen zu sein scheint: *megaddelot*, »die wachsen lassen«, zu dieser femininen Verbform könnten sowohl die Wangen als auch die Beete (sofern auch hier Plural) passen; das Verb kommt biblisch sowohl im Zusammenhang mit Pflanzen (Ps 144,12) als auch mit Haar (Num 6,5) vor. Die Vokabel *merqachim* ist singulär, die Wurzel *resch-kof-chet* dagegen steht häufiger bei der Zubereitung von Duftstoffen (Ex 30,25.35; 1 Chr 9,30; 2 Chr 16,14 u.ö.). Demnach scheinen Duftkräuter gemeint, aus denen Spezereien hergestellt werden.

»seine Lippen Lilien« – Die Sprecherin lässt ihren Blick im Gesicht des

---

[234] Vgl. *Gen r* XCV (ed. Theodor-Albeck, 1232 Z. 14).

[235] Biblisch *nataf* (Ex 30,34) oder *zori* (Gen 37,25) genannt, rabbinisch *balsamon*, *qataf* oder *ʾafarsemon*.

Geliebten abwärts schweifen und beendet diesen Teil ihrer Beschreibung mit dem Mund. Ob mit der Blume hier weiße Lilien oder ob Narzissen gemeint sind (s. o. zu 2,1–2), Vergleichspunkt ist jedenfalls deren Geruch, nicht der optische Eindruck. Die Sprecherin bleibt beim Geruchssinn, von dem bereits die Schilderung der Wangen bestimmt war.

»*triefend von ausfließender Myrrhe*« – Dieses Motiv weist zurück auf 5,5, wo es die Hände und Finger der Geliebten waren, die von ausfließender Myrrhe troffen (s. dort in der Auslegung); die Sprecherin bewegt sich immer noch im Bildbereich des Gartens und der von ihm ausströmenden Wohlgerüche (4,16). Das Motiv der »von selbst ausfließenden Myrrhe« ist (nach dem Stichwort »Haarsträhnen«, 5,11) bereits die zweite Verknüpfung des Traumbilds (5,2–8) mit der Beschreibung des Geliebten.

4–16a Bei der Beschreibung des Gesichts – des ausdrucksvollsten Körperteils – verwendet die Sprecherin Vergleiche aus Flora und Fauna; bei der nun folgenden Schilderung des übrigen Körpers (5,14–16a) zieht sie unbelebte Materialien heran: Metall, Edelstein, Elfenbein und Marmor.

5,14 »*seine Hände goldene Rollen*« – Die unverhüllten Körperteile, Gesicht (5,11), Hände und Fußsohlen (5,15) werden vom Farbton her als golden geschildert, wobei nur im Ausdruck etwas variiert wird. Die Rollen sind wohl runde Stangen, die auch beim Bau verwendet werden (vgl. 1 Kön 6,34). Die Stelle, die sich besonders zum Vergleich anbietet, ist Est 1,6, da dort auch marmorne Säulen vorkommen wie hier in der Fortsetzung (5,15). Die Hand des Geliebten war oben in der Traumszene erwähnt (5,4); hier veranschaulicht die Sprecherin ihren Zuhörerinnen also ein Detail aus ihrer Traumerzählung.

»*eingelegt mit Chrysolith*« – Als ob Gold allein nicht kostbar genug wäre, sind die Hände mit Edelstein eingelegt, wobei vielleicht an die Fingernägel gedacht ist; der Torso des »Mannes in leinenen Kleidern« Dan 10,6 erscheint wie Chrysolith,[236] ein goldfarbener Edelstein. Die mit Edelstein eingelegten Materialien erwecken den Eindruck einer Statue, nicht eines Menschen aus Fleisch und Blut. Eine vergleichbare Beschreibung des Dumuzi findet sich in einem sumerischen Liebeslied.[237]

»*sein Leib*« – Hier liegt dieselbe Vokabel vor wie oben 5,4 (mein Inneres); die Eingeweide des Geliebten können schlechterdings nicht gemeint sein, wohl eher sein Körper, der Torso; die Vokabel steht in Dan 2,32 bei der Beschreibung des Standbilds, im Targum zu Gen 3,14 fungiert sie als Äquivalent zu dem »Bauch«, auf dem die Schlange zur Strafe kriechen soll.

»*Gebilde aus Elfenbein*« – Die Vokabel *ʿeschet* ist singulär, hängt vielleicht mit dem akkadischen *isitu* zusammen, was »Säule« bedeutet; anscheinend

---

[236] Chrysolith steht als Äquivalent für hebr. *tarschisch* in LXX zu Hld 5,14 und Vulgata zu Ez 10,9 und 28,13; für die Ez-Stellen hat LXX »glühende Kohle« *(anthrax)*.

[237] Vgl. *S. N. Kramer*, The Sacred Marriage Rite. Aspects of Faith, Myth and Ritual in Ancient Sumer, London 1969.

eine Platte oder ein Klumpen von Rohmetall.[238] Im biblischen Sprachgebrauch kommt die Wurzel auch verbal vor (Jer 5,27), aus dem Kontext ist auf eine Bedeutung wie »gegossen, kompakt« zu schließen (vgl. Ez 27,19). Da diese Verbalwurzel im Aramäischen als Äquivalent zu hebräisch »denken, sinnen« fungiert, ist nicht ausgeschlossen, dass hier ein ausgedachtes Gebilde, d. h. ein Kunstwerk gemeint ist. Elfenbein ist tatsächlich das aus Elefantenzähnen gewonnene Material (vgl. 1 Kön 10,18; Ez 27,6; Am 6,4 u. ö.), womit unten in 7,5 der Hals der Geliebten verglichen wird. Für die verhüllten Körperteile ist nicht Gold, sondern Elfenbein gewählt, da die Haut dort der Sonne nicht ausgesetzt und deshalb heller ist. Diese Äußerungen über Körperteile des Geliebten, die den Blicken der Öffentlichkeit entzogen sind, lassen auf intimere Bekanntschaft der Sprecherin mit ihm schließen.

»bedeckt« – Der elfenbeinerne Rumpf des Geliebten sowie seine Hände sind mit Edelsteinen verziert. Zur Bedeutung dieser Partizip-Form als »bedeckt« vgl. Gen 38,14. Der anonyme mittelalterliche Kommentar bringt eine Vermutung, wonach hier vom Schamhaar des Mannes die Rede sei, weist sie jedoch zurück, indem er das Partizip vom Genus her auf das »Gebilde aus Elfenbein« bezieht.

»mit Saphiren« – Diese Edelsteine kommen auch bei der schon mehrfach angeführten Beschreibung der Bewohner von Zion vor dem Untergang der Stadt in Klgl 4,7 vor. Saphir war einer von den Steinen auf dem Brustschild des Hohenpriesters (Ex 28,18), wird mit Lapislazuli identifiziert.

»seine Schenkel marmorne[239] Säulen« – Wenn die Arme runden Stangen 5,15
gleichen, dann sind die volleren Beine Säulen. Da die Schenkel in der Regel bedeckt sind, entspricht ihre Farbe eher dem helleren Marmor.

»gegründet« – vgl. 1 Kön 7,10.

»auf goldene Podeste«[240] – Gemeint sind die Fußsohlen des Geliebten, deren Farbton golden ist wie bei den übrigen unverhüllten Körperteilen. Für »Gold« ist dieselbe Vokabel benützt wie oben bei der Beschreibung des Kopfes (5,11), insofern ist der oberste wie der unterste Teil der Gestalt von derselben Beschaffenheit. Bis hier waren Details geschildert; nun geht die Sprecherin zum Gesamteindruck über.

»sein Anblick« – Da diese Vokabel in 1 Sam 16,7 in Parallele zur Körpergröße erscheint, ist sowohl hier zum Abschluss der Beschreibung als auch oben bei deren Anfang (5,10) angedeutet, dass der Geliebte hochgewachsen ist.

»wie der Libanon« – Vergleichspunkt sind wohl die hohen Libanon-Bäume. Libanon als Bezeichnung einer Baumart findet sich in Hos 14,6–7; Ps

---

[238] So dann im rabbinischen Sprachgebrauch belegt, s. M *Kelim* XI 3.

[239] Die Vokabel *schesch* (hier und Est 1,6) kommt auch in der Form *schajisch* vor (1 Chr 29,2).

[240] *'eden* als Fußgestell s. Ex 26,19; 36,30 u. ö.

72,16; gemeint sind die Zedern des Libanon (z.B. 1 Kön 5,13; 2 Kön 14,9; 2 Chr 2,7), die in der Fortsetzung ausdrücklich genannt werden. Klanglich erinnert *levanon* vielleicht auch an *lavan* (weiß), und mit leuchtendem Weiß hatte die Beschreibung des Geliebten eingesetzt (5,10).

»*ein Jüngling*« – die Vokabel *bachur* bezeichnet sowohl einen jungen (Jes 62,5; Rut 3,10) als auch einen auserlesenen Mann (vgl. Jer 48,15); so auch bei LXX. Auffällig ist hier die Analogie zur Beschreibung von Saul 1 Sam 9,2. Die Qualifizierung als »auserwählt« hier korrespondiert mit dem »herausragend« aus 5,10. Zur Beziehung zwischen der Wurzel *bet-chet-resch* und Höhe vgl. 2 Kön 19,32; Jes 37,24, was wiederum mit den sogleich angesprochenen Zedern zusammengeht.

»*wie Zedern*« – hier im poetischen Plural (s. oben zu 1,17), Variante für den zuvor genannten Libanon-Baum, bekannt für seine Höhe (z.B. Ez 17,23; Am 2,5; Ps 92,13). Zum Schluss kehrt die Beschreibung in den Bereich der Pflanzenwelt zurück, wodurch das hier gezeichnete Standbild etwas mehr Lebendigkeit erhält.

5,16 Die erste Hälfte von 5,16 enthält noch ein Detail, die zweite Hälfte dann den Gesamteindruck; im Unterschied zu den zuvor beschriebenen Körperteilen ist der Gaumen nicht von außen wahrnehmbar.

»*sein Gaumen*« – der Innenraum des Mundes, Sitz des Sprechvermögens (Spr 8,7; Ijob 33,2) und des Geschmackssinnes (Ijob 34,3). Der Gaumen der Geliebten ist in Hld zweimal erwähnt (3,2 und 7,10). Möglicherweise weist die Nennung des Gaumens zurück auf den Anfang dieses Liedes, wo der Mann zu der Geliebten eingelassen werden wollte, woraufhin sie berichtet, ihre Seele sei ausgegangen »bei seinem Reden« (5,6).

»*Süßigkeit*« – *mamtaqim* bezeichnet sonst süße Getränke (Neh 8,10); süß gilt biblisch als verführerisch (z.B. Spr 16,21). Weitere Beziehung zwischen Gaumen und Süße s.o. 2,3: »seine Frucht ist meinem Gaumen süß«. Mit dieser Aussage gewinnt das Standbild wieder menschliche Züge; nun ist der Geliebte keine Statue mehr, deren Materialien einzeln aufgeführt werden, sondern ein Mensch, dessen Worte angenehm zu hören sind. Dieselbe Tendenz zur Verlebendigung ist oben bei den von Myrrhe triefenden Lippen zu beobachten.

»*ganz ist er Lustbarkeit*« – Das Detail mündet in eine Gesamtbewertung. Das Substantiv *machmadim* ist nach demselben Muster gebildet wie *mamtaqim* unmittelbar zuvor und klingt daran an; es bezeichnet kostbare Gegenstände (Joël 4,5; 2 Chr 36,19 u.ö.) und kommt verschiedentlich in *constructus*-Verbindungen vor (s. Klgl 2,4; Ez 24,16–21). Die Beschreibung endet also mit dem äußeren Eindruck.

»*das ist mein Freund*« – Das ist die zusammenfassende Antwort auf die Ausgangsfrage »was ist dein Freund« (5,9). Aus dieser Schilderung geht hervor, dass der Freund der »Schönsten unter den Frauen« in nichts nachsteht.

»das ist mein Gefährte« – In umgekehrter Reihenfolge und im Plural erscheinen die Worte Freund und Gefährte am Schluss des vorigen Liedes (5,1b); die Verdoppelung des Ausdrucks dient zur Verstärkung der Aussage. Der Geliebte hat zu Beginn nicht weniger als vier Anredeformen (je zwei und zwei) gebraucht; hier erwidert die Sprecherin mit zweifacher Bezeichnung: zunächst »mein Freund« *(dodi)*, was sie hier durchgängig verwendet, dann »mein Gefährte« *(reʿi)*, hebräisch sozusagen das feminine Gegenstück zu der in seinem Munde häufigen Form »meine Freundin« *(raʿjati)*.

»Töchter Jerusalems« – mit dieser Anrede an ihre Zuhörerschaft endet die zweite Redeeinheit der Sprecherin wie ihre erste (5,8).

Dritter Teil (6,1–3)

Wie die zweite besteht auch die dritte Redeeinheit aus einer Frage der 6,1–3
Töchter Jerusalems und deren Beantwortung durch die Geliebte. Offenbar sind die Fragestellerinnen so beeindruckt durch die ausführliche Beschreibung des Geliebten, dass sie jetzt ihre Hilfe bei der Suche nach ihm anbieten. Vielleicht ist diese ihre Hilfsbereitschaft auch mit Neugier gekoppelt, einen solchen Ausbund männlicher Schönheit näher kennenzulernen; möglicherweise hegen sie auch den Verdacht, dass ein so vollkommenes Wesen vielleicht nur in der Phantasie der Sprecherin existiert.

»wo ist dein Freund hingegangen« – d.h. welche Richtung hat er einge- 6,1
schlagen? (vgl. Jos 2,5; Ri 19,17; 1 Sam 10,14 u.ö.). Die Gefragte kann darauf eigentlich keine Antwort wissen, denn als sie an die Tür kam, um ihm zu öffnen, war er bereits verschwunden.

»Schönste unter den Frauen« – Die Anrede zwischen der Sprecherin und ihrem Publikum beruht auf Gegenseitigkeit: Sie nennt ihre Zuhörerinnen zweimal »Töchter Jerusalems«, und diese reden die Liebende zweimal als »Schönste unter den Frauen« an.

»wohin hat sich dein Freund gewandt« – Bereits die erste Frage war nach dem Muster des erweiterten zweiten Kolons gebaut, nur dass hier die Wiederholung mit Variation erfolgt[241] (anderes Verb des Gehens). Die Kombination der Verben »gehen« und »sich wenden« findet sich noch öfter: Jos 22,4; Ri 18,21; 1 Kön 10,13; 2 Kön 5,12; hier erscheinen sie in umgekehrter Reihenfolge.

»dass wir ihn mit dir suchen« – du hast ihn ja schon gesucht (5,6), nur ohne Erfolg. Allerdings kann ihre Begleitung der Sprecherin kaum Nutzen bringen; es ist wohl eher die Befriedigung der eigenen Neugier, die diese Mädchen zu ihrem Hilfsangebot motiviert.

Als die Sprecherin die erneute Frage ihrer Gefährtinnen beantwortet, 6,2
stellt sich plötzlich heraus, dass sie sogar ganz genau weiß, wo der Geliebte hingegangen ist.

»mein Freund ist hinabgestiegen in seinen Garten« – Die Kulturlandschaft rings um die Siedlung war anscheinend tiefer gelegen; belegt ist je-

[241] Abwandlung des wiederholten Kolons ist auch oben in 4,10 und 4,12 zu beobachten.

denfalls ein Hinabsteigen zum Weinberg (1 Kön 21,18), zur Tenne (Rut 3,3) und in den Garten (Hld 6,11). Die Sprecherin will den Geliebten für sich allein haben, sie wünscht keine Beteiligung von anderen. Statt den Mädchen direkt zu sagen, dass sie auf ihre Unterstützung lieber verzichtet, enthüllt sie ihnen hier, was sie bisher verborgen hatte: Der Geliebte ist gar nicht verschwunden, nur im Traum hat er sich von ihr entfernt. In Wirklichkeit ist er hinabgestiegen in seinen Garten, d.h. er ist zu seiner Freundin, die im vorigen Lied mit dem Garten verglichen war (4,12–5,1), gekommen, um die Freuden der Liebe zu genießen.

»*zu seinen Balsambeeten*« – Bei dem Garten handelte es sich ja um eine Anpflanzung von Duftkräutern. Die Angabe seines Zieles hier berührt sich mit der Beschreibung seines Körpers oben (5,13). Hier beginnt also die Vermischung zwischen der Person der Sprecherin, der Gestalt des Geliebten und dem Ort ihrer Begegnung.

»*in den Gärten zu weiden*« – Wie in 2,16 (und in 6,3) ist das Verb »weiden« intransitiv verwendet (vgl. auch 4,5), d.h. gemeint ist der Genuss der Liebesfreuden. Die Verwendung von Garten im Plural ist wieder poetisch (s.o. zu 5,15).

»*und Lilien zu sammeln*« – wieder ein Berührungspunkt zwischen dem Tun des Geliebten und der Beschreibung seines Körpers; dort sind seine Lippen mit Lilien verglichen (5,13). Es ist zwar nicht ausgeschlossen, dass er tatsächlich Blumen pflückt, um sie seiner Freundin zu schenken, aber wahrscheinlicher ist doch, dass er zusammen mit der Geliebten, die ihrerseits einer Lilie gleicht (vgl. 2,1–2), Liebesfreuden sammelt.

6,3 »*ich bin meines Freundes, und mein Freund ist mein*« – chiastisch verschränkt abweichend von 2,16. Mit dieser Feststellung will die Sprecherin die übrigen Mädchen abwimmeln, oder wie der anonyme mittelalterliche Kommentar schreibt: »Ich wünsche nicht, dass irgendeine Frau ihn aufsucht, nur ich allein«. Sie braucht keine fremde Unterstützung, die beiden Liebenden sind sich einander genug.

»*der unter den Lilien weidet*« – wie oben, 2,16b. Zwischen 6,2 und 6,3 ist Parallelität zu beobachten:

6,2:	in den Gärten zu weiden	und Lilien zu sammeln
6,3:	der weidet	unter den Lilien

Mit diesen Schlussworten enthüllt die Sprecherin das Rätsel für den Fall, dass die Zuhörerinnen die verdeckte Redeweise des vorigen Verses nicht begriffen haben (dass der Abstieg in seinen Garten das Eingehen zu ihr bedeutet). Die Lösung des Rätsels (6,3), setzt mit demselben Wort ein, mit dem diese lange, komplexe literarische Einheit beginnt: *ʾani* »ich« (5,2 bzw. 6,3), und sie endet mit dem letzten Wort, das vor der Enthüllung steht: »Lilien« (6,2 bzw. 6,3).

Hld 6,10.4–9: Ruhm der Geliebten – »Wer ist es, die …?«

Text

Übersetzung

6,10 *Wer ist es, die zu erschauen wie die Morgenröte,*
schön wie der Mond, lauter wie die Sonne,
furchterregend wie die Sichtbaren?

6,4 *Schön bist du, meine Freundin, wie Tirza,*
lieblich wie Jerusalem,
furchterregend wie die Sichtbaren.
5 *Wende deine Augen weg von mir, denn sie beunruhigen mich,*
dein Haar wie die Herde der Ziegen, die herabgleiten vom Gilead,
6 *deine Zähne wie die Herde der Schafe, die heraufsteigen vom Bade,*
die alle zwiefach werfen, keine von ihnen ohne Junge,
7 *wie Granatspalt deine Wange*
durch deinen Schleier hindurch.

8 *Sechzig sind die Königinnen,*
achtzig die Konkubinen,
und Jungfrauen ohne Zahl,
9 *einzig ist sie, meine Taube, meine Reine,*
einzig ist sie ihrer Mutter,
lauter ist sie ihrer Gebärerin.
Töchter sahen sie und priesen sie glücklich,
Königinnen und Konkubinen sangen ihr Lob.

Analyse

Zur Umstellung von 6,10

Offenbar stand 6,10 ursprünglich am Anfang dieser literarischen Einheit, also vor 6,4. An ihrer gegenwärtigen Stelle bleibt die Frage »Wer ist es, die …?« unbeantwortet, obwohl sie eine Antwort erfordern würde (s. o. in der Auslegung zu 3,6), und steht ebenso isoliert wie die beiden anderen ähnlich formulierten Fragmente (3,6 und 8,5a). Die sekundäre Platzierung dieses Verses ist wohl durch das Vorkommen des Adjektivs »lauter« in 6,9 und in 6,10 bedingt; wer den Vers hinter 6,9 gestellt hat, sah darin anscheinend ein Loblied auf die Besonderheit der Geliebten in Verlängerung von 6,9. Näheres zur besseren Strukturierung dieses Liedes bei Voranstellung von 6,10 s. im Folgenden.

Stellung im Kontext

Im vorangehenden Lied schildert die Frau den Geliebten als einzigartig, »herausragend *(dagul)* über Zehntausende« (5,10); hier bezeichnet er sie als »furchterregend wie die Sichtbaren *(ka-nidgalot)*« (6,4). Oben hatten ihre Gefährtinnen sie als die »Schönste unter den Frauen« angeredet (5,9; 6,1), hier spezifiziert der Liebende ihre Schönheit: »wie der Mond« (6,10) und »wie Tirza« (6,4). Nun sind es nicht nur die Töchter Jerusalems, die ihre Schönheit preisen, sondern Königinnen und Konkubinen (6,9). Oben hatte die Sprecherin den Geliebten vor ihren Freundinnen gerühmt (5,10–16); hier beschreibt der Liebende die Schönheit seiner Freundin (6,4–7). Da Augen und Haar als Inbegriff der menschlichen Schönheit gelten (vgl. oben zu 1,15 und 4,1), hatte die Sprecherin diese an ihrem Geliebten hervorgehoben (5,11–12), und er spricht jetzt von ihren Augen und von ihrem Haar (6,5).

Kunstvoller Aufbau

Die literarische Einheit ist nach dem Muster Rätselfrage (6,10) und deren Auflösung (6,4 ff.) aufgebaut, wobei besonders die formalen Entsprechungen zwischen der Frage und dem Beginn der Antwort auffallen: Von den drei Epitheta der Geliebten stimmen jeweils das erste und das dritte überein:

6,10b: schön wie der Mond / lauter wie die Sonne / furchterregend wie die Sichtbaren

6,4: schön … wie Tirza / lieblich wie Jerusalem / furchterregend wie die Sichtbaren

Auch am Ende dieser literarischen Einheit stehen zwei Verse, die in je zwei Elementen übereinstimmen:

6,8: sechzig sind die Königinnen / achtzig die Konkubinen / und Jungfrauen ohne Zahl

6,9b: Töchter sahen sie und priesen sie glücklich / Königinnen und Konkubinen sangen ihr Lob

Das Adjektiv »lauter« *(bara)* markiert den Rahmen um diese literarische Einheit; es steht im ersten Vers »… lauter wie die Sonne« (6,10b) und im letzten »lauter ist sie ihrer Gebärerin« (6,9a).

Die Antwort des Sprechers auf die Rätselfrage besteht aus zwei Teilen: Im ersten spricht er zu der Freundin und rühmt ihre Schönheit (6,4–7), im zweiten spricht er über sie und ihre Vorzüge in dritter Person (6,8–9).

Bezüge zu 4,1–7

Das Lied hier weist deutliche Bezüge auf zu dem Beschreibungslied *(Wasf)* in 4,1–7:[242]

6,4:	schön bist du, meine Freundin	4,1a:	du bist schön, meine Freundin …
6,5b–6:	dein Haar wie die Herde der Ziegen die herabgleiten vom Gilead deine Zähne wie die Herde der Schafe die heraufsteigen vom Bade die alle zwiefach werfen keine unter ihnen ohne Junge	4,1b–2:	dein Haar wie die Herde der Ziegen die herabgleiten vom Berge Gilead deine Zähne wie die Herde der Schafe die heraufsteigen vom Bade die alle zwiefach werfen keine unter ihnen ohne Junge
6,7:	wie Granatspalt deine Wange durch deinen Schleier hindurch	4,3b:	wie Granatspalt deine Wange durch deinen Schleier hindurch

In 4,1–7 ist der Blick des Betrachters zunächst auf Augen und Haar der Geliebten gerichtet und wandert dann allmählich nach unten bis zu den Brüsten; hier dagegen

242 Allgemein zu Wiederholungen innerhalb von Hld s. o. Einleitung XVIII.

beschränkt sich die Beschreibung auf den Kopf der Geliebten, als ob nur dieser im Fenster zu sehen sei (vgl. o. den Exkurs zu Hld 2,8–13); durch diese Einschränkung des Blickfelds entsteht eine Entsprechung zwischen den im Rätsel genannten runden Himmelskörpern (Vollmond und Sonne) und dem Gesichtsrund der Frau.[243]

Königinmetaphorik

Die Geliebte wird hier präsentiert wie eine Königin (in der Regel sind es Königinnen, deren Gesicht im Fenster erscheint); ihre Schönheit wird zunächst mit der von königlichen Residenzstädten wie Tirza und Jerusalem verglichen (6,4); dann stellt der Sprecher seine Geliebte dem königlichen Harem gegenüber und meint, dessen sämtliche Bewohnerinnen müssten die Überlegenheit seiner Freundin anerkennen (6,8–9).

Ägyptische Parallele

Das Lied hier weist große Ähnlichkeit mit einem altägyptischen Liebeslied auf: »Eine ist (meine) Schwester, es ist nicht ihresgleichen, sie ist schöner (als) alle Frauen, wie der aufgehende Sothis (= Sirius) ist sie zu Beginn eines gesegneten Jahres: strahlend, kostbar, weißhäutig, schönäugig beim Betrachten«.[244]

Auslegung

Die Rätselfrage (6,10)

V 10

»*wer ist es*« – rhetorisches Mittel, um auf die besonderen Vorzüge der geschilderten Person aufmerksam zu machen (vgl. Jes 63,1); ganz ähnlich auch in 3,6 (s. dort) und in 8,5a. Hier wird eine Frage formuliert, die in der Fortsetzung beantwortet werden soll.

»*die zu erschauen*« – Hiermit wird sozusagen die Sicht auf die »Frau im Fenster« (vgl. oben den Exkurs zu Hld 2,8–13) eröffnet. Genau diese Verbalwurzel erscheint in den Fensterschau-Szenen im *Nif'al* (Ri 5,28; 2 Sam 6,16) und im *Hif'il* (Gen 26,8; 2 Kön 9,30) und zwar in derselben Bedeutung. Diese betrachtende Schau setzt stets einen Höhenunterschied voraus (z.B. Ps 14,2 [= 52,3]; Ps 102,20; Klgl 3,6); der Betrachter steht außerhalb des Hauses unter dem Fenster und erhebt seinen Blick zu der Erschauten, sozusagen himmelwärts.

»*wie die Morgenröte*« – Von den »Wimpern der Morgenröte« ist in Ijob 41,10 die Rede (vgl. auch Ijob 3,9). Die Morgenröte markiert den Übergang von der Nacht zum Tag, daher werden jetzt die beiden Gestirne der Nacht bzw. des Tages zum Vergleich für die Schönheit der Geliebten herangezogen.

»*schön wie der Mond*« – Für »Mond« ist die feminine Vokabel *levana* (nicht: *jareach*) gewählt, ebenso *chamma* (nicht: *schemesch*) für Sonne, denn beide stehen für die Geliebte. *levana* kommt biblisch stets in Verbindung mit *chamma* vor (vgl. Jes 24,23; 30,26) und immer in derselben Rei-

[243] Auch bei der Beschreibung von Königin Isebel 2 Kön 9,30–32 wird nur das Gesicht im Fensterrahmen geschildert.

[244] Papyrus Chester Beatty: *M. Fuks*, Liebeslieder 50; vgl. *H. A. Schlögl*, Gärten der Liebe 10; *S. Schott*, Altägyptische Liebeslieder 39.

henfolge. In der rabbinischen Literatur sind dies die üblichen Bezeichnungen für Sonne und Mond. Ein weiterer Grund für die Wahl von *levana* ist wohl das »Weiß« *(lavan)* ihres Lichtes.

»lauter wie die Sonne« – Das Adjektiv kommt von der Wurzel *bet-resch-resch* und bedeutet »rein, auserlesen« (so auch bei LXX) im Zusammenhang mit Licht: »Das Gebot JHWHs ist lauter, erleuchtet die Augen« (Ps 19,9); in diesem Psalm wird die Intensität der Sonne mit der des göttlichen Gebots verglichen, auch das Stichwort *chamma* kommt dort vor (Ps 19,7). Die Bezeichnung der Sonne als *bara* findet sich auch im Ugaritischen (UT 1001: I: 18–20). Im hier entworfenen Kontext nimmt das Licht zu, das Mondlicht wird zum Sonnenlicht, wie Jes 30,26: »So wird das Licht des Mondes wie das Licht der Sonne …«, und der Geliebte steht geblendet vor der Fülle des Lichtes.

»furchterregend« – bedrohlich, erschreckend, vgl. Hab 1,7; in vielen Fällen ist es das feindliche Heer, von dem die Furcht ausgeht (vgl. etwa neben Hab 1,7 auch Ex 15,16; 23,27; Jos 2,9).

»wie die Sichtbaren« – *R. Abraham b. Esra* denkt offenbar an *degel* (»Flagge, Feldzeichen«), denn er schreibt: »wie Militärlager mit Flaggen«, d.h. feindliche Lager, die Furcht und Schrecken verbreiten (so auch in den antiken Versionen), vielleicht ein Hinweis auf das himmlische Heer, dessen markanteste Vertreter soeben genannt waren. Die semitische Wurzel *dalet-gimel-lamed* bedeutet »sehen« (s.o. zu 5,10), die hier vorliegende Form ist ein passives Partizip im feminin Plural; es handelt sich also um Mond und Sonne, zu denen der Mensch verehrend aufblickt.

V 4 *»schön bist du, meine Freundin«* – Hier kehrt das Stichwort »schön« wieder, das bereits in der Rätselfrage (6,10) vorkam. Die Formulierung erinnert an die Eröffnung des Beschreibungsliedes 4,1: »Du bist schön, meine Freundin …«. Dieser Antwortvers besteht aus drei Teilen wie die Frage, wobei das jeweils dritte Element übereinstimmt; die beiden ersten Elemente lagen dort in der himmlischen Sphäre, hier in der irdischen.

Erster Teil der Antwort, an die Freundin gerichtet (6,4–7)

»wie Tirza« – Der Vergleich der Geliebten mit zwei Königsstädten, der alten Residenzstadt des Nordreichs (Tirza) und der Residenzstadt des Südreichs (Jerusalem), passt zum königlichen Charakter dieses Liedes. Den Himmelslichtern, welche die Nacht bzw. den Tag regieren, stehen die Städte gegenüber, von denen aus das irdische Reich regiert wurde. Dabei erhebt sich die Frage, weshalb der Dichter hier neben Jerusalem nicht Samaria nennt, sondern Tirza[245], den Sitz der israelitischen Könige von Jerobeam (1 Kön 14,17) bis Omri, dem Erbauer von Samaria (1 Kön 16,23). Die Nennung von Tirza verleiht dem Text hier etwas Altehrwürdiges (was zusammengeht mit dem Zeitalter von König Salomo, dazu im Folgenden). Vielleicht spielt auch die Etymologie des Namens Tirza (von der Wurzel

[245] *Tell a-Fara*, 11 km nordöstlich von Sichem.

resch-zade-he = »Wohlgefallen haben«) mit: Die Geliebte ist dem Sprecher wohlgefällig (vgl. Dtn 33,24; Ps 44,4). Der Targum hat: »solange du bereit bist, meinen Willen zu tun«; ähnlich Peschitta, s. auch LXX.

»lieblich wie Jerusalem« – Unser Dichter ist nach Jerusalem hin orientiert; die »Töchter Jerusalems« sind in Hld nicht selten erwähnt. Die Nennung von Tirza vor Jerusalem schafft eine ähnliche Steigerung wie beim Übergang von Mond zu Sonne im vorigen Vers. Das antike Jerusalem war berühmt für seine Schönheit (vgl. Ps 48,3 und besonders im Rückblick nach der Zerstörung, z.B. Klgl 2,15). Die Bezeichnung der Stadt als »Tochter Zion« (z.B. Jer 6,2) oder »Tochter Jerusalem« erleichtert den Vergleich zwischen der Schönheit der Geliebten, die mit den »Töchtern Jerusalems« Umgang pflegt, mit der Schönheit der Stadt. Möglicherweise spielt auch die Etymologie des Namens mit hinein, etwa über die Assoziation der vollkommenen *(schalem)* Schönheit der Geliebten, die im Folgenden (6,9) dann durch das Attribut *tammati* (»meine Reine«) ausgedrückt wird. Bei der Auflösung des Rätsels begnügt sich der Sprecher nicht mit der Nennung von Mond und Sonne, um den überwältigenden Eindruck, den die Geliebte auf ihn macht, zu illustrieren, sondern fügt ihrer Schönheit einen weiteren, irdisch-anschaulichen Aspekt hinzu.

»furchterregend wie die Sichtbaren« – Hier wird das dritte Element aus der Rätselfrage (6,10) wörtlich wiederholt. Der Anblick der Geliebten erregt beim Betrachter ähnlich ehrfürchtigen Schauer wie der jener beiden Städte.

»wende deine Augen weg von mir«[246] – Die singuläre Wortverbindung V 5
erinnert an den Ausdruck »das Antlitz abwenden von« (vgl. Ez 7,22; 2 Chr 29,6; 35,22). Von dem auf ihn gerichteten Blick der Geliebten fühlt sich der Sprecher wie gebannt; deshalb bittet er sie, ihren Blick von ihm abzuwenden, denn er seinerseits vermag es nicht.

»denn sie beunruhigen mich« – Das Verb scheint mit der Einwirkung des von der Geliebten ausgehenden Leuchtens zusammenzuhängen. *R. Abraham b. Esra* erklärt: »sie sind zu stark für mich«, vgl. auch Ps 138,3. Ich sehe dieses Verb eher in der Verlängerung des Attributs »furchterregend« und würde es daher nach der Bedeutung behandeln, die diese Wurzel im Syrischen hat: »zittern«. Die auf ihn gerichteten Augen der Geliebten, sozusagen der Brennpunkt ihrer Schönheit (s. oben zu 1,15), verwirren und verunsichern den Sprecher, daher wendet er jetzt seine Aufmerksamkeit anderen Partien ihres Gesichts zu. Da auch die Beschreibung der Geliebten in 4,1–7 von deren Augen ausgegangen war, übernimmt der Dichter nun einige Elemente von dort für die Schilderung ihres Gesichtes hier.

»dein Haar wie die Herde der Ziegen, die herabgleiten vom Gilead« – Die folgenden Bilder wechseln von der Stadt in den Bereich der Natur. Das Haar,

[246] Zu der Präpositionalverbindung *min-negdi* vgl. Ri 20,34; 1 Sam 26,20; 2 Kön 4,25; ferner den Ausdruck *min-neged ʿeinai* Jes 1,16; Jer 16,17.

ebenfalls Inbegriff der Schönheit, wird gleich nach den Augen geschildert. Die Formulierung ist nahezu identisch mit 4,1b (s. dort), mit der einen Ausnahme, dass hier die Vokabel »Berg« *(har)* nicht steht.[247] Das (schwarze) Haar bildet den Hintergrund (den Himmel) für die oben genannten Gestirne, wobei besonders das Bild des Mondes vor dem Nachthimmel eindrücklich ist.

V 6 *»deine Zähne wie die Herde der Schafe, die heraufsteigen vom Bade / die alle zwiefach werfen, keine von ihnen ohne Junge«* – identisch mit 4,2, nur dass die singuläre Vokabel *qezuvot* (»Schafe«) ersetzt ist durch das gleichbedeutende und vertrautere *rechelim*, wodurch eine Alliteration zwischen *rechelim* (»Schafe«) und *rachaza* (»Bad«) zustande kommt (s.o. zu 4,2). Der Eindruck der weiß leuchtenden Zähne passt zu den oben (6,10) erwähnten Lichteffekten. LXX und Peschitta ergänzen hier den Vers »wie Purpurfaden deine Lippen …« nach 4,3a, was jedoch eine reine Harmonisierung ist, wie sie in den antiken Versionen von Hld häufiger vorkommt (dazu oben Einleitung XVIII).

V 7 *»wie Granatspalt deine Wange / durch deinen Schleier hindurch«* – identisch mit 4,3b (s. dort). Die Röte und die Rundung der Wangen passen zum Anblick der Sonne; hier vermag der Sprecher der Geliebten ins blendende Antlitz zu blicken, weil es durch den Schleier verhüllt ist.

Zweiter Teil der Antwort, über die Freundin (6,8–9)

Nachdem der Sprecher das Gesicht der Geliebten, das er im Fenster über sich erschaut, geschildert hat, wendet er sich an ein nicht näher bestimmtes Publikum und preist vor ihm die Vorzüge seiner Freundin.

V 8 *»sechzig sind[248] die Königinnen«* – Die Syntax ist charakteristisch für das Hebräisch der Mischna, z.B. M *Rosch haSchana* I 1, wo die vier verschiedenen Jahresanfänge aufgeführt werden (biblisch Spr 30,24.29; Klgl 1,18). Was die Zahl sechzig betrifft, s.o. zu 3,7; dort sind es die Helden rings um Salomos Bett. Die Königinnen (im Plural nur hier und im folgenden Vers) führen wieder in das königliche Ambiente. Die Vokabel »Königin« kommt biblisch sonst nur noch im Zusammenhang mit der Königin von Saba (1 Kön 10) und in der Ester-Rolle vor.

»achtzig die Konkubinen« – Die Relation zwischen Haupt- und Nebenfrauen steht hier drei zu vier. Die hohe Anzahl der Frauen entspricht nicht den überlieferten tausend Frauen, die König Salomo gehabt haben soll (wie Hld 8,11–12 voraussetzt), aber die Unterscheidung zwischen Haupt- und Nebenfrauen ist für König Salomo in 1 Kön 11,3 belegt: »Und er hatte 700 fürstliche Frauen (›Königinnen‹ nach dem Sprachgebrauch von Hld) und 300 Konkubinen«.

»und Jungfrauen« – s.o. zu 1,3. Diese Vokabel *(ʿalma)* bezeichnet biblisch eine junge Frau (s. Jes 7,14; Spr 30,9); vielleicht handelt es sich hier um eine

[247] Im Targum sowie in Peschitta ist sie harmonisierend ergänzt.
[248] Kopula maskulin Plural statt feminin s. auch Sach 5,10; Rut 1,22.

dritte Kategorie von Frauen, die dem königlichen Harem angehörten – vgl. die »Töchter« im folgenden Vers, deren Status nicht recht deutlich wird.

»ohne Zahl«[249] – Die Zahl der Königinnen und Konkubinen bleibt zwar hinter der in 1 Kön überlieferten Anzahl von König Salomos Frauen zurück, aber dies wird ausgeglichen durch die unzählbare Menge der Mädchen; »tausend« steht (wie oben 4,4) für eine ungeheuer große Zahl. Die hier geäußerte Haltung entspricht der des Weinbergliedes 8,11–12, wo sich der Sprecher über König Salomo und dessen tausend Frauen lustig macht; ihm genügt seine eine Geliebte, sie ist ihm mehr wert als alle übrigen zusammen. Zu Beginn des Liedes ist bei den Gegenständen, mit denen die Geliebte verglichen wird, eine aufsteigende Tendenz zu beobachten: vom Mond zur Sonne, von Tirza nach Jerusalem. Hier liegt statusgemäß ein Abstieg vor, von Königinnen über Konkubinen bis hin zu einfachen Mädchen, aber die Zahlen nehmen stetig zu, bis schließlich die ungeheure Menge von Mädchen mit der Einen und Einzigen kontrastiert.

»einzig ist sie« – Die Voranstellung der Zahl »eins« betont den Kontrast V 9
zu den zahllosen Mädchen bei König Salomo. Zur Gegenüberstellung des Einen mit den Vielen vgl. etwa Ez 33,24: »Einer war Abraham, und er hat das Land ererbt; wir sind Viele, uns ward das Land zum Erbteil gegeben«. Mit dem Zahlwort ist hier die Einzigartigkeit und Besonderheit verknüpft, wie etwa 2 Sam 7,23: »Und wer ist wie dein Volk Israel, ein einziges Volk im Lande«.[250] Der Midrasch bemerkt dazu: »Eine – das ist Abraham, wie es heißt: Einer war Abraham (Ez 33,24); einzig ist sie ihrer Mutter – das ist Isaak, der seiner Mutter einziger Sohn war …« (*Cant r* VI 13).

»meine Taube, meine Reine« – s.o. zu 5,2; hier liegt ein Wortspiel vor zwischen *tammati* (»meine Reine«) und *mat'imot* (»die zwiefach werfen«). Außerdem passt die »Vollkommenheit« der Geliebten *(tamma)* zu ihrem Vergleich mit Jerusalem, der Stadt, in deren Namen das Element »vollkommen« *(schalem)* anklingt.

»einzig ist sie« – wörtliche Wiederholung zwecks Hervorhebung.

»ihrer Mutter« – so wie Isaak als Abrahams »einziger« Sohn apostrophiert wird (Gen 22,2). Es ist einigermaßen erstaunlich, dass der Sprecher hier die Geliebte als die einzige ihrer Mutter bezeichnet und nicht als seine, zumal er sie unmittelbar davor als »meine reine Taube« angesprochen hat. Dafür sehe ich zwei mögliche Erklärungen: Zum einen nehmen die Protagonisten in Hld häufiger Rekurs auf die Gestalt der Mutter, wenn es um liebende Vereinigung geht (s. 3,4; 8,4 und besonders 8,5); zum anderen ist vielleicht ein humoristischer Effekt intendiert: Nach der kunstvoll aufgebauten Steigerung rechnet das Publikum damit, dass der Sprecher seine Darstellung mit der Versicherung abschließt, wie teuer ihm die Geliebte ist;

[249] Zu diesem Ausdruck vgl. Gen 41,49; Ri 7,12; Jer 2,32; Joël 1,6; Ps 40,13; 104,25.
[250] Ebenso Dtn 6,4 (»Höre Israel …«); mit dem Adjektiv *jachid* ausgedrückt Gen 22,2; Spr 4,3.

er jedoch führt seine Zuhörer irre, indem er verkündet, die Geliebte sei einzig – und zwar ihrer Mutter. Die beiden Deutungen brauchen einander nicht auszuschließen; Doppeldeutigkeit ist in Hld ja öfter zu beobachten (dazu oben Einleitung XXIV).

»*lauter ist sie*« – s. o. zu 6,10; mit der Wiederholung dieser Vokabel wird ein literarischer Rahmen geschlossen. Wenn das Adjektiv *bara* oben die Bedeutung »rein, leuchtend« enthielt, so kommt hier noch die Auserlesenheit mit hinzu (von der Wurzel *bet-resch-resch*).[251] Insofern fungiert *bara* hier als Synonym zum Zahlwort eins; so entsteht die Folge »eine – einzig – lauter«.

»*ihrer Gebärerin*« – zur Kombination der Begriffe Mutter/Gebärerin vgl. Jer 50,12; Spr 23,25.

»*Töchter sahen sie*« – Während sie oben (6,10) nur für ihn sichtbar war, bietet sie sich nun den bewundernden Blicken sämtlicher Frauen dar. Mit »Töchtern« sind Mädchen gemeint (s. o. zu 2,7). Insofern entspricht der Ausdruck den im vorigen Vers genannten »Jungfrauen«; dort stehen die Mädchen am Ende des Verses, hier dagegen am Anfang.

»*und priesen sie glücklich*« – vgl. besonders die Etymologie des Namens Ascher Gen 30,13 sowie Spr 31,28, wo es die Söhne und der Ehemann sind, die das Lob der wackeren Frau singen (s. o. Einleitung XIII zu den Wortentsprechungen zwischen dort und hier). Der Wert eines Kompliments aus weiblichem Mund wird anscheinend höher veranschlagt als der eines von Männern geäußerten.

»*Königinnen und Konkubinen sangen ihr Lob*« – Sogar die Bewohnerinnen des königlichen Harems, auch die angeseheneren unter ihnen, können nicht umhin, die Überlegenheit der Geliebten anzuerkennen. Durch diese einstimmige Anerkennung von Seiten der etwaigen Konkurrentinnen wird die oben durch den Hinweis auf die Mutter eingeschränkte Einzigartigkeit wieder ausgeweitet.

---

251 Vgl. Koh 3,18; sowie ebd. 9,1.

Hld 6,11–12: Wachtraum – Abstieg ins Nussgärtlein

Text

Übersetzung

11 *Ins Nussgärtlein steige ich hinab*
zu schauen die Knospen des Tales,
zu sehen, ob der Weinstock blüht,
ob die Granatäpfel erblüht.
12 *Nicht weiß ich, meine Seele setzt mich*
(in) den Wagen dem Edlen des Volks.

Analyse

Stellung im Kontext

Die Frau, die bisher dem Geliebten (6,10) sowie den übrigen Betrachtern (6,9) oben im Fenster erschienen war, steigt nun hinab in den Nussgarten, um das Blühen der Natur aus der Nähe zu sehen (6,11). Die junge Frau, deren Schönheit sogar von den Haremsbewohnerinnen gerühmt worden war, wird nun durch einen Hochgestellten, einen Edelmann, gewissermaßen entführt (6,12).

Traumlied

Dieses kurze Lied gehört zu denjenigen, in denen die Sprecherin in einem traumhaften Zustand ist, was ein nächtlicher (3,1–5; 5,2–6,3) oder ein Tagtraum (2,4–7.8–13) sein kann. Das Mädchen erfährt eine Bewusstseinstrübung und findet sich plötzlich im Wagen des Edlen wieder.

Nähe zu anderen Liedern

Dieses Lied könnte die Fortsetzung zu 2,8–13 bilden, wo der Geliebte die Freundin aufgefordert hatte, hinaus in die freie Natur zu kommen; jetzt macht sie sich auf, das Blühen von Weinstock und Granatapfelbaum zu bewundern. Demnach ist das Hinabsteigen in den Garten kein männliches Privileg (vgl. 6,2), vielmehr steigt er in seinen Garten und sie in ihr Gärtlein. In 7,11–14 ist es die Frau, die den Geliebten zur Betrachtung des Naturgeschehens einlädt, wobei wörtliche Übereinstimmungen zwischen 6,11b und 7,13 auffallen (s. o. Einleitung XVIII).

Motivik

Der Abstieg in den Garten, um zu prüfen, wie weit der Frühling vorangeschritten ist, steht für den Wunsch der Geliebten, die Freuden der Liebe zu genießen. Sie gerät in einen Sinnestaumel und ihr Wunsch wird erfüllt, nicht durch einen beliebigen Mann, sondern durch einen Hochgestellten, der sie in seinem Wagen holen kommt.

Auslegung

Das Traumlied (V 11–12)

»*ins Nussgärtlein*« – Die feminine Form des Nomens *gan* (Garten) findet sich biblisch nur hier und Est 1,5; 7,7–8 (vgl. auch Num 24,6; Jes 1,30 u. a.). Die Verwendung femininer Nominalformen im Zusammenhang mit der Geliebten ist in Hld häufiger zu beobachten: ihre Lämmer in 1,8; beim Ver- V 11 gleich der Frau mit (weiblichen) Blumen, wogegen der Mann mit einem Apfelbaum verglichen wird (2,1–3); die Gazellen oder Hinden des Feldes, bei denen sie die Töchter Jerusalems beschwört (2,7; 3,5); das Haar der Geliebten, das mit weiblichen Ziegen oder Schafen verglichen wird (4,12; 6,5–8), Bilder wie »Mauer« und »Tür« für die junge Frau (8,9–10), deren Brüste Türmen *(migdalot)* gleichen (8,10). Die Vokabel »Nuss« ist biblisch *hapax legomenon*; es handelt sich um Walnüsse *(Juglans regia)*, die in rabbinischer Zeit in Israel verbreitet waren; so ist etwa der Brauch belegt, den Jungvermählten bei der Hochzeit geröstete Ähren und Nüsse vorzusetzen (b *Berachot* 50b).

»steige ich hinab« – zum Hinabsteigen des Mannes in seinen Garten s.o. zu 6,2.

»zu schauen die Knospen des Tales«[252] – Das hebräische Verb »sehen« steht hier nicht mit direktem Objekt, sondern mit der Präposition *be-* wie in Hld 3,11 (vgl. Gen 34,1; 1 Sam 16,1; Spr 7,7, wo auch der Kontext relevant ist); in dieser Verwendung hat das Verb die Bedeutung »ansehen«, an den beiden zuletzt genannten Stellen (vielleicht auch hier?) »auswählen«. Es fällt auf, dass die Tätigkeiten, zu denen der Mann bzw. die Frau in ihren Garten hinabsteigen, sich hebräisch nur durch einen Buchstaben unterscheiden: Er will »weiden« (*resch-ajin-he*: 6,2), und sie will »sehen« *(resch-alef-he)*. Bei dem Tal handelt es sich um ein Wadi (vgl. Dtn 21,4; Ijob 6,15), auf dessen Grund ein Bach läuft, daher die Wortverbindung »Bachweiden« (Lev 23,40; Ijob 40,22). Manche Täler heißen nach den darin wachsenden Früchten, etwa Wadi Soreq (Ri 16,4) oder Wadi Eschqol (Num 13,23–24), was jeweils Traubental bedeutet. An dem Bach, der durch den Nussgarten fließt, wachsen weitere Obstbäume (zum Wasserquell innerhalb des Gartens vgl. oben 4,12–15). Manche Exegeten verstehen die Vokabel *nachal* hier als »Palme« (nach dem Arabischen), demnach würde es sich um unreife Datteln handeln (diese Bedeutung wird auch für Num 24,6 angenommen).

»zu sehen« – Vielleicht fungieren die »Knospen des Tales« als eine Art Oberbegriff, von dem die Wiederholung des Verbs die detaillierteren Angaben trennt.

»ob der Weinstock blüht« – Bei der Einladung des Geliebten an die Frau, in die frühlingshafte Natur hinauszukommen, heißt es: »Die Blüten sind zu sehen im Lande … und die Weinstöcke stehen in Blüte, sie duften« (2,12–13); die Formulierung von 7,13 dagegen, wo sie ihn hinauslockt, lautet ebenso wie hier.

»ob die Granatäpfel erblüht« – zu dem hier verwendeten Verb vgl. Koh 12,5; zur Kombination mit der Wurzel *pe-resch-chet* (»blühen«) vgl. Gen

[252] Zu der Wortverbindung »Knospen des Tales« vgl. Ijob 8,12; es handelt sich um den noch ungenießbaren Fruchtansatz (vgl. b *Chullin* 127b). Die aramäische Vokabel *inba* hat die Bedeutung Frucht (s. Dan 4,9).

40,10; zum Vorkommen von Granatäpfeln neben Weinstöcken vgl. Dtn 8,8; Hag 2,19. Da die indirekte Frage von hier in 7,13 wörtlich wiederkehrt, hat der Übersetzer ins Griechische die beiden Stellen aufeinander abgestimmt und die Fortsetzung des Verses von dort auch hier ergänzt: »dort schenke ich meine Brüste (MT: meine Liebe) dir«.

»*nicht weiß ich*« – ich weiß nicht, wie mir geschieht (vgl. Jes 47,11; Jer V 12
50,24); während sie in den Anblick der blühenden Bäume versunken war, hat der Liebhaber sie überrascht.

»*meine Seele*« – Nach den biblischen Akzenten gehört dieses Wort als Subjekt zur folgenden Verbform. Es könnte allerdings auch als Objekt zum Verb »wissen« fungieren; dazu besteht eine Analogie Ijob 9,21: »auch ich weiß nicht meine Seele« vor Kummer, außerdem gibt es einen parallelen Ausdruck im Akkadischen.[253]

»*meine Seele setzt mich*« – »meine Seele« muss zumindest auch zur folgenden (femininen) Verbform gezogen werden, denn sonst hätte diese kein Subjekt; es ist durchaus denkbar, dass eine Vokabel zwei syntaktische Funktionen erfüllt: Der Sprecherin ist nicht klar, was ihre Seele mit ihr macht; vgl. auch die in »Ich schlafe, und mein Herz ist wach« (5,2) angedeutete Persönlichkeitsspaltung.

»*Wagen*« – poetischer Plural.[254] Fahrzeuge kommen nicht nur als Streitwagen vor, sondern auch als Transportmittel reicher Leute (z.B. Gen 41,43; 2 Sam 15,1).

»*dem Edlen des Volks*« – in vielen Handschriften erscheint *ʿammi-nadiv* als ein Wort; einige Handschriften sowie LXX und Vulgata lesen überhaupt *ʿamminadav*, d.h. sie setzen den bekannten biblischen Personennamen (z.B. Ex 6,23) für die schwer erklärbare Wortverbindung ein. Mir scheint, die beiden Elemente dieses Ausdrucks sind in umgekehrter Reihenfolge zu verstehen, als Edler des Volks, wobei das auslautende *-i* eine alte Kasus-Endung sein könnte.[255] Die Wortverbindung »Edler des Volks« ist in Num 21,18 belegt (auch Ps 47,10; 103,8); ein Edler ist ein großer Fürst (wie etwa in Num 21,18 oder in Ijob 34,18, wo er in Parallele zu »König« erscheint). Das hier entworfene Bild erinnert an die erste Begegnung zwischen Isaak und Rebekka (Gen 24,63 f.), nur dass dort der Mann seiner Zukünftigen zu Fuß entgegengeht, während sie auf dem Kamel reitend ankommt; da die literarisch-gesellschaftliche Konvention verlangt, dass die Frau bei solcher Gelegenheit das Bewusstsein verliert, stürzt Rebekka vom Kamel herab.

---

[253] *ramansu la ide* (»er kannte sich selbst nicht«), ein Ausdruck für Verlust des klaren Bewusstseins; dazu *S. M. Paul*, An Unrecognized Medical Idiom in Canticles 6,12 and Job 9,21, in: Bib. 59 (1978) 54–57.

[254] Wie oben die Gemächer des Königs (1,4) oder die göttlichen Wohnstätten in Ps 132,5.

[255] Vgl. *Gesenius-Kautzsch*, Hebräische Grammatik, §90l; weitere Beispiele für *constructus*-Verbindungen, die in umgekehrter Richtung aufzulösen sind: Jer 17,7; Ez 24,17; Hos 14,3; Ps 16,4.

Hld 7,1–7: Ruhm der Geliebten – »Kehr um, kehr um …«

Text

Übersetzung

1 *Kehr um, kehr um, o Sulamit,*
kehr um, kehr um, dass wir dich schauen!
Was schaut ihr an der Sulamit
wie Reigentanz der beiden Lager?

2 *Wie schön sind deine Füße in deinen Schuhen, Tochter des Edlen,*
die Biegungen deiner Hüften wie Halsgeschmeide,
Werk von Künstlerhänden,
3 *dein Nabel ein Mondbecken, nicht mangele der Mischtrank,*
dein Bauch ein Ährenhaufen umsäumt von Lilien,
4 *deine beiden Brüste wie zwei Zwillingsjunge einer Gazelle,*
5 *dein Hals wie Elfenbeinturm,*
deine Augen wie Seen in Cheschbon am Tor von Bat-Rabbim,
deine Nase wie der Libanonturm, der ausschaut nach Damaskus,
6 *dein Haupt auf dir wie der Karmel,*
das herabhängende Haar deines Hauptes wie Königspurpur
gebunden an Latten.

7 *Wie schön bist du und wie angenehm,*
Liebe, Tochter von Verwöhnten!

Analyse

Stellung im Kontext

Im vorangehenden Lied war die Frau hinabgestiegen, die Knospen des Tales zu sehen (6,11); hier nun wollen alle sie sehen und festhalten (7,1). Der Ruf »kehr um« schließt an ihr plötzliches Entschwinden im Wagen des Edlen an (6,12); hier wird sie selbst als »Tochter des Edlen« angesprochen (7,2). Die Übersetzung von 7,1 mit »Wende dich, wende dich …« beachten diesen Kontext zu wenig.

Kunstvoller Aufbau

Das Lied setzt ein mit dem Ruf eines ersten Chores, der die Sulamit sehen möchte (7,1a); darauf erwidert ein zweiter Chor, der diesen Wunsch zurückweist bzw. davon abrät, die tanzende Sulamit anzuschauen (7,1b). Der erste Chor kümmert sich nicht darum, sondern betrachtet die Tänzerin und schildert zehn verschiedene Teile ihres Körpers, wobei der Blick von den Füßen an aufwärts steigt (7,2–6). Dies ist der einzige Fall, wo ein Beschreibungslied (s. o. zu 4,1–7) nicht mit dem Kopf beginnt, sondern mit den Füßen, was sich bei einer tanzenden Figur ganz natürlich ergibt. Diese Schilderung hat eine verblüffende Parallele in einem Liebeslied des Philodemos, das von den Füßen der Geliebten schrittweise hinaufsteigt bis zu den Augen, die den Sprecher verrückt machen.[256] Der bewundernde Ausruf »wie schön …« (7,2a) hat sein Gegenstück in der Rückfrage »was schaut ihr …« (7,1b). Zum Abschluss der Beschreibung kehrt der bewundernde Ausruf verdoppelt wieder: »wie schön und wie angenehm …« (7,7); anscheinend sind sich die beiden Chöre inzwischen einig.

Die Bilder der Körperbeschreibung

Die Bilder bei der Körperbeschreibung der Geliebten enthalten hier viel von Menschen Gemachtes: »Halsgeschmeide, Werk von Künstlerhänden« (7,2), »Mondbecken« (7,3); »Elfenbeinturm« (7,5); »Seen in Cheschbon …« (7,5); »Libanonturm« (7,5). Hier erscheinen Kunstwerke und architektonische Gebilde, die sich durch besondere Schönheit auszeichnen.

Als der betrachtende Blick nach oben schweift, werden geographische Namen genannt: Cheschbon, Libanon, Damaskus, Karmel (7,5–6), abwechselnd zwei Städte und zwei Bergzüge; so entsteht der Eindruck einer Wanderung durch die landschaftlichen Schönheiten der Gegend.

Die Berge samt dem »Ährenhaufen umsäumt von Lilien« (7,3) sowie die »zwei Zwillingsjungen einer Gazelle« (7,4) schaffen den Ausgleich zwischen Künstlichem und Natürlichem im metaphorischen Bereich.

Auslegung

Der erste Chor (V 1a)

»kehr um, kehr um« – Die Eröffnung ist nach dem Muster des erweiterten Kolons (s.o. zu 1,15) gebaut. Der vierfache Imperativ, dessen Bedeutung im Kontext von 6,11–12 gesehen werden muss (s.o.), klingt nach rhythmischer Aufforderung an die Frau, nicht wegzugehen (vgl. Ex 14,2), sondern weiterzutanzen, wie aus der Fortsetzung hervorgeht. Die Struktur erinnert an den an die Prophetin Debora gerichteten Aufruf, ihr Lied ertönen zu lassen (Ri 5,12). Die Form des Imperativs *(schuvi)* klingt an die Bezeichnung der Tanzenden *(schulamit)* an. V 1

»o Sulamit« – Diese Bezeichnung hat etliche Deutungen auf sich gezogen: Manche wollten darin den Beinamen der Kriegs- und Liebesgöttin Ischtar sehen; LXX liest hier Sunamit, wohinter anscheinend eine Überlieferung steckt, welche die Tänzerin hier mit der Schunamiterin Abischag identifiziert, jenem ausnehmend schönen Mädchen (1 Kön 1,3), das zur Bettgenossin für den alternden König David bestimmt und daraufhin von dessen Sohn Adonjahu begehrt wurde (1 Kön 2,16–22). Aus der Bezeichnung ist eine Anspielung auf das Milieu von Salomos Königshof zu entnehmen, zumal *Eusebius* in seinem Onomastikon schreibt, der Ortsname *Sunem* laute auch *Sulem*.[257] Das Bedürfnis, in Hld Hinweise auf Salomo zu entdecken, hat dazu geführt, in Sulamit sozusagen die weibliche Variante des Namens Salo-

---

[256] Vgl. *M. Roselaar*, Das Hohelied im Lichte der hellenistisch-erotischen Dichtung (hebr.), in: Eschkolot 1 (1954) 42.

[257] Das ist das heutige Dorf Sulem nördlich von Jesreel.

mo zu sehen (wofür allerdings die Namensform Salomit weitaus geeigneter wäre). Vielleicht weist der Name Sulamit wirklich auf eine Stadt hin, dann allerdings auf Salem (Gen 14,18; Ps 76,3), d.h. Jerusalem.[258] Diese Herleitung passt auch zu der Gruppe der »Töchter Jerusalems«, die als Gefährtinnen der Geliebten fungieren und sie sogar gelegentlich als »Schönste unter den Frauen« anreden (5,9; 6,1); möglicherweise besteht einer der Chöre in dem Lied hier aus »Töchtern Jerusalems«. Außerdem geht die Benennung der Frau nach einer Stadt gut zusammen mit den vier geographischen Namen (worunter Städtenamen sind) im Verlauf dieses Liedes. Unüberhörbar ist auch der Klang der Wurzel »vollkommen« *(schalem)* in der Bezeichnung Sulamit. Der anonyme mittelalterliche Kommentar schreibt: »vollkommen, frei von jeglichem Makel«. Mit der Feststellung ihrer Makellosigkeit schließt das Beschreibungslied in 4,7: »Ganz bist du schön, meine Freundin, kein Makel an dir«.

»dass wir dich schauen« – Ähnlich wie das Verb »sehen« mit der Präposition *be-* (s.o. 3,11; ferner 6,11) hat auch »schauen« mit derselben Präposition (vgl. Ps 27,4 und bes. Jes 33,17) die Bedeutung »genüsslich betrachten, bewundern«.

Der zweite Chor (V 1b)

»was schaut ihr an der Sulamit« – Dieser Einwurf des zweiten Chors lässt sich unterschiedlich interpretieren. Entweder kann er despektierlich gemeint sein, als ob es an ihr nichts zu sehen gäbe. Die ausführliche Schilderung ihrer Schönheit, die dann in V 2–6 folgt, wäre die Antwort auf diesen Einspruch. Vergleichbar wäre die Frage der Töchter Jerusalems in 5,9, was denn an dem Geliebten Besonderes sei, was dann den Ausgangspunkt bildet für die detaillierte Beschreibung seiner körperlichen Vorzüge (5,10–16). Nach dieser Auffassung meldet der zweite Chor sozusagen Zweifel an der Vollkommenheit der tanzenden Schönen an. Oder aber der Zuruf des zweiten Chors fungiert als Warnung, die überwältigende Schönheit nicht anzublicken, um nicht in ihren Bann zu geraten, etwa im Sinne der Bitte des Geliebten, sie möge ihre Augen von ihm abwenden (6,5); diese seine Bitte steht zwischen der Feststellung ihrer Schönheit und einer eingehenden Schilderung derselben. Außerdem besteht noch die Möglichkeit, die scheinbare Frageform nach dem Arabischen als Aufforderung zu verstehen (s.o. in der Auslegung zu 5,8).

»wie Reigentanz« – LXX und Peschitta haben hier »die zum Tanz ausziehen«; dieses Motiv findet sich auch in Ri 21,21; 1 Sam 18,6. Die hier verwendete hebräische Vokabel *mechollat* wirkt wie die *constructus*-Form eines Nomens *mecholla*, sozusagen die feminine Variante zu *machol* »Tanz«.[259] Einige hebräische Handschriften lesen »im Tanz«, was sich leichter in den

---

[258] So bei *R. Abraham b. Esra* sowie *R. David Kimchi* in *Sefer haSchoraschim*.

[259] Die Verwendung von femininen Nominalformen im Zusammenhang mit der Geliebten ist in Hld öfter zu beobachten, s.o. Einleitung XX.

Kontext fügt als MT (»wie Tanz«). Das Nomen *machol* kommt biblisch auch als Bezeichnung eines Musikinstruments vor (z.B. Ex 15,20; Ri 11,34; Ps 150,3), aber hier bedeutet es zweifellos Tanz (wie in Ri 21,21). Tanz war in der Regel Frauensache (z.B. Ri 11,34; Jer 31,4.13 sowie die bereits aufgeführten Stellen).

»der beiden Lager« – LXX, Vetus Latina, Vulgata, Symmachus und Peschitta lesen Plural statt Dual, aber hier ist keine Emendation nötig. Es handelt sich wohl um zwei Gruppen von Tänzerinnen, und die Sulamit tanzt in der Mitte zwischen ihnen; demnach sind die beiden »Lager« identisch mit den zwei Frauenchören, die hier alternierend zu Wort kommen.

Der erste Chor: Beschreibungslied (V 2–6)

Der erste Chor geht zumindest formal nicht auf den Einwand des zweiten ein, denn seine Rede in 7,2 ist an die tanzende Sulamit gerichtet; indirekt enthält sie aber doch eine Erwiderung.

»wie schön« – Dieser bewundernde Ausruf bezieht sich nicht nur auf das V 2
unmittelbar folgende Detail, sondern auf alle in der Fortsetzung aufgezählten Körperteile der Sulamit. Zum Abschluss der Beschreibung steht ein weiterer bewundernder Ausruf in erweiterter Form »wie schön bist du und wie angenehm« (7,7). Auch der literarische Rahmen um das Beschreibungslied 4,1–7 besteht aus direkten Aussagen über die Schönheit der Geliebten. Genau die hier vorliegende Form findet sich in 4,10a »wie schön ist deine Liebe …«, vgl. auch Jes 52,7, wo ebenfalls von Füßen die Rede ist: »wie lieblich auf den Bergen Füße des Heilsboten …« (s.o. zu 2,8).

»deine Füße« – Die Vokabel hier kann »Schritte« bedeuten (so LXX und Vulgata, ferner Ri 5,28) oder »Füße« (wie etwa 2 Kön 19,24; Jes 26,6; Ps 57,7; Spr 29,5).

»in den Schuhen« – Die Plural- (nicht: Dual-)form dieser Vokabel kommt auch Jes 11,15 vor. Auch die Schilderung von Judit, die den feindlichen Feldherrn erschlug, beginnt mit ihren Schuhen und geht dann zu ihrer Schönheit allgemein über (Jdt 16,11). Es fällt auf, dass nach den Schuhen kein weiteres Kleidungsstück der Tänzerin erwähnt wird, als der Blick des Betrachters weiter nach oben schweift.

»Tochter des Edlen« – vgl. oben 6,12. Der Respekt, den der Chor der Tänzerin bezeugt, gründet sich nicht auf ihre Schönheit allein. LXX hat hier *amminadav* wie in 6,12 – ein Ausdruck für die enge Zusammengehörigkeit der beiden literarischen Einheiten.

»die Biegungen deiner Hüften« – die hebräische Wurzel *chet-mem-qof* erscheint nur noch in 5,6 »da war mein Freund verschwunden …« (s. dort in der Auslegung) und Jer 31,22: »Bis wann willst du dich entwinden, übermütiges Mädchen«; der dort vorangehende Vers lautet »kehr zurück, Jungfrau Israels, kehr zurück zu deinen Städten …« – die Jer-Stelle könnte also auf Formelementen der Liebesdichtung beruhen. In Analogie zur Bedeutung der hebräischen Wurzel *samech-bet-bet* scheint hier sowohl die Rundung der Hüften intendiert als auch deren kreisende Bewegung beim Tan-

zen. Diese beiden Verständnismöglichkeiten entsprechen der Bedeutung »Schritte« bzw. »Füße« in 7,2a.

»*Halsgeschmeide*« – vor allem die Singularform *chali* ist als Bezeichnung eines Schmuckstücks belegt (Hos 2,15 und Spr 25,12, jeweils zusammen mit Nasenring). Der Dichter verzichtet auf ausdrückliche Nennung von Schmuckstücken (und Kleidern) der Tänzerin, hier handelt es sich um eine Metapher für ihre Körperformen.

»*Werk von Künstlerhänden*« – vgl. »Werk von Schnitzerhänden« (Dtn 27,15; Jer 10,3), »Werk von Töpferhänden« (Klgl 4,2); »Werk von Menschenhänden« (z.B. Jes 37,19; Ps 115,4; Ps 135,15). Die Vokabel *'amman* ist *hapax legomenon;*[260] akkadisch *ummanu*, aramäisch und rabbinisch *'uman* bezeichnet den Handwerker (z.B. M *Moed qatan* I 8; M *Schewiit* V 6)[261]. Dieser erste Vergleich hebt hervor, was auch in den folgenden Bildern angedeutet ist: Der Körper der Geliebten wird als Kunstwerk aufgefasst und mit den wunderbarsten Schöpfungen menschlicher Kunst verglichen.

V 3 »*dein Nabel*« – *hapax legomenon*, kommt so ähnlich Ez 16,4 vor, wo von der Nabelschnur die Rede ist.[262] Auch im rabbinischen Sprachgebrauch bezeichnet die Vokabel den Nabel (z.B. Tanchuma Buber, *tasria* VII); im Midrasch wird sie ebenfalls als Nabel gedeutet: »dein Nabel ... (Hld 7,4) – das ist der Sanhedrin; so wie ein Embryo, solange er sich im Mutterleib befindet, nur durch seinen Nabel lebt, kann Israel nichts tun ohne seinen Sanhedrin« (*Cant r* VII 3). Die Deutung auf das weibliche Geschlechtsorgan scheint mir abwegig, denn dieses dürfte beim Tanz nicht zu sehen gewesen sein.

»*ein Mondbecken*« – wieder ein von Menschen hergestellter runder Gegenstand (wie das Halsgeschmeide in 7,2b). Zu der Vokabel »Becken« (*'agan*) vgl. Ex 24,6; Jes 22,24. Bei den Ausgrabungen von Chirbet Samarin, in Palmyra und in Petra sind tiefe runde Schalen mit der Aufschrift *agna* gefunden worden. In einem Brief aus Arad kommt die Vokabel im Zusammenhang mit Wein vor.

»*Mond*« – es handelt sich also um eine Schale in der Form des vollen Mondes. Die Vokabel *sahar* (aramäisch: Mond) ist biblisch singular, vgl. jedoch *saharonim*, d.i. mondförmige Schmuckstücke, Ri 8,21.26; Jes 3,18.

»*nicht mangele*[263] *der Mischtrank*« – Da von einer Schale die Rede war, wird weiter der Wunsch geäußert, sie möge mit Wein gefüllt sein. Zwischen den Worten *sahar* (»Mond«) und *'al jechsar* (»nicht mangele«) ist ein Anklang zu beobachten. Dabei ist nicht der Nabel selbst als mit Wein gefüllt zu denken; vielmehr benützt der Dichter hier die Metaphern, um das Bild zu

---

[260] Vgl. die Nominalbildung *'amon*, Spr 8,30.

[261] Entsprechend bedeutet *'umanut* »Handwerk« (z.B. M *Qidduschin* IV 14).

[262] Vgl. auch *scharecha* Spr 3,8 – Synekdoche für den ganzen Körper, oder aber in »dein Fleisch« zu emendieren, was dann »deinen Gebeinen« gegenüberstünde.

[263] Dieses Verb kommt auch sonst im Zusammenhang mit Flüssigkeiten vor: Gen 8,5; 1 Kön 17,14.16; Koh 9,8 u.ö.

bereichern, um mit ihrer Hilfe weitere Aspekte der Liebe zum Ausdruck zu bringen, hier etwa die Hoffnung, die Liebe möge von Freude begleitet sein. Die Vokabel *meseg* ist biblisch *hapax legomenon;* im rabbinischen Sprachgebrauch bezeichnet sie gemischten Wein (z. B. Sifra zu Lev 8,7; M *Nidda* II 7).[264] Hld kennt noch eine Bezeichnung für vermischten Wein: Würzwein (8,2). In der Antike – auch bei Griechen und Römern – wurde Wein nicht pur getrunken, sondern mit Wasser verdünnt.

»dein Bauch ein Ährenhaufen« – Vom Nabel weitet sich der Blickwinkel auf den ganzen Bauch aus. Während beim Nabel dessen Tiefe betont war, so nun beim Bauch dessen Wölbung, wodurch ein Kontrast zwischen beiden entsteht. Das Bild vom Ährenhaufen (vgl. Hag 2,16; Rut 3,7) vermittelt den Eindruck von Fülle und Fruchtbarkeit, sowohl Flüssiges (der Mischtrank) als auch Festes (die Ähren). Das hier zugrunde liegende Schönheitsideal scheint vom heutigen verschieden, es sei denn der Sprecher wollte die Freundin ein wenig necken (dazu unten, 7,5).

»umsäumt von Lilien« – Die hier verwendete Vokabel ist singulär. Es handelt sich um ein passives Partizip der Wurzel *samech-waw-gimel,* von der auch die Nominalbildung *sejag* (»Umzäunung«) vorkommt, die im rabbinischen Sprachgebrauch üblich ist (z. B. j *Schewiit* III 6). Der Ährenhaufen ist aus ästhetischen Gründen von Lilien eingefasst; s. auch oben in der Auslegung zu 2,1.

»deine beiden Brüste wie zwei Zwillingsjunge einer Gazelle« – wörtliche V 4
Wiederholung von 4,5; dort endet der Vers mit den Worten »die unter den Lilien weiden«. Peschitta fügt sie auch hier hinzu, doch ist diese Harmonisierung überflüssig: Hier sind die Lilien im Vers zuvor erwähnt, was sicherlich die Assoziation zu 4,5 verstärkt, aber deren neuerliche Nennung erübrigt. Wenn der Bauch von Lilien umgeben ist, ergibt sich ganz von selbst, dass die Jungtiere (d. i. die Brüste) in diesen »weiden«. Der Vergleich der Brüste mit Kitzen passt wegen deren Beweglichkeit besonders gut in den Kontext, als Illustration für die Bewegung der Brüste beim Tanzen. Für Nabel, Bauch und Brüste – die mit der weiblichen Fruchtbarkeit verbundenen Körperteile – verwendet der Dichter Metaphern aus dem Bereich von Flora und Fauna.

»dein Hals wie Elfenbeinturm« – Auch in 4,4 wird der Hals der Geliebten V 5
mit einem Turm verglichen. Vergleichspunkt ist wohl in erster Linie die Höhe,[265] vielleicht aber auch der Farbton: »dein Hals ist weiß, wie ein Turm

[264] Im Targum fungiert sie als Äquivalent zu biblisch *mem-samech-kaf* (Spr 9,2); diese Wurzel ist biblisch nicht nur nominal belegt (Ps 75,9), sondern auch verbal (Jes 5,22; 19,14; Ps 102,10; Spr 9,2). Daraufhin wird im rabbinischen Sprachgebrauch unterschieden zwischen *meseg* (mit Wasser vermischter Wein) und *mesech* (Mischung von verschiedenen Weinsorten).

[265] Auch in der ägyptischen Liebesdichtung wird die Geliebte als »langhalsig« bezeichnet, Papyrus Chester Beatty (vgl. *M. Fuks,* Liebeslieder 50; *H. A. Schlögl,* Gärten der Liebe 10; *S. Schott,* Altägyptische Liebeslieder 39).

aus Elfenbein« schreibt der anonyme mittelalterliche Kommentar. Unter Umständen könnte der Hals aber auch mit Schmuckplättchen bedeckt gedacht sein (wie bei Elfenbeinverkleidung);[266] vgl. auch oben, 4,4 und 4,9 (jeweils mit Auslegung).

»deine Augen wie Seen in Cheschbon« – Da die Vokabel *ʿajin* nicht nur »Auge« bedeutet, sondern auch »Quelle« (z. B. Gen 16,7; 24,29), ist der Vergleich von Augen mit Seen sehr passend. An gemeinsamen Zügen gibt es nicht nur die Feuchtigkeit, sondern auch die Durchsichtigkeit; man erblickt sein Spiegelbild im Auge des Gegenübers, so wie man sich im Wasser spiegeln kann. Vgl. auch oben, 5,12: »seine Augen wie Tauben an Wasserbächen«. Für Hals und Augen der Tänzerin greift der Dichter wieder auf Metaphern aus dem Bereich des Menschenwerks zurück, und zwar auf Bauwerke. Wenn die Vergleiche bei Hals (und Nase) die Höhe evozieren, dann die Seen (beim Vergleich mit den Augen) die Tiefe. Mit Cheschbon beginnt der Dichter von Menschen erbaute Städte im geographischen Umkreis heranzuziehen. Es ist einigermaßen erstaunlich, dass er mit Cheschbon ausgerechnet eine Stadt Sichons nennt (vgl. etwa Num 21,26); Cheschbon liegt zwar in einer fruchtbaren Gegend (Jes 16,8–9), dort ist auch eine zerstörte Teichanlage aus dem 8. vorchristlichen Jahrhundert gefunden worden, aber solche gab es auch anderswo (in Samaria: 1 Kön 22,38; in Gibeon: 2 Sam 2,13). Anscheinend hat der Dichter eine Vorliebe für abgelegene, exotisch wirkende Orte (s. u. zu Damaskus).

»am[267] Tor von Bat-Rabbim« – So hieß anscheinend eines der Tore von Cheschbon, neben dem Wasser-Reservoirs lagen. Vielleicht war es das Tor in Richtung *Rabba* (*Rabbat Moab* oder *Rabbat Ammon*). Außerdem enthält der Name des Tores eine Beziehung zur weiblichen Hauptfigur, die oben (7,2) als *bat nadiv* (»Tochter des Edlen«) bezeichnet worden war; *bat-rabbim* lässt sich analog dazu deuten: *rabbim*, das sind große, bedeutende Persönlichkeiten (s. etwa Spr 25,6; aramäisch Dan 2,10).

»deine Nase wie der Libanonturm« – Der Vergleich der Nase mit einem Turm ist problematisch, selbst wenn wir davon ausgehen, dass das damalige Schönheitsideal nicht mit dem heutigen übereinstimmte. So schreibt etwa *Raschi*: »Ich kann [die Vokabel *ʾaf*] nicht als Nase deuten, weder im konkreten noch im übertragenen Sinne, denn was für ein Kompliment wäre eine Nase, groß und hochaufgerichtet wie ein Turm? Daher meine ich, dass mit *ʾaf* hier das Gesicht gemeint ist.« Die hebräische Vokabel *ʾaf* bezeichnet in der Tat das Gesicht, etwa in dem Fluchspruch über Adam: »Im Schweiße deines Angesichts sollst du Brot essen« (Gen 3,19).[268] Auch der Midrasch deutet *ʾaf*

[266] Vgl. das Elfenbeinhaus in 1 Kön 22,39; die Elfenbeinhäuser in Am 3,15; die Elfenbeinhallen in Ps 45,9.

[267] In derselben Bedeutung erscheint die Präposition Gen 41,1, wo der Pharao »am Nil« steht.

[268] Auch in dem biblischen Ausdruck für Proskynese (Gen 19,1 u. ö.), vgl. ferner Dan 2,46; 3,19 (aramäisch).

nicht als Nase, sondern als Stirn (*Cant r* VII 10). Der anonyme mittelalterliche Kommentar schreibt dazu: »Manche meinen, *ʾappech* bezeichne hier die Stirn, von der das Gesicht beherrscht wird; nach dem Ruhm der Augen rühmt [der Sprecher] die Stirn über den Augen, nicht die Nase darunter, und außerdem: eine lange Nase ist doch nichts Schönes!« Allerdings scheint auch nicht völlig ausgeschlossen, dass der Dichter hier mit der Freundin ein Spiel treibt, indem er zweideutige Redeweise verwendet; wenn sie sich über die Charakterisierung ihrer Nase beschwert, kann er immer noch sagen, er habe doch ihr Gesicht gemeint. Wir kennen keinen Turm, der Libanonturm geheißen hätte. Es könnte ein Turm oben auf dem Libanon sein, womit der Eindruck luftiger Höhe vermittelt wäre. Auf einem turmhohen Hals thront ihr Gesicht, das seinerseits so hoch ist wie ein Turm auf dem Gipfel des Libanon. Das Stichwort Libanon (d. h. die Zeder des Libanon) wird auch bei der Beschreibung des Mannes genannt (5,15).

»der ausschaut nach[269] *Damaskus«* – Der Turm hält Ausschau, weil auf dem Turm der Späher postiert ist (vgl. 2 Kön 9,17). Betont ist wiederum die Höhe des Turms, die einen weiten Ausblick erlaubt, bis nach Damaskus hin.

»dein Haupt auf dir wie der Karmel« – wiederum Vergleich mit einem V 6
Berg;[270] zur Beziehung zwischen Libanon und Karmel vgl. Jes 29,17. Karmel als Metapher lässt sich hier auf zweierlei Weise verstehen, wobei das eine Verständnis das andere nicht auszuschließen braucht: Der Berg kann für Höhe stehen, in diesem Fall trifft das zum Ende des vorigen Verses Bemerkte auch hier zu, oder das Kopfhaar, von dem in der Fortsetzung die Rede ist, kann mit *karmil* = Karmesin[271] verglichen sein, einem bläulich-roten Farbstoff (2 Chr 2,6; 3,14), der aus weiblichen Kermesschildläusen gewonnen wird, die sich an Eichen festsaugen. »Haupt« kann auch elliptisch für Haupthaar stehen, vgl. etwa 5,2: »denn mein Haupt ist voller Tau …«.

»das herabhängende Haar deines Hauptes« – die Vokabel *dalla* bezeichnet beim Weben herabhängende Fäden, s. Jes 38,12. Zur Wiederholung eines Ausdrucks in erweiterter Form (hier: *roschech … dallat roschech*) s. o. 1,3; 5,5.7 sowie in der Einleitung XX.

»wie Königspurpur« – so mit Peschitta, Vulgata und einigen griechischen Textzeugen, gegen die Akzentgliederung von MT. Das herabhängende Haar der Frau gleicht königlichem Purpur, d. h. Purpur, der zum Gebrauch für den König geeignet ist (vgl. Hld 3,9–10, wo König Salomos Tragsessel als purpurn geschildert wird). Hier kann eigentlich nicht die Farbe des Purpurs als Vergleichspunkt dienen, denn das Haar der Geliebten ist ja rabenschwarz (5,11), eher wohl der Glanz von Purpurgewebe.

---

[269] Die Präposition *pne* ist die *constructus*-Form von *panim* (»Gesicht«), was wiederum mit *ʾappech* zusammengeht, was hier ebenfalls die Bedeutung »Gesicht« hat.

[270] Vgl. *rosch* (= »Gipfel«) *hakarmel* (1 Kön 18,42; Am 1,2; 9,3).

[271] *karmil*, was auf persisch Purpurschnecke bedeutet; in der spätbiblischen Literatur wird *karmil* anstelle von *tolaʿat schani* verwendet.

»gebunden an Latten« – Diese Wortverbindung bezieht sich auf den Königspurpur, das Gewebe, das an die Latten des Webstuhls gebunden ist (vgl. etwa 2 Kön 7,10). Bei *rehatim* handelt es sich hier nicht um Röhren, die Wasser zur Tränke leiten (Gen 30,38.41; Ex 2,16), sondern um Balken oder Latten (*rahitim*, s.o. 1,17). Demnach ist das Haar mit den Purpurfäden des Gewebes verglichen, die Haarklammern mit den Latten des Webstuhls.

Nach Auffassung von LXX ist der König gebunden in Latten, d.h. wie in einem Käfig gefangen; damit wäre ausgesagt, dass selbst der König sich aus ihrer Liebe nicht freimachen kann. Das passt zwar nicht so gut in den Kontext, hat aber eine Parallele in der altägyptischen Liebesdichtung,[272] wo der Liebende als vom Haar der Geliebten gefesselt gezeichnet wird. Davids Sohn Abschalom, der dem Leser in einem abgekürzten Beschreibungslied vorgestellt wird (2 Sam 14,25–26), worin die Schönheit seines Haars betont ist, bleibt letzten Endes mit den Haaren in einem Baum hängen, wo er eines elenden Todes stirbt (2 Sam 18,9–15). Anscheinend ist hier ein Motiv aus der Liebesdichtung zu einem Handlungselement ausgebaut. Im selben erzählerischen Kontext weist auch die Episode von Amnon und Tamar zahlreiche Bezüge zur Liebesdichtung auf, s. auch oben zu 2,5.

Eine deutlichere Anspielung enthält Hld 7,6 auf die Geschichte von Simson und Delila. Delila, die einzige von Simsons Frauen, die einen Namen trägt, heißt offenbar nach dem langen Haupthaar, und sie ist es, die Simsons Haar an den Latten des Webstuhls festbindet (Ri 16,13f.); es gibt etliche Beziehungen zwischen der biblischen Liebesdichtung und der biblischen Liebesgeschichte *par excellence*, der Erzählung von Simson und Delila (dazu oben Einleitung XIII).

Die beiden Chöre zusammen (V 7)

Nachdem der erste Chor die Schönheit der Tänzerin im Einzelnen geschildert hat, schließt die Beschreibung mit einer pauschalen Zusammenfassung; vielleicht hat man sich 7,7 als von beiden Chören einstimmig vorgetragen zu denken.

V 7 *»wie schön bist du«* – Hier schließt sich der Rahmen, der mit dem Ausruf »wie schön ...« (7,2) eröffnet war. Dort bezog sich die Verwunderung auf die Einzelheiten, hier auf das Ganze.

»und wie angenehm« – vgl. 1,16: »du bist schön, mein Freund, auch angenehm« (s. dort in der Auslegung).

»Liebe« – Peschitta und Vulgata haben hier »Geliebte« (was möglicherweise auch in den Beschwörungsformeln 2,7; 3,5 und 8,4 die Bedeutung von »Liebe« ist); das Nomen fungiert hier wohl eher als Anrede an die Tänzerin aus dem Munde des weiblichen Chors und nicht als Bezeichnung für den Liebesakt.

»Tochter von Verwöhnten« – Es gibt biblisch die Vokabel *taʿanug* »Genuss,

---

[272] Papyrus Chester Beatty: *M. Fuks*, Liebeslieder 17; vgl. *H. A. Schlögl*, Gärten der Liebe 28; *S. Schott*, Altägyptische Liebeslieder 63.

Lust« (z. B. Mi 1,16; 2,9; Spr 19,10; Koh 2,8); diese geht zusammen mit der Auffassung des voranstehenden *'ahava* als Liebesakt: mit Genuss verbundene Liebe. Ich würde eher für eine Emendation plädieren, und zwar nicht für *bat ta'anugim* (die Lesart von Peschitta und Aquila, die auf Haplographie beruht), sondern für *bat 'anugim*, was von einer anderen Wortgliederung ausgeht; *bat 'anugim* wäre eine Bezeichnung für die Geliebte nach dem Muster von *bat nadiv* (7,2) und *bat-rabbim* (7,5). Das Adjektiv *'anog* in der Bedeutung »verwöhnt, verzärtelt« ist biblisch belegt (Dtn 28,54–56; Jes 47,1); zum Zusammenhang dieser Wurzel mit Schönheit vgl. Jer 6,2, wo die »Tochter Zion« als die Liebliche und Verwöhnte bezeichnet wird (dieser Vers steht in einem Kontext, der deutliche Berührungspunkte zu Hld aufweist, s. o. in der Einführung zu 1,7–8).

Hld 7,8–10: Ruhm der Geliebten – Vergleich mit der Palme

Text

Übersetzung

8 *Dies ist deine Gestalt, sie gleicht der Dattelpalme,*
und deine Brüste (gleichen) Trauben.
9 *Ich sprach: Ich will die Palme besteigen, Dattelrispen fassen,*
so seien mir deine Brüste wie Trauben von Wein,
der Duft deiner Nase wie die Äpfel,
10 *dein Gaumen wie guter Wein –*
der meinem Freund glatt hinuntergeht,
der Lippen von Schläfern zum Reden bringt.

Analyse

Stellung im Kontext

Soeben hatte der Chor den Körper der Frau beschrieben und zwar von unten nach oben, wobei ihr hoher Wuchs besonders betont war. Nun fasst der Liebende ihre Gestalt ins Auge und äußert die Absicht hinaufzusteigen (7,8–9), wobei er bei ihren Brüsten und ihrem Kopf ankommt. Einige ihrer Körperteile, die der Chor gepriesen hatte, werden jetzt auch von ihm angesprochen: die Brüste (7,4; 7,8–9) und das Gesicht (7,5; 7,9). Auch der Wein kommt beide Male vor, einmal als Mischtrank (7,3), das andere Mal als Getränk des Freundes (7,10).

Aufbau

Der Sprecher beginnt damit, dass er die Geliebte mit einer Dattelpalme vergleicht, doch dann erweitert sich das Bild zu einem ganzen Fruchtgarten mit Weinstock und Äpfeln zusätzlich zu den Datteln, zu allem Überfluss dann auch noch der Wein (7,10). Nachdem der Sprecher die Frau mit einer Palme verglichen hat, wagt er die Ankündigung, er werde hinaufsteigen und ihre Rispen ergreifen (7,9), geht aber dann doch nicht soweit, vom Verzehr der Früchte zu sprechen, vielmehr begnügt er sich mit Andeutungen in diese Richtung: »so seien mir deine Brüste wie Trauben von Wein / der Duft deiner Nase wie die Äpfel« (7,9). Als er dann auf ihren Gaumen zu sprechen kommt, der ihn an guten Wein erinnert, ergreift die Geliebte ihrerseits das Wort und versichert ihm, er werde von diesem Wein zu trinken bekommen (7,10).

Auslegung

Eröffnung des Vergleichs (V 8)

V 8 »*dies*« – Vetus Latina und Vulgata haben diese Vokabel weggelassen, doch sie findet sich auch sonst am Anfang von literarischen Einheiten (z. B. Num 19,2.14; Jos 3,2); sie dient zur Hervorhebung, vgl. etwa: »Dies ist das Meer, groß und weitläufig« (Ps 104,25; vgl. ferner Ex 32,1; Jos 9,2; Esra 3,12).

»*deine Gestalt*« – vgl. in Bezug auf Bäume: »die Hochaufragenden an Gestalt sind umgehauen« (Jes 10,33; ferner Ez 19,11; 31,3.5.10.14) und in Bezug auf einen hochgewachsenen Menschen: »Schau nicht auf sein Ansehen, auch nicht auf seine hohe Gestalt« (1 Sam 16,8).

»*sie gleicht*« – Dieses Verb kommt auch Hld 2,17 und 8,14 vor, im *Piʿel* in 1,9; s. ferner Ez 31,8.

»*der Dattelpalme*« – Die Geliebte vergleicht in 5,15 ihren Freund mit einer Zeder, einem Baum von maskulinem Genus, er dagegen vergleicht sie hier mit einer Palme, deren Genus auch im Hebräischen feminin ist; beide Bäume sind hoch und nicht leicht zu erklimmen. Sie werden auch gemeinsam genannt: »Ein Gerechter blüht wie eine Palme, gedeiht wie eine Zeder auf dem Libanon« (Ps 92,13). Der Vergleich mit einem so schwer zu besteigenden Baum lässt die Geliebte als unnahbar und schwer zugänglich erscheinen, ähnlich wie oben das Bild vom verschlossenen Garten (4,12). Es scheint nicht völlig ausgeschlossen, dass der Vergleich der Geliebten mit einer Palme (hebr: *tamar*) in Hld mit dem Namen von Abschaloms schöner Schwester Tamar (2 Sam 13) zu tun hat, denn die Erzählung von Amnon und Tamar hat viele Berührungspunkte mit Hld (s. o. Einleitung XIII); Abschalom hat auch eine schöne Tochter namens Tamar (2 Sam 14,27). In einem unverkennbar von Hld beeinflussten Abschnitt in Sir vergleicht sich die Weisheit mit einer Palme (Sir 24,14).

»*und deine Brüste (gleichen) Trauben*« – Da in der Fortsetzung von Weintrauben die Rede ist (7,9), dürften auch hier solche gemeint sein (daher spricht der Targum hier ausdrücklich von Weintrauben); die Vokabel *ʾeschkolot* bezeichnet biblisch in der Regel Weintrauben (z. B. Gen 40,10; Num

13,23–24; s. jedoch Hld 1,14). Hier ist eine schrittweise Steigerung zu beobachten: In 7,8 sind Trauben genannt, in 7,9 werden sie als Weintrauben präzisiert, und in 7,10 wird dann der aus diesen Trauben gepresste Wein erwähnt.

Der Wunsch des Geliebten (V 9–10a)

»ich sprach« – Sprechen, zumal ohne Partner, bezeichnet auch Plan und V 9
Beschluss (z.B. Gen 20,11; 31,31; 44,28; Ex 2,14; Ri 15,2); gelegentlich wird mit diesem Verb direkt der Wunsch oder Wille des Sprechers geäußert, etwa wenn Balak versichert, er habe »gesprochen«, Bileam zu ehren (Num 24,11), oder wenn Jonatan David verkündet, er werde tun, »was deine Seele spricht« (1 Sam 20,4). Hier nimmt der Liebende wörtlich, was im vorigen Vers noch Metapher war: Die Geliebte wird ihm zur Palme.

»ich will die Palme besteigen«[273] – Der Liebende drückt sich lieber indirekt aus, deshalb spricht er vom Erklimmen einer Palme, um anzudeuten, was für Anstrengungen er auf sich nehmen wird, um die Frucht der Liebe zu erlangen und zu genießen. Die Vokalisierung der Präposition *be-* hier ist eigenartig, einsichtiger ist die Lesart von LXX mit bestimmtem Artikel.

»Dattelrispen fassen« – Diese Verbalwurzel mit der Präposition *be-* (wie in Ex 4,4; Ri 16,3; 2 Sam 4,10) bezeichnet kräftiges, energisches Zufassen. Die Vokabel *sansinnim* ist *hapax legomenon,* die Bedeutung erhellt aus dem Aramäischen *sansana* oder *sinsana,* akkadisch *sisinnu*: Das sind die Kolben der Palme, an denen zunächst die Blüten und dann die Früchte sitzen. Der Midrasch differenziert die verschiedenen Teile der Palme: »Wie die Palme, an der nichts Wertloses ist – die Datteln zum Essen, die Palmwedel zu gottesdienstlichem Gebrauch [am Laubhüttenfest], die Äste zur Bedachung, die Fasern für Seile, die Kolben als Sieb usw. – so ist auch Israel: …« (*Gen r* XLI 1). Der Liebende fasst die Rispen, sowohl um sich während des Kletterns daran festzuhalten, als auch um die daran hängenden Früchte zu pflücken; möglicherweise liegt hier ein weiteres Bild für die Brüste der Geliebten vor (zusätzlich zu den »Trauben«).

»so seien mir deine Brüste wie Trauben von Wein« – Hier artikuliert der Liebende einen Wunsch (analog ausgedrückt etwa Gen 26,28), wobei sich die Frage erhebt, weshalb er hier noch einmal formuliert, was er zuvor schon festgestellt hat, nämlich die Ähnlichkeit ihrer Brüste mit Trauben. Oben handelte es sich um eine bildhafte Beschreibung aufgrund der äußeren Form, hier geht er einen Schritt weiter und verleiht auch seinem Wunsch Ausdruck, die begehrenswerte Frucht zu erlangen. Daher spricht er dieses Mal nicht nur von Trauben, sondern präzisiert: »Weintrauben«, aus denen der im folgenden Vers erwähnte Wein gewonnen wird. Dass dieselbe Vokabel in erweiterter Form wiederkehrt, ist häufiger zu beobachten, s. etwa oben zu 7,6.

---

[273] Die Verbalwurzel *ajin-lamed-he* kommt häufiger mit der Präposition *be-* vor: Ex 19,12; Num 13,17; Ez 13,5.

»der Duft deiner Nase wie die Äpfel« – Hier wird der Ausdruck kühner, denn der Liebende beschreibt die Wirkung der ersehnten Frucht auf seine Sinne. Duft der Nase ist auch in einem altägyptischen Liebeslied erwähnt;[274] gedacht ist wohl an den duftenden Atem der Geliebten. Durch seine Nase nimmt er beim Atmen den Duft ihres Atems wahr; vielleicht liegt hier ein verdecktes Wortspiel vor zwischen dem »Geruch« *(reach)* und dem »Hauch« *(ruach)* der Nase.[275] Die Aufeinanderfolge von Brüsten und Nase hier lässt womöglich darauf schließen, dass die Vokabel *'af* (»Nase«) auch die Bedeutung »Brustwarze« haben kann (wie im Ugaritischen).

»wie die Äpfel« – Weiteres zum Apfel s. o. in der Auslegung zu 2,3 sowie unten zu 8,5 (dort auch zu dessen Geruch). Eine exegetische Äußerung von *Raw* im babylonischen Talmud fügt eine zusätzliche Nuance hinzu: Er präzisiert die Aussage des erblindeten Isaak beim Auftreten des Sohnes zum Empfang des väterlichen Segens »Geruch meines Sohns wie Geruch des Feldes (Gen 27,27) – wie der Geruch eines Felds von Apfelbäumen« (b *Taanit* 29b).

V 10 *»dein Gaumen«* – vgl. oben 2,3 und bes. 5,16: »sein Gaumen Süßigkeit« (s. Auslegung dort); außerdem Spr 5,3: »glatter als Öl ihr Gaumen« (über die verführerische Fremde). Gemeint ist anscheinend der Geschmack ihrer Küsse.

»wie guter Wein«[276] – Möglicherweise ist eine Weinsorte intendiert; vergleichbare Wortverbindungen finden sich mit Öl (2 Kön 20,13) und mit Rohr (Jer 6,20). Der Freund wird kühner in seiner Ausdrucksweise; nun spricht er bereits über seine Vertrautheit mit dem Geschmack ihrer Küsse. Doch immer noch befleißigt er sich einer gewissen Zurückhaltung; daraufhin fällt die Geliebte in seine Rede ein und führt den Satz mit ihren Worten weiter.

Die Geliebte fällt dem Geliebten ins Wort und vollendet seine Rede (V 10bc)

»der meinem Freund glatt[277] hinuntergeht« – Aus der Bezeichnung »meinem Freund« geht hervor, dass hier die Geliebte den Redepart übernommen hat; sie ist offenbar schon einen Schritt weiter als der Freund, der sich immer noch im Stadium der Überlegung (»ich sprach« – 7,9) befindet. Manche Exegeten haben versucht, auch diese Worte dem Sprecher in den Mund zu legen; sie müssen dann entweder den Text emendieren[278] oder aber dem Wort *dodi* einen Sinn verleihen, der mit seiner sonstigen Verwendung in

---

[274] Papyrus Harris 500: *M. Fuks*, Liebeslieder 24: »Der Duft deiner Nase allein belebt mein Herz«; vgl. *H. A. Schlögl*, Gärten der Liebe 45; *S. Schott*, Altägyptische Liebeslieder 52.

[275] Zum Geruch der Nase vgl. Ex 15,8; 2 Sam 22,16 (= Ps 18,16).

[276] Wörtlich: Wein des Guten; ähnliche *constructus*-Verbindungen etwa Ps 21,4; Spr 24,25; die Übersetzungen schreiben gewöhnlich: »der gute Wein«.

[277] Dasselbe Wort *(mejscharim)* ist in Hld 1,4 mit »zu Recht« (lieben sie dich) wiedergegeben; vgl. auch Spr 23,31.

[278] Die Vokabel »mein Freund« könnte durch versetzte Dittographie aus dem folgenden Vers hier in den Text gerutscht sein.

Hld schwer vereinbar ist.[279] Zum Verb »gehen« im Sinne von strömen, fließen vgl. Koh 1,7: »Alle Bäche gehen zum Meer … dahin, wohin alle Bäche gehen …«. Hier wird angedeutet, wie sehr der Mann die Küsse der Geliebten genießt.

»der Lippen von Schläfern zum Reden bringt« – zur Verbindung von Gaumen und Lippen vgl. etwa Spr 8,7: »Denn Wahrheit artikuliert mein Gaumen, Abscheu Lippen eines Frevlers«. Die Wurzel *dalet-bet-bet* hat hier dieselbe Bedeutung wie das akkadische *dababu* »zum Reden bringen«, aramäisch etwa »murmeln«; so auch *Raschi*: »macht bewegen … eine Form von Reden« und *R. Abraham b. Esra*: »eine Art des Redens, vielleicht böse Rede«. Andere haben vorgeschlagen, das Wort hier von der aramäischen Wurzel *dalet-waw-bet* (das Gegenstück zum hebräischen *sajin-waw-bet*) abzuleiten mit der Bedeutung »fließen, träufeln«, doch dafür wäre hier im Kontext noch eine Präposition wie »auf« erforderlich. Auch das Wort *jeschenim* (»Schläfer«, Pl.) hat zu allerhand Vermutungen Anlass geboten: Manche Exegeten nehmen Dittographie des *jod* an und lesen *sefatai schanim* (»meine Purpur-Lippen«) benetzend; dafür lässt sich 4,3a anführen »wie Purpurfaden deine Lippen«, aber die Farbe der Lippen passt hier nicht in den Kontext. Andere emendieren zu *sefatai weschinai* (»meine Lippen und Zähne«) nach LXX und Peschitta. Ich bevorzuge hier MT. Die Worte besagen m. E., dass der Wein – d. i. die Küsse der Geliebten – die Macht hat, Schlafende zum Reden zu bringen, d. h. aufzuwecken, obwohl der Wein sonst einschläfernde Wirkung hat (vgl. Gen 9,24; Ps 78,65). Vielleicht sind nicht einfache Schläfer gemeint, sondern Verstorbene;[280] sogar Tote wachen auf, wenn ihre Lippen mit solchem Wein, mit solchen Küssen, benetzt werden. Dazu gibt es eine interessante Stelle im babylonischen Talmud: »So wie die Beere am Traubenkamm, die man mit dem Finger drückt, sofort fließt, so ergeht es auch den entschlafenen Gelehrten; wenn man in dieser Welt in ihrem Namen einen Satz nachsagt, so bewegen sich (oder: sprechen) ihre Lippen im Grabe« (b *Jevamot* 97a).[281] Hier zeichnet sich etwas wie eine Dichotomie ab: tot = schlafend vs. lebendig = sprechend; zur Gleichsetzung von lebend mit sprechend vgl. auch Mal 2,12. Möglicherweise will die Geliebte den Freund hier ein wenig anstacheln: Der Wein wird ihn aufwecken, zum Reden bringen, so dass er sagen kann, was er bis jetzt noch nicht deutlich zum Ausdruck gebracht hat: sein Verlangen, von den Früchten der Liebe zu kosten.

---

[279] Wie etwa *R. Samuel b. Meïr* z. St., der *dodi* hier von *dodim* (»Liebe«) ableiten will, wozu er auf Hld 1,2b und auf Jes 5,1 verweist.

[280] Zur Gleichsetzung von Schlaf und Tod s. etwa Jer 51,39.57; Ps 13,4; Dan 12,2.

[281] Vgl. *J. Levy*, Wörterbuch über die Talmudim und Midraschim I, Berlin / Wien ²1924, 370.

Hld 7,11–14: Aufforderung – »Ich bin meines Freundes …«

Text

Übersetzung

11 *Ich bin meines Freundes, und nach mir ist sein Verlangen.*
12 *Geh, mein Freund, wir wollen hinaus ins Feld,*
übernachten in den Dörfern.
13 *Wir wollen uns früh aufmachen in die Weinberge,*
sehen, ob der Weinstock blüht, (ob) aufgegangen die Weinblüte,
(ob) die Granatäpfel erblüht;
dort schenke ich meine Liebe dir.
14 *Die Liebesäpfel verströmen Duft,*
und an unseren Eingängen (sind) allerhand Köstlichkeiten,
neue wie alte, mein Freund, habe ich dir aufbewahrt.

Analyse

Stellung im Kontext

Oben hatte der Liebende die Brüste der Geliebten mit »Trauben von Wein« verglichen (7,9), hier fordert nun sie ihn auf, mit ihr hinauszugehen und nachzusehen, »ob aufgegangen die Weinblüte« (7,13), womit sie ihre Bereitschaft für ihn andeutet. Auch seine Erwartung, er werde den *Apfel*duft ihres Atems zu riechen bekommen (7,9) erfüllt sich jetzt, indem die »Liebes*äpfel*« ihren Duft verströmen (7,14). Für die Gleichsetzung von *duda'im* mit »Liebesäpfeln« (nur Hld 7,14 und Gen 30,14) bereits in der Antike gibt es verschiedene Belege;[282] vielleicht hat auch der Redaktor, der die beiden Lieder hintereinander gestellt hat, die Äpfel aus 7,9 mit den Liebesäpfeln in 7,14 identifiziert. Die Geliebte, die gegen Ende des vorigen Liedes das Wort übernommen hatte (vgl. 7,10bc), ist die durchgängige Sprecherin dieses Liedes, das sie mit markantem Ich eröffnet (7,11).

Aufbau

Im ersten Vers spricht die Geliebte noch über ihren Freund, im zweiten dann bereits zu ihm; ähnlich strukturiert ist auch das Lied 2,16–17, das wie hier mit der Versicherung der Zusammengehörigkeit der beiden Liebenden einsetzt (2,16) und dann mit einem an ihn gerichteten Imperativ weitergeführt wird (2,17). Den literarischen Rahmen der Einheit hier bildet das Wort »mein Freund«, als indirektes Objekt in 7,11, als Anrede in 7,14.

Beziehung zu anderen Texten in Hld

Das Lied erinnert an die Aufforderung des Freundes, die Geliebte möge hinauskommen, um die Wunder des Frühlings zu schauen (2,8–13); doch während er nicht den Mut hat, deutlich zu sagen, dass sie zu ihm hinauskommen und mit ihm zusammensein soll, fordert sie ihn ausdrücklich auf, mit ihr zusammen hinauszugehen ins Feld, dort Nacht und Tag mit ihr zu verbringen und der Liebe zu pflegen. Auch das

[282] LXX zu Gen 30,14; Testament Issachar 1,5 (s. u.) und bei Josephus, Ant. I 19,7 (307).

Lied, in dem sie allein hinabsteigt ins Nussgärtlein (6,11) hat Berührungspunkte zu dem Lied hier (7,13), Näheres im Folgenden. Hier klingt auch ein Echo der Paradies-Erzählung an, und zwar sowohl der Strafspruch unmittelbar vor der Vertreibung aus dem Paradies (Gen 3,16) als auch die Episode von Kain und Abel (Gen 4). Allerdings ist die Stimmung dieser beiden biblischen Kontexte unverkennbar gegensätzlich: Der Auszug der Geliebten und ihres Freundes ins Feld, in ihr Paradies, ist von Segen und Freude begleitet.

Anspielung an Gen 2–4

Auslegung

Die »Grundsatzerklärung« der Frau (V 11)

V 11

»Ich bin meines Freundes« – ich gehöre meinem Freund; mit dieser Versicherung endete die literarische Einheit 5,2–6,3 und begann das Lied 2,16–17; zur strukturellen Ähnlichkeit mit der Stelle hier s. o.

»nach[283] *mir ist sein Verlangen«* – Hier weicht unser Text vom Wortlaut der beiden Parallelstellen ab. Durch die Feststellung seines Verlangens nach ihr wird das Verhältnis zwischen den beiden als egalitäres bestimmt. Die Vokabel *teschuqa* (»Verlangen«) kommt nur hier vor und an zwei Stellen in Gen: Beim Spruch über die Frau »nach deinem Mann sei dein Verlangen, und er soll über dich regieren« (Gen 3,16) und bei der göttlichen Warnung an Kain vor dem Brudermord »am Eingang lagert Sünde, und nach dir ist ihr Verlangen, und du sollst über sie regieren« (Gen 4,7). Schon der Midrasch hat den Zusammenhang zwischen diesen Versen gesehen und ausgeführt: »Ich bin meines Freundes, und nach mir ist sein Verlangen – das Begehren einer Frau ist nur auf ihren Mann gerichtet, wie es heißt: nach deinem Mann sei dein Verlangen (Gen 3,16); das Begehren des bösen Triebes ist nur auf Kain und seinesgleichen gerichtet, wie es heißt: nach dir ist ihr Verlangen (Gen 4,7)« (*Cant r* VII 16). Im Unterschied zu der katastrophalen Perspektive im Kontext von Gen ist die Stimmung in Hld harmonisch und friedlich. Das egalitäre Verhältnis der beiden Liebenden untereinander wird hier zum Ausdruck gebracht durch das Gegenstück zu Gen 3,16 »nach mir ist sein Verlangen«, dem keine Äußerung der Geliebten wie »und mein Verlangen steht nach ihm« gegenübersteht. Der Liebende übt keine Herrschaft aus über die Frau, die sich ihm zugehörig fühlt; auch sie regiert nicht über ihn. Adam und Eva werden im Anschluss an die Verfluchung aus dem Paradies vertrieben, hier dagegen gehen die beiden Liebenden zusammen zu ihrem Paradies, um dessen Freuden, die Freuden ihrer Liebe, zu genießen. Diese und weitere Berührungspunkte zwischen unserem Lied und den Erzählun-

---

[283] Die Präposition *ʿal* (sonst: auf, über) hat hier dieselbe Bedeutung wie *ʾäl* (zu … hin); die beiden Präpositionen wechseln biblisch gelegentlich (z. B. 2 Sam 15,4; 1 Kön 17,21–22; 2 Kön 18,27; Jer 23,16).

gen zu Beginn von Gen lassen die Lesart von LXX und Vulgata, die statt *teschuqa* (»Verlangen«) offenbar *teschuva* (»Antwort«) lesen, als abwegig erscheinen.

Die Konkretisierung (V 12–14)

Nachdem 7,11 sozusagen den Grundakkord angeschlagen hat, folgt in 7,12–14 die Durchführung im Einzelnen.

V 12 *»geh, mein Freund«* – Im Vers davor hat sie über ihn gesprochen, jetzt redet sie ihn an. Die verlängerte Imperativ-Form *lecha* (statt *lech*) steht auch in der Rede der Verführerin Spr 7,18; sie findet ihr Gegenstück in den Adhortativ-Formen *nalina* (»wir wollen übernachten«) und *naschkima* (»wir wollen uns früh aufmachen«) 7,12.13. Besonders ähnlich ist diesem Vers die Aufforderung Jonatans an David: »Geh, wir wollen hinaus ins Feld« (1 Sam 20,11), die ebenfalls im Kontext einer Liebesbeziehung steht.

»wir wollen hinaus ins Feld« – Auf freiem Feld, außerhalb der Stadt mit ihrem Getümmel, fühlen die Liebenden sich frei und ungestört. Das Feld ist ein Ort ohne Grenzen und Regeln (vgl. Dtn 22,25–27; 2 Sam 14,6), was sich zugunsten der Liebenden auswirkt. Da die Szene zwischen Kain und Abel, die ebenfalls draußen auf dem Feld stattfand (Gen 4,7), 7,11 recht nahe kommt, scheint es bemerkenswert, dass der Samaritanus, LXX, Peschitta und Vulgata dort Kain zu Abel sagen lassen: »Wir wollen aufs Feld gehen«, bevor die beiden tatsächlich hinausgehen (Gen 4,8). Doch während das Hinausgehen von Kain und Abel aufs Feld der Auftakt zu einer feindlichen Auseinandersetzung war, zielt das Gehen der beiden Liebenden ins Feld auf Verwirklichung ihrer Liebe.[284]

»wir wollen übernachten« – Dieses Verb bezeichnet das Verbringen der Nacht außerhalb des Hauses, nicht an einem festen Ort (z.B. Gen 28,11). Die Sprecherin nennt die Nacht an erster Stelle, als ob sie es kaum erwarten könne, dass die Dunkelheit sie allen Blicken entzieht, so dass sie sich mit ihrem Freund vereinigen kann.

»in den Dörfern« – Dörfer *(kefarim)* sind kleinere Ortschaften, wie z.B. aus 1 Sam 6,18 hervorgeht, wo das »Dorf« der »Festungsstadt« gegenübergestellt wird, oder aus 1 Chr 27,25, wo zwischen Feld, Städten und Dörfern unterschieden wird (s. ferner Neh 6,2). In der Mischna gilt eine Siedlung, in der es weniger als zehn Männer gibt, die für das gottesdienstliche Quorum (Minjan) in Frage kommen, als Dorf (M *Megilla* I 3); auch im späteren rabbinischen Sprachgebrauch wird zwischen »Dorf« *(kefar)* und »Großstadt« *(kerach)* differenziert (z.B. b *Chagiga* 13b). In der hebräischen Vokabel schwingt vielleicht der Name der Duftplanze Henna *(kofer)* mit, was einen Bezug zu einem anderen Lied herstellt, nämlich 1,9–14: »Eine Traube Henna ist mir mein Freund / in den Weinbergen von Ejn Gedi« (1,14); zur näheren Bestimmung der Pflanze s. dort.

V 13 *»wir wollen uns früh aufmachen in die Weinberge«* – Indem die Spreche-

284 Zum Hinausgehen ins Feld s. ferner Gen 27,3; Jer 6,25.

rin das morgendliche Aufstehen direkt an das Übernachten anschließt, überlässt sie es der Phantasie der Leser sich vorzustellen, wie die beiden Liebenden die Nacht miteinander verbracht haben. Das Motiv, dass sich jemand früh am Morgen auf den Weg macht, findet sich auch Gen 19,27. Hinweise darauf, dass Weinberge den Schauplatz für Vollzug des Liebesakts bilden, gibt es auch in Hld 1,6.14; 8,11–12 (vgl. auch Ri 21,20–21); hier jedenfalls wird ausdrücklich erklärt, wofür die Liebenden ins Feld hinaus ziehen. Zur Beziehung zwischen Feld und Weinberg vgl. Num 16,14; 20,17; 1 Sam 22,7.

»wir wollen sehen« – vgl. 6,11: »ins Nussgärtlein steige ich hinab / zu schauen die Knospen des Tales / zu sehen, ob der Weinstock blüht / ob die Granatäpfel erblüht«. Die Ähnlichkeit zu 7,13 ist groß, nur dass dort die Frau allein in den Garten hinabsteigt, während sie hier den Geliebten zum Mitkommen einlädt.

»ob der Weinstock blüht« – wie in 6,11 (s.d.); zum Vergleich der Frau mit einem Weinstock vgl. Ez 19,10; Ps 128,3.

»ob aufgegangen die Weinblüte« – Hier erscheint das hebräische Verb öffnen im *Piʿel* (vgl. Gen 24,32; 1 Kön 20,11; Jes 28,24; 48,8), die Bedeutung ist jedoch passiv, so dass man *Nifʿal* erwarten würde; es scheint nicht ausgeschlossen, dass das anlautende *nun* der passiven Verbform durch Haplographie in dem auslautenden *nun* der voranstehenden Vokabel »Weinstock« *(hagefen)* verschwunden ist. Die Vokabel für »Weinblüte« *(semadar)* kommt auch in 2,13 vor, wo es der Mann ist, der die Geliebte in die Natur hinauslockt; in 2,15 wird deutlich, dass der blühende Weinberg eine Metapher für die zur Liebesbeziehung reife Frau ist (s. dort).

»ob die Granatäpfel erblüht« – wiederum wie in 6,11 (vgl. auch 2,12). Dreierlei will die Geliebte hier sehen: ob ... blüht, ob aufgegangen, ob ... erblüht; diese Trias führt die dreifache Aufforderung weiter: wir wollen hinaus, übernachten, uns früh aufmachen.

»dort schenke ich meine Liebe dir« – Die Sprecherin hatte zwar schon durch die Nebeneinanderstellung von »übernachten« und »früh aufstehen« zu verstehen gegeben, was die beiden Liebenden in die Natur hinaustreibt, aber erst nach ausführlichen Erläuterungen, was es dort draußen zu sehen gibt, fasst sie Mut und wird deutlich. In LXX steht das Kolon hier auch im Anschluss an 6,11, aber das ist eine reine Harmonisierung. Zur Semantik von *dodim* s.o. zu 1,2; in Bezug auf die Frau kommt die Vokabel auch Hld 4,10 vor, in Bezug auf den Mann 1,2.4. Hier liegt die Initiative ganz bei der Frau; sie regt den Auszug ins Freie an, sie beschenkt den Freund mit ihrer Liebe. Nur in dem Lied hier kommt sowohl *dod* im Singular (»Freund«, 7,11.12.14) als auch *dodim* (»Liebe«, 7,13) im Plural vor, allerdings nicht im selben Vers.

»die Liebesäpfel verströmen Duft« – Das Wortspiel zwischen *dodai* V 14
(»meine Liebe«) und *dudaʾim* (»Liebesäpfel«) deutet an, dass zwischen innen und außen, zwischen Gefühlswelt und Naturgeschehen eine Analogie be-

steht. Die Vokabel *duda'im* kommt biblisch nur noch Gen 30,14–15 vor; aus dem Kontext dort geht hervor, dass diese Pflanze zur Erhöhung von sexueller Potenz und Fruchtbarkeit diente. *R. David Kimchi* schreibt dazu: »Vielleicht hatte Ruben (Leas Erstgeborener) gehört, was die Menge sagt, nämlich dass sie (die Liebesäpfel) gut sind für Schwangerschaft der Frau ...«.[285] Liebesäpfel *(Mandragora officinalis)* werden auch in der altägyptischen Liebesdichtung häufig erwähnt. Über die besondere Wirkung der Liebesäpfel weiß ein Midrasch zu berichten: »Warum heißen sie *duda'im*? Weil *dodim* (Liebende) ihren Geruch gern verwenden, ihr Geruch bringt nämlich Verlangen, wärmt das Hirn und regt die Sperma-Produktion an« (*Sechel tov* zu Gen 30,14); ein anderer Midrasch führt die hebräische Bezeichnung dieses Aphrodisiakums direkt auf Hld zurück: »Man sagt, sie heißen *duda'im* nach ›mein Freund *(dodi)* ist mein, und ich bin sein‹ [Hld 2,16] – sie erhöhen nämlich Liebe und Lust zwischen Mann und Frau« (Gen *Suta* zu 30,14).

Zum Geruch der Liebesäpfel vgl. auch Testament Issachar 1,5: »es waren aber wohlriechende Äpfel«.[286] *Nachmanides* schreibt zu Gen 30,15: »Sie (Lea) wollte sie für Jakob, sein Lager mit Duft zu versehen, wie geschrieben steht: ›besprengt (habe ich) das Bett mit Myrrhe, Adlerholz und Zimt‹ (Spr 7,17)«. Zur Wortverbindung *natan reach* (»Geruch abgeben, duften«) s. auch Hld 1,12; 2,13.

»und an unseren Eingängen« – Die Präposition *'al* (»an«) nimmt das *'alai* (»nach mir«) aus 7,11 wieder auf, die Eingänge klingen an die aufgegangene Weinblüte (7,13) an. Hier erhebt sich die Frage, was für ein Eingang[287] gemeint sein könnte. Vielleicht der des Hauses auf dem Lande, wo die Liebenden die Nacht zugebracht haben. Sobald die Liebenden aus der Tür treten, haben sie wunderbare Früchte zum Greifen nahe. Die Vokabel »Eingang« erinnert wiederum an Kain und Abel: »am Eingang lagert Sünde« (Gen 4,7). Allerdings ist die Szene hier optimistisch gestimmt, nicht Gefahr erwartet die beiden am Eingang, sondern Liebeslust. Im rabbinischen Sprachgebrauch hat die Vokabel *petach* (»Eingang, Öffnung«) sexuelle Konnotation, z.B.: »unsere Töchter wie Erker (Ps 144,12b) – das sind jüdische Jungfrauen, die ihre Eingänge verschlossen halten für ihre Ehemänner« (b *Pessachim* 97a).

»allerhand Köstlichkeiten« – Köstliche Frucht ist in 4,13 erwähnt (s. dort), s. auch 4,16: »So komme mein Freund in seinen Garten / und esse seine köstlichen Früchte«; auch hier sind die Köstlichkeiten, die Früchte der Liebe, zum Genuss des Mannes bestimmt, wie sich aus der Fortsetzung er-

---

285 Zum Verhältnis dieser Erzählung zur Aneinanderreihung von Hld 7,11–14 und 8,1–4 s. in der Einführung zur folgenden literarischen Einheit (8,1–4).

286 *J. Becker*, Die Testamente der zwölf Patriarchen (JSHRZ III/1), Gütersloh ²1980, 79.

287 Die Pluralform scheint poetisch (s.o. zu 1,17); sie findet sich auch in Sir 14,23 (von Hld 7,14 beeinflusst?): »der späht durch ihr Fenster und an ihren Eingängen lauert«.

gibt. Die Sommerfrüchte sind reif, und die beiden Liebenden vollziehen das Naturgeschehen nach.

»neue wie alte« – Von der Feldfrucht wechselt die Sprecherin zu den Früchten, die sie zu bieten hat. Unter den Segensverheißungen steht in Lev 26,10: »Altes sollt ihr vor Neuem herausholen«, doch die Geliebte hält für ihren Freund sämtliche Früchte bereit, sowohl die längst herangereiften als auch die ganz frischen, denn sie hat bisher noch keinem Mann von ihren Früchten zu kosten gegeben.

»mein Freund« – Wiederholung der Anrede aus 7,12 zum Abschluss des literarischen Rahmens.

»habe ich dir aufbewahrt« – Die hebräische Verbalwurzel *zade-pe-nun* hat die Bedeutung »verbergen« (Ex 2,2; Jos 2,4), »aufbewahren« (z.B. Spr 13,22; Ijob 21,19). Das Personalpronomen »dir« steht hier am Schluss des Verses wie in 7,13; so wird die Übereinstimmung von Bild und Gemeintem, von Feldfrüchten und Früchten der Liebe, diskret unterstrichen.

Hld 8,1–4: Wachtraum – »Wärest du doch mein Bruder«

Text

Übersetzung

1 *Wärest du doch mein Bruder,*
der an meiner Mutter Brüsten saugt!
Ich finde dich auf der Gasse,
ich küsse dich, auch sieht man mich nicht scheel an.
2 *Ich führe dich, ich bringe dich*
ins Haus meiner Mutter,
die mich gebiert;
ich lasse dich trinken vom Würzwein,
vom Saft meines Granatapfels.

3 *Seine Linke unter meinem Kopf,*
und seine Rechte umfängt mich.
4 *Ich beschwöre euch, Töchter Jerusalems,*
was erweckt ihr, was erregt ihr die Liebe, bis sie verlanget.

Analyse

Zweiteiliger Aufbau: V 1–2 und V 3–4

In 8,1–2 äußert die Sprecherin ihre Frustration darüber, dass sie ihren Gefühlen gegenüber dem Geliebten nicht freien Ausdruck verleihen kann. Wenn er für ihren Bruder angesehen würde, könnte sie ihrer Neigung auch öffentlich nachgeben und ihn sogar zu ihrer Mutter nach Hause bringen, um dort den Liebesakt zu vollziehen. In diesen Versen, wo die Sprecherin sich die hypothetische Situation ausmalt, erscheint sie als aktiv, der Freund dagegen als völlig passiv. 8,1–2 hat gewisse Ähnlichkeit mit dem nächtlichen Traumbild 3,1–5; in beiden Fällen trifft die Geliebte den Freund »auf der Gasse« (8,1) bzw. »auf Märkten und Plätzen« (3,2). Besonders eng ist die Nähe zu 3,4b: »ich ergreife ihn und lasse ihn nicht los, / bis ich ihn gebracht ins Haus meiner Mutter, / ins Gemach meiner Erzeugerin«. In dem nächtlichen Traum hat die Sprecherin keine Hemmungen, sie scheut sich nicht, sogar die Wächter der Stadt nach ihrem Geliebten zu fragen (3,3); in der Wachszene erscheint sie zurückhaltender.

In 8,3–4 wechselt die Szene; die Geliebte redet nicht mehr zu ihrem Freund, sondern zu den Töchtern Jerusalems, außerdem ist der Mann nicht mehr passiv. Sobald sie ihn in ihr Haus gebracht hat, wird er aktiv, indem er sie liebkost. 8,3–4 entsprechen nahezu wörtlich 2,6–7. Die Beschwörung 8,4 hat auch ein Gegenstück in 3,5 (zu den Wiederholungen innerhalb von Hld s. oben Einleitung XVIII).

Stellung im Kontext

Dieses Lied knüpft an das vorige an: Dort hatte die Geliebte den Freund aufgefordert, mit ihr hinaus ins Freie zu kommen; hier sucht sie ihre Beziehung zu legitimieren, indem sie ihn ins Haus bringt. Oben hatten die Granatäpfelbäume gerade zu blühen begonnen; hier gibt sie ihm bereits vom Saft ihres Granatapfels zu trinken.

Beziehung zu Gen 30 (das Motiv der Liebesäpfel)

Die Aufeinanderfolge der beiden Lieder (7,11–14 und 8,1–4) erinnert an die Episode mit Jakobs Frauen und den Liebesäpfeln (Gen 30,14–18). Am Ende des vorigen Liedes waren die Liebesäpfel genannt (7,14), hier geht die Geliebte hinaus, um den Freund ins Haus zu holen. In Gen 30 war es Lea, die Jakob entgegenging (30,16): »zu mir sollst du kommen, denn gekauft habe ich dich um die Liebesäpfel meines Sohnes; da legte er sich zu ihr in jener Nacht«. Zwischen Jakob und Lea geht es allerdings nicht um Liebe, vielmehr markiert Leas Aufforderung an Jakob ihren Sieg über die Schwester; in Hld dagegen äußert sich in dieser Szene die unbefangene Liebe der Geliebten zu ihrem Freund.

Das Motiv von der Frau, die ihrem Zukünftigen zu Trinken gibt

Was wir hier vor uns haben, ist ein Beleg für das Motiv der Frau, die ihrem Zukünftigen entgegengeht, ihm zu trinken gibt und ihn dann ins Haus führt. Die wichtigsten Vorkommen des Motivs finden sich alle in den folgenden Erzählungen: Abrahams Knecht mit Rebekka am Brunnen (Gen 24); Jakob und Rahel am Brunnen (Gen 29,11–13); Mose und die Töchter des midianitischen Priesters am Brunnen (Ex 2,15–21).[288]

Die Begegnung zwischen Jakob und Rahel am Brunnen (Gen 29)

Besonders groß ist die Ähnlichkeit zwischen unserem Lied und der Begegnung zwischen Jakob und Rahel. Das Wortspiel zwischen »ich küsse dich« (*'äschaqcha* – 8,1) und »ich lasse dich trinken« (*'aschqecha* – 8,2) findet sich biblisch nur noch in Gen 29,10–11: »er tränkte *(wajaschq)* das Vieh Labans ... da küsste *(wajischaq)* Jakob Rahel ...«.[289] Im Unterschied zu Hld entbehrt die Erzählung in Gen jeder ero-

---

[288] Zu diesem Motiv s. *E. Alter*, Die Kunst der biblischen Erzählung (hebr.), Jerusalem 1988, 67–76.

[289] Außerdem besteht es in Hld 1,2a zwischen MT und LXX: »er küsse mich« vs. »er tränke mich« mit Küssen seines Mundes.

tischen Spitze; nicht Rahel gibt Jakob zu trinken, sondern er tränkt das Vieh ihres Vaters, und auch der Kuss wird mit dem Grad ihrer Verwandtschaft motiviert, nicht mit Liebe. Hier kündigt die Sprecherin an, sie werde den Geliebten ins Haus ihrer Mutter bringen; dort ist es Laban, der seinen Neffen ins Haus holt, nachdem Rahel ihm dessen Ankunft gemeldet hat. Von Jakob heißt es, er sei ein Bruder ihres Vaters; in Hld wünscht sich die Sprecherin, der Geliebte möge ihr wie ein Bruder sein. Aufgrund der Verwandtschaft darf Jakob Rahel in der Öffentlichkeit küssen. Laban empfängt Jakob mit Umarmung und Kuss, was keinerlei erotische Konnotation hat; in Hld 8,1 ist der Kuss erwähnt, in 8,3 die Umarmung.

Abrahams Knecht mit Rebekka am Brunnen (Gen 24)

In Gen 24 eilt Rebekka, den Gast im »Haus ihrer Mutter« anzumelden (24,28), genau dieser Terminus erscheint in Hld 8,2. Dort gibt das Mädchen dem Mann, der im Auftrag ihres zukünftigen Schwiegervaters kommt, Wasser zu trinken, kein Getränk, das erotische Assoziationen weckt wie Wein oder Saft von Granatäpfeln. Auch in Gen 24 wird der Ankömmling zu dem Mädchen nach Hause geleitet.

Mose und die Töchter Jitros (Ex 2,15–21)

Auch in Ex 2,15–21 ist der erotische Charakter der Begegnung verwischt. Mose und die Mädchen begegnen einander am Brunnen; er tränkt ihr Vieh, aber sie bringen ihn nicht eher nach Hause, als bis ihr Vater sie dazu auffordert (Ex 2,20).

Weitere Beispiele für das Motiv von der Frau, die zu trinken gibt

Erhalten geblieben ist der erotische Charakter in Spr 7,12–15 bei der Rede der fremden Verführerin: »... bald auf der Gasse, bald auf den Plätzen, ... und sie fasst ihn, und sie küsst ihn, ... Darum bin ich ausgegangen dir entgegen, zu schauen dein Gesicht, und habe dich gefunden ...«; in der nächtlichen Szene bleibt der männliche Partner völlig passiv. Auch die verführerischen Worte der Weisheit in Spr 9,4–5 bieten sich zum Vergleich an. Sie lädt den Toren ein, bei ihr einzukehren, von ihrem Brot zu essen und den von ihr gemischten Wein zu trinken. Ebenfalls in diesen Kontext passt die Begegnung von Sisera und Jaël: »Da ging Jaël hinaus Sisera entgegen und sprach zu ihm: Kehr ein ... Und er sprach zu ihr: Gib mir doch ein wenig Wasser zu trinken, denn ich bin durstig; da öffnete sie den Milchschlauch und gab ihm zu trinken ...« (Ri 4,18–19).[290]

Beziehung zu Ex 2,1–9

Eine gewisse Parallele zu unserem Lied lässt sich auch in der Szene Ex 2,1–9 finden, wo Moses Schwester die Betreuung des kleinen Findlings durch seine leibliche Mutter vermittelt. Der Geliebte in Hld 8,1 wird nämlich als Bruder der Sprecherin vorgestellt, als passives Kleinkind, das an den Brüsten ihrer Mutter saugt.

Auslegung

Die Rede der Geliebten zum Geliebten (V 1–2)

»wärest du doch mein Bruder« – Der Optativ findet sich in dieser Form häufiger ausgedrückt, z.B. Ex 16,3; Num 11,29; Dtn 5,26; Ri 9,29; 2 Sam 19,1 u.ö.[291] V 1

»der an meiner Mutter Brüsten saugt« – Hier ist als Parallelausdruck zu Bruder nicht »Sohn meiner Mutter« verwendet, sondern »der an meiner Mutter Brüsten saugt«, vielleicht weil die Sprecherin sich einen kleinen

[290] Zum erotischen Charakter dieser Erzählung und ihrem poetischen Gegenstück Ri 5 vgl. *Y. Zakovitch*, Simsons Leben (hebr.), Jerusalem 1982, 194–197.

[291] Vgl. *Gesenius-Kautzsch*, Hebräische Grammatik, § 151.

Bruder wünschen würde. Große Brüder legen ihrer Schwester Beschränkungen auf, schränken ihre Bewegungsfreiheit ein (s. 1,6; 8,8–9), ein kleiner Bruder dagegen wäre passiv und von seiner Schwester manipulierbar. Der Ausdruck »der an den Brüsten saugt« hat Entsprechungen in Joël 2,16 und Ijob 3,12; zu der Wortverbindung »Mutterbrüste« vgl. Ps 22,10. Wenn die Frau davon spricht, dass der Geliebte an den Brüsten ihrer Mutter saugt, verweist das natürlich auf ihr eigenen Brüste und auf den Genuss, den er dort findet.

»ich finde dich« – Hier wie bei den folgenden Verben in 8,1–2 ist die Sprecherin aktiv, der Geliebte dagegen passiv, das Objekt ihrer Handlungen. Zur Auffindung des Geliebten durch die Freundin (in einer nächtlichen Szene) vgl. 3,1–4; 5,6; auch die Verführerin in Spr 7,15 »findet« ihr Opfer.

»auf der Gasse« – vgl. Spr 7,12; was sich die Hure dort erlaubt, kann sich die Sprecherin hier allenfalls dann erlauben, wenn es sich um ihren Bruder handelt. Vgl. auch Hld 3,2; 5,6–7.

»ich küsse dich« – vgl. Spr 7,13: »und sie fasst ihn, und sie küsst ihn«; dort wird die Passivität des jungen Mannes besonders betont, da sie ihn ja festhält und nicht loslässt, vgl. Hld 3,4: »ich ergreife ihn und lasse ihn nicht los«.

»auch[292] sieht man mich nicht scheel an« – denn die Leute halten dich ja für meinen Bruder. Zum scheel Ansehen vgl. Spr 6,30 sowie in der Einführung zu Hld 8,6b–7. Das Nomen von derselben Wurzel verwendet Juda in Gen 38,23, wo er seiner Sorge Ausdruck verleiht, durch den Kontakt zu der Hure könnte er »verächtlich« werden.

In 8,1 wird geschildert, was die Sprecherin mit dem Geliebten in der Öffentlichkeit tun möchte. Noch mehr aber wünscht sie, ihn zu sich nach Hause zu bringen, denn es soll ja nicht bei den Küssen bleiben.

V 2 *»ich führe dich«* – Dies ist die Fortsetzung der Verben, bei denen der Geliebte nur Objekt ist. Weitere Verwendungen dieses Verbs etwa Gen 31,18 (wo Herdentiere geführt werden) sowie Gen 31,26 (wo es um das Wegführen von Beute geht).

»ich bringe dich« – von draußen, wo sie ihn gefunden, nach drinnen.

»ins Haus meiner Mutter« – Da sie ihn oben als »der an meiner Mutter Brüsten saugt« angesprochen hatte, ist es nur natürlich, dass sie ihn ins »Haus ihrer Mutter« bringen will; zu diesem Ausdruck s. o. in der Auslegung zu 3,5. LXX und Peschitta bringen auch hier die Fortsetzung von 3,4: »ins Gemach meiner Erzeugerin« – eine Harmonisierung, wie sie in den antiken Versionen häufiger zu beobachten ist. Indem sie den Geliebten ins Haus ihrer Mutter bringt, verleiht die Sprecherin ihrem Verhältnis zu ihm den Charakter des Erlaubten.

»die mich gebiert« – Die Lesart von MT *telammedeni* ist schwierig. Mor-

---

[292] In poetischem Sprachgebrauch wie »und« verwendet, vgl. Ri 5,4; Joël 1,12.

phologisch lässt sie sich auf zwei Weisen deuten: entweder »du sollst mich lehren« oder »sie (die Mutter) soll mich lehren«. Die Vokabel erscheint nicht in LXX und Peschitta, die an dieser Stelle, wie gesagt, das folgende Kolon von 3,4 einsetzen. Die Tilgung eines einzigen Buchstabens ergäbe eine Verbform wie *teladni* (»sie wird mich gebären«); da der Geliebte der Sprecherin hier wie ein Säugling erscheint, liegt der Gedanke an ihre eigene Geburt nicht allzu fern. Dazu passt auch der Rückgriff auf ein mutmaßliches Geschehen in der vorigen Generation, zwischen dem Geliebten und seiner Mutter, in 8,5b. Weiteres zu dem Verhältnis der Sprecherin zu ihrer Mutter s.o. zu 6,9.

»ich lasse dich trinken« – Wortspiel mit »ich küsse dich« in 8,1. Draußen in der Öffentlichkeit galt das Verhalten der Sprecherin gegenüber dem Geliebten als korrekt unter der Voraussetzung, dass er ihr Bruder sei. In Bezug auf das Geschehen drinnen, wo sie keinen Abstand mehr zu wahren braucht, verwendet sie Symbolsprache. Zum Motiv der Frau, die den Mann verführt, gehört häufig das Trinken, vorzüglich von Wein. Gelegentlich erscheint der Wein erst in der nachbiblischen Überlieferung anstelle von harmloser wirkenden Getränken in der biblischen Erzählung. In Ri 4,18 f. (und 5,25) bittet Sisera die Frau um einen Trunk Wassers (vgl. Gen 24,43), und Jaël gibt ihm Milch zu trinken, vielleicht um ihm Vertrauen einzuflößen. Möglicherweise haben Wasser und Milch eine erotische Konnotation: In den Worten der Torheit (Spr 9,17) wird verbotene Liebe mit gestohlenem Wasser verglichen; Milch erscheint in der biblischen erotischen Dichtung (Hld 5,1) zusammen mit Wein. In den Antiquitates Biblicae ist berichtet, Jaël habe Sisera Wein zu trinken gegeben: »Da nahm Jaël Wein und mischte ihn mit Milch und gab ihm zu trinken« (31,6).[293] *Josephus* meint, Delila habe Simson mit Wein berauscht gemacht, um ihn zu fesseln (Ant V, 8, 11 [309]). Auch Judit macht Holofernes betrunken, bevor sie ihm den Kopf abschlägt: »dass er eine Menge Wein trank, mehr als er je an einem einzigen Tag getrunken hatte, seit er geboren war … so blieb Judit allein im Zelt mit Holofernes auf dem Bett hingestreckt, vom Wein überwältigt« (Jdt 12,20; 13,2). Auch bei Ester vollzieht sich der entscheidende Sinnesumschwung des Königs Ahaschwerosch bei einem Weingelage, zu dem Königin Ester den König und Haman geladen hatte (Est 7,1 ff.). Und in Spr 9,5 sucht die Weisheit den Toren für sich zu gewinnen, indem sie ihn einlädt, von ihrem Brot zu essen und von ihrem Wein zu trinken.

»vom Würzwein« – Die Wortverbindung ist singulär, zumal die Vokabel *jajin* (Wein) nicht in der *constructus*-Form steht.[294] Bei Würzwein handelt es sich offenbar um mit allerlei Geschmackszutaten vermischten Wein, ähnlich wie der »Mischtrank« Hld 7,3. Als Analogie bietet sich besonders der

---

[293] *Chr. Dietzfelbinger*, Pseudo-Philo: Antiquitates Biblicae, Gütersloh 1979, 192.

[294] Weitere solche Fälle: Ps 60,5: *jajin tarela;* 1 Kön 22,27: *majim lachaz;* Ijob 11,12: *ʿajir pere.*

bereits angeführte Vers Spr 9,5 an, zumal er in einem motivlich verwandten Kontext steht; s. ferner auch Jes 5,22; Ps 75,9.

»vom Saft« – vgl. Joël 4,18; Am 9,13; hier handelt es sich anscheinend um unvergorenen Saft, vgl. Jes 49,26: »wie Most sollen sie ihr Blut saufen« und Joël 1,5: »… jammert, all ihr Weinsäufer, über den Most, denn er ist eurem Munde entzogen«.

»meines Granatapfels« – In vielen Mss steht die Pluralform Granatäpfel, ebenso im Targum; in Sefer haRiqma steht: »gemeint ist Granatäpfel«. Aber das Possessivsuffix hat hier seinen guten Sinn, denn die Frau spricht ja nicht von Fruchtsaft, sondern von den Liebesfreuden, die sie ihrem Geliebten verschaffen wird (vgl. 7,13). LXX, Vetus Latina und Vulgata lesen hier »meine Granatäpfel«, vielleicht weil sie einen Hinweis auf die Brüste der jungen Frau sehen. Oben hatte sie sich vorgestellt, wie ihr Freund, ihr kleiner Bruder, an den Brüsten ihrer Mutter saugt, nun deutet sie an, was für Genüsse er an ihren Brüsten zu gewärtigen hat. Zum Zusammenhang zwischen Granatapfel und berauschendem Getränk vgl. Joël 1,12. Was die Möglichkeit betrifft, V 5a hier zu integrieren, s. im Folgenden.

Rede der Geliebten zu den »Töchtern Jerusalems« (V 3–4)

V 3 In 8,3, einer Wiederholung von 2,6 (s.d.), wechselt die Perspektive: Nun spricht die Frau nicht mehr *zu* dem Geliebten, sondern *über* ihn und zwar zu den Töchtern Jerusalems, die im folgenden Vers angeredet sind. Beim Vollzug des eigentlichen Liebesakts bleibt der Geliebte nicht passiv.

»seine Linke unter meinem Haupt« – Zahlreiche Mss ergänzen vor *roschi* (»mein Haupt«) die Präposition *le-*, wodurch die Übereinstimmung mit 2,6 komplett wird.

»seine Rechte umfängt mich« – Hier folgt die Umarmung auf die Küsse der Geliebten (8,1); zu Umarmung im Zusammenhang mit Kuss vgl. auch Gen 29,13; 48,10.

V 4 8,4 ist eine leicht abgewandelte Wiederholung der Beschwörungsformel aus 2,7 (Fortsetzung von 2,6 = 8,3) und 3,5 (Fortsetzung von 3,4, der wiederum 8,2 ähnelt), s.o. in der Auslegung zu 2,7. Auch hier ist die Stimmung traumhaft: Die Sprecherin ist in einer Art Wachtraum befangen, aus dem sie nicht geweckt werden möchte. Nachträglich wird der Perspektivenwechsel einsichtig: Sowohl die Rede *zu* dem Geliebten als auch die *über* ihn spielt in der Phantasie der Frau, der einzige reale Sprechakt ist die an ihre Gefährtinnen gerichtete Beschwörung.

»ich beschwöre euch, Töchter Jerusalems« – LXX ergänzt hier »bei den Gazellen oder den Hinden des Feldes«, was eine Harmonisierung mit 2,7 und 3,5 ist.

»was erweckt ihr, was erregt ihr …« – An den Parallelstellen heißt es »ob ihr erwecket, ob ihr erreget«; zum Fragewort *ma* in prohibitiver Bedeutung vgl. Hld 5,8 sowie 1 Kön 12,16; 2 Chr 10,16. In einigen hebräischen Mss, in einem Teil der LXX-Mss, auch in Peschitta, Vulgata und Aquila ist die Formulierung dieses Kolons an 2,7 und 3,5 angepasst.

Hld 8,5a: »Wer ist es, die …?«

Text

Übersetzung

*5a Wer ist es, die emporsteigt aus der Wüste,
gestützt auf ihren Freund?*

Analyse

Beobachtungen zu 8,5–12

8,5–7 enthält drei Fragmente (5a; 5b; 6a) sowie einen Abschnitt, der vom Charakter der Lieder in Hld völlig abweicht (6b–7). Möglicherweise sind diese Stücke dem Buch als eine Art Anhang beigefügt worden. Die beiden daran anschließenden Lieder jedoch (8,8–10 und 8,11–12) weisen thematisch und stilistisch deutliche Bezüge zum Anfang von Hld auf.

Stellung von 8,5a im Kontext

Alle drei Fragen, die mit »wer ist es, die …« beginnen (3,6; 6,10 und 8,5a) nehmen sich in ihrem Kontext nicht gut aus. 3,6 ist ein weder nach vorne noch nach hinten verbundenes Fragment (s. dort); 6,10 ist vom Beginn der literarischen Einheit (6,4–9) an deren Ende gerutscht (s. dort); auch die Frage in 8,5a steht isoliert, denn 8,5b bietet keine Antwort darauf. Weshalb ausgerechnet diese drei Fragen aus dem Kontext gerissen bzw. Fragment geworden sind, ist noch ungeklärt. Ich halte es nicht für ausgeschlossen, dass auch 8,5a ursprünglich an anderer Stelle stand und durch ein Abschreibeversehen disloziert worden ist. Vielleicht gehört die Frage hier zwischen 8,2 und 8,3: Nachdem die Sprecherin zu dem Geliebten gesprochen hat (8,1–2) und bevor sie sich an die Töchter Jerusalems wendet (8,3–4), äußern diese ihre Verwunderung, da sie die Frau mit ihrem Geliebten von einer Bühne zur andern ziehen sehen. Ihre Rede in 8,3 »seine Linke unter meinem Haupt, und seine Rechte umfängt mich« könnte als eine Art Antwort auf die Frage fungieren »Wer ist es, die …?«

Auslegung

Rhetorische Frage (V 5a)

»*wer ist es, die emporsteigt aus der Wüste*« – identisch mit der Eröffnung von 3,6 (s. d.). V 5a

»*gestützt auf ihren Freund*« – Biblisch ist diese hebräische Wurzel ein *hapax legomenon*; im rabbinischen Sprachgebrauch findet sich das Substantiv *marpeq* (»Ellbogen«, z. B. M *Ohalot* I 8; M *Arachin* V 1). Aus der Verwendung des entsprechenden Verbs ist kein Aufschluss zu gewinnen, denn sie ist von Hld abhängig: »Meine Taube in den Felsklüften … (Hld 2,14) – weshalb ließ ich euch unfruchtbar sein? … damit sie sich mit ihrer Schönheit ihren Männern anschmiegen« (*Gen r* XLV 4). Das Substantiv kommt sowohl aramäisch als auch arabisch vor. Auch die mittelalterlichen Exegeten zogen das Arabische heran, so etwa *Raschi*, der unsere Stelle erklärt als »sie verbindet sich mit ihrem Freund, zeigt, wie eng sie mit ihm zusammengehört, *rafaq* im Arabischen«. Auch LXX, Peschitta und Vulgata übersetzen im Sinne von »anhangen«. Wenn wir annehmen wollen, dass dieses Fragment ursprünglich zwischen 8, 2 und 8, 3 stand, würde die feminine Verbform im *Hitpaʿel* eine Art Übergang von der dominanten Aktivität der Frau zum Herausgehen des Mannes aus seiner Passivität bilden.

Hld 8, 5b: »Unter dem Apfelbaum …«

Text

Übersetzung

5b Unter dem Apfelbaum habe ich dich erweckt,
dort hat dich deine Mutter empfangen,
dort empfing deine Gebärerin.

Analyse

Stellung im Kontext

8, 5b ist ein weiteres Fragment ohne Bezug zum unmittelbaren Kontext. Wenn die Vermutung zutrifft, dass 8, 5a disloziert ist, hätte 8, 5b ursprünglich direkt an 8, 4 angeschlossen. Zwischen 8, 5b und 8, 1–4 lassen sich redaktionelle Bezüge aufweisen: In 8, 2 nennt die Sprecherin das Haus ihrer Mutter als den Ort, wo sie mit dem Geliebten der Liebe pflegen will; hier ist der Ort, wo sie sich dem Geliebten hingibt, derselbe, an dem auch dessen Mutter dies getan hat. In beiden literarischen Einheiten erlaubt die Bezugnahme auf das Tun der jeweiligen Mutter eine Anspielung auf das Tun der beiden Liebenden, ohne zu deutlich zu werden.

Auslegung

Paradiesische Liebe (V 5b)

V 5b *»unter dem Apfelbaum«* – In 2, 3 wird der Geliebte mit einem Apfelbaum verglichen: »Wie ein Apfelbaum unter den Bäumen des Waldes / so ist mein Freund unter den Söhnen. / In seinem Schatten habe ich Lust zu sitzen / und seine Frucht ist meinem Gaumen süß«. Es kommt in Hld vor, dass ein und dieselbe Bildvorstellung einmal für einen der Partner steht, das andere Mal den Ort der liebenden Vereinigung bildet (vgl. die vielfältige Verwendung von »Garten«: 4,12–5,1; 6,2; 8,13).

Nach der literarischen wie nach der ikonographischen Volksüberlieferung war der Baum der Erkenntnis im Paradies ein Apfelbaum; so erwähnt etwa der Targum zu Hld 2,5 und zu 7,9 die Äpfel des Paradieses.

»habe ich dich erweckt« – aus dem Schlaf geweckt zum Liebesakt. Dieses Motiv erscheint veranschaulicht in der nächtlichen Begegnung zwischen Rut und Boas: »Es war aber mitten in der Nacht, da schrak der Mann auf; er griff um sich, siehe, da lag ein Weib zu seinen Füßen« (Rut 3,8). Allerdings ist das Motiv dort abgeschwächt: Rut vollzieht hier nur einen symbolischen Akt: »da kam sie leise, deckte seine Füße auf und legte sich nieder« (Rut 3,7b); die sexuelle Vereinigung findet erst statt, nachdem die beiden rechtmäßig verheiratet sind (Rut 4,13). *Raschi* bemerkt zu Hld 8,5b: »So nennt sie die an ihren Freund gerichtete Bitte um Liebe ... dies ist die Redeweise einer jungen Frau, die ihren Geliebten nachts im Bett aus dem Schlaf weckt, ihn umarmt und küsst«.

»dort[295] *hat dich deine Mutter empfangen«* – Im *Piʿel* kommt dieses Verb (von der Wurzel *chet-bet-lamed*) nur hier und in Ps 7,15 vor: »Siehe, er empfängt Unheil und geht schwanger mit Verderblichem und gebiert Lüge«. Nach dieser Stelle zu urteilen handelt es sich also um Empfängnis. So übersetzt auch Aquila, und *R. Abraham b. Esra* schreibt: »ein Ausdruck für Schwangerschaft«. Weniger einleuchtend ist die Auffassung von LXX und einigen Exegeten wie *Raschi* und *R. Samuel b. Meïr,* wonach hier die Geburtswehen *(chevle leda)* gemeint seien (vgl. Jes 13,8; 26,17; Jer 13,21; Hos 13,13 u.ö). Die Frau vollzieht den Liebesakt mit ihrem Geliebten an eben dem Ort, an dem seine Mutter seinerzeit mit ihm schwanger geworden ist, gewissermaßen nach dem rabbinischen Grundsatz, das Handeln der Väter habe Vorbildfunktion für ihre Nachkommen.

»dort empfing deine Gebärerin« – Wiederholung desselben Verbs innerhalb eines Parallelismus (vgl. auch 2 Sam 22,7; Jes 16,7). Statt der in MT vokalisierten Verbform *jeladatcha* (»sie hat dich geboren«)[296] würde ich lieber die Nominalform *joladatcha* (»deine Gebärerin«)[297] lesen, was synonym zu »deine Mutter« wäre. Demnach wiederholt jede Generation den paradiesischen Liebesakt (s.o. in der Auslegung zu 4,12–5,1).

---

[295] Die Form *schamma* statt *scham* ist auch sonst belegt: z.B. Gen 49,31; Jer 18,2; 27,22.

[296] In Analogie zu *chibbelatcha,* offenbar in der Bedeutung Geburtswehen.

[297] Das Substantiv *joleda* ist mehrfach belegt, z.B. Jes 21,3; Hos 13,13; Mi 5,2.

Hld 8,6a: »Wie ein Siegel«

Text

6a Leg mich wie ein Siegel auf dein Herz,
wie ein Siegel auf deinen Arm.

Übersetzung

Analyse

Stellung im Kontext

Die einzige Verbindung zum Vorangehenden ist die imperativische Bitte der Sprecherin an den Geliebten, wobei sie ihrem Wunsch nach Intimität Ausdruck verleiht. Dieser Halbvers hat keine Beziehung zum folgenden Textstück (8,6b–7), einer kurzen Betrachtung zum Wesen der Liebe (s. u. in der Auslegung dazu).

Auslegung

Der Vergleich mit dem Siegelring (V 6a)

V 6a »*leg mich wie ein Siegel auf dein Herz*« – Ein Siegelring ist ein ganz persönliches Besitztum. Er symbolisiert die Identität seines Besitzers und wird daher in der Regel nicht weggegeben. Dies ist vielleicht der Grund, weshalb Judas Schwiegertochter Tamar unter anderem seinen Siegelring als Pfand verlangte: »Da sprach er: Was soll das Pfand sein, das ich dir gebe? Und sie sprach: Dein Siegelring, deine Schnur und der Stab, den du in der Hand hast« (Gen 38,18). Zum Vergleich eines Menschen mit einem Siegelring als Zeichen besonderer Nähe vgl. Jer 22,24, wo Gott verkündet: »Wäre auch Konjahu, der Sohn Jojakims, des Königs von Juda, ein Siegelring an meiner rechten Hand, wollte auch von da ich dich reißen«; dass ein Siegelring von der Hand abgenommen wird, ist etwas ganz Ungewöhnliches. Mit starken Anklängen an Hld 8,6a kehrt das Bild bei Hag wieder; dort verheißt Gott dem Serubbabel, dem Statthalter von Juda: »An jenem Tage … nehme ich dich … und lege dich an wie einen Siegelring; denn dich habe ich erwählt« (Hag 2,23) – hier impliziert das Anlegen des Siegelrings Erwählung. Das Tragen des Siegelrings auf dem Herzen bzw. an der Brust, d. h. an einer Schnur oder Kette um den Hals, ist wohl an der bereits erwähnten Stelle Gen 38,18 belegt; die Schnur, die Tamar zusätzlich zu Stab und Siegelring verlangt, ist eben die, an der Juda sein Siegel umhängen hat. Diesen Brauch belegt *Herodot* (I 196) für Babylonien. Das Motiv begegnet auch in Spr 3,3 (wo allerdings kein Siegel vorkommt): »Liebe und Treue sollen dich nicht verlassen, binde sie dir um den Hals, schreib sie dir auf die Tafel des Herzens« sowie in Spr 6,21: »Binde sie (die elterlichen Lehren) stets auf dein Herz, trage sie um deinen Hals«. Vielleicht ist es gerade die Ähnlichkeit von Hld 8,6a und Spr 6,21, die zur Aneinanderreihung von 8,6a und 8,6b–c geführt hat; beide hängen nämlich mit Spr 6,20–35 zusammen (dazu im Folgenden). In Hld 1,13 bringt die Frau ihren Wunsch nach der Nähe des Geliebten ähnlich bildhaft zum Ausdruck: »Ein Bund Myrrhe ist mir mein Freund, / zwischen meinen Brüsten soll er nächtigen«.

»wie ein Siegel auf deinen Arm« – die Wiederholung von »wie ein Siegel auf« dient zur Verstärkung. Mit Arm muss wohl die rechte Hand gemeint sein.[298] Zum Tragen des Siegelrings an der rechten Hand s. in der bereits zitierten Stelle Jer 22,24, außerdem bei Sir 49,11, wo Serubbabel als Siegelring an Gottes rechter Hand bezeichnet wird (wie in Paraphrase von Hag 2,23). Vgl. auch Dtn 6,8 (wovon das Gebot der Gebetsriemen abgeleitet wird): »Du sollst sie binden zum Zeichen an deine Hand …«.

Der Wunsch des Liebenden, der Siegelring am Finger der Geliebten sein zu dürfen, findet sich in einem altägyptischen Liebeslied: »Wäre ich doch ihr kleiner Siegelring / der ihren Finger bewacht! / Dann sähe ich ihre Liebe / Tag für Tag. / Dann wäre ich es, der ihr Herz gewönne«.[299]

Hld 8,6b–7: Betrachtung zur Gewalt der Liebe

Text

Übersetzung

6b *Denn / fürwahr stark wie der Tod ist Liebe,*
hart wie Unterwelt ist Eifersucht,
ihre Funken sind Feuerfunken, Gottesflamme.

7 *Viele Wasser löschen nicht aus die Liebe,*
Ströme spülen sie nicht weg.

Gibt ein Mann das ganze Vermögen seines Hauses um Liebe,
wird man ihn sehr scheel ansehen.

---

[298] Vgl. Jes 62,8; 63,12; Ps 44,4; 98,1.

[299] Bruchstücke einer Vase in Kairo: *M. Fuks*, Liebeslieder 40; vgl. *H. A. Schlögl*, Gärten der Liebe 67; *S. Schott*, Altägyptische Liebeslieder 67.

Analyse

Stellung im Kontext

Möglicherweise ist dieser Abschnitt an das Fragment 8,6a angehängt worden, weil beide deutliche Bezüge zu Spr 6,20–35 aufweisen.

Aufbau: Drei Strophen

Die literarische Einheit 8,6b–7 gliedert sich in drei Strophen, deren erste Zeile jeweils mit dem Stichwort »Liebe« endet.

In der ersten Strophe (V 6b) wird die Intensität der Liebe mit Tod und mit Feuer verglichen, in der zweiten (V 7a) wird konstatiert, dass solches Feuer unauslöschlich ist, und aus der dritten (V 7b) geht hervor, dass Liebe sich nicht mit Geld kaufen lässt.

Sonderstellung

Diese literarische Einheit hat in Hld nicht ihresgleichen. Es handelt sich um abstrakte Überlegungen zum Wesen der Liebe überhaupt, nicht wie sonst um persönliche Aussagen der beiden Protagonisten (oder der Töchter Jerusalems) über eine ganz konkrete Liebesbeziehung.

Verwandtschaft mit Spr 6,20–35

Unser Text weist markante Ähnlichkeiten auf zu Spr 6,20–35, wo es um die Warnung vor der fremden, verheirateten Frau geht.

Im Einzelnen liegen folgende Gemeinsamkeiten vor: »Gibt ein Mann das ganze Vermögen seines Hauses um Liebe« – »das ganze Vermögen seines Hauses gibt er« (Spr 6,31b); die Wortverbindung »Vermögen des Hauses« kommt biblisch nur an diesen beiden Stellen (Hld 8,7 und Spr 6,31) vor, außerdem umfasst die Übereinstimmung hier nicht weniger als fünf Wörter.

»man wird ihn sehr scheel ansehen« (Hld 8,7) – »nicht sieht man scheel an den Dieb …« (Spr 6,30a); die Verbform kommt wiederum nur an diesen beiden Stellen vor sowie in der Stelle Hld 8,1, die noch exakter Spr 6,30a entspricht (dazu im Folgenden).

»hart wie Unterwelt ist Eifersucht« (Hld 8,6) – »denn Eifersucht ist des Mannes Grimm« (Spr 6,34a).

»ihre Funken sind Feuerfunken« (Hld 8,6) – »schürt jemand Feuer in seinem Schoß« (Spr 6,27a); an beiden Stellen steht das Feuer für die Liebe.

Abhängigkeit

Die unverkennbare Ähnlichkeit zwischen Hld 8,6b–7 und Spr 6,20–35 deutet auf direkte Abhängigkeit hin. Das Phänomen lässt sich wohl nicht anders erklären, als dass die betreffenden Verse von Hld aus Materialien von der Art bestehen, wie die Autoren von Spr 6 sie zusammengestellt haben. Die Sonderstellung dieser Verse innerhalb von Hld ergibt sich nicht nur aus deren allgemeinem Charakter, sondern auch aus einer Detailbeobachtung: Das Thema »Eifersucht des betrogenen Ehemannes« ist ein zentraler und organischer Bestandteil des Kontextes von Spr 6, aber in das Hohelied passt das Thema überhaupt nicht, wo die Aussage »hart wie Unterwelt ist Eifersucht« den Gedankengang von 8,6b–7 eher stört. Strukturell entsprechen sich zwar die Anfänge der beiden Aussagen *»hart wie Unterwelt«* und *»stark wie der Tod«*, aber »Eifersucht« ist schlechterdings kein Synonym zu »Liebe«; man gewinnt eher den Eindruck, als ob der Verfasser von Hld 8,6b dieses Stichwort irrtümlich aus Spr 6,34a übernommen und in Parallele zu »Liebe« gesetzt habe. Möglicherweise war es auch die Gleichsetzung von Liebe und Feuer, die zur Übernahme der Vokabel »Eifersucht« nach Hld geführt hat, denn »Feuer« ist biblisch nicht selten Metapher für »Eifersucht« (z.B. Dtn 4,24; Ez 36,5; 38,19; Zef 1,18; 3,8; Ps 79,5).

Die Aussage von Spr 6

Aus dem Rohmaterial, das der Verfasser von Hld 8,6b–7 aus Spr 6 aufgenommen hat, schafft er ein Gebilde, das gegenüber dem ursprünglichen Kontext eine ganz andere Bedeutung hat. Das Anliegen von Spr 6,20–35 ist ein Plädoyer gegen Ehebruch und gegen Beziehungen zu einer fremden Frau wegen der schwerwiegenden

Folgen. Diesen Gedanken entfaltet der Autor, indem er Ehebruch mit Diebstahl vergleicht, was in seinen Augen ein leichteres Vergehen ist. Der Dieb handelt aus Not, zumal wenn es sich um Mundraub handelt (vgl. auch Spr 28,21). Daher sieht man ihn nicht scheel an, wenn er ertappt wird (V 30); trotzdem muss er das Gestohlene zurückerstatten und zusätzlich noch Strafe zahlen, siebenfach den Wert des Gestohlenen (V 31). Der Ehebrecher dagegen, der nicht aus Not gehandelt hat, wird nicht nur durch öffentliche Ächtung bestraft (V 33), sondern hat noch eine Sanktion zu erwarten, von der er sich nicht freikaufen kann (die den Dieb nicht betrifft), nämlich die Eifersucht des betrogenen Ehemannes (V 34). Das Tun des Ehebrechers wird gleichgesetzt mit dem des Toren, der dicht an seinem Körper Feuer entzündet oder mit den Füßen auf glühende Kohlen tritt, wobei er sich nur verbrennen kann (V 27–28). Demnach gleicht die verbotene Liebe dem Feuer und die unvermeidliche Folge davon, die Reaktion des Ehemannes, den dadurch verursachten Brandwunden.

Die neue Aussage von Hld 8,6b–7

Demgegenüber vermittelt der Text in Hld eine ganz andere Botschaft: Bei der Liebe, deren Gewalt mit Naturmächten wie Tod und Feuer verglichen wird, handelt es sich um reine und erlaubte, nicht um verbotene Liebe.

Gründe für die Aufnahme von Spr 6,20–35

Die Gründe für die Entlehnung von Elementen aus Spr 6,20–35 und für ihren Einbau genau an dieser Stelle von Hld lassen sich nur vermuten. Zu allererst könnte die Formulierung von Hld 8,1 »man sieht ihn scheel an« beim Redaktor die Assoziation zu Spr 6,30a ausgelöst haben; eine gewisse Ausrichtung auf den Kontext von Spr 6 war auch durch Hld 8,6a gegeben. Wenn wir noch die Liebe als gemeinsames Thema der beiden Stellen dazunehmen, haben wir vielleicht schon einen ausreichenden Grund für die Heranziehung von Elementen aus Spr 6,20–35 zur Bereicherung eines Abschnitts über das Wesen der Liebe in Hld. Dass Salomo jeweils in der Überschrift als Verfasser beider Werke ausgewiesen ist, hat die Entlehnung aus dem einen ins andere wohl erleichtert.

Auslegung

Erste Strophe (V 6b)

»denn stark wie der Tod ist Liebe« – Die Konjunktion *ki* »denn« erweckt den V 6b
Eindruck, als ob ein kausaler Zusammenhang mit dem voranstehenden Halbvers bestünde; hier hat sie jedoch nur bekräftigende Funktion, etwa: fürwahr! Der Dichter stellt hier das Prädikat voran, um den Überraschungseffekt zu erhöhen: Der Leser ist nicht darauf gefasst, dass als Beispiel für die Heftigkeit des Todes, der als der unausweichliche und endgültige Faktor schlechthin gilt, die Liebe genannt wird, der Inbegriff von Leben und Hoffnung. Zu der Prädikation »stark wie der Tod« *(ʿasa kamawet)* vgl. den Personennamen *Asmawet* in 2 Sam 23,31; 1 Chr 8,36; 9,42; 27,25) sowie den gleichlautenden Ortsnamen (Esra 2,24; Neh 7,28; 12,29). Eine verblüffend ähnliche Aussage findet sich in einem ugaritischen Text: »und die Liebe der Götter wie der Tod sehr stark«.[300] *Mot* ist der Name des Todesgottes im Ugaritischen.

---

[300] Dazu *U. Cassuto*, The Goddess Anat (hebr.), Jerusalem 1965, 28.

»hart wie Unterwelt ist Eifersucht« – Vom Aufbau her entspricht das zweite Kolon dem ersten; zur Parallelität der beiden Adjektive vgl. Gen 49,7. *qaschä* könnte hier »bedrückend« bedeuten (wie in Ex 1,14) oder »grausam« (wie 1 Sam 25,3; Jes 19,4). Das Adjektiv *qaschä* bildet ein Wortspiel mit der Nominalphrase *ki-sche'ol* (»wie Unterwelt«). Zur Synonymität von Tod und Unterwelt vgl. Hos 13,14: »aus der Hand der Unterwelt werde ich sie herausholen, aus dem Tode sie erlösen« (ferner: Jes 5,14; Hab 2,5). *sche'ol* ist die Unterwelt (z.B. Ez 32,27; Ps 55,16; Spr 9,18; Ijob 11,8), ein mythisches unersättliches Wesen, das die Toten verschlingt (Jes 5,14; Hab 2,5; Spr 1,12; 27,20; 30,16). Der Begriff Eifersucht ist, wie oben in der »Analyse« erläutert, aus Spr 6,34a entlehnt und passt nicht so recht als Gegenstück zu Liebe; allenfalls könnte man das Wort hier als »Leidenschaft« deuten.

»ihre Funken sind Feuerfunken« – Wie *mot* und *sche'ol* ist auch *reschef* »Funke« der Name einer mythologischen Figur, des Gottes der Pest im Ugaritischen, Phönizischen und in ägyptischen Urkunden. In der Bibel ist *reschef* im Zusammenhang mit Unheil erwähnt (Dtn 32,24 in Parallele zu »Seuche«, Hab 3,5 zu »Pestilenz«); im Talmud wird *reschef* als »Schadenbringer« bezeichnet (b *Berachot* 5a). Aus Ps 66,4 scheint hervorzugehen, dass es sich bei *reschafim* um Pfeile handelt;[301] von daher sind die Pfeile des Feuers hier »Funken« (s. auch LXX z.St.). In Ps 78,48 heißt es: »Er gab dem Hagel preis ihr Vieh / und ihren Viehbesitz den *reschafim*«, wofür LXX hat: »dem Feuer« (vgl. auch Ex 9,24, wo der Hagel von Feuer durchsetzt erscheint). Zur Verbindung von Feuer und Unterwelt vgl. auch Dtn 32,22: »denn Feuer lodert auf in meinem Antlitz / und brennt bis in die Scheol zutiefst«; zur Verbindung von Eifersucht und Feuer vgl. Dtn 4,24; Ez 36,5; 38,19; Zef 1,18; 3,8; Ps 79,5.

»Gottesflamme« – Viele hebräische Bibelhandschriften nach der Massora des *Ben Naftali* haben *schalhevet-Jah* in zwei Worten, wie *R. Abraham b. Esra* schreibt: »Die Massoreten streiten darum, ob es ein Wort ist oder zwei; höchstwahrscheinlich ist es ein Wort, ein Kompositum von der Art wie Gottesberge (Ps 36,7)«. LXX übersetzt »ihre Flammen«, hatte also eine graphische Einheit vor sich. Die Vokabel *schalhevet* (»Flamme« – vgl. Ez 21,3; Ijob 15,30) ist eine *Haf'el*-Bildung zu der Wurzel *lamed-he-bet*.[302] Es handelt sich hier also um kein gewöhnliches Feuer, sondern um eine »Gottesflamme«. Das theophore Element (die einzige Andeutung des Tetragramms in Hld) hat allerdings keinerlei theologische Implikation, sondern

301 Entsprechend sind die *bnej reschef* aus Ijob 5,7 feurige Pfeile. Unter den Beinamen des Gottes Reschef im Ugaritischen findet sich auch die Bezeichnung *b–l ch-t* (»Pfeilherr«) (UT 1001, 3), und in einer auf Zypern gefundenen Inschrift heißt der Gott *»Reschef Chez«*.

302 Es könnte sich allerdings auch um die Wurzel *schin-he-bet* (wie im Arabischen *schihab*) handeln, dann wäre das *lamed* sekundär hinzugekommen.

dient zur Steigerung, etwa im Sinne von riesig, gewaltig;[303] in ähnlicher Funktion erscheint die Bezeichnung »Gott« in Verbindungen wie »Gotteskämpfe« (Gen 30,8) oder »Gottesfeuer« (Ijob 1,16). In der Fortsetzung der Katastrophen, die über Ijob hereinbrechen, erscheint dann auch ein großer Wind (Ijob 1,19).[304]

Zweite Strophe (V 7a)

»viele Wasser« – diese Wortverbindung kommt in der Bibel häufig vor, V 7
z. B. Num 20,11; Jes 17,13; 23,3; Jer 51,13.

»löschen nicht aus die Liebe« – Da die Liebe eine Gottesflamme ist, kann sie auch durch viel Wasser nicht ausgelöscht werden; in dieser Strophe nennt der Dichter nicht mehr das Feuer, sondern die damit verglichene Liebe. Zum Löschen von Feuer vgl. etwa Jer 4,4; 21,12; Am 5,6.

»Ströme spülen sie nicht weg« – Nicht nur viel Wasser richtet nichts aus gegen die Liebe, sondern auch Flüsse mit starker Strömung können ihr nichts anhaben. Der Dichter baut den Überraschungseffekt des Vergleichs zwischen Tod und Liebe hier aus durch das Paradox des Wassers, welches das Feuer nicht zu löschen vermag. In diesem Kolon ist eine deutliche Entlehnung aus Jes 43,2 zu erkennen: »Wenn du durch das Wasser gehst, bin ich bei dir; und durch die Ströme, dass sie dich nicht wegspülen«; auch in diesem Vers aus dem Jesajabuch gewinnt das Wasser wider Erwarten nicht die Oberhand. In der Fortsetzung des Verses wird dann das Feuer genannt: »Gehst du durch Feuer, wirst du nicht gebrannt, und Flamme sengt dich nicht«.

Dritte Strophe (V 7b)

»gibt ein Mann das ganze Vermögen seines Hauses um Liebe« – Hiermit beginnt die dritte und letzte Strophe. LXX hat hier »gibt ein Mann sein ganzes Leben um Liebe«, wohl unter dem Eindruck der Intensität von Liebe wie Tod im vorigen Vers. Nachdem der Dichter also die Liebe mit den stärksten Naturmächten des Kosmos auf eine Stufe gestellt hat, wechselt er in die menschliche Sphäre und zwar mit Worten, die sehr stark an Spr 6,20–35 erinnern (s. o. die Analyse). Dort ist der Ehebrecher bereit, sein ganzes Vermögen dahinzugeben, um die Wut des gekränkten Ehemannes zu beschwichtigen; hier ist ein Mann bereit, immense Summen für Liebe zu bezahlen – beides ist gleichermaßen vergeblich. Der Versuch, Liebe um Geld, und sei es das gesamte Vermögen eines Mannes, kaufen zu wollen, ist lächerlich, denn Liebe ist etwas wie eine Naturgewalt, die man nicht kaufen kann.

»wird man ihn sehr scheel ansehen« – In Hld ist es der Versuch, Liebe mit Geld zu erkaufen, in Spr 6 der Versuch des Ehebrechers, die Wut des Ehemannes mit Geld zu stillen, wofür ein Mann nur Verachtung ernten kann.

---

303 Vgl. ähnliche Zusammensetzungen in Ps 118,5: *merchavjah* und Jer 2,31: *ma'apeljah*.

304 Ähnlich fungieren Ausdrücke wie »vor Gott«, Gen 10,9 oder Jona 3,3.

Hld 8,8–10: Spottlied – Die Brüder und ihre kleine Schwester

Text

Übersetzung

8 *Eine kleine Schwester haben wir, Brüste hat sie keine,*
was sollen wir mit unserer Schwester machen
am Tag, da von ihr geredet wird?

9 *Wenn sie Mauer ist, bauen wir darauf eine Silberburg,*
und wenn sie Tür ist, befestigen wir darauf eine Zederntafel.

10 *Ich bin Mauer und habe Brüste wie Türme;*
dann bin ich in seinen Augen wie eine, die Frieden findet.

Analyse

Stellung im Kontext

Dies ist das erste von drei aufeinander folgenden witzigen Spottliedern. Hier machen sich zunächst die Brüder über ihre kleine Schwester lustig, und die zahlt es ihnen mit gleicher Münze heim. Im folgenden Lied (8,11–12) spottet der Freund über König Salomo und dessen Vielweiberei, und im dritten (8,13–14) bietet die Frau dem Geliebten Widerpart.

Beziehung zu Hld 1,5–6

Das Lied hier hat Berührungspunkte mit einem Lied ziemlich zu Anfang von Hld (1,5–6); auch dort besteht eine Spannung zwischen der Schwester und ihren Brüdern, und auch dort behält sie das letzte Wort.

Aufbau

Das Lied besteht aus drei Strophen: In der ersten Strophe (V 8) stellen die Brüder ein angebliches Faktum fest (V 8a) und fragen sich, wie sie mit diesem Umstand in der Zukunft zurechtkommen werden (V 8b). In der zweiten Strophe (V 9) stellen sie zwei mögliche Prognosen und erörtern ihre jeweilige Reaktion darauf, wobei auf den ersten Blick nicht deutlich wird, ob die beiden Möglichkeiten synonym oder einander entgegengesetzt sind. In der dritten Strophe (V 10) geht die Schwester auf die Reden der Brüder ein: Im ersten Teil ihrer Erwiderung bezieht sie sich zunächst auf V 9a, danach auf V 8a, wobei sie die Worte der Brüder jeweils widerlegt.

Auslegung

Erste Strophe: Spott der Brüder (V 8)

V 8 »*eine kleine Schwester haben wir*« – Die Brüder reden hier untereinander, nicht zu ihrer Schwester, die offenbar bei dem Gespräch zugegen ist, wie sich aus der Fortsetzung ergibt. Offenbar sind die Worte der Brüder durchaus darauf angelegt, die Schwester ein wenig zu ärgern. In ihrer Rede äußern die Brüder scheinbar Sorge um die Schwester; Brüdern oblag tatsächlich die Verantwortung für ihre Schwester einschließlich deren Verheiratung (s. o. in der Auslegung zu 1, 6).

Die Bezeichnung der Schwester als »klein« *(qetana)* ist ein relativer Begriff (vgl. Ri 15, 2). Sie könnte allerdings auch objektiv klein, d. h. noch recht jung sein (vgl. 2 Kön 5, 2), was die übermäßige Fürsorge der Brüder rechtfertigen würde. Im rabbinischen Sprachgebrauch fallen Mädchen im Alter zwischen elf Jahren + ein Tag und zwölf Jahren + ein Tag in die Kategorie *qetana* (b *Jevamot* 100b); vielleicht ist es diese Bedeutung, die den Überlegungen der Brüder zugrundeliegt.

»Brüste hat sie keine« – D.h. sie besitzt noch nicht jenes Symbol der Weiblichkeit, das in der Liebesdichtung so hohen Stellenwert hat (z. B. 1, 13; 7, 9); an einem zur Reife herangewachsenen Mädchen etwa werden die voll ausgebildeten Brüste eigens hervorgehoben (Ez 16, 7). In ihrer Erwiderung (8, 10) weist die Schwester diese Aussage der Brüder zurück. Zur Struktur dieses Satzes vgl. Lev 22, 13; 2 Kön 4, 14 u. a. m. Diese Worte der Brüder lassen sich auch anders auffassen: Wenn die Schwester nur jünger als die Brüder ist, aber doch schon in heiratsfähigem Alter, wäre eine flache Brust ein Mangel, der ihre Heiratschancen beeinträchtigen würde.

»was sollen wir mit unserer Schwester machen« – Die Brüder sind im Zweifel und beratschlagen, was zu tun sei. Zu analogem Ausdruck von Verlegenheit vgl. auch Ex 17, 4; Ri 13, 8; 21, 7.15; Jona 1, 11. Das Wort »unsere Schwester« kommt in Kontexten von Besorgtheit um deren Wohl vor: Gen 24, 60 (Rebekka); Gen 34, 14.31 (Dina).

»am Tag, da[305] von ihr geredet wird« – vgl. Ps 87, 3 und bes. 1 Sam 25, 39: »da ward geredet von Abigajil, sie ihm zur Frau zu nehmen«. Die Frage der Brüder lässt sich entweder als auf die Zukunft gerichtet verstehen, unter der Voraussetzung, dass die Schwester jetzt noch so jung ist, dass sie keine Brüste hat; oder aber die Schwester ist in einem Alter, wo ihre Verheiratung bereits ansteht und durch ihre wenig ausgeprägten weiblichen Körperformen vielleicht erschwert wird.

Zweite Strophe: Spott der Brüder (V 9)

»wenn sie Mauer ist« – Dieser Bedingungssatz lässt zwei verschiedene V 9
Deutungen zu: entweder als Metapher für die Keuschheit der Schwester (wie eine feste undurchdringliche Mauer)[306] oder als Anspielung auf die Flachheit ihrer Brüste, was bei den Brüdern die Sorge auslösen würde, wie sie ein Mädchen mit körperlichem Mangel verheiraten könnten. Die Brüder drücken sich hier unklar aus wohl im Wissen darum, dass die Schwester das Gespräch mitanhört: So reden sie scheinbar über ihre Keuschheit, äußern sich dabei aber abfällig über ihre physische Erscheinung.

---

305 Solche Einleitung eines temporalen Nebensatzes s. auch 2 Sam 19, 20; Koh 12, 3.

306 Weitere Symbole für weibliche Keuschheit sind der verschlossene Garten und der versiegelte Quell in 4, 12.

»bauen wir darauf eine Silberburg« – Die hier verwendete Vokabel *tira* bezeichnet biblisch in der Regel eine mit Steinen eingefasste Zeltburg; der Ausdruck kommt jeweils im Zusammenhang mit Zeltbewohnern vor (z. B. Gen 25,16; Num 31,10; Ps 69,26), nur in Ez 46,23 scheint es sich um den Turm auf einer Mauer zu handeln. In der Sprache der liturgischen Dichtung und in der späteren hebräischen Literatur bedeutet *tira* »Palast, Schloss«. Möglicherweise sprechen die Brüder über ein silbernes Schmuckstück in Form einer Burg, das sie für sie anzufertigen verheißen, wenn sie sich als rühmlich und tugendhaft bewährt. Ein solches Schmuckstück hat die Form einer Mauer mit Türmen darauf; in b *Schabbat* 59a wird es als Brautkrone erwähnt.[307] Das silberne Schmuckstück könnte allerdings auch dazu bestimmt sein, die Brust des Mädchens zu verdecken (sozusagen der Turm auf der Mauer, d. i. auf ihrer flachen Brust). Die antiken Versionen haben hier die Pluralform »Burgen«, vielleicht weil sie für jede ihrer beiden Brüste eine künstlerische Verhüllung annehmen.

»und wenn sie Tür ist« – Hier erhebt sich die Frage, ob das zweite, dem ersten parallel gebaute Kolon denselben oder den umgekehrten Sinn vermittelt. »Tür« könnte als Synonym zu »Mauer« fungieren, denn sie ist ein Teil davon;[308] »Tür« kommt als Symbol für Befestigung vor, etwa Jes 45,2: »eherne Türen breche ich auf, eiserne Riegel zerschlage ich« (s. auch Jer 49,31; Ps 107,16; Ijob 38,8). Andererseits ist das Bild der Tür nicht so eindeutig wie das der Mauer, denn eine Tür lässt sich immerhin öffnen, um ihre Angeln drehen (vgl. Spr 26,14). Vielleicht befleißigen sich die Brüder wieder einer doppeldeutigen Ausdrucksweise: Da »Tür« als Metapher sowohl für Keuschheit als auch für Unkeuschheit zu verstehen ist, sind sie gegen jeden etwaigen Einwand ihrer Schwester gewappnet.

»befestigen wir darauf« – Das Verb steht in Parallele zu »bauen« im vorigen Kolon; es lässt verschiedene Deutungsmöglichkeiten zu: Entweder bringt man es in Verbindung mit *mazor* »Belagerung, Befestigung« (vgl. 1 Kön 15,27; 2 Kön 6,24; Ez 4,3); diese Bedeutung würde zu »Tür« im Sinne von Unkeuschheit passen und auch mit dem militärischen Aspekt von Mauer und Turm zusammengehen. Die Verbalwurzel *zade-waw-resch* hat auch die Bedeutung »umwickeln, zusammenbinden« (so etwa in Dtn 14,25; 2 Kön 5,23; 12,11; Ez 5,3); auch dies wäre eine Maßnahme für den Fall ihrer Unkeuschheit, d. i. den Fall der geöffneten Tür. Das Verb lässt sich aber auch als »Form geben«, »gestalten« verstehen;[309] diese Möglichkeit haben LXX, Vulgata und Targum gewählt. Sowohl das Zubinden als auch das Formgeben könnte wiederum mit der zu flachen Brust der Schwester zusammenhän-

---

[307] Zu Schmuckstücken in Form einer Stadt im alten Israel und in Mesopotamien vgl. *S. M. Paul*, Jerusalem – a City of Gold, in: IEJ 17 (1967) 269–263.

[308] Vgl. 2 Chr 8,5; 14,6 und bes. Ez 38,11: »allesamt sitzen sie ohne Mauer und Riegel, Türen haben sie keine«.

[309] So im rabbinischen Sprachgebrauch, z. B. b *Baba qama* 49b.

gen, die verdeckt werden soll; auf etwaigen Protest hin können die Brüder immer behaupten, sie hätten doch nur von der Keuschheit ihrer Schwester gesprochen und von dem Schmuckstück, das sie ihr zur Belohnung umbinden wollten.

»*eine Zederntafel*« – Zu Zederntafeln s. Ez 27,5; hölzerne Platten als Türfüllung sind ugaritisch belegt: »wer die Tafeln seiner Tür zurechtmacht«.[310] Zedernholz steht sowohl für Festigkeit als auch für Pracht. Wenn die Brüder ihre Schwester also für ihre Unkeuschheit bestrafen wollen, ist sie hinter einer Tür aus Zedernholz fest gefangen; soll sie jedoch für ihre Keuschheit belohnt werden, so macht sich eine Platte aus Zedernholz (wodurch ihre zu flache Brust verdeckt wäre) recht dekorativ.

Dritte Strophe: Antwort der Schwester (V 10)

Die Schwester hat mitangehört, was die Brüder über sie reden, hat die darin versteckten Anspielungen sehr wohl verstanden und weist ihren Spott jetzt energisch zurück.

»*ich bin Mauer*« – Unter den beiden von ihren Brüdern erwogenen Mög- V 10
lichkeiten wählt die Schwester die eindeutige, die Mauer als Symbol der Keuschheit.

»*ich habe Brüste wie Türme*« – Damit widerlegt sie den Vorwurf der Flachbrüstigkeit und konstatiert ihre Heiratsfähigkeit. Zur Relation von Mauer und Turm s. Ez 26,9; 2 Chr 14,6. Wenn sie ihre Brüste mit Türmen vergleicht, denkt sie vielleicht an Wachttürme, womit sie sagt, dass sie ihre Tugend selbst zu wahren versteht und weder auf die Unterstützung noch auf die Belohnung der Brüder angewiesen ist. Die feminine Pluralform *migdalot* (vgl. Ez 26,9; 27,11; 1 Chr 27,25; 2 Chr 32,5) ist wohl gewählt, weil es sich um die Symbole der Weiblichkeit handelt; auch das Geschlecht der von den Brüdern gewählten Metaphern (»Mauer, Tür«) ist weiblich (s.o. in der Auslegung zu 6,11).

»*dann*[311] *bin ich in seinen Augen*« – Hier erhebt sich natürlich die Frage, wer dieser Er ist, auf dessen Perspektive sich die Schwester beruft. LXX behebt diese Unklarheit durch Textänderung zu »in ihren Augen«, d.h. in den Augen der Brüder, aber diese Korrektur scheint mir verfehlt. Ich möchte eher annehmen, dass die Sprecherin bewusst eine männliche Person einführt, deren Identität nicht klar ist, um anzudeuten, dass sie ohne Wissen der Brüder bereits einen Liebhaber hat, den sie heiraten will. Der Ausdruck »in jemandes Augen sein« im Sinne von »jemandem erscheinen als« findet sich auch bei Jakob, der sich als Esau verkleidet (Gen 27,12), und bei den Kundschaftern, die sich mit riesenhaften Bewohnern des Landes konfrontiert sehen (Num 13,33).

»*wie eine, die Frieden findet*« – eine singuläre Wortverbindung. Die Verb-

---

[310] Tafel II D, Z. 29f.; bei *M. D. Cassuto*, Biblische und kanaanäische Literatur (hebr.), Jerusalem 1972, 166f.

[311] Zu kausaler Bedeutung dieser Partikel vgl. Jer 22,16.

form *moz'et* ist als feminines Partizip vokalisiert (vgl. 1 Kön 10, 22); vorgeschlagen worden ist auch die Vokalisierung *moza'at*, sozusagen eine feminine Variante des Nomens *moza* (»Ausgang, Ursprung«),[312] was zu den femininen Nominalformen zuvor passen würde, aber diese Emendation scheint überflüssig. Die Wortverbindung »Frieden finden« ist analog zu »Ruhe finden«, wobei die Vokabel für »Ruhe« in maskuliner oder femininer Form vorkommt.[313] Unter den Belegen dafür passt Rut 1, 9 besonders gut zu dem Kontext hier, denn dort wünscht Noomi ihren verwitweten Schwiegertöchtern, jede von ihnen möge »Ruhe finden« im Hause eines neuen Ehemannes; auch als Noomi Rut zu Boas schickt, begründet sie dies damit, dass sie »Ruhe« für sie suche (Rut 3, 1). In Hld 8, 10 ist das Objekt »Ruhe« durch »Frieden« ersetzt; vielleicht will die Sprecherin den Brüdern zu verstehen geben, dass die kriegerischen Attribute (Mauer, Befestigung, Türme) nicht mehr gebraucht werden, weil sie bei ihrem Geliebten bereits den Frieden gefunden hat. Um im Bild zu bleiben: Die Mauer proklamiert Frieden und öffnet ihre Tür, wie es in Dtn 20, 11 heißt: »Und wenn sie (die zu bekriegende Stadt) friedlich erwidert und dir auftut ...«.

Hld 8, 11–12: Spottlied auf Salomo

Text

Übersetzung

11 *Einen Weinberg besaß Salomo in Baal-Hamon,*
er gab den Weinberg den Hütern;
jedermann bringe für seine Frucht tausend Stück Silber.

12 *Meinen eigenen Weinberg habe ich vor mir,*
die tausend gehören dir, Salomo,
und zweihundert denen, die seine Frucht hüten.

Analyse

Stellung im Kontext

Wie das vorige ist auch dieses Lied voller Spott. Diesmal ist es der Geliebte, der sich über König Salomo und dessen tausend Frauen lustig macht (ein weiteres Spottlied auf Salomo liegt Hld 3, 7–11 vor). Das vorangehende Lied endet mit dem Stichwort

---

[312] Belege für maskulin: Ps 107, 33.35; für feminin: Mi 5, 1.

[313] *manoach*: Gen 8, 9; Jes 34, 14; Klgl 1, 3; *menucha*: Jer 45, 3; Rut 1, 9.

»Frieden« *(schalom)*, das Lied hier setzt ein mit den Worten »einen Weinberg besaß Salomo«; zur Etymologie des Namens Salomo von *schalom* s. oben in der Einführung zu 3,7–11.

Beziehung zu Hld 1,5–6

Dieses – das vorletzte Lied in Hld – weist Beziehungen auf zu dem zweiten Lied am Anfang (1,5–6): Dort bekennt die junge Frau, die ihre Schönheit mit Salomos Zeltplanen verglichen hat, dass sie ihren eigenen Weinberg nicht gehütet habe; demgegenüber betont hier der Mann, dass sein eigener Weinberg ganz ihm gehört, d.h. während sie ihre Unschuld nicht gewahrt hat, weiß er seinen Weinberg, d.i. seine Liebe, sehr wohl zu hüten – im Unterschied zum König, der seinen Reichtum (seine Frauen) mit den Hütern teilen muss (Näheres dazu im Folgenden).

Mit denselben Worten wie das Lied hier (»einen Weinberg besaß X«) beginnen zwei weitere biblische Texte: Die Erzählung von Nabots Weinberg 1 Kön 21 und das Weinberglied Jes 5,1–7. Es lohnt sich, die Gemeinsamkeiten von Hld 8,11–12 mit jedem von diesen aufzuzeigen.

Vergleich mit der Erzählung von Nabots Weinberg (1 Kön 21)

Zu der Erzählung von Nabots Weinberg bestehen deutliche Beziehungen:

Hld 8,11–12	1 Kön 21
Einen Weinberg besaß Salomo	Einen Weinberg besaß Nabot, der
in Baal-Hamon	Jesreelit in Jesreel (V 1)
er gab den Weinberg den Hütern	gib mir deinen Weinberg
jedermann bringe für seine Frucht	Ich gebe dir Silber
tausend Stück Silber	als Entgelt dafür (V 2)
Meinen eigenen Weinberg	Meinen Weinberg
habe ich vor mir	gebe ich dir nicht (V 6)

In Hld 8,11–12 stellt der Weinbergbesitzer sein Verhältnis zu seinem Weinberg, eine starke Gefühlsbindung, die nicht mit Geld aufzuwiegen ist, dem Verhältnis des Königs zu dessen Weinberg gegenüber, wobei dieses ausschließlich in Geldwert bemessen wird. Eine ähnlich verschiedenartige Beziehung ist auch bei Nabots Weinberg zu beobachten: Der Bauer Nabot ist nicht bereit, den von seinen Vätern ererbten Weinberg für Geld und Gut herzugeben, wohingegen der König, der seinen zahlreichen Besitztümern ein weiteres hinzufügen möchte, in der Weigerung des Nabot bloße Starrköpfigkeit erblickt.

Vergleich mit dem Weinberglied Jes 5,1–7

Eine enge Gefühlsbindung des Weinbauern an seinen Weinberg kommt auch im Weinberglied Jes 5,1–7 zum Ausdruck. Dass Jes den Text aus Hld gekannt hat, erhellt auch aus Jes 7,23: »Es wird geschehen an jenem Tage, jeder Ort, an dem tausend Weinstöcke für tausend Stück Silber stehen, soll zu Dornen und Disteln werden«. Das Weinberglied Jes 5 beginnt mit den Worten: »Einen Weinberg besaß mein Geliebter *(jedidi)*«, und Jedidja ist Salomos zweiter Name (2 Kön 12,25), den er erhielt, weil Gott ihn liebte (ebd. V 24). Der Rückgriff auf Liebesdichtung ist bei Jes ganz deutlich: Es handelt sich um ein »Lied meines Freundes an seinen Weinberg«, und die Beziehung des Weinbauern zu seinem Weinberg, d.i. Gottes zu Israel, ist geschildert wie die eines Mannes zu seiner Frau.

In allen drei Texten, die mit »einen Weinberg besaß X« beginnen, geht es also um das besondere Verhältnis des Weinbergbesitzers zu seinem Weinberg, und alle drei sind Gleichnisse.

In Hld 8,11–12 ist nicht ausdrücklich von Liebe die Rede, aber dieses Thema schwingt zweifellos mit, und nicht nur, weil der Text in Hld steht (und weil es bei Jes um eine Liebesbeziehung geht). Schon die Vokabel »Weinberg« hat in Hld eine ausgesprochen erotische Konnotation (1,6; 2,15; 7,13); und die Zahl Tausend, die in beiden Versen vorkommt, bezieht sich eindeutig auf die tausend Frauen des Königs

Salomo (1 Kön 11,3), des Protagonisten in diesem Kontext. Auch der Ortsname Baal-Hamon spielt auf Salomo und dessen Vielweiberei an (dazu unten in der Auslegung).

Aufbau

Das kurze Lied hier gliedert sich in zwei dreizeilige Strophen (V 11 und V 12). Die erste Strophe bietet objektive Information; in der zweiten Strophe wird diese Information bewertet, wobei einige Wörter aus der ersten wiederholt sind, so dass eine chiastische Beziehung zwischen der ersten und letzten Zeile der beiden Strophen entsteht.

Auslegung

Erste Strophe (V 11)

V 11 »*einen Weinberg besaß Salomo*« – Mit derselben Kopula *(haja + le)* ist in 1 Kön 11,3 Salomos Besitz der tausend Frauen ausgedrückt. Der Grund für die negative Haltung gegenüber Salomos Vielweiberei ist hier sicher nicht derselbe wie in Kön.

»*in Baal-Hamon*« – ein Ortsname (so *R. Abraham b. Esra*). Es sind Versuche gemacht worden, diesen Ort zu identifizieren, etwa mit *Chamon* im Stammesgebiet von Ascher (Jos 19,28) oder mit *Baalamon* aus Judit 8,3. Mit dem Element »Baal-« gebildete Ortsnamen kommen biblisch häufig vor (Baal-Gad, Baal-Chazor, Baal-Chermon, Baal-Maon, Baal-Peor, Baal-Perazim, Baal-Zafon, Baal-Schelischa, Baal-Tamar), aber hier scheint eher ein symbolischer als ein realer Name vorzuliegen. Die Vokabel *hamon* kann »Menge« im Sinne von Vermögen bedeuten (z.B. Ps 37,16; 1 Chr 29,16), ein Hinweis auf Salomos Reichtum; in diesem Falle hätte *baʿal* die Bedeutung »Besitzer« (wie etwa Ex 21,34; 22,7; Jes 1,3). Aber *hamon* kann auch eine Anspielung auf Salomos viele Frauen sein, in Anlehnung an das Tun seines Sohnes Rehabeam, der seinen Söhnen »eine Menge Frauen« genommen haben soll (2 Chr 11,23); in letzterem Fall hätte *baʿal* die Bedeutung Ehemann (wie etwa Ex 21,3.22; 2 Sam 11,26; Joël 1,8).

»*er gab*[314] *den Weinberg den Hütern*« – Das Hüten eines Weinbergs kommt nur hier und in Hld 1,6 vor; aus der Stelle dort geht hervor, dass es sich um Bewachen, nicht um Pachten des Weinbergs handelt. Zum Verhältnis der aramäischen Wurzel *nun-tet-resch* zum ihrem hebräischen Gegenstück *nun-zade-resch* s. oben zu 1,6. König Salomo hat so viele Weinstöcke in seinem Weinberg, dass er sie nicht alle selbst hüten kann, deshalb muss er ihre Bewachung anderen anvertrauen. Da dem Leser bereits klar ist, dass hier Salomos Frauen gemeint sind, wirkt deren Bewachung durch andere Männer einigermaßen komisch.

---

[314] Die Verwendung der Verbform *natan* hier (statt *wajjitten* im klassisch-biblischen Hebräisch) ist sprachlich spät.

»jedermann[315] *bringe«* – zum Verb »bringen« im Sinne von Bezahlung vgl. etwa 1 Kön 10,14; Hag 1,6; Ps 90,12; Klgl 5,9.

»für seine Frucht« – für den Ertrag des Weinbergs, vgl. etwa 2 Kön 19,29; Jes 65,21; Hos 10,1.

»tausend Stück Silber« – Der Weinberg enthält tausend Weinstöcke in Entsprechung zu den tausend Frauen in Salomos Harem (wie Jes 7,23 präzise feststellt: »tausend Weinstöcke für tausend Stück Silber«); wenn also ein solcher Weinberg bei Verpachtung tausend Stück Silber einbringt, dann könnte König Salomo für die »Verpachtung« seiner tausend Frauen eben diese Summe erhalten. Tausend Stück Silber kommt biblisch auch sonst als eine ungeheuer große Summe vor. Als einer von Davids Untertanen sich weigert, Hand an Abschalom zu legen, sagt er: »Und wenn ich tausend Stück Silber auf die Hand bekäme, würde ich meine Hand nicht ausstrecken wider den Sohn des Königs« (2 Sam 18,12); tausend Stück Silber ist auch die Summe, die Abimelech an Abraham zahlt zur Entschädigung für die verletzte Ehre von dessen Frau Sara (Gen 20,16).

In der ersten Strophe wird also betont, wie entfremdet Salomo seinem Weinberg ist; fremde Männer bewachen ihn und machen vielleicht sogar Gebrauch von seinem Inhalt.

Zweite Strophe (V 12)

»meinen eigenen Weinberg« – Als Besitzer seiner einen Frau spottet der Sprecher über den König; die doppelte Bezeichnung des Possessivs dient zur Hervorhebung. V 12

»habe ich vor mir« – Dieser Ausdruck zur Bezeichnung von Besitzverhältnis findet sich etwa auch Gen 34,10; 47,16.

»die tausend gehören dir, Salomo« – Der Dichter lässt hier wohl bewusst offen, ob er Salomos tausend Weinstöcke meint, die dieser nicht genießen kann, oder aber die tausend Stück Silber, womit suggeriert wäre, dass Salomo materiellen Nutzen daraus zieht, dass er seine Frauen zur Benutzung durch andere freigibt.

»und zweihundert denen, die seine Frucht hüten« – Auch hier ist nicht klar, ob von den tausend Stück Silber zweihundert an die Hüter abzugeben sind oder von den tausend Frauen; wie dem auch sei, Salomos Frauen gehören nicht ihm allein. Der Dichter lacht den König aus. Er begehrt keinen Anteil am königlichen Weinberg, weder an dessen Geld noch an dessen Frauen. Er ist zufrieden mit seiner einen Frau, die ihm ganz allein gehört.

---

[315] In 8,7 ist die Vokabel *'isch* als »Mann« im engeren Sinne verwendet.

Hld 8,13–14: Zwiegespräch – Scheinbarer Abschluss

Text

Übersetzung

13 *Die da sitzt in den Gärten,*
Gefährten lauschen deiner Stimme,
lass mich hören!

14 *Flieh, mein Freund, und gleiche dir*
einer Gazelle oder einem Junghirsch auf Balsambergen.

Analyse

Stellung im Kontext

Im vorangehenden Lied hatte der Sprecher sich damit gebrüstet, dass seine Freundin ausschließlich ihm gehöre, im Gegensatz zum König, der seinen großen Harem mit andern zu teilen habe. Daher überrascht es, dass er hier seinen Gefährten einen gewissen Anteil an seiner Freundin gewähren will, nämlich das Hören ihrer Stimme; sie jedoch lehnt dieses Ansinnen entrüstet ab.

Dieses Lied bildet einen verblüffenden Abschluss des Hld: Die Frau schickt den Freund weg; am Ende steht demnach nicht eine Vereinigung, sondern eine Trennung der beiden Liebenden. Doch erheben sich gewisse Zweifel, ob sie ihn wirklich von sich weist oder nicht vielmehr einlädt. Der Abschluss von Hld wirkt wie eine Aufforderung an den Leser, mit der Lektüre wieder von vorn zu beginnen, immer wieder von neuem. Denn hier entsendet die Sprecherin den Geliebten in die Balsamberge, und im ersten Lied von Hld rühmt sie den von ihm ausströmenden Wohlgeruch. Hier heißt sie ihn schnell weggehen, und dort sagt sie: »Zieh mich dir nach, wir wollen laufen« (1,4). Hier spricht er davon, dass seine Gefährten an ihr interessiert sind, dort erwähnt sie die Jungfrauen, die ihn lieben (1,3). Auch die Gefährten des Freundes sind zu Anfang von Hld genannt (1,7).

Wiederholungen

In dem Lied hier kehren einige Elemente aus vorangegangenen Liedern wieder: Die Aufforderung des Freundes »lass mich hören!« erinnert an seine Bitte, seine »Taube in den Feldklüften« möge ihre Stimme hören lassen (2,14). Und 8,14 ist nahezu identisch mit 2,17b (dazu oben Einleitung XVIII).

Auslegung

Rede des Geliebten an die Geliebte (V 13)

V 13 »*die da sitzt in den Gärten*« – »der an diesem oder jenem Ort sitzt«, ist eine biblisch übliche Bezeichnung (z.B. Gen 14,7; Num 13,28; Est 6,10). Die Pluralform »Gärten« ist hier wiederum poetisch, ähnlich wie der Gartenquell (4,15) und der Ausdruck »in den Gärten zu weiden« (6,2b, obwohl es in 6,2a hieß »mein Freund ist hinabgestiegen in seinen Garten«). Diese Anrede des Mannes an die Geliebte lässt darauf schließen, dass sie sich innerhalb des Gartens befindet, während er mit seinen Gefährten draußen ist (vgl. 4,12).

»Gefährten« – Die Gefährten des Geliebten sind auch in 1,7 erwähnt: »sonst werde ich wie eine Verhüllte bei den Herden deiner Gefährten«. Nach dem dort entwickelten Verständnis von 1,7–8 (s. dort) ist der Geliebte daran interessiert, dass seine Freunde sie sehen, und hier ist ihm wichtig, dass seine Freunde sie singen hören. Der Sprecher sagt nicht »meine Gefährten«, sondern »Gefährten« allgemein; es könnten auch ihre sein, was ihr den Entschluss, vor ihnen zu singen, vielleicht erleichtert.

»lauschen deiner Stimme« – Zu der Wortverbindung »der Stimme lauschen« vgl. Ps 5,3; 130,2. Die Partizipform »lauschen« hat hier offenbar die Bedeutung; sie wollen hören, sie sind gespannt darauf zu hören.

»lass mich hören« – Die eigentliche Aufforderung formuliert er auf sich bezogen (also nicht: »lass uns hören«), vielleicht aus demselben Grund, weshalb er oben nicht »meine Freunde« gesagt hat: Sie soll vor ihm singen, wobei die anderen nur zuhören. Der Geliebte hat wohl verschiedene Gründe dafür, dass seine Freundin jetzt singen soll: Er möchte ihre liebliche Stimme vernehmen (und auch die Gefährten sollen sie hören); das erinnert an 2,14: »lass mich schauen deinen Anblick / lass mich hören deine Stimme / denn deine Stimme ist süß / und dein Anblick ist lieblich«. *R. Samuel b. Meïr* paraphrasiert die Rede des Geliebten hier folgendermaßen: »Meine Schwester, meine Geliebte, die da sitzt und umhergeht, einherwandelt durch Gärten und Haine, die mit mir gekommen, sind begierig, deine Stimme zu hören, denn sie ist lieblich; lass mich also deine Stimme mit deinen schönen Gesängen vernehmen, dann hören es auch die Gefährten«. Er möchte also vor seinen Freunden mit der schönen Stimme der Geliebten prahlen. Diese Konstellation entspricht der Situation von Est 1,11, wo König Ahaschwerosch Königin Waschtis Schönheit der Festgesellschaft vorführen will; und wie Waschti weigert sich dann auch die Geliebte hier, diesem Wunsch ihres Partners nachzukommen. Der Umstand, dass der Freund und seine Gefährten sich außerhalb des Gartens befinden, lässt den Schluss zu, dass er sie ausfindig machen will, dass er sozusagen seine Gefährten als Vorwand benützt, um von ihr ein akustisches Zeichen zu erhalten (ähnlich wie in 2,14).

Diese manipulative Auffassung der Rede ist allerdings nicht die einzig mögliche. Die Geliebte könnte aus der Mitteilung »sie lauschen deiner Stimme« ja auch entnehmen, dass die Gefährten einschließlich des Geliebten ihres Wunsches gewärtig sind, um ihn zu erfüllen. Zu der Bedeutung von »auf die Stimme hören« im Sinne von »gehorchen« s. etwa Gen 3,17; 16,2; Ex 15,26. Im folgenden Vers erteilt die Freundin dem Geliebten tatsächlich einen Befehl.

Die Antwort der Geliebten (V 14)

Die Frau richtet das Wort nur an den Geliebten und gebietet ihm wegzugehen, was für ihn in Gegenwart seiner Freunde geradezu beschämend sein kann. Der Wortlaut ihrer Aufforderung ist nicht ganz mit 2,17 identisch: unterschiedlich ist der Imperativ »flieh« vs. »wende dich«, die Platzierung der Anrede »mein Freund« und die Bezeichnung seines Bestimmungsortes »Berge von Betar« vs. »Balsamberge«.

V 14 *»flieh«* – Die Geliebte gibt sich gekränkt durch dieses Ansinnen des Freundes; sie ist so wütend, dass sie ihn schnell wegschickt, um ihn vor ihrem Zorn zu retten (vgl. Spr 6,5). Der Mensch flieht vor dem Feind (z.B. Ri 9,21), aber er flieht an einen sicheren Ort (z.B. 1 Sam 27,4). Demnach ist der Zorn der Geliebten vielleicht nur vorgetäuscht, vielleicht fordert sie ihn auf, von den Gefährten weg zu ihr zu fliehen (dazu im Folgenden). Was stört, ist also die Anwesenheit der Gefährten; deshalb ruft die Geliebte ihren Freund dazu auf, dem zu entfliehen, ähnlich wie Michal David zur Flucht verhilft (1 Sam 19,12.18).

»mein Freund« – Die Kombination der Anrede »mein Freund« mit dem Imperativ »flieh«, lässt darauf schließen, dass sie ihm nicht wirklich böse ist.

»und gleiche dir einer Gazelle oder einem Junghirsch« – s. oben zu 2,17.

»auf Balsambergen« – die einzige Abweichung von 2,17b, wo es stattdessen heißt »auf den Bergen von Betar«. Vgl. auch die Ankündigung des Mannes: »ich gehe mir zum Myrrhenberg und zum Weihrauchhügel« (4,6b, wobei 4,6a identisch ist mit 2,17a). Wie schon oben ausgeführt, meinen sie (in 2,17) und er (in 4,6) beide mit den »Bergen« die Brüste der Geliebten, und diese Bedeutung trifft auch für 8,14 zu. Demnach sagt sie zu ihm: Was brauchst du vor deinen Gefährten mit meiner Stimme zu prahlen, komm lieber zu mir, lass uns der Liebe pflegen. *R. Samuel b. Meïr* (der die Berge nicht als Brüste auffasst) bemerkt zu diesem Vers: »Sie entgegnet ihm: Geh … laufen und wandern auf Balsambergen … ich komme mit, dort wollen wir uns liebhaben, und dort singe ich dann laut nur für uns beide, aber vor diesen allen ist es nicht recht, dass ich meine Stimme erschallen lasse, denn die ganze Pracht einer Königstochter ist im Innern (Ps 45,14a)«.

Register der Bibelstellen (Auswahl)